JN421457

Main Idea로 푸는 시편 76-150

HOLMAN Old Testament Commentary

Psalms 76-150

General Editor Max Anders | Author Steven J. Lawson

Copyright © 2003 by B&H Publishing Group
Originally published in English under the title
Holman Old Testament Commentary: Psalms 76-150
by B&H Publishing Group, Nashville, Tennessee, USA.
All rights reserved.
Korean Edition Copyright © 2008 by Timothy Publishing House,
Seoul, Republic of Korea
Translated and used by permission of B&H Publishing Group
through arrangement of KCBS Literary Agency, Seoul, Republic of Korea.

본 저작물의 한국어판 저작권은 KCBS Literary Agency를 통하여
B&H Publishing Group과 독점 계약한 ㈜도서출판 디모데에 있습니다.
신 저작권법에 의하여 한국 내에서 보호받는 저작물이므로 무단전재와 무단복제를 금합니다.

Main Idea로 푸는

시편 76-150

맥스 앤더스(Max Anders) 책임 편집 | 스티븐 J. 로슨(Steven J. Lawson) 지음 | 김진선 옮김

디모데

러시아의 사마라 설교자 양성 기관과 사마라 신학교에 이 책을 바칩니다.
하나님이 은혜를 주셔서 러시아 교회에 '말씀을 선포하는'
성경 주석가들의 새로운 세대가 일어나기를 기도합니다.

"여호와여 주의 말씀이 영원히 하늘에 굳게 섰사오며" (시 119:89).

추천의 글

요즘, 여러 사람들에게 읽히며 회자되는 목사님들의 설교나 글을 읽어보며 많은 생각을 하게 됩니다. 그 글들의 대부분은 성경보다는 성경 이후의 얘기나 성경보다 더 멋지게 말하려는 흔적들로 가득 차 있습니다. 그러한 글들이 처음에 쓰여질 때는 물론 성경에 근거를 두었겠지만 그 글에 영향을 입은 사람들은, 성경은 없고 텍스트가 된, 성경과는 전혀 다른 모습의 인간상들을 만들어낼 가능성이 높아집니다.

변하지 않는 것이 있습니다. 사람은 변하지 않습니다. 그리고 하나님은 변하지 않습니다. 그러나 주위를 보면 변화되는 것들을 센스 있게 기록해놓은 것들로만 가득해서 변하지 않는 인간의 영혼, 그 깊숙한 곳의 문제들이 전혀 해결되지 않은 채 남아 있습니다.

영혼을 찔러 쪼개는 유일한 도구는 하나님의 말씀입니다. 그러므로 교회가 다시 성경의 근거를 마련하고, 그 토대 위에 말씀을 세우는 작업을 놓쳐서는 안 됩니다. 이것은 이미 했다고 해서 무관심할 것이 아닌, 중단없이 계속되어야 하는 것입니다. 제 이야기를 하자면, 제 속에서 변하지 않는 모습을 봅니다. 하나님 말씀에 불순종하는 데 익숙한 제 모습입니다. 신앙 생활을 시작할 때 말씀 공부를 충분히 하면 어느 날엔가는 하나님의 말씀으로 풍성한 삶을 살 것이라고 기대하며 오늘까지 달려왔습니다. 그러나 요즘 하나님 말씀에 불순종하는, 변하지 않는 제 모습을 보며 경악합니다. 이런 제게 오직 주의 말씀이 은혜로 임할 때, 제가 그 말씀 앞에 순종하는 모습을 봅니다.

우리는 다시 성경을 보아야 합니다. 그 말씀이 무엇을 말하고 있는지 깊이 추적해야 합니다. 이 책 「Main Idea 시리즈」는 하나님의 말씀에 순종하고자 하는 사람들에게 바른 길잡이이자, 말씀을 깊이 사랑하는 사람들에게 좋은 영향을 줄 책이라고 생각합니다. 또한 성경을 자신의 생각과 형편에 맞추어 해석하려는 것이 아니라 성경이 말하는 진정한 뜻을 찾는 사람들에게 큰 도움이 될 것입니다.

홍정길(남서울은혜교회)

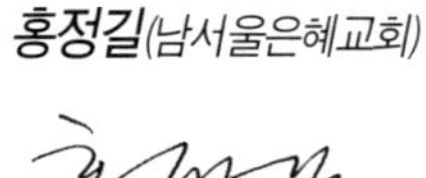

우리 시대는 정보의 홍수 시대라고 할 만합니다.
문제는 이 홍수 속에서 우리가 향방 없이 떠밀려 내려가고 있다는 것입니다.
정보의 부재가 문제가 아니라 정보의 향방이 문제입니다.
우리 시대의 설교와 성경 공부가 동일한 위기에 직면해 있습니다.
이 책은 이런 위기를 돌파하는 예지를 제공합니다.
성경 텍스트의 메인 아이디어는 바로 메시지의 향방이어야 합니다.
저는 그래서 이 책이 모든 진지한 성경 학도들과 설교자들을 위한
다윗의 물맷돌이기를 기도하며 추천하는 바입니다.

추천의 글

이 책은 명료한 요약, 명료한 주석, 명료한 적용, 명료한 결론이 명료하게 나타나 있습니다.
거기에 명료한 예문은 설교자의 구미를 돋구기에 가히 매력적입니다.
이 책의 매력에 중독되는 것이 오히려 한국교회 강단의 축복일 것을 예언하고 싶습니다.

감사와 기대를 담아
이동원(지구촌교회)

이동원

Contents
차 례

16	**시편 서문**	
21	**시편 76편**	거룩한 진노
29	**시편 77편**	절망을 이기는 법
39	**시편 78편**	기억하기 위해 기억하라
55	**시편 79편**	당신의 영광을 위해
63	**시편 80편**	대각성
77	**시편 81편**	근본적인 회개
85	**시편 82편**	피할 수 없는 심판
93	**시편 83편**	신적 개입
101	**시편 84편**	거룩한 집
115	**시편 85편**	우리로 다시 부흥케 하소서
129	**시편 86편**	자비를 베푸소서
139	**시편 87편**	영광을 받은 성
145	**시편 88편**	암울한 절망

Main Idea로 푸는 시편 76-150

155	**시편 89편**	영원히 신실하심
167	**시편 90편**	영원한 시각
181	**시편 91편**	주권적 안전
195	**시편 92편**	기쁨의 찬양
203	**시편 93편**	주가 통치하신다
211	**시편 94편**	부당한 고통
221	**시편 95편**	경배받기에 합당하시다
233	**시편 96편**	모든 민족이여 찬양하라
241	**시편 97편**	하나님 중심의 세계관
249	**시편 98편**	가장 고귀한 찬양
257	**시편 99편**	절대적 주권
265	**시편 100편**	그의 궁정으로
273	**시편 101편**	개인의 성실성
281	**시편 102편**	흔들림 없는 소망

Contents
차 례

291	시편 103편	영광스러운 직무
305	시편 104편	전능하신 하나님
317	시편 105편	보이지 않는 손
329	시편 106편	전적 고백
345	시편 107편	선하신 하나님!
355	시편 108편	침몰하지 않는 믿음
363	시편 109편	인신 공격
375	시편 110편	주권자 되신 구세주
387	시편 111편	두려운 행적
395	시편 112편	하나님 중심의 삶
403	시편 113편	열정적인 찬양
411	시편 114편	신적 구원
419	시편 115편	보이지 않는 불멸의 존재
433	시편 116편	차고 넘치는 은혜

Main Idea로 푸는 시편 76-150

443	시편 117편	궁극적인 우선순위
451	시편 118편	승리의 감사
463	시편 119편 1-8절	오직 성경으로(1)
475	시편 119편 9-48절	오직 성경으로(2)
485	시편 119편 49-88절	오직 성경으로(3)
493	시편 119편 89-128절	오직 성경으로(4)
501	시편 119편 129-176절	오직 성경으로(5)
511	시편 120	위를 향해
519	시편 121	힘을 얻다
529	시편 122	즐거운 도착
537	시편 123	위를 바라보는 믿음
543	시편 124	하나님이 주시는 변화
551	시편 125편	든든한 반석
557	시편 126편	중대한 시간

Contents
차 례

567	시편 127편	믿음으로 단련되는 가정
577	시편 128편	성공적인 인생
585	시편 129편	억제할 수 없는 회복력
593	시편 130편	온전한 용서
601	시편 131편	단순한 신뢰
607	시편 132편	은혜의 자리
615	시편 133편	분리될 수 없는 하나 됨
625	시편 134편	초월적 예배
631	시편 135편	크신 하나님을 향한 담대한 찬양
641	시편 136편	영원한 사랑
649	시편 137편	찬양할 수 없을 때
659	시편 138편	담대한 신앙
667	시편 139편	무한하지만 친밀하신 분
679	시편 140편	필사적인 부르짖음

Main Idea로 푸는 시편 76-150

687 시편 141편 능력 있는 기도

695 시편 142편 결코 외롭지 않음

701 시편 143편 진정한 회개

709 시편 144편 하나님이 주신 승리

717 시편 145편 영원한 찬양

725 시편 146편 적극적인 찬양

733 시편 147편 올바른 찬양

741 시편 148편 강력한 찬양

749 시편 149편 특출한 찬양

757 시편 150편 절정의 크레센도

764 용어 해설

767 참고 도서

하나님의 말씀과 하나님의 백성들과의 관계는 물과 물고기의 관계만큼이나 절실하고 심각한 관계다. 하나님을 사랑하는 사람들은 성경을 통해 말씀하시는 하나님의 음성을 듣기를 갈망한다. 그 이름이 목사든, 전도사든, 선교사든, 교사든 하나님의 말씀을 가르치는 모든 일꾼들 또한 영적으로 굶주린 사람들에게 하나님의 말씀으로 풍성한 양식을 공급함으로 그들이 영적인 활력을 갖게 되기를 갈망한다. 그래서 하나님의 말씀을 보다 쉽게, 보다 재미있게, 보다 분명하게 가르칠 수 있도록 인도해줄 자료를 구하지만 쉽게 찾아볼 수 없는 것이 현실이다. 성경을 가르치는 사람에게는 책임이 있다. 누구를 가르치든, 어느 본문을 가르치든 성경

본문 구성

들어가는 글_ 대표적인 크리스천 저술가들이 쓴 주옥 같은 글을 인용함으로 각 개인과 그룹 모임을 하나님의 말씀으로 끌어들이는 토론으로 유도한다.

본문 이해_ 한 절 한 절을 쉽고 명쾌하게 해설한다.

Main Idea

메인 아이디어_ 각 장의 내용과 가르침을 요약하여 한눈에 파악하도록 돕는다.

결론_ 성경의 원리를 요약하고 그것이 삶과 연결되도록 다리를 놓는다.

에 대한 흥미를 자극하고, 성경에 대한 지식을 확대하며, 구체적으로 순종할 수 있는 성경의 원리를 발견하고, 발견한 진리를 삶에 적용함으로 그들의 삶에 변화가 일어나도록 해야 한다.

본서는 구약 성경을 공부해가는 동안 이러한 역동적인 결과를 얻어낼 목적을 가지고 특별한 틀로 구성하였다.

이 작은 도구가 성경을 보다 더 쉽게, 더 분명하게, 더 정확하게 배우고 가르치기를 원하는 모든 하나님의 종들의 손에 들려짐으로 성경에서 막 튀어나온 듯한 건강한 하나님의 백성들을 세우는 성령의 도구로 쓰여지길 기도한다.

발행인 고종률

삶의 적용_ 현재의 삶과 성경의 진리를 연결하도록 돕는다.

기도_ 각 장에서 발견한 원리와 적용의 실행을 위해 기도할 수 있도록 돕는다.

티칭 가이드

티칭 가이드_ 성경 교사들을 돕기 위한 성경 교수 계획을 제시한다.

심층 연구_ 더 깊은 지식을 원하는 사람들을 위해 낱말과 어구와 주제에 대한 보다 깊은 연구로 인도한다.

시편 서문

수세기 동안 시편은 교회의 영적 생활 형성에 주도적 역할을 해왔다. 영감된 이 거룩한 찬양 모음집은 놀라운 부흥과 각성의 계절을 열게 한 강력한 촉매제였음이 입증되었다. 교회사에서 시편이 차지하는 위치는 실제로 그 어떤 것과도 비교되지 않는다.

종교 개혁 때에 시편은 유명한 독일 개혁주의자인 마틴 루터(Martin Luther)가 비텐베르크 대학에서 가르쳤던 첫 성경책이었다. 시편의 신학적 깊이와 하나님 중심적인 메시지에 경탄한 루터는 시편을 '축소된 성경' 이라고 부를 정도였다. 인생의 가장 어려운 한 해(1527년)를 지날 때 루터는 시편 46편에 근거해 "내 주는 강한 성이요"라는 유명한 찬송가를 썼다. 사후에 발견된 그의 성경책을 보면 닳을 대로 닳아 있었고, 성경책 앞면에는 손으로 쓴 구절이 하나 있었다. 그것은 시편 119편 92절 말씀이었다. 탁월한 스위스의 개혁가인 존 칼빈(John Calvin)은 시편에 대한 실제적인 주석을 저술하고 시편 119편 전체를 세밀하게 설교했다. 나아가 칼빈은 제네바의 성 베드로 성당용으로 시편을 통합하여 하나님의 영감된 찬송가집을 만들었다. 프랑스의 피비린내 나는 박해를 피해 제네바로 피신한 위그노파들은 시편을 찬양하고 연구함으로써 영혼의 위로를 얻었다.

스코틀랜드 종교 개혁과 영국 종교 개혁 때의 그 소란스러운 시기에 시편은 용감한 신자들의 생명줄임을 입증했다. 헨리 8세와 아라곤의 캐서린(Catherine)의 결혼의 법적 정당성을 인정하길 거부한 토마스 모어 경(Sir Thomas More)은 일 년여 동안 런던 탑에 구금되었다. 그는 투옥된 몸이었지만 시편을 통해 하나님에 대한 신실함을 지킬 힘과 위로를 얻었다. 마찬가지로 초기 스코틀랜드 순교자인 조지 위셔트(George Wishart)는 사형이 집행되기 전날 밤 친구들과 함께 모여 시편 51편을 찬송으로 부르며 임박한 순교를 감당할 수 있는 영혼의 강건함을 얻었다. 나아가 피의 여왕 메리(Mary)의 끔찍한 집권기에 화형당한 첫 선교자인 존 로저스(John Rogers)가 야유를 퍼붓는 수천 명의 관중이 지켜보는 가운데 용감하게 시편 51편을 암송하며 화형대로 걸어간 것 역시 이 동일한 시편의 박자에 맞춘 것이었다.

황금 시절인 청교도 시절에 시편은 또다시 그 운동에 동참한 경건한 신자들에게 지워지지 않는 흔적을 남겼다. 유명한 청교도인 토마스 맨튼(Thomas Manton)은 시편 119편에 대해 190편의 설교를 했고, 이것은 후에 1, 677페이지의 방대한 분량인 세 권의 책으로 출판되었다. 올리버 크롬웰(Oliver Cromwell)은 영국 호국경이 되었을 때 의회의 취임 연설에서 시편 46편과 85편을 강해 설교했다. 살아 있는 시편의 생생한 언어는 뛰어난 재능의 존 번연(John Bunyan)이 시대를 초월하는 명저인 「천로역정(Pilgrim's Progress)」을 쓸 때와 존 밀턴(John Milton)이 「실낙원(Paradise Lost)」을 쓸 때 안내자 역할을 했다. 번연은 감옥 생활을 할 때 그의 마음을 붙잡아주고 영혼을 강건하게 해준 말씀이 시편 68편 18절이었다고 말했다.

대각성 운동 때 대서양 양쪽에서 하나님을 향한 열정에 불을 붙인 것 또한 시편이었다. 미국의 가장 위대한 목회자이며 신학자인 조나단 에드워즈(Jonathan Edwards)는 부흥의 정점에 시편 찬송이 터져나와 뉴 잉글랜드 전역의 교회들에게 불을 지폈다고 지적했다. 감리교 창시자인 존 웨슬리(John Wesley)는 런던 성 바울 성당에 출석해 "여호와여 주께서 죄악을 감찰하실진대 주여 누가 서리이까 그러나 사유하심이 주께 있음은"(시 130:3-4)이라는 성가대 찬양을 듣다가 그리스도께로 회심했다. 웨슬리는 시편 46편 11절의 이 진리를 마음에 새긴 채 숨을 거두었다. "가장 좋은 것은 하나님이 우리와 함께 계시다는 것이다."

현대 선교 운동에서 시편의 강력한 영향이 또다시 깊이 감지되었다. 윌리엄 캐리(William Carey)가 인도에서 죽어가고 있을 때 그는 스스로 천국에 들어가기 위한 준비를 하며 시편을 읽었다. 그러나 하나님이 그의 생명을 구해주셔서 그는 11년을 더 살았다. 캐리는 죽을 때 영혼을 붙드는 능력에 대한 증언으로 자신의 장례식에서 시편을 읽어줄 것을 지시했다. 또 다른 인도 선교사인 헨리 마틴(Henry Martyn)은 시편에 흠뻑 젖어 살았다. 그의 일기는 시편 주석으로 빼곡히 들어차 있었다. 마틴은 시편 119편을 암송하고 규칙적으로 그 마음에 그 진리들을 되새겼다. 데이비드 리빙스턴(David Livingstone)은 영국을 떠나 아프리카로 갈 시간이 되자 가족과 마지막 아침 식사를 하며(다시는 그들을 보지 못했다) 시편 121편과 135편을 읽었다. 그의 어머니는 임종할 때까지 매일 그를 위해 이 시편으로 기도했다.

잉글랜드의 빅토리아 여왕 시대에 찰스 스펄전(Charles H. Spurgeon)은 가장 위대한 설교자로 두각을 나타냈다. 스펄전은 놀라운 사역 기간 동안 「다윗의 보물(The Treasury of David)」이라는 시편에 대한 일곱 권짜리 저술인 단 하나의 주석만을 집필했다. 스펄전은 시편 51편을 설교하기 전에 그 내용이 너무나 두려워 그 내용의 풍성함을 강해하기에 자신이 합당치 않다고 느꼈다. 그는 마음이 회복될 때까지 그 설교를 몇 주간 연기했다. 드디어 그 설교를 하던 날 그는 거룩한 땅에 섰으므로 신발을 벗어야 한다고 기록했다.

런던 웨스트민스터 채플의 목회자인 마틴 로이드 존스(Martyn Lloyd-Jones)는 어느 주일 아침 설교를 하기 전에 식사를 위해 자리에 앉았다. 그 고요한 순간 그는 시편 42편을 읽었고, 폐부를 찌르는 진리에 완전히 사로잡혀 냅킨을 덮고 그 시편 내용을 정리하여 그날 아침 예배 때 설교하였다. 그후 몇 주 동안 그는 그 시편의 진리에 대해 강해했다. 이 설교들은 계속해서 베스트셀러를 유지하고 있는 「영적 침체(Spiritual Depression)」로 출판되었다.

하나님은 오랫동안 자기 종들을 축복하시기 위해 수없이 많은 방법으로 시편을 사용하셨다. 이것은 수많은 예 중 몇 가지 사례에 불과하다. 인간의 마음을 사로잡고 정복하는 시편의 힘을 능가할 것은 없다. 교회사에서 발췌된 이 사건들은 이 책을 더 깊이 연구하고자 하는 희망으로 시편에 대한 욕구를 자극하기 위해 소개한 것이다. 시편은 광대한 진리의 바다지만 팔을 뻗어 그것을 껴안고자 하는 일은 도전적인 일이다. 그래서 시편은 종종 가르치거나 설교되지 않을 때가 많다. 그러한 경향을 뒤집기 위해서, 시편에 대한 이 간략한 주석은 제한적이긴 하지만 이 위대한 책에 더 쉽게 다가갈 수 있도록 돕기 위해 겸손한 시도를 했다. 이 주석은 시편 후반부의 각 시편을 개괄적으로 살피고, 그 진리의 풍성함을 이해하도록 돕고자 한다. 이 책을 통해 시편을 가르치고 설교할 용기를 얻게 되기를 바란다. 하나님의 영광과 당신의 선을 위해 다윗의 보물이 더욱더 소중한 보물이 되기를 기도한다.

오직 하나님께 영광을!(Soli deo Gloria!)
스티븐 J. 로슨(Steven J. Lawson)

시편 76편

거룩한 진노

"현대 사회에서 거룩한 분노는 금기시되었고, 그리스도인들은 그 금기를 폭넓게 수용해왔으며, 그 문제를 절대 제기하지 않겠다고 결정했다."

- J. I. 팩커(J. I. Packer)

들어가는 글

오늘날의 포스트모더니즘 세상에서 하나님의 진노에 대한 진리는 구시대적인 신의 모습으로 풍자와 조롱의 대상이 되었거나 더 심한 경우엔 중세적 신화로 철저히 부정당하고 있다. 심지어 오늘날 많은 그리스도인들조차 그것이 하나님의 속성의 오점이나 기독교와 다소 상관없는 교리인 양 신적 보복을 해명하려고 하는 것 같다. 하지만 성경은 하나님의 진노를 그분의 거룩하심의 필수적인 속성으로 분명하게 제시하고 있다. 하나님에 대한 참된 지식이라면 반드시 죄를 미워하시는 하나님의 진노에 대한 명백한 이해에 기초해야 한다. 죄에 대한 하나님의 분노하심을 가르치지 않는 것은 실제로 우상 숭배 행위다. 그것은 자기 자신이 만든 신을 섬기는 것이기 때문이다. 하나님의 거룩하심에는 의로운 분노와 죄에 대한 징벌이 요구된다. 죄인들에 대한 하나님의 거룩한 분노와 그들에 대한 정당한 형벌이 이 시편의 중심 주제이다.

특히 시편 76편은 악한 침략군들로부터 하나님이 거룩한 성 예루살렘을 강하게 방비해주신 데 대한 찬양이다. 여기서 시편 기자는 하나님이 자기 백성들을 지키실 때 원수들에 대한 심판을 행하심으로 예루살렘에서 자신을 알리셨다고 선언한다. 많은 성경주석가들은 이 시편의 역사적 배경이 주전 701년 산헤립의 앗수르 군대가 성육신 이전의 그리스도이신 주의 천사에 의해 멸망하고 18만 5천 명의 병사가 죽은 사건이라고 믿는다(비교. 왕하 18-19장, 사 36-37장). 그럴 경우 아삽의 시편인 이 시편은 다윗 시대의 인물인 아삽의 후손이 썼거나 인도했을 것이다. 이 표제는 아삽의 이름으로 된 성가대 조직을 가리킬 수 있다.

본문 이해

Main Idea	시편 기자는 하나님이 원수들에게 진노를 드러내신 기쁨으로 인해 그분을 찬양한다.

A. 하나님의 진노가 나타나다(76:1-3)

76:1-2. 하나님은 이스라엘의 원수들을 멸하심으로써 자신의 영광을 찬란히 나타내시며 자신을 알리셨다. 하나님은 거룩한 성, 예루살렘을 지키신 능력의 역사를 통해 유다에 자신을 알리신다. 원수들에 대한 이 무서운 심판의 결과, **그분의 이름**(즉 그의 거룩한 속성의 총체적 충만성)이 **이스라엘에 크게** 나타나신다. **그 장막**은 승리한 장군의 야전 막사로 성전을 묘사한 것이다. 이 장엄한 구조물은 **살렘**(예루살렘의 줄임말이며, 예루살렘의 고대 명칭, 창 14:18)에 있다. 그의 영광이 가장 분명하게 드러나는 **그 처소는 시온**(예루살렘의 또 다른 이름)에 있다.

76:3. 하나님의 거룩한 성은 그분이 자신을 분명하게 계시하신 곳이다. 거기서 저가 성의 방어용 성벽을 향해 침입자들이 쏜 **화살**(즉 불꽃이 타오르는 미사일과 같은 무기)을 깨치셨다. 마찬가지로 하나님은 적병들의 **방패와 칼을 깨뜨리셨다**. 그분은 예루살렘을 겨눈 모든 **전쟁 무기를** 쓸어버리셨다. 하나님은 이렇게 신적 진노를 드러내심으로 이스라엘에게 거룩한 분노의 강력한 시행자로서 자신을 알리셨다. 그분의 무서운 진노를 축소하거나 일축하는 모든 하나님에 대한 이해는 참된 하나님에 대한 거짓된 태도다.

B. 하나님의 진노가 영화로우시다(76:4-9)

76:4. 시편 기자는 하나님의 진노를 변명하기는커녕 **주는 영화로우시도다**라고 외친다. 원수들에 대한 하나님의 이런 진노하심을 통해(비교. 3절) 하나님의 거룩하심의 빛이 계시되고, 하나님은 자기 백성들에게 자신을 알리셨다. 하나님은 **약탈한 산에서 존귀하신 분으로** 나타난다. 문자적으로 이것은 '먹이들의 산(mountains of prey)' 이며, 이

스라엘의 압제자들을 그의 백성들을 공격하기 위해 침략한 위협적이고 높은 산들로 묘사한 것이다. 그러나 오히려 하나님이 그들을 먹이로 삼으시고 들짐승을 사냥하시듯이 심판으로 그들을 먹어치우신다.

76:5-6. 침략한 이방 장사들은 용감하고 용맹하여 마음이 강한 자들이지만 죽은 시체들처럼 하나님께 탈취당한다. 그들은 철저하게 패배당하고 멸망해서 이제 영원한 죽음 속에서 마지막 잠을 잔다. 그들은 손을 놀리지 못하는 죽은 자들로 간주된다. 하나님의 꾸짖으심은 단순한 위협이 아니다. 병거와 말조차 다 깊은 잠이 든다. 하나님의 진노로 적군이 완전히 진멸하여 싸울 사람이 전혀 남아 있지 않다.

76:7-9. 이 두려운 하나님의 진노에 대해 시편 기자는 하나님께 주는 경외할 자시니라고 말한다. 이 엄중한 경외심만이 하나님의 진노에 대한 유일한 올바른 반응이다. 주께서 한 번 노하실 때에 누가 주의 목전에 서리이까? 명백한 대답은 아무도 없다는 것이다. 하나님이 진노를 발하시면 어떤 인간이나 군대도 하나님을 대적할 수 없다. 주께서 하늘에서 판결을 선포하시매 땅에 죽음의 파멸이 임한다. 땅의 백성들은 그것을 보고 두려워하며 잠잠해진다. 그들은 이 무서운 신적 분노에 정신을 잃고 할 말을 잃는다. 하나님이 그분의 원수들을 판단하시려고 일어나시자 온 땅이 충격에 빠진다. 그 행위를 통해 그분은 땅의 모든 온유한 자를 구원하시려고, 즉 자기 백성들을 건져내시려고 역사하셨다.

C. 하나님의 진노가 자제되다(76:10)

76:10. 시편 기자는 여전히 하나님을 부르며 진실로 사람의 노는 장차 주를 찬송하게 될 것이요라고 외친다. 하나님이 침략군들에게 거룩한 진노를 쏟아부으시자 하나님의 백성들은 이 노를 보이신 데 대해 찬송을 하게 된다. 이 침략자들이 거리낌없이 신성 모독을 하던 곳에서 이제 성도들의 찬송이 들린다. 또한 하나님의 진노에서 살아남은 자들은 더 이상 죄를 짓지 않도록 금해진다. 악인들의 양심은 죄를 심판하시는 이스라엘의 이 위대하신 하나님을 영원히 의식하게 되었다.

D. 하나님의 진노는 새롭게 회복시키는 힘이 있다(76:11-12)

76:11. 하나님의 이름을 부르는 모든 사람들은 그분의 진노를 신중하게 고려해야 한

다. 그리고 하나님을 향한 그들의 충성을 새롭게 회복해야 한다. 이 두려운 신적 진노의 나타나심을 고려해 모든 신자들은 서원으로 하나님에 대한 자신의 충성을 맹세하고 그것을 지켜야 한다. 이 영적 헌신은 분명히 사방에 사는 모든 자들에게 영향을 미칠 것이다. 하나님의 의로우신 진노에 대해 들은 이들에게 시편 기자는 마땅히 경외할 이, 즉 하나님께 예물을 드리도록 하라고 말한다. 이 예물을 드리는 행위는 하나님께 대한 경배와 복종의 행위여야 한다.

76:12. 방백들의 심령을 꺾으시는 하나님께 맹세와 예물이 드려져야 한다. 그분의 진노는 가장 강력한 인간들도 복종시키며, 주님이 세상의 왕들에게 두려움의 대상이 되게 할 것이다.

결론

유명한 성경 주석가였던 매튜 헨리(Metthew Henry)는 수세기 전에 "하나님의 자비가 그분의 백성들에게 아침마다 새롭듯이 악인들에 대한 그분의 진노도 아침마다 새롭다"고 썼다. 이 시편은 이 진리를 강력히 증언하고 있다. 하나님을 대적하는 모든 자들을 향해 지금도 하나님의 진노가 맹렬히 불타고 있음이 이 시편에 분명히 언급되어 있다. 이 두려운 사실을 깨닫고 그리스도를 믿지 않는 자들은 악인들에 대한 하나님의 진노와 심판이 가득함을 알고 회개하며 그분 앞에 나아와야 한다. 또한 하나님의 모든 백성들은 하나님에 대한 거룩한 경외심과 두려움 가운데 살아야 한다. 모든 성도들은 그분이 죄를 미워하심을 알고 그분께 순종하고 섬기겠다는 결단을 새롭게 해야 한다. 하나님의 자녀들이 그의 원수들을 위해 준비된 진노를 결코 경험하지 않는다 하더라도 성경은 하나님이 신자들의 죄를 눈감아주지 않으신다고 분명히 명시한다(히 12:5-11). 그분의 이름에 합당한 경외와 존경을 그분께 돌려드리기를 바란다.

teaching guide

티칭 가이드

교안

A. 하나님의 진노가 나타나다(76:1-3)

1. 하나님의 위대하심을 알게 하다(1-2절)
    - a. 유다와 이스라엘에서(1절)
    - b. 살렘과 시온에서(2절)
2. 그분의 전능하심을 알게 하다(3절)
    - a. 날아오는 화살을 깨뜨리심으로(3a)
    - b. 방패와 칼을 깨뜨리심으로(3b)
    - c. 모든 전쟁의 무기를 깨뜨리심으로(3c)

B. 하나님의 진노가 영화로우시다(76:4-9)

1. 하나님의 진노가 위엄 가운데 빛을 발하시다(4-6절)
    - a. 마음이 강한 자들이 약탈당한다(4-5절)
    - b. 말과 병거가 정지해 있다(6절)
    - c. 모든 사람이 두려움에 빠진다(7절)
2. 하나님의 진노가 전능하심으로 소리를 발하시다(8-9절)
    - a. 하늘에서 진노의 판결이 선포되었다(8a)
    - b. 땅이 그분의 진노를 깨닫는다(8b)
    - c. 원수들에게 그분의 진노가 임한다(9절)

C. 하나님의 진노가 자제되다(76:10)

1. 하나님의 진노로 찬송이 드려진다(10a)

2. 하나님의 진노로 죄를 억제한다(10b)

D. 하나님의 진노는 새롭게 회복시키는 힘이 있다(76:11-12)

1. 하나님의 백성들은 합당한 반응을 보여야 한다(11a)
    a. 하나님께 서약을 하라(11a)
    b. 하나님께 드린 서약을 지키라(11a)
2. 하나님의 원수들은 합당한 반응을 보여야 한다(11b-12절)
    a. 하나님께 예물을 드리라(11b)
    b. 하나님을 경외하라(12절)

시편 77편

절망을 이기는 법

"근심의 시작은 믿음의 끝이며 참된 믿음의 시작은 근심의 끝이다."

-조지 뮬러(George Muller)

들어가는 글

인생의 혹독한 시련 속에서 성도들은 용기를 꺾어버리는 절망의 어두움 속으로 추락하는 자신의 모습을 볼 수 있다. 심지어 이러한 낮은 계곡들은 우리를 황폐하게 만드는 낙심의 계절을 가져다줄 수도 있다. 그러한 음침한 골짜기에서 면제될 자는 아무도 없다. 심지어 가장 강한 성도라고 해도 마찬가지다. 그러한 침체기에 의인들은 하나님이 과거에 자기 백성들에게 허락하셨던 승리에 다시 초점을 맞추기 위해 자기 자신을 훈련하고 단련해야 한다. 성도는 무서운 고통의 시간을 지날 때 지난 세대에게 행하신 하나님의 놀라운 역사를 묵상함으로써 믿음을 쌓고 영혼을 단련하는 시간으로 삼을 수 있다. 그러한 과거에 대한 묵상은 절망으로 허우적거리며 짓눌린 심령에게 용기를 준다. 하나님은 이전에도 능력으로 역사하셨고, 오늘날에도 그러한 역사를 온전히 행하실 수 있으시다.

그러한 의도의 묵상이 아삽의 시인 시편 77편에 잘 나타나 있다. 이 시편은 극심한 개인적 위기 속에서 하나님이 허락하신 과거의 승리를 묵상함으로 큰 위로를 얻은 후에 쓴 것이다. 이 시편의 경우 그가 묵상한 과거의 사건은, 하나님이 자기 백성을 바로의 폭정과 애굽인들의 탄압에서 구해내시기 위해 권능으로 역사하신 출애굽 사건이었다. 이 과거의 신적 승리에 초점을 맞춤으로 그는 새로운 시련 가운데서도 용기를 회복할 수 있었다. 또 이렇게 하나님께 집중함으로 그는 강한 믿음을 갖게 되었다. 과거에 하나님이 행하신 일을 기억함으로써 그의 고통과 혼란은 곧 승리의 기쁨으로 바뀌었다.

본문 이해

Main Idea	아삽은 하나님께 버림받았다는 생각에 절망하지만 과거에 하나님이 행하셨던 놀라운 역사를 묵상함으로 용기를 얻는다.

A. 아삽의 낙심(77:1-6)

77:1-2. 자신이 비참하고 황폐한 자리에 있음을 본 시편 기자 아삽은 큰 환난의 캄캄한 날을 당해 심리적으로 낙심해 있다. 하나님의 도우심이 필사적으로 필요한 그는 온종일 밤낮으로 하나님께 부르짖는다. 그의 영혼이 환난 가운데 있기 때문에 그는 간절히 주를 찾는다. 밤새도록 그는 하나님께 손을 들고 거두지 아니한다. 이것은 겸손한 기도와 간절한 믿음을 의미하는 자세다. 그러나 그가 아무리 기도해도 그의 영혼은 극심한 절망에 빠져 위로받기를 거절한다. 진정한 위로자가 되시는 하나님을 바라보지만 기도로 구원을 얻고자 하는 그의 노력은 아무 소득이 없다.

77:3. 이 고통과 황폐함 속에서 아삽은 하나님을 의지할 것을 생각한다. 하지만 그 고통 가운데서 아무 위안도 얻지 못한다. 그는 속으로 매우 불안함을 느낀다. 하나님이 과거에 베푸신 자비를 묵상하는 일은 그의 고통을 더욱 가중시킬 뿐이다. 그는 과거의 하나님의 선하심을 묵상하지만 그러한 자비가 위기에 처한 자신과 전혀 상관이 없어보이기 때문에 그 심령이 상한다.

77:4-6. 잠도 그를 피해 간다. 그는 그것이 하나님이 하시는 일이라고 생각한다. 그는 잠을 이룰 수 없으므로 괴로워서 합리적으로 말할 수도 없다. 그는 하나님의 복이 분명하게 드러났던 옛날을 생각한다. 그는 밤에 부른 적이 있는 노래를 기억한다. 그것은 이전에 그의 마음에 위로가 되었던 노래였다. 그러나 행복했던 때를 되돌아보면 낙심만 더 깊어진다. 그의 마음은 과거의 영광스러운 날들을 묵상하고, 그의 심령은 현재적 딜레마에 대한 해결책을 궁구한다. 그런데 안타깝게도 그의 낙심은 줄어들지 않고 오히려 더 깊어만 갈 뿐이다.

B. 아삽의 절망(77:7-9)

77:7. 절망에 완전히 압도되고 혼란에 빠진 아삽은 하나님께 연속적인 수사학적 질문을 쏟아낸다. 이 질문들은 그의 절망의 뿌리 자체를 드러내고 있다. 하나님께 잊혀지고 버림당했다고 생각한 그는 **주께서 영원히 버리실까**라고 생각한다. 그 대답은 '아니다' 이다. 하지만 그는 확실히 하나님께 버림받았다고 생각한다. **다시는 은혜를 베풀지 아니하실까?** 그는 이제 하나님이 또다시 자신에게 복을 주실 것인지 의심이 생긴다. 이러한 의심은 영혼이 낙심할 때 드는 과장된 생각이다.

77:8-9. 하나님은 그분의 인자하심을 언제까지 거두실 것인가? 시편 기자는 그러한 사랑을 다시는 경험하지 못할 것이라고 확신했다. 그는 하나님의 약속(허락)이 이루어지지 않았다는 잘못된 생각을 자신에게 주입시켰다. **하나님이 은혜 베푸심을 잊으셨는가?** 그렇지 않다. 하지만 시편 기자는 이렇게 믿기 시작했다. **노하심으로 그 긍휼을 막으셨는가?** 그렇지 않다. 하지만 겉으로 볼 때 하나님은 그에게 따뜻한 사랑을 베풀려고 하시지 않는 것 같다. 이러한 질문들은 그의 낙심한 상태를 반영하기 때문에 부정적이다. 그러나 이런 질문들을 통해 그가 하나님께 더 가까이 나아가게 될 것이다.

C. 아삽의 결심(77:10-15)

77:10. 과거 세대에 거둔 하나님의 승리로 생각을 이동한 아삽은 하나님이 자기 백성들을 보호하시고 강하게 해주신 이전 시대를 묵상한다. 이러한 재조명은 이 시편의 전환점이다. 그는 과거의 하나님의 구원 역사에서 소망을 얻기 시작한다. **이는 나의 연약함이라 지존자의 오른손의 해**(이에 내가 호소하리라. 곧 지존자의 오른손의 시간들-NIV). 이것은 언약 백성에 대한 보호자와 공급자로서의 하나님의 강력한 통치를 바라보며 이전 시대를 언급한 것이다(창 14:22).

77:11-12. 지난 시절을 회상하면서 시편 기자는 곧 **여호와의 옛적 기사를 기억하여 그 행하신 일을 진술하리이다**라고 결심한다. 하나님이 과거에 자기 백성들을 위해 행하신 일을 기억하는 것은 그의 믿음을 강하게 해준다. **주의 모든 일,** 즉 하나님이 과거에 행하신 일과 기적을 생각할 것을 다짐한다. 아삽은 현재 자신의 환난에서 하나님이 과거에 행하신 일로 생각의 방향을 재이동한 후 새롭게 힘을 얻는다.

77:13. 더욱 확신이 강해진 아삽은 하나님이 행하실 기적들이 거룩하다고 인정한다.

담대함이 생긴 그는 하나님의 위대하심을 선언한다. 하나님이여 주의 도는 극히 거룩하시오니. 거룩하다는 것은 인간을 향한 그의 결정과 방식에 조금도 잘못이 없으며, 절대적으로 완전하고 도덕적으로 순결하다는 뜻이다. 이로 인해 그에게 변화가 생긴다. 하나님과 같이 큰 신이 누구오니이까? 이 질문에 함축된 대답은 한 사람도 없다는 것이다. 하나님만이 초월자시고, 피조물보다 높이 계시며, 모든 길에 정직하시다.

77:14-15. 주는 민족들 중에 주의 능력을 보이시고 기사를 행하신 하나님이시라. 하나님은 행하기로 결정하신 것을 무한한 능력으로 이루신다. 주의 팔로 주의 백성을 구속하셨나이다. '건져내다', '구조하다'와 동의어인 '구속하다'란 말은 하나님이 과거에 자기 백성들을 압제자들의 속박에서 건져내셨다는 뜻이다. 하나님은 야곱과 요셉의 자손을 위해 이 일을 하셨다. 이것은 그분이 자기 백성들에게 계속 신실하게 행하셨음을 암시한다. 그러므로 시편 기자는 하나님이 그의 삶에서도 동일하게 행하실 것을 기대할 수 있다. 하나님은 과거에 하신 일을 현재에도 다시 행하실 수 있으시다(11, 14-15절).

D. 아삽의 선언(77:16-20)

77:16. 특별히 아삽은 이스라엘의 과거에서 하나님이 능력을 보이신 한 가지 신적 행위를 묘사한다. 그것은 출애굽 사건이다(출 14장). 여기에 하나님의 권능에 대한 생생한 묘사, 즉 홍해가 갈라진 사건이 매우 시적인 언어로 표현되어 있다. 하나님이여 물들(홍해를 가리킴)이 주를 보았나이다. 그리고 자기들이 갈라질 것을 알고 두려워하며 진동하였나이다. 전 지구가 전율한 것이다.

77:17-19. 이 기적적 개입을 통해 하나님은 비를 쏟아붓는 구름과 천둥소리를 내는 궁창과 날아간 살로 묘사된 번개로 그의 능력을 보이셨다. 회리바람은 하나님의 백성들과 바로의 군대 사이에 서서 바다를 갈라놓은 구름이다. 이 강력한 구름에서는 번개뿐 아니라 우렛소리도 들렸다. 그 밑에 있는 땅의 기초가 이 놀라운 능력 앞에 흔들리고 움직였다. 하나님의 길이 바다에 있었다. 바다가 이스라엘 백성 앞에서 갈라졌기 때문이다. 그분의 종적을 알 수 없었다. 이는 그분의 임재가 그들에게 가시적으로 드러나지 않았다는 뜻이다. 그럼에도 불구하고 이것이 전능하신 하나님의 손의 역사임은 분명하다.

77:20. 이 극적이고 초자연적 구원을 통해 하나님은 목자가 자기 양 떼를 인도하듯이 자기 백성을 부드럽지만 능력 있게, 양처럼 그들을 보호하시며 인도하셨다. 그분은 그

들을 홍해와 시내 광야를 통과하도록 인도하시고 궁극적으로는 약속의 땅으로 인도하셨다. 하나님이 안전한 땅으로 그들을 신실하게 인도하실 때 사용하신 이는 그분의 택함을 입은 지도자 모세와 아론이었다.

결론

이 구절에서 우리는 낙심한 성도들에게 주어지는 강력한 위로의 메시지를 들을 수 있다. 모든 성도들은 구속의 역사를 통해 하나님이 과거에 거두신 승리를 묵상해야 한다. 성경에 쓰이고, 교회사 연감에 기록된 하나님의 놀라운 역사들은 인간 역사에서 하나님이 행하신 역사의 이야기를 알려주기 위한 것이다. 모든 이야기들은 우리의 심령에 강렬한 소망을 던져주어야 한다. 과거에 그토록 놀라운 역사를 행하신 하나님은 지금도 동일하게 자기 백성들을 도울 준비를 하고 기다리신다. 과거를 회상함으로써 우리는 미래뿐 아니라 현재를 위한 힘을 얻을 수 있다. 모든 성도들이 주권자 되신 여호와께서 과거 세대에 행하신 놀라운 행적들에 초점을 맞춤으로 현재에서 위로를 얻게 되기를 바란다.

teaching guide

티칭 가이드

고안

A. 아삽의 낙심(77:1-6)

1. 내가 하나님께 부르짖나이다(1절)
    a. 나를 도우소서(1a)
    b. 내게 귀를 기울이소서(1b)
2. 내가 하나님을 찾나이다(2절)
    a. 환난의 날에(2a)
    b. 환난의 밤에(2b)
3. 내가 하나님을 기억하나이다(3절)
    a. 내 영혼이 불안해한다(3a)
    b. 내 마음으로 생각한다(3b)
    c. 내 심령이 상한다(3c)
4. 나의 이전 날들을 기억하나이다(4-6절)
    a. 내 눈이 피곤하다(4a)
    b. 내 입이 말을 더듬는다(4b)
    c. 내 머리로 생각한다(5절)
    d. 내 마음으로 곰곰이 묵상한다(6절)

B. 아삽의 절망(77:7-9)

1. 주께서 나를 버리셨는가?(7절)
2. 주께서 나에 대한 약속을 폐기하셨는가?(8절)
3. 하나님이 나를 잊으셨는가?(9절)

C. 아삽의 결심(77:10-15)

1. 내가 하나님의 기사에 다시 초점을 맞출 것이다(10절)
2. 내가 하나님의 기사를 기억할 것이다(11절)
3. 내가 하나님의 기사를 묵상할 것이다(12절)
4. 내가 하나님의 기사를 기뻐할 것이다(13-15절)
    a. 하나님의 길은 완전하다(13절)
    b. 하나님의 기사는 강력하다(14절)
    c. 하나님의 사역은 자기 백성을 보호한다(15절)

D. 아삽의 선언(77:16-20)

1. 하나님의 권능이 홍해에서 나타났다(16-18절)
    a. 물들이 두려워하였다(16절)
    b. 구름이 물을 쏟았다(17a)
    c. 궁창이 소리를 발했다(17b)
    d. 번개가 번쩍거렸다(17c)
    e. 우렛소리가 났다(18a)
    f. 땅이 흔들렸다(18b)
2. 하나님의 길이 홍해에 나도록 명함을 받았다(19절)
    a. 주의 길을 능히 당할 자가 없었다(19a, b)
    b. 주의 종적이 보이지 않았다(19c)
3. 하나님의 백성들이 홍해에서 구원을 받았다(20절)
    a. 그분이 양 떼처럼 그들을 인도하셨다(20a)
    b. 그분이 자기 종들을 통해 그들을 인도하셨다(20b)

시편 78편

기억하기 위해 기억하라

"현재를 시험하고자 한다면 역사에 호소해야 한다."

- 윈스턴 처칠(Winston Churchill)

들어가는 글

1897년, 영국의 식민지 지배력은 정점에 도달했다. 광대한 대영 제국이 빅토리아 여왕 즉위 희년 축제에 관심을 돌린 때가 바로 이 시기였다. 세계 각지에서 영국이 소유한 식민지의 통치자들이 자축을 위한 긴 여름을 보내기 위해 런던으로 돌아왔다. 이 황금기에 영국의 가장 유명한 시인인 루드야드 키플링(Rudyard Kipling)은 이 역사적 행사를 위한 글을 써달라는 부탁을 받았다. 이 기회에 매우 절실한 경고를 제공하기로 한 그는 "퇴장성가 1897(Recessional 1897)" 이라는 제목을 붙인 강렬한 시를 썼다. 그것은 이렇게 시작한다.

> 옛적부터 알려진 하나님 우리 아버지여
> 먼 곳까지 펼쳐진 전선의 주시여
> 우리가 붙잡는 장엄한 손으로
> 종려나무와 소나무를 다스리소서.
> 군대의 주시여, 우리와 함께하소서.
> 우리가 잊지 않도록 - 잊지 않도록.

이 뛰어난 작품에서 키플링은 영국이 과거를 교만함이 아닌 겸손함과 하나님을 의지하는 자세로 바라볼 것을 주문했다. 그는 영국이 자신이 아닌 하나님을 의지하여 이제 잊혀진 과거의 실수를 반복하지 않도록 하라고 도전했다. 모든 세상의 성공이 오직 하나님께로부터 오며, 하나님을 잊어서는 안 된다는 이 대담한 조언은 키플링이 영국의 계관 시인으로 인정된 이유로 인식되었다. 교만한 사람은 특별히 여왕의 희년 축제 기간 동안 그런 생각을 하고 싶어하지 않았다. 그러나 키플링의 메시지가 수용되지 않았을지라도 그는 옳았다. 그는 영국이 미래에도 번영을 구가하기 위해서는 과거의 교훈을 잊어서는 안 된다고 생각했다. 특별히 그들의 수많은 성공이 자신들의 힘이 아니라 하나님께로부터 온 것임을 잊지 말아야 했다.

이 시와 마찬가지로 시편 78편은 현재를 위한 실제적인 교훈을 이끌어내기 위해 이스라엘의 과거 역사를 상술한다. 이 시편은 과거에 하나님의 백성들이 하나님께 잘못 반응했던 모습을 상기시킨다. 이 진리들은 새 시대의 하나님의 백성들이 과거 세대와 동일한 실패를 반복하지 않아야 함을 보이기 위해 계획된 것이다. 이 시편은 시편에서 가장 긴 역사 시편이며, 이외 역사 시편으로는 시편 105-107편, 114편, 135-136편이 있다. 이 시편은 6연으로 나뉘는 교훈적인 노래로, 각 연은 이스라엘의 과거 실패에 대한 독특한 시각을 제시한다.

첫 연(1-8절)은 각 연에서 살피게 될 역사의 서론에 해당된다. 그리고 각 연은 이스라엘이 과거에 한 실패, 현재에는 무슨 일이 있어도 반복해서는 안 될 실패에 대해 소개한다. 그러나 이 모든 것을 통해 시편 기자는 하나님께서 자기 백성들에게 신실하셨고, 그들의 반역과 배신에도 불구하고 그들을 보호하셨음을 지적한다. 그것은 오래 참으시는 하나님의 은혜다.

본문 이해

Main Idea	아삽은 하나님의 선하심에도 불구하고 오랜 세월 반복된 이스라엘의 반역을 살펴보며 신자들이 이와 동일한 죄를 반복하지 않도록 독려한다.

A. 이스라엘의 과거의 중요성(78:1-8)

Supporting Idea	아삽은 하나님의 백성들에게 그들의 과거의 실패로부터 수많은 교훈을 배우라고 요청한다.

78:1-3. 이스라엘의 과거에 초점을 맞춘 시편 기자는 다른 사람들이 듣도록 간절한 호소로 시작한다. 내 백성이여 내 교훈과 내 입의 말을 들으라. 아삽의 말은 꼭 들어야 한

다! 내가 입을 열고 비유(히. 마샬, mashal, 비교)를 베풀 것이다. 비유는 어떤 사건이나 이야기를 다른 사건이나 이야기와 나란히 놓아 두 개가 비교될 수 있도록 하는 가르침의 한 형태다. 이 경우는 이스라엘의 과거 역사가 현 세대 앞에 제시되어 그들이 과거 실수를 반복하지 않도록 하고 있다. 옛 비밀한 일을 말하리니. 시편 기자는 이스라엘의 과거에서 잊혀진 진실들을 말하고, 역사의 실제 사건들 너머를 바라보며, 그것들의 진정한 영적 의미를 분별한다. 그는 이제 하나님이 과거에 이스라엘에게 행하신 일들에 대한 적절한 비평을 제공할 것이다(마 13:35 참조).

78:4-7. 구속 역사의 이러한 교훈들은 후대에 전해져서 과거 실수가 되풀이되지 않게 해야 한다. 이러한 신적 역사들은 하나님의 능력을 포함했다. 하나님은 능력으로 이스라엘 백성의 일에 기적적으로 개입하셔서 모든 사람들 속에 경이감을 불러일으켰다. 하나님은 자기 백성들에게 법도를 주심으로 저희 자손에게 알게 하라고 명하셨고, 그들은 또다시 그 자손에게 이르게 될 것이다(신 6:6-7). 각 세대는 하나님의 말씀을 다음 세대에 위탁하고, 그들이 그 소망을 하나님께 두며 그 계명을 지키도록 촉구해야 한다.

78:8. 이 현 세대는 완고하고, 패역하며, 정직하지 않고, 하나님께 충성치 아니한 그 열조와 같아서는 안 된다. 이스라엘의 역사는 하나님이 그들에게 풍성한 은혜와 받을 자격이 없는 사랑을 베푸셨음에도 불구하고 오랫동안 하나님께 쉬지 않고 불성실했던 꺼지지 않는 기록의 역사였다. 그들은 스스로 믿음 없는 자임을 증명한 과거 세대들과 다르게 하나님께 반응하겠다고 선택해야 한다.

B. 이스라엘의 과거의 반역(78:9-16)

Supporting Idea	민족적 배역의 상징인 에브라임은 하나님께 반역했다.

78:9-12. 시편 기자는 이스라엘 열두 지파 가운데 하나인 에브라임 자손에게 말한다. 그들의 실패는 이스라엘 전 민족의 죄를 상징한다. 그들은 전쟁 준비를 하고, 병기를 갖추며, 활을 가졌음에도 불구하고 전쟁의 날에 물러갔다. 이것은 하나님을 의지하고 순종하지 않은 이스라엘의 역사를 가리킨다. 그 결과 그들은 불순종으로 인해 적들에게 끊임없이 패배했다. 그들은 여호와의 행하신 것을 반복해서 잊었기 때문에 하나님의 언약

을 지키지 않았다. 그들이 자신들을 향한 하나님의 신실하심을 기억했다면 하나님께 신실하고자 하는 마음이 생겼을 것이다. 하지만 그들은 하나님이 과거에 행하신 놀라운 개입들을 망각하고, 반복적으로 계속해서 불순종했다. 하나님은 그들의 눈앞에서, 애굽과 소안에서 기이한 일을 행하셨다. 소안은 나일 삼각지의 북동쪽인 '타니스(Tanis)' 라는 애굽 도시를 말한다. 그러나 하나님의 선택된 백성인 이스라엘은 여전히 그분의 말씀을 지키기를 거부했다.

78:13-16. 하나님은 그들의 불충성에도 불구하고 홍해를 통과하도록 그들을 신실하게 인도하셨다. 그분은 바다를 갈라 물을 무더기같이 서게 하시고 저희로 지나가게 하셨다(출 15:8, 수 3:13, 16). 이것은 홍해 바다에서 하나님이 이스라엘을 극적으로 구원하셔서 바로의 군대를 피하게 하신 사건을 묘사한 것이다. 나아가 하나님은 구름과 불빛으로 광야를 통과하도록 이끄셨고, 이스라엘이 목마를 때 광야에서 반석을 쪼개시고 저희에게 물을 마시게 하셨다. 그들의 불순종에도 불구하고 하나님은 그들을 계속 선하게 대하셨고, 받을 자격이 없는 복을 그들에게 베푸셨다.

C. 이스라엘의 과거의 배은망덕(78:17-31)

Supporting Idea	이스라엘은 하나님께 자주 반역했고, 필요한 것을 공급하시는 그분의 능력을 의심하고 그분을 의지하지 않았지만 하나님은 그들에게 물과 만나를 주시고 그분의 신실하심을 계속 보여주셨다.

78:17-20. 하나님의 선하심에도 불구하고 이스라엘은 계속하여 하나님께 범죄하여 감사치 않고 불순종했다. 하나님이 은혜를 베푸실수록 그들은 더 반역을 범했다. 하나님이 광야에서 그들에게 식물을 주셨을 때도 그들은 하나님을 배반했다. 그들은 광야에서 필요한 것을 주실 수 있는 하나님의 능력을 내내 의심하면서 저희 탐욕대로 식물을 구했다. 모세가 친 반석에서 물이 쏟아지자 그들은 하나님이 고기를 예비하실 수 있다는 사실을 의심했다.

78:21-26. 하나님이 그들의 불순종과, 불신앙과, 감사하지 않는 태도에 대해 어떻게 반응하셨는가? 그분은 크게 노하셨고, 노가 올라 불을 보내셨다(민 11:1-3). 하나님이 그렇게 하신 것은 그들이 하나님을 믿지 않았기 때문이다. 그러나 거룩한 분노에도 불구

하고 여전히 그들을 먹이셨다. 하나님은 하늘 문을 여시고 감사할 줄 모르는 자기 백성들이 먹도록 저희에게 만나를 비같이 내리시며 식물을 충족히 주셨다(출 16:14-31). 그분이 그들을 얼마나 은혜와 인내로 대하셨는가.

78:27-31. 그후 하나님은 나는 새의 고기 혹은 메추라기로 그들을 먹이셨다(출 16:13). 그분은 그 거처 옆의 그들의 진 중에 그것이 떨어지도록 하셨다. 하나님은 그들을 배부르게 먹이셨지만 그들은 여전히 불순종했다. 그러자 하나님이 저희를 대하여 노를 발하셨다. 놀랍게도 그들이 하나님을 반복해서 자극했음에도 불구하고 하나님은 여전히 그들에게 필요한 것들을 공급하셨다.

D. 이스라엘의 과거의 불성실(78:32-39)

Supporting Idea	이스라엘은 반복해서 하나님께 얕은 회개를 했지만 하나님은 여전히 그들을 용서하시고 은혜를 베푸셨다.

78:32-37. 그러한 하나님의 선하심에도 불구하고 이스라엘 백성은 범죄하고 믿지 않았다. 그 결과 하나님이 저희를 죽이셨고 그때서야 비로소 그들은 하나님께 구했다. 너무나 슬프게도 하나님은 자신이 그들의 반석과 구속자이심을 그들이 기억하기 전에 그들을 심판하셔야 했다. 그들이 마침내 돌이켜 하나님을 찾았을 때 그들은 불성실한 거짓된 말로 하나님께 아첨하였지만 저희 마음은 정함이 없었다. 그들이 회개한다고 했지만 그것은 불성실하고, 무의미하며, 거짓된 회개였다. 그들은 자신의 죄에 대해 거짓으로 슬퍼하는 자기 기만에 빠졌다. 그들의 믿음은 위조된 것이었고, 가짜 회개였기 때문에 시험을 받으면 다시 불성실한 모습으로 돌아갔다.

78:38-39. 그러나 그들의 불성실함에도 불구하고 하나님은 자비하셔서 그들의 죄악을 용서하시며 그들을 멸하지 않으셨다. 그분은 그들이 연약하고, 한 번 불면 다시 오지 못하는 바람처럼 덧없이 살아가는 존재임을 기억하시며, 그 진노를 다 표현하지 않고 반복해서 돌이키셨다.

E. 이스라엘의 과거의 불순종(78:40-55)

Supporting Idea	이스라엘은 자주 하나님께 반역하며 그분을 시험하고 망각했다. 하지만 그럼에도 불구하고 하나님은 그들을 애굽에서 이끌어내시어 약속의 땅으로 인도하셨다.

78:40-43. 출애굽 시기로 거슬러 올라간 시편 기자는 동일한 주제, 즉 이스라엘의 반역과 하나님의 구속이라는 주제를 상기시킨다. 아삽은 저희가 광야에서 그를 반항하며 사막에서 그를 슬프시게 함이 몇 번인고라고 하며 탄식한다. 이스라엘은 출애굽 날에 뚜렷이 보였던 그분의 권능을 망각함으로써 재삼 이스라엘의 거룩한 자를 격동시켰다. 그분은 애굽에서 그들을 건져내심으로 대적 바로에게서 구속하셨다. 애굽에서 그 징조를 나타내셨음에도 불구하고 그들은 불순종으로 드러난 계속된 반역으로 하나님을 슬프시게 했다.

78:44-51. 하나님이 애굽에 재앙을 보내셨을 때조차(출 7-12장) 이스라엘은 하나님에 대한 자신들의 반역을 회개하지 않았다. 이 재앙은 피로 변한 강, 파리 떼, 개구리, 황충, 메뚜기, 우박, 번갯불을 포함했다. 이 모든 것을 통해 하나님은 애굽에 노를 내려보내시고 심지어 모든 장자를 쳐서 죽게 하셨다. 하나님은 자기 백성들을 건져내시기 위해 이 모든 일을 행하셨지만 그들은 애굽 사람들과 마찬가지로 계속 마음이 완악했다.

78:52-53. 하나님은 바로에게 열 가지 재앙을 내리시고 자기 백성을 애굽에서 인도하여 내시고 광야를 지나게 하셨다. 이스라엘이 애굽인들처럼 완악했지만 하나님은 애굽인들을 멸망시키시고 이스라엘을 구원하셨다. 하나님은 신실하게 그들을 저희 원수를 엄몰되게 한 홍해를 건너 안전하게 인도하셨다(출 14장).

78:54-55. 이스라엘이 40년의 광야 생활을 했음에도 불구하고 하나님은 그들에게 늘 신실하셨다. 그분은 그들을 그 성소의 지경으로 양 떼처럼 인도하시고, 각 지파에게 할당된 유업을 주셨다. 또한 그들을 약속의 땅으로 인도하시고 열방을 저희 앞에서 쫓아내셨다. 하나님은 그들에게 복 주시기 위해 이 모든 일을 하셨다. 그들이 오랫동안 반역했음에도 불구하고 하나님은 그들을 위해 여전히 싸우시고, 그들의 적들을 멸하시며, 그 땅에서 그들에게 은혜를 베푸셨다.

F. 이스라엘의 과거의 우상 숭배(78:56-72)

Supporting Idea	이스라엘은 끊임없이 하나님을 떠났지만 하나님은 그들을 위해 싸우시고, 은총을 베푸시며, 계속 신실하셨다.

78:56-58. 새로운 땅에 들어왔음에도 불구하고 이스라엘은 하나님께 끊임없이 반역하는 행위를 반복했다. 약속의 땅에 들어왔음에도 그들은 변하지 않았다. 그들은 하나님께 불순종함으로 하나님을 시험했다. 저희 열조같이 이스라엘은 바알 숭배를 위해 산당을 세우고 배반하며 궤사를 행했다. 이스라엘이 또다시 거짓된 우상들을 숭배함으로 하나님의 노를 격동시키고 그분을 진노케 했다.

78:59-64. 의로운 진노로 하나님은 이스라엘을 크게 미워하시고, 실로의 성막이 약탈당하게 하셨다. 여호수아 시대 이후 실로는 이스라엘 예배의 중심지가 되었다(수 18:1, 8, 21:1-2, 삿 18:31, 삼상 1:3). 그러나 하나님은 그 수도를 떠나시고 자기 영광(언약궤)은 대적의 손에 넘기셨다(삼상 4:4-11). 그분은 이스라엘을 칼에 붙이셨고, 그 당시 제사장 홉니와 비느하스를 포함해 많은 백성들이 죽임을 당했다.

78:65-72. 그러나 그후 주께서 일어나셨다(그분이 아무것도 하지 않으신 순간이 마치 그분이 잠을 주신 것 같은 인상을 준 것처럼 표현되어 있다). 다시 분발하신 듯 그분은 그 대적을 쳐 물리치셨다. 그리고 하나님은 북의 열 지파를 상징하는 요셉과 에브라임의 장막을 싫어 버리시고 그 성소가 있을 곳으로 유다 지파를 택하셨다. 또한 하나님은 아버지의 양 떼를 돌보았던 다윗을 택하셔서 그 백성인 야곱과 이스라엘의 목자로 삼으셨다. 또다시 이것은 전혀 자격이 없지만 자기 백성들에게 내리신 하나님의 복이었다. 그들의 왕이 된 다윗은 그 마음의 성실함과 그 손의 공교함으로 그들을 통치했다.

Main Idea 복 습	아삽은 하나님의 선하심에도 불구하고 오랜 세월 반복된 이스라엘의 반역을 살펴보며 신자들이 이와 동일한 죄를 반복하지 않도록 독려한다.

결론

조지 산타야나(George Santayana)는 "역사에서 배울 수 없는 자들은 그것을 반복할 운명이다"라고 지적했다. 또한 그는, 역사는 통찰력이 뛰어난 현재의 스승이며, 미래에 대한 신뢰할 수 있는 안내자라고 말한다. 그러나 역사를 유익한 방향으로 바라보고자 한다면 과거에 대한 현실주의적 관점을 가져야 한다. '아름다웠던 옛날' 이라는 순진한 인식은 현재에 아무 도움이 되지 않는다. 현재와 마찬가지로 과거는 항상 죄로 훼손되어왔다. 과거를 있는 그대로 정직하게 인식할 때, 즉 죄로 망가진 과거로 인식할 때만 과거로부터 유익한 교훈을 얻을 수 있다. 때로는 과거의 성공보다 과거의 실패에서 더 많은 교훈을 얻을 수 있다. 이것이 시편 78편의 소중한 역할이며, 그것은 오늘날 신자들의 삶에도 보편적으로 적용될 수 있다.

하나님의 백성들의 역사는 두 개의 두드러진 주제가 내내 반복되는데 이 두 주제는 결코 망각해서는 안 되는 것이다. 그것은 그들의 실패와 하나님의 신실하심이다. 오랜 세월 동안 신자들은 반복해서 주님께 불순종하고 그들 자신의 길을 의지했다. 이 반복적인 불순종에도 불구하고 하나님은 그의 완악한 백성들에게 무조건적인 복을 베푸시며, 오래 참고 인내하셨다. 자기 백성들의 범죄에도 불구하고 그들을 용납하신 하나님의 인내하심과 그 은혜는 하나님의 경이로운 자비를 강조한다. 하나님은 자기 백성들의 죄가 아니라 그분의 사랑에 따라 그들에게 상을 주신다. 이 시편은 자기 백성들이 자신에게 불성실할 때조차 그들에게 복을 주실 정도로 신실하신 주님을 우리에게 상기시킨다.

삶의 적용

신자들은 하나님이 과거에 자기 백성들을 대하신 모습을 보고 몇 가지 영원한 진리에 유념해야 한다.

1. 하나님의 말씀은 절대 변하지 않는다. 신자들의 불순종에도 불구하고 하나님의 말씀은 동일하다. 불변하며 영원히 진실하다. 세월이 흐르면 문화도 바뀐다. 가치관과 도덕이 달라진다. 하지만 하나님의 말씀은 변하지 않는다. 그것은 세대가 달라져도 변치 않는 것이다. 어제 잘못된 것은 오늘도 여전히 잘못된 것이다. 당신은 불변하는 말씀이 제시하는 기준을 항상 의지하여 하나님이 기대하시는 것이 무엇인지 알 수 있다.

2. 하나님의 길은 절대 변하지 않는다. 인간의 반역에도 불구하고 하나님은 은혜로우시고, 오래 참으시며, 노하기를 더디하시면서도 용서는 속히 하신다. 자기 백성들이 겸손히 엎드려 회개하면 그분은 언제나 신실하셔서 곁길로 간 이들을 다시 영접해주신다. 하나님이 용서하시듯이 신자들은 즉각적으로 회개하는 자들이 되어야 한다.

기도

하나님 아버지, 당신의 무한하신 은혜에 따라 당신께 지은 수많은 죄를 용서해주십시오. 과거에 참으로 신실하게 은혜를 베풀어주셨듯이 지금 은혜를 베풀어주십시오. 죄가 많은 곳에 당신의 은혜가 더 풍성함에 감사를 드립니다. 예수님의 이름으로 기도합니다. 아멘.

심층 연구

A. 언약(78:10, 37)

이것은 시편에서 '언약(히. 베리트, berit)' 이라는 단어가 사용된 최초의 경우다. 히브리어 '베리트' 는 개인이나(창 21:27) 국가(수 9:6, 15) 간과 같이 양자 간에 맺은 구속력 있는 협정이나 조약을 말한다. 하나님은 종종 자신이 택한 백성인 이스라엘과 자신의 관계를 묘사하실 때 이 단어를 사용하셨다. 그러나 상호 협정과 관련된 사람 간의 언약과 달리 하나님과 그의 백성 간의 언약은 일방적 언약 혹은 하나님의 일방적인 성실성에 기초한 언약이었다. 이 언약은 하나님이 자신이 택한 백성을 보호하시고 지키시기 위해 일방적으로 시작하시고 제정하신 것이었다. 이 언약의 일방성은 "나는 너희 중에 행하여 너희 하나님이 되고 너희는 나의 백성이 될 것이니라" (레 26:12, 출 19:5)라는 진술에도 명백히 드러난다.

B. 욕(78:66)

'욕(히. 헤르파, herpa)' 이라는 단어는 구약에서 70번 사용된 명사다. 이 단어는 '불명예스럽게 하다, 조롱하다, 수치스럽게 하다, 경멸하다, 혹은 꾸짖다' 라는 의미가 있다. 어떤 경우 '헤르파' 는 누군가에게 가해진 정죄나 비난의 의미를 전달한다(사 25:8, 렘 31:19, 겔 36:30). 또한 '헤르파' 는 경멸을 받는 사람이나 사람들에 대해 사용된다(창 30:23, 느 2:17, 사 4:1, 욜 2:17, 19, 단 9:16). 이 단어는 원수들의 조롱(삿 8:15, 시 119:42)과 누군가를 비방하기 위해 그의 명예를 훼손하는 것(느 6:13)을 묘사할 때 사용된다.

교안

A. 이스라엘의 과거의 중요성(78:1-8)

1. 내가 너희를 가르칠 것이다(1-3절)
    a. 비유를 통한 진리(1-2a)
    b. 옛적부터 숨겨진 것들(2-3절)
2. 너희가 다른 이들을 가르칠 것이다(4-8절)
    a. 하나님의 기이한 사적(4절)
    b. 하나님의 말씀(5-8절)

B. 이스라엘의 과거의 반역(78:9-16)

1. 그들이 하나님께 반역했다(9-11절)
    a. 그들이 그분의 말씀을 저버렸다(9절)
    b. 그들이 그분의 행하신 일을 망각했다(10-11절)
2. 하나님이 그들을 구해주셨다(12-16절)
    a. 하나님이 놀라운 일들을 행하셨다(12절)
    b. 하나님이 바다를 가르셨다(13절)
    c. 하나님이 바다를 건너도록 인도하셨다(14절)
    d. 하나님이 반석을 가르셨다(15-16절)

C. 이스라엘의 과거의 배은망덕(78:17-31)

1. 그들이 하나님을 거역했다(17-19절)
    a. 그들이 하나님께 범죄했다(17절)
    b. 그들이 하나님을 시험했다(18절)
    c. 그들이 하나님을 대적하여 말했다(19절)
2. 하나님이 그들을 건지셨다(20a)

a. 그분이 반석을 치셨다(20a)

b. 그분이 그들에게 물을 주셨다(20b)

3. 그들이 하나님을 불신했다(20b)

a. 그들은 하나님이 빵을 주실지 의심했다(20b)

b. 그들은 하나님이 고기를 주실 수 있는지 의심했다(20b)

4. 하나님이 그들을 징계하셨다(21절)

a. 하나님이 그들을 향해 진노하셨다(21a)

b. 하나님이 그들에게 노를 발하셨다(21b)

5. 그들이 하나님을 부인했다(22절)

a. 그들이 하나님을 믿지 않았다(22a)

b. 그들이 하나님을 의지하지 않았다(22b)

6. 하나님이 그들을 기쁘게 하셨다(23-31절)

a. 하나님이 구름에게 명하셨다(23절)

b. 하나님이 비를 만나처럼 내리셨다(24절)

c. 하나님이 그들을 배부르게 먹이셨다(25-29절)

d. 하나님이 그들을 징계하셨다(30-31절)

D. 이스라엘의 과거의 불성실(78:32-39)

1. 그들이 하나님을 거부했다(32-37절)

a. 그들이 하나님께 범죄했다(32-33절)

b. 그들이 하나님을 찾았다(34절)

c. 그들이 하나님을 기억했다(35절)

d. 그들이 하나님께 거짓을 말했다(36절)

e. 그들이 하나님을 떠났다(37절)

2. 하나님은 언제나 신실하셨다(38-39절)

a. 하나님이 그들을 용서하셨다(38절)

b. 하나님이 그들을 기억하셨다(39절)

E. 이스라엘의 과거의 불순종(78:40-55)

1. 그들이 하나님께 반역했다(40-42절)
    a. 그들이 하나님으로부터 뒤돌아섰다(40절)
    b. 그들이 하나님을 시험했다(41절)
    c. 그들이 하나님을 망각했다(42절)
2. 하나님이 그들을 건지셨다(43-55절)
    a. 하나님이 표적을 행하셨다(43절)
    b. 하나님이 재앙을 보내셨다(44-51절)
    c. 하나님이 그들을 인도하셨다(52-53절)
    d. 하나님이 그들을 가나안 땅으로 인도하셨다(54절)
    e. 하나님이 열국을 쫓아내셨다(55a)
    f. 하나님이 땅을 분배하셨다(55b)

F. 이스라엘의 과거의 우상 숭배(78:56-72)

1. 그들이 하나님께 반역했다(56-58절)
    a. 그들이 하나님을 시험했다(56절)
    b. 그들이 하나님께 등을 돌렸다(57절)
    c. 그들이 하나님을 격노케 했다(58절)
2. 하나님이 그들을 징계하셨다(59-64절)
    a. 하나님이 그들을 미워하셨다(59절)
    b. 하나님이 그들을 버리셨다(60-64절)
3. 하나님이 그들에게 은혜를 베푸셨다(65-72절)
    a. 하나님이 그들을 위해 싸우셨다(65-66절)
    b. 하나님이 유다를 택하셨다(67-68절)
    c. 하나님이 성전을 세우셨다(69절)
    d. 하나님이 다윗을 택하셨다(70-72절)

시편 79편

당신의 영광을 위해

"저는 건강도 아픔도 구하지 않고, 생명도 죽음도 구하지 않습니다. 제가 구하는 것은 건강과 병과 생명과 죽음을 당신의 영광을 위해 사용하시는 것입니다."

- 블레이즈 파스칼(Blaise Pascal)

들어가는 글

하나님이 하시는 모든 일은 그분 자신의 영광을 구하고 높이는 데 일차적인 목적이 있다. 즉 그분 자신의 거룩한 이름이 찬양을 받으심은 하나님 자신의 마음에서 열정으로 타오르는 가장 지고한 목적과 주된 야망이다. 이것은 하나님의 행동의 목적인 지고한 선, 즉 하나님 자신의 영광을 높이시는 것이다. 하나님이 이것을 가장 고귀한 목표로 추구하신다면 인간도 그러해야 한다. 모든 사람들이 하나님의 목적대로 고귀한 삶을 살기 원한다면 그들은 그들 자신보다 더 위대한 것을 위해 살아야 한다. 인간은 하나님의 위대하심을 높이는 삶을 살지 않으면 단순히 존재할 뿐이다. 이것, 즉 열정적으로 하나님의 영광을 추구하는 것은 인간의 가장 지고한 목표이자 가장 귀중한 목적이다.

이 시편에서 겸손한 기도로 전능자에게 나아가는 아삽의 마음은 온통 하나님의 영광에 대한 생각으로 가득 차 있다. 그는 여호와께서 그분 자신의 우위성을 나타내도록 행동하시기를 간구한다. 이 시편 이면의 역사적 배경은 고대 이스라엘의 참담한 민족적 패배에 관한 사건이다. 가장 가능성이 높은 것은 바벨론 왕 느부갓네살의 공포스러운 침공 이후의 여파를 배경으로 하고 있다는 주장이다. 그는 주전 588년 약속의 땅을 침입하여 성전을 파괴했다. 이스라엘의 바벨론 포로 생활로 이어진 이 이방 군대의 침공은 오랫동안 저지른 이스라엘의 불순종의 죄악 때문이었다. 그들 자신의 죄악으로 고통을 당한 아삽은 하나님께 그들의 죄를 사하시고, 그분의 진노를 그들의 원수들에게 돌리심으로 그들의 피에 대한 보복을 해주시기를 구한다. 그렇게 함으로 아삽은 가장 위대한 동기를 가지고 하나님께 호소한다. 그는 하나님이 그분 자신의 영광을 위해 행동하시기를 기도한다. 그는 하나님이 세상에서 그 이름의 위대함을 지키시기를 기도한다.

본문 이해

Main Idea	아삽은 예루살렘의 황폐케 됨을 인하여 탄식하며 하나님께 그분 자신의 영광을 위해 행동하시라고 부르짖는다.

A. 탄식의 기도(79:1-4)

79:1. 거룩한 성 예루살렘의 철저한 파괴를 애통히 여기던 시편 기자는 사나운 이방 압제자의 손에 패배당한 것을 탄식한다. 열방(이 침략군을 지칭하는 표현)이 주의 기업, 이스라엘 본토이며, 하나님이 특별히 소유하신 장소에 들어왔다. 그렇게 해서 그들은 예루살렘에 있는 주의 성전, 즉 하나님의 영광이 수세대 동안 너무나 확실히 나타났던 성을 더럽혔다. 하나님의 영광의 증거물인 성벽과 성의 건물들은 이 광포로 인해 돌무더기가 되었다.

79:2-3. 이 이방 군대의 침입으로 하나님의 많은 백성들이 죽임을 당했고, 그들의 시체는 새들의 먹이가 되었다. 이것은 죽임당해도 매장하지 못할 정도로 참혹했던 패배를 묘사한다. 그들의 육체는 들짐승들의 밥이 되었고, 그들의 피는 물같이 쏟아졌다. 이 인명 손실은 막대했다. 잔혹한 이방 군대는 성을 약탈하면서 눈에 띄는 대로 사람을 무자비하게 살상했다.

79:4. 그 결과 이스라엘은 주변 이웃, 즉 그 지역 주변 민족의 비방으로 인해 수치를 당했다. 하나님의 백성들이 그들을 바라보는 모든 사람들에게 조소와 조롱거리가 되었다. 이 민족적 재앙은 시편 기자와 이스라엘 백성의 깊은 탄식의 원인이었다.

B. 회복을 구하는 기도(79:5-8)

79:5. 이에 반응해 시편 기자는 하나님이 분노를 누그러뜨리시고 이스라엘을 이전의 힘과 지위로 회복시켜달라고 호소한다. 그렇게 되기 위해서는 먼저 하나님이 이스라엘의 이전 죄를 면제해주셔야 할 것이다. 그들의 범죄로 인한 이 고통스러운 징계를 그들이 어느 때까지 견뎌야 하는가? 하나님이 그들에게 노하신 것은 당연한 것이었다. 그들

에 대한 거룩한 하나님의 진노(질투)가 불처럼 타올랐다. 그러나 아삽은 이것이 얼마나 더 오래 지속될 것인지 궁금했다.

79:6-7. 아삽은 이방 열국이 자기 백성들의 피를 쏟게 했듯이 주의 노를 그들에게 쏟으시라고 하나님께 간구한다. 그들은 야곱의 거처인 이스라엘을 삼키고 황폐하게 했다. 이것은 이스라엘의 원수들을 물리치고 짓밟아달라는 신적 보복에 대한 간절한 요청이다.

79:8. 이스라엘은 과거 세대의 열조의 죄악으로 인해 이미 많은 고통을 당했다. 그래서 시편 기자는, 하나님이 이스라엘의 조상들이 이전에 지은 죄악들을 그들에게 돌리시는 일을 이제 그만두시기를 기도한다. 심히 천하게 된 상태에서 그는 너무 때가 늦어서 하나님의 택함받은 모든 백성들이 다 멸망하기 전에 하나님의 긍휼하심으로 속히 영접해주시기를 간구한다.

C. 하나님의 영광을 구하는 기도(79:9-11)

79:9. 시편 기자는 하나님의 가장 고귀한 동기에 호소하며, 하나님의 이름의 영광에 근거해 회복을 위한 이 간구들에 응답해주시기를 구한다. 우리를 도우시고 침략한 국가들의 압제에서 우리를 건지소서. 그는 이스라엘의 반역에 대한 하나님의 용서를 구하며 우리 죄를 사하소서라고 간구한다. 이 요청의 근거는 하나님의 이름의 영광, 다시 말해 그의 위대함이 선포되어야 한다는 것에 있다. 하나님이 이스라엘을 구원하시고, 그의 판단을 뒤집기 위해서는 하나님의 자비를 통해 하나님의 영광이 생생하게 드러나야 할 것이다.

79:10. 하나님의 이름의 영광을 높이고자 시편 기자는 어찌하여 열방으로 저희 하나님이 어디 있느냐 말하게 하리이까?라고 기도한다. 하나님이 그들을 용서하시고 곧 회복시켜주시지 않는다면 하나님의 이름과 영광이 훼손당할 것이다. 시편 기자는 주의 종들의 피 흘림 당한 보수를 우리 목전에 열방 중에 알리소서라고 간구한다. 다시 말해서 하나님이 그의 적들을 벌하시는 진노의 하나님이심을 계시해주시라는 것이다.

79:11. 아삽은 예루살렘 멸망에서 살아남은 생존자들, 죽이기로 정해진… 갇힌 자로서 바벨론 유수에서 포로로 잡혀온 동족 유대인들을 위해 갇힌 자의 탄식으로 주의 앞에 이르게 하시라고 중보한다. 그는 구원을 바라는 그들의 기도를 들으시고, 그들의 압제자들에게서 해방시켜주시기를 하나님께 간청한다. 그는 주의 크신 능력을 따라 죽음에서

그들을 보존해주시기를 구한다.

D. 저주의 기도(79:12)

79:12. 신적 보복에 대한 앞의 간구(6, 10절)를 되풀이하면서 시편 기자는 동일한 간구를 다시 드린다. 주여 우리 이웃이 주를 훼방한 그 훼방을 저희 품에 칠 배나 갚으소서. 예루살렘에서 하나님의 백성들에게 가한 그들의 공격은 실제로 하나님 자신에 대한 공격이었다. 하나님은 자기 백성들과 자신을 분리하지 않으시기 때문이다(비교. 행 9:4-5). 칠 배는 완전한 분량이라는 의미를 전달하는 비유적 표현이다. 그는 완전하고 신속한 하나님의 보복을 구한다.

E. 찬양의 기도(79:13)

79:13. 하나님이 이스라엘의 원수들을 파멸시키시면 그분의 백성들은 그분에게 영원히 감사하며 주께서 자신의 간구를 들으시면 돌려드리겠다고 아삽이 약속한 영광을 하나님께 돌려드릴 것이다. 이 감사가 너무나 뜨거워서 영원히 대대로 전달될 것이다.

결론

하나님의 영광에 대한 최상의 열정이 모든 신자의 마음에 가득해야 하며, 모든 신자의 기도가 하나님의 영광에 초점이 맞춰져야 한다. 하나님의 모든 자녀는 세상의 것들을 추구하기 전에 먼저 하나님의 나라를 구해야 한다(마 6:33). 신자는 무슨 일을 하더라도 그것이 하나님의 영광을 위한 것이 되어야 한다(고전 10:31). 이것은 하나님 자신이 가장 우선적으로 구하시는 것이다(롬 11:36). 그러므로 신자들도 그러해야 한다. 기도 가운데 하나님께 구하는 가장 간절한 간구는 항상 불신 국가들 속에서 그의 이름과 그의 명성이 알려지게 해달라는 것이어야 한다(시 67:4).

교안

A. 탄식의 기도(79:1-4)

1. 상황이 암울하다(1절)
    - a. 나라가 황폐해져 있다(1a)
    - b. 성전이 더럽혀져 있다(1b)
    - c. 거룩한 성이 파괴되었다(1c)
2. 성도들이 죽임을 당했다(2-3절)
    - a. 죽은 시체들이 새들의 먹이가 되고 있다(2a)
    - b. 죽은 육신들이 짐승의 먹이가 되고 있다(2b)
    - c. 흘려진 피가 예루살렘에 흐르고 있다(3a)
    - d. 시체들이 매장되지 못하고 있다(3b)
3. 생존자들이 조롱을 당한다(4절)
    - a. 우리는 비방의 대상이 되었다(4a)
    - b. 우리는 조롱의 대상이 되었다(4b)

B. 회복을 구하는 기도(79:5-8)

1. 하나님이여 우리에 대한 진노를 거두어주소서(5절)
    - a. 언제까지 노하시리이까?(5a)
    - b. 언제까지 진노가 불붙듯 하시리이까?(5b)
2. 하나님이여 그들에게 당신의 진노를 쏟으소서(6-7절)
    - a. 그들이 당신께 도전하나이다(6절)
    - b. 그들이 우리를 삼키나이다(7a)

c. 그들이 우리를 황폐케 하나이다(7b)

3. 하나님이여 우리에게 당신의 긍휼하심을 새롭게 회복하소서(8절)

a. 우리의 이전 죄를 용서하소서(8a)

b. 우리의 현재 고통을 불쌍히 여기소서(8b)

C. 하나님의 영광을 구하는 기도(79:9-11)

1. 당신의 이름을 영화롭게 하소서(9절)

a. 당신의 영화로운 이름을 위해 우리를 건져주소서(9a)

b. 당신의 이름을 위해 우리를 용서하소서(9b)

D. 저주의 기도(79:12)

1. 우리 이웃들에게 되갚아주소서(12a)

2. 당신을 훼방한 것을 되갚아주소서(12b)

E. 찬양의 기도(79:13)

1. 우리가 영원히 감사하리이다(13a)

2. 우리가 열정적으로 찬양하리이다(13b)

a. 이 세대에서부터(13b)

b. 다음세대에 이르기까지(13b)

시편 80편

대각성

"하나님은 위대한 일을 하시고자 할 때 간구의 영을 쏟아부어 주신다."

- 조나단 에드워즈(Jonathan Edwards)

들어가는 글

미국의 초기 식민지 시절에는 하나님이 주신 강력한 부흥의 계절이 교회에 자주 임했다. 1730-1740년대에는 영적 대각성 운동이 일어나 놀라운 능력과 영향력으로 수많은 회중들을 휩쓸었다. 하나님은 뛰어난 수많은 설교자들을 키우셔서 사람들이 회개의 필요를 자각하도록 인도하셨다. 이 성령 운동들이 불붙기 전, 미국 식민지들은 영적으로, 도덕적으로 모두 쇠락해져 있었다. 그러나 하나님은 수많은 신실한 사역자들을 일으키셔서 교회를 회복시키기 시작하셨다. 그들 가운데 가장 두드러진 인물이 매사추세츠주 노스햄턴의 위대한 신학자이며 설교가인 조나단 에드워즈였다. 그의 성경적인 설교는 전국적으로 영향을 미쳤다.

에드워즈는 교회의 영적 생명력을 위해 기도로 며칠을 보냈다. 그가 사역할 때 성령의 능력이 강하게 임했기 때문에 그가 서는 강단에는 강력한 힘이 있었다. 그의 설교가 강력하고 성령의 능력이 나타난 것은 명백히 기도와 필연적인 관련이 있었다. 그는 또한 젊은이들에게 소모임을 조직해 간절히 기도하도록 격려했다. 성인들 역시 이 중보기도의 대열에 동참하기 시작했다. 문자 그대로 기도는 곧 이어진 1차 대각성 운동의 길을 닦아주었다. 말씀이 전파될 때 심령이 찔림을 받고, 죄를 고백했으며, 영혼들이 구원받았다. 부흥의 불길이 되는 한 불꽃이 타올랐고, 곧 그 불길은 코네티컷 리버 계곡 전역으로 급속히 번졌다. 그다음 6개월 동안 에드워즈는 겨우 1,200명의 사람들만 사는 노스햄턴에서 3백여 명의 사람들이 회심하는 것을 보았다. 부흥의 불길은 먼저 에드워즈로부터, 그다음에는 젊은이들, 후에는 성인들로 이어진 기도로 시작되었다. 기도는 부흥의 전조이다.

이것은 이스라엘이 이방 압제자에게 철저히 유린당한 후 회복을 구하는 기도인 시편 80편의 주제다. 이 시편은 민족의 회복을 구하는 간구인 동시에 또한 하나님이 그들을 새롭게 해주실 영적 회복에 대한 간구다. 역사적 배경은 주전 722년 북왕국의 열 지파가 앗수르인들에게 포로로 끌려간 사건일 가능성이 매우 높다(왕하 17:6). 표제가 암시하듯이 시편 80편은 그 당시 아삽 성가대가 살던 예루살렘에서 쓰였다. 이 시편은 이 이방 군대의 침략과 패배의 결과가 남왕국의 하나님의 백성들에게 가한 충격을 보여준다. 그들 역시 앗수르의 유사한 공격에 노출되어 있었다. 그들은 그들을 보호하실 유일하고 참되신 목자(1-7절)와 그들을 돌보시는 포도원지기(8-19절) 되신 하나님께 부르짖었다. 이것은 '소산님에둣(언약의 백합들)' 이라는 가락에 맞춰 부르는 시이며(비교. 시 45편), 아삽의 시다(이것은 가수들이 성전에서 섬긴 아삽의 후손들이었음을 의미한다).

본문 이해

Main Idea	아삽은 돼지들로 인해 파괴된 포도나무처럼 이방의 원수들에게 고통스러운 패배를 당해온 자기 백성들을 하나님께서 회복시켜주시기를 간구한다.

A. 아삽의 호소(80:1-3)

Supporting Idea	아삽은 하나님이 그분의 백성들을 구원하시고 회복시켜주시기를 구한다.

80:1. 아삽은 하나님께 영적 부흥을 주시기를 구하면서 요셉을 양 떼같이 인도하시는 이스라엘의 목자여 귀를 기울이소서라고 긴급하게 호소한다(비교. 74:1, 77:20, 78:52, 71-72, 79:13). 그의 백성들의 목자로 묘사된 하나님(비교. 23:1, 28:9)은 항상 수많은 위험 속에서 그들을 지키시고 인도하신다. 그룹 사이에 좌정하신 자여는 하나님의 임재의 상징(출 25:18)인 언약궤에 대한 언급이다. 하나님은 금으로 덮인 그룹 위에 좌정해 앉으신 것으로 묘사되어 있다(시 99:1, 왕상 6:23-28). 아삽은 빛을 비추소서라고 간구한다. 이것은 하나님의 영광이 옛날처럼 그들 가운데 다시 보이게 해달라는 간구다(출 24:16-17, 40:34-35). 모든 부흥은 하나님의 영광을 드러낸다.

80:2. 그는 북왕국에 위치한 에브라임과 남왕국의 예루살렘이 있는 베냐민과 부분적

으로 요단강 건너편에 있는 므낫세의 선을 위해 그렇게 해주시기를 구한다. 이 세 이름은 이스라엘 민족 전체를 나타내기 위한 것이다. 그는 주의 용력을 내시라고 기도한다. 다시 말해서 더 이상 가만히 있거나 자신들에 대해 무관심한 듯한 느낌을 주지 마시라는 것이다. 앗수르인들에게 당한 파멸에서 우리를 구원하러 오소서.

80:3. 단순한 민족 부흥 외에 시편 기자는 영적 부흥을 주시기를 기도한다. 하나님이여 우리를 돌이키시고 주의 얼굴 빛을 비취사 우리로 구원을 얻게 하소서(비교. 7, 14-15, 19절). 이 반복된 후렴은 앗수르인들로 인해 겪은 엄청난 파괴적 패배 후에 이스라엘의 회복을 비는 간절한 기도다. 하나님이 그의 은총과 권능을 그들에게 비춰주시기만 하면 그들은 패배에서 구원받고 건짐을 받을 것이다(비교. 민 6:25, 시 4:6, 13:1). 이것은 민족적 번영의 간구 이상으로 영적 부흥을 구하는 기도다(비교. 시 80:18).

B. 아삽의 고통(80:4-7)

Supporting Idea	아삽은 하나님이 자기 백성들을 혹독하게 심판하신 데 대해 탄식한다.

80:4-6. 아삽은 비장한 마음으로 주의 백성의 기도에 대하여 어느 때까지 노하시리이까? 라고 탄식한다. 하나님이 맹렬한 징계를 거두실 때가 언제일까? 고통스러운 시련 속에서 그들의 목자이신 하나님은 그들을 눈물 양식으로 먹이시고, 그들로 다량의 눈물을 마시도록 하신 것처럼 보인다. 이것은 이 고통스러운 환난 속에서 그들이 통곡을 멈출 수 없는 상황을 묘사한 것이다. 이 패배와 굴욕이 참으로 엄청나서 그들은 참혹하게도 자신들을 조롱하는 원수들에게 다툼거리가 되었다.

80:7. 그래서 아삽은 반복되는 후렴구인 만군의 하나님이여 우리를 돌이키시고라는 구절을 반복한다(비교. 3, 19절). 하나님을 만군의 하나님으로 밝힌 것은 그분의 전능하신 능력을 강조하기 위한 의도다. 그들이 하나님을 의지한다면 하나님은 그들의 원수들을 제압하시고 그들의 땅에 안전과 번영을 다시 회복시키실 것이다.

C. 아삽의 혼란(80:8-15)

Supporting Idea	아삽은 한때 열매가 꽉 찬 하나님의 포도나무였던 이스라엘이 현재 열매 없음으로 인해 벌을 받고 있음을 인식하고 하나님의 은총을 간구한다.

80:8-9a. 이스라엘을 포도나무로 표현한 아삽은 하나님이 그들을 애굽에서 이끌어내셨음을 언급한다. 다시 말해서 그분은 일찍이 이스라엘 민족을 애굽 땅에서 약속의 땅으로 옮겨 심으셨다. 그렇게 해서 하나님은 열방을 쫓아내신 땅을 준비하셨다. 그분은 유다에 거주했던 이방 민족들을 쫓아내셨다. 그리고 농부가 씨를 뿌리고 작물을 심을 땅을 준비하듯이 하나님은 그 앞서 땅을 준비하시고 이스라엘이 성공적으로 그 안에 거하게 하셨다.

80:9b-11. 이스라엘을 그들의 땅으로 이식하는 작업은 너무나 성공적이어서 그 나라는 번성한 포도나무처럼 그 뿌리가 깊이 박혀서 땅에 편만하게 되었다. 그 백성들은 참으로 힘차게 자라서 그 그늘이 산들을 가리게 되었다. 그 지역에서 가장 키가 큰 나무인 하나님의 백향목까지 그 가지로 뒤덮였다. 이것은 이스라엘의 놀라운 번영을 상징한다. 너무나 엄청나서 포도나무인 이스라엘은 지중해 바다까지 그 가지가 뻗고 넝쿨은 유프라테스 강까지 미쳤다. 이스라엘은 약속의 땅을 완전히 장악했다.

80:12-13. 그러나 파멸이 찾아왔다. 주님은 그 담을 허시고, 신적 보호의 손길을 제거해버리셨다. 하나님이 직접 그 담을 헐어버리셔서 모든 열방이 지나가며 그 번영의 열매를 따게 하셨다. 주변의 원수들이 이스라엘을 상해하며 그들을 먹는 게걸스러운 수풀의 돼지로 상징되어 있다.

80:14-15. 반복되는 후렴구(3, 7, 19절)가 다시 한번 언급되어 있다. 이번에는 약간 다른 표현이 사용되지만 동일한 메시지를 전달한다. 아삽은 우리를 회복하시기 위해 만군의 하나님이여 돌이키시고라고 호소한다. 하늘에서 굽어보시고 우리의 절망적인 필요를 보소서. 우리를 보호하기 위해 이 포도나무를 권고하소서. 메타포가 바뀌어 이 포도나무는 주를 위하여 힘있게 하신 가지로 표현된다. 이것은 아들(가지)로서 이 포도나무에 대한 하나님의 사랑의 연민을 묘사한다(출 4:22, 호 11:1). 그러나 '아들'에 해당하는 히브리어 단어는 '가지'로 해석될 수도 있다(창 49:22, 개역 성경은 가지로 번역

되어 있음).

D. 아삽의 간구(80:16-19)

Supporting Idea	아삽은 하나님의 백성들의 회복을 구하는 기도로 마무리한다.

80:16. 아삽은 간구를 드리기에 앞서 그가 하나님께 말해왔던 내용을 요약한다. 그는 그것이 소화되고 작벌을 당하며 주의 면책을 인하여 망하오니라고 탄식한다. 그는 그들의 모든 환난이 하나님의 징계하시는 손으로 인한 것이었음을 깨닫는다.

80:17-18a. 이제 아삽의 간구가 표현된다. 주의 우편에 있는 자 곧 주를 위하여 힘있게 하신 인자의 위에 주의 손을 얹으소서. 이 심상은 '오른손의 아들' 이라는 의미의 이름인 베냐민을 암시할 수도 있다. 하지만 그것은 앞에서 아들(가지, 15절)로 묘사된 이스라엘 민족 전체를 의미할 수도 있다. 어느 경우든, 아삽은 그러하면 우리가 주에게서 물러가지 아니하오리니라고 말한다. 하나님이 다시 자기 백성들에게 복을 주시면 그들은 분명히 그분에게 더 충실할 것이다. 예언자적 관점에서 '인자' 는 전체적으로는 다윗 왕조를 가리킬 수 있고, 궁극적으로는 메시아인 주 예수 그리스도를 가리킨다. 그리스도는 자신을 '인자' 라는 이 칭호로 가장 자주 언급하셨다는 사실을 유념해야 한다.

80:18b-19. 아삽은 각 단원을 동일한 후렴구로 마무리한 것처럼 이 단원을 마무리한다. 우리를 소생케 하소서 우리가 주의 이름을 부르리이다. 이것은 하나님께 새로이 헌신하고, 충성을 회복하며, 열정을 다시 불사르게 해달라는 반복적인 기도다. 하나님이 직접 그들의 마음에서 그렇게 역사하셔야 한다. 그는 만군의 하나님 여호와여 복된 자리로 우리를 돌이키시고라고 간구한다. 그리고 왕이 신하들을 자애로운 눈으로 바라보듯이 이 요구를 허락하시고 주의 얼굴 빛을 비취소서라고 구한다. 그러면 우리 원수들로 인한 패배에서 구원을 얻을 것이다.

Main Idea 복습	아삽은 돼지들로 인해 파괴된 포도나무처럼 이방의 원수들에게 고통스러운 패배를 당해온 자기 백성들을 하나님께서 회복시켜주시기를 간구한다.

결론

궁극적으로 하나님은 이 기도에 응답하셨지만 바벨론 유수를 통해 남왕국 사람들이 혹독한 징계와 고난의 기간을 거친 후에야 비로소 이 기도가 이루어졌다. 수많은 세월 동안 하나님의 백성들은 배교로 인해 스스로 하나님의 복을 저버리고 그에 합당한 사랑의 징계를 경험했다. 그러나 하나님은 자신의 완전한 때에 자기 백성들을 부흥시키시고 에스라와 느헤미야와 포로 후기 선지자들의 사역을 통해 그분의 사역을 회복시키셨다. 마찬가지로 오늘날에도 하나님은 적절한 때에 그분을 부르는 자기 백성들을 회복시키실 것이다.

삶의 적용

역사학자 메르테 드 아우그비구에(J. H. Merte d' Augbigue)는 자신의 저작 「잉글랜드의 개혁(The Reformation in England)」에서 "유일한 참된 개혁은 하나님의 말씀에서 시작하는 것이다"라고 결론내린다. 반드시 개혁으로 연결되는 모든 부흥 역시 마찬가지다. 참된 부흥은 하나님의 말씀을 통해 찾아올 것이다. 그렇지 않으면 부흥은 절대 오지 않는다. 오늘날 놀라운 부흥이 찾아오는 것을 보기 위해 우리는 무엇을 해야 하는가?

하나님의 말씀을 선포하라. 부흥은 하나님의 말씀 선포를 통해 일어난다. 성경이 올바르게 선포되는 강단은 부흥의 불길을 일으키는 연료다. 18세기에 조지 휫필드(George Whitefield), 존 웨슬리(John Wesley), 다니엘 로랜드(Daniel Rowland), 하웰 해리스(Howell Harris)와 같은 성경 설교가들은 하나님의 강력한 도구로 사용되어 수많은 회중들이 회심하도록 했다. 말씀 선포는 부흥의 불길이 살아나게 한다. 이 시간에 하나님이 하나님의 온전한 지혜를 선포하는 성경적인 설교가들을 일으켜주시도록 기도하라.

말씀에 복종하라. 부흥의 시간에는 하나님의 말씀 앞에서 새롭게 되어 겸손해진다. 또다시 하나님의 백성들의 마음에서 성경의 권위가 영향을 미친다. 말씀 아래 자신들을 내려놓으면 말씀이 요구하는 것은 무엇이든 하기를 소원하는 성도들의 새로운 복종이 일어난다. 교만이 물러나고, 성경의 권위가 다시 한번 세워진다. 성경으로 되돌아가게 된다. 그것은 성경 아래 복종하는 것이다.

말씀에 순종하라. 부흥은 항상 말씀을 지키는 새로운 충성을 가져다준다. 그것은 뜨겁고 열정적인 감정이 아니라 성경의 계명에 대한 새로운 순종이 그 척도가 되어야 한다. 불순종에 대한 회개가 일어난다. 성경의 요구들을 다시 수용하고자 하는 마음이 온전하게 회복된다. 선포된 말씀이 지켜 행해지는 말씀이 된다.

기도

하나님 아버지, 이 시간에 당신의 교회를 회복시키시고 부흥시켜주십시오. 미지근함과 세상과 타협하는 우리 죄를 고백합니다. 회개하고 당신께로 돌아갑니다. 이 퇴락한 시대에 당신의 사역을 회복시켜주십시오. 하늘을 여시고 임재해주십시오. 예수님의 이름으로 기도합니다. 아멘.

심층 연구

A. 만군(80:4, 7, 14, 19)

'만군(히. 체바오트, sebaot)' 이라는 단어는 인간의 군대(출 7:4, 시 44:9), 해, 달, 별 등의 천체(창 2:1, 신 4:19, 사 40:26) 혹은 천사들과 같은 천상의 피조물(수 5:14, 왕상 22:19, 시 148:2)과 같이 수많은 무리들을 가리킨다. 만군의 여호와라는 칭호는 우주의 모든 권세들에 대한 하나님의 주권의 개념을 전달한다. 또한 이 칭호는 하나님을 천상의 군대(신 33:2, 수 5:14, 시 68:17)와 이스라엘의 군대(삼상 17:45)라는 군대들의 하나님으로 지칭하고 있다. 이 단어는 전 창조 질서에 대한 주권적 통치를 말하는 하나님의 특별한 이름으로 구약에서만 486번 사용되었다. 여호와는 가장 강력한 용사시며 전능하신 왕이다. '체바오트' 는 군사적 함의를 갖기도 하지만 천상과 세상의 세력들을 아우르는 군사적 의미 이상의 것을 암시한다(비교. 삼상 17:45). 그러므로 만군의 여호와라는 신적 명칭은 모든 만물을 주권적으로 통치하시며, 자기 백성들을 위해 언제라도 개입하실 준비가 되신 분으로 자신을 계시하시는 하나님이라는 의미를 전달한다(시 80:19, 84:1, 사 28:5-6, 암 4:13, 5:8-9, 9:5-6).

B. 인자(80:17)

'인자(히. 벤 아담, ben 'adam)' 라는 칭호는 인간의 연약함과, 유한성과, 약함을 강조하기 위해 시편 기자가 의도적으로 선택한 단어다. '벤(ben)' 은 히브리어 성경에서 거의 5천 번 사용되었고, 인간의 남자 후손을 지칭한다. 때로 '벤' 은 자녀, 후손, 먼 후손, 아들과 관련해 관용어로 사용된다. '사람(아담, adam)' 은 히브리어 성경 전체에서 인류를 가리켜 5백 번 이상 사용되었지만 개인을 가리킬 때도 있다.

'인자' 는 인간의 연약함을 강조하는 시적 언어다(민 23:19, 욥 25:6, 35:8). 이 단어는 때로 고유명사로 사용되었다. 에스겔은 자신을 지칭해 93번이나 이 단어를 사용했다. 이것은 무한하신 하나님과 반대로 선지자 자신이 유한함을 암시했다. 이 칭호는 오실 메시아를 가리켜 자주 사용되었다(단 7:13, 아람어로). 예수님은 사복음서에서 자신을 가리키실 때 이 단어를 사용하셨다.

고안

A. 아삽의 호소(80:1-3)

1. 귀를 기울이소서, 이스라엘의 목자여(1a)
2. 모든 만물의 주권자시여 우리에게 빛을 비추소서(1b-2a)
    a. 그룹 사이에 좌정하신 자여(1b)
    b. 이스라엘 위에 좌정하신 자여(2a)
3. 우리를 구하소서(2b)
    a. 당신의 힘을 깨우소서(2b)
    b. 당신의 백성들에게 오소서(2b)
    c. 당신의 백성들을 구원하소서(2b)

후렴: 하나님이여 우리를 회복시키소서(3절)

B. 아삽의 고통(80:4-7)

1. 당신이 진노하심으로 우리를 징계하시나이다(4절)
    a. 언제까지 진노하시리이까?(4a)
    b. 우리 기도를 언제까지 거부하시리이까?(4b)
2. 당신이 우리를 눈물로 치시나이다(5절)
    a. 눈물이 그들의 양식이 되게 하시나이다(5a)

b. 그들이 눈물을 마시게 하시나이다(5b)

3. 우리로 수치를 받게 하시나이다(6절)

a. 우리의 이웃들이 우리로 인해 다투게 하셨나이다(6a)

b. 우리 원수들이 우리를 조롱하게 하셨나이다(6b)

후렴: 하나님이여 우리를 회복시키소서(7절)

C. 아삽의 혼란(80:8-15)

1. 당신이 포도나무를 심으셨나이다(8절)

a. 그것을 애굽에서 옮겨 오셨나이다(8a)

b. 열방들을 쫓아내셨나이다(8b)

2. 땅을 준비하셨나이다(9a)

3. 포도나무로 번성케 하셨나이다(9b-11절)

a. 땅에 편만하였나이다(9b)

b. 산을 덮었나이다(10절)

c. 바다까지 뻗쳤나이다(11a)

d. 강까지 뻗었나이다(11b)

4. 담을 허셨나이다(12절)

a. 왜 담을 허셨나이까?(12a)

b. 왜 그 열매를 아무나 다 따게 하셨나이까?(12b)

5. 당신이 그 포도나무로 짓밟히게 허락하셨나이다(13절)

a. 돼지들이 그것을 짓밟나이다(13a)

b. 들짐승들이 그것을 먹나이다(13b)

후렴: 하나님이여 우리에게 돌아오소서(14-15절)

D. 아삽의 간구(80:16-19)

1. 당신의 포도나무를 살피소서(16절)

a. 대적들에게 작벌을 당하나이다(16a)

b. 불에 타나이다(16b)

2. 당신의 손을 펴소서(17-18a)

   a. 인자를 복 주소서(17절)

   b. 하나님의 아들들이 떠나지 않게 하소서(18a)

후렴: 하나님이여 우리를 회복시키소서(18b-19절)

시편 81편

근본적인 회개

"우리는 모두 하나님께 회개할 책임이 있다."

- J. C. 라일(J. C. Ryle)

들어가는 글

모든 그리스도인은 이땅에서 신앙 생활을 하는 한, 회개의 자리로 계속해서 나아가야 한다. 죄에 대해 상하고, 애통해하며, 죄에서 돌이키는 것이 임의적인 행사가 아니라 지속적인 생활 방식이 되어야 한다. 한 개인의 주님과의 동행 기간이 얼마나 되든 상관없이 죄를 고백하고 죄를 버리는 회개의 습관적 행위가 지속적인 현실이 되어야 하는 것이다. 그리스도인이 상한 마음과 경건한 슬픔으로 죄를 인정하고 버려야겠다는 필요를 느끼는 것만큼 영적인 성장이 일어난다. 기독교는 회개로 시작할 뿐 아니라 회개의 그 동일한 단계와 더불어 지속되고 발전한다. 하나님께서 항상 자기 백성들에게 회개를 요구하신다는 것이 이상한가?

이것이 초막절에 연례적 설교로 전달되었던 노래인 시편 81편의 중심 주제다. 이 메시지를 통해 이스라엘은 반복해서 죄를 회개하고 순종의 길로 돌아오도록 요청받았다. 예배에 대한 서론적 요청(1-5절)에 이어 하나님은 1인칭으로 말씀하시며 이스라엘에게 과거에 저지른 불순종과 하나님의 징계(6-12절)를 상기시키신다. 이스라엘이 지금 하나님께 귀 기울이고, 그의 길로 걷고자 한다면 하나님은 그들의 원수를 멸하시고, 그들에게 줄 수 있는 최상의 것을 주실 것이다(13-16절). 그러나 하나님의 백성들은 먼저 회개해야 한다. 이것이 이 시편의 명확한 메시지며, 그들의 마음에 지속적으로 상기해야 할 것이다. 이 시편은 블레셋 갓(Gath)과 관련이 있는 기타 같은 수금인 깃딧에 맞춘 아삽의 시편이다(시 73편 참조).

본문 이해

Main Idea	아삽은 하나님의 백성들에게, 그들에게 복 주신 하나님 안에서 기뻐하며, 하나님께서 과거에 그들을 건지신 구원을 기억하고, 그의 축복을 박탈당하지 않게 회개하라고 요청한다.

A. 기뻐하라는 요청(81:1-5)

81:1-2. 이 시편은 이스라엘로 하여금 거룩한 절기(초막절일 가능성이 가장 높다)에 하나님을 예배하도록 요청하는 것으로 시작한다. 아삽은 백성들에게 우리 능력 되신 하나님께 높이 노래하라고 촉구한다. 그는 큰 소리로 야곱의 하나님을 찬양하라고 외쳤다. 이스라엘 전 민족을 가리키는 '야곱'은 하나님이 그들의 '힘'이시므로 찬양해야 한다. 그는 악기 연주자들에게 큰 소리로 외치며, 시를 읊으며, 소고(즐거운 행사 때 사용되는 악기, 시 68:25, 렘 31:4)를 치라고 말한다. 또한 기타와 유사하게 길고 목이 좁은 악기인 아름다운 수금과 비파를 아우르라고 한다. 이때는 하나님의 백성들이 그를 즐겁게 예배하도록 지정된 시간이었다.

81:3. 하나님의 백성들이 그를 찬양하도록 한곳에 모을 때 사용되던 트렘펫과 같은 악기인 나팔을 불지어다. 때는 월삭이나 우리의 절일(아마 성막절)이었다. 이때는 매년 가을 제7월 15일에 시작하여 7일간 지속된 연례 절기로 (1) 백성들에게 광야 생활을 할 때 그들을 돌보신 하나님의 섭리를 기억하도록 요청하고(레 23:43), (2) 가을 추수로 하나님의 채워주심에 대한 감사를 표현하며(레 23:39-40, 신 16:13-15), (3) 종교적 연례 절기의 마지막을 나타내기 위한 것이었다.

81:4-5. 이는 이스라엘의 율례(이 축제가 하나님이 율법에서 요구하신 것이라는 의미), 즉 성경에 기록된 규례다. 하나님은 요셉의 족속(이 족장의 모든 후손들 혹은 이스라엘 전 민족을 의미함) 중에 이를 증거로 세우셨다. 이 월삭 축제의 근거는 하나님이 애굽 땅을 치러 나가시던 때, 즉 이스라엘이 애굽에서 구원받았을 때의 사건이다. 이때 그들은 그들이 알지 못하던 말씀, 즉 이집트어를 들었다. 여기서 '나갔다'는 것은 출애굽

경험 전체를 말한다.

B. 기억하라는 요청(81:6-12)

81:6-7. 하나님은 자기 백성들에게 과거에 그들을 구원하신 것을 기억하라고 요청하신다. 하나님은 그들이 애굽에서 노예 생활을 하던 때를 가리키시며 내가 그 어깨에서 짐을 벗겼다고 말씀하신다. 이것은 하나님이 강제 노역에서 그 손을 해방시키신 때를 묘사한 것이다. 하나님이 그들에게 네가 부르짖으매 내가 너를 건졌다고 상기시키신 것은 이런 배경에서였다. 이 출애굽 동안 일어난 수많은 사건에서 하나님은 자기 백성들을 구원하셨다. 한 가지 구원 사건은 뇌성과 관련이 있었다. 이것은 율법을 주시며 하나님이 시내산에 임재하신 사건에 대한 언급이다(출 19:16-25, 20:18-21). 또 다른 사건은 이스라엘이 하나님을 시험했던 므리바 물가에서 일어났다. 하지만 하나님은 그들에게 신실하셨다(출 17:1-7, 민 20:1-13, 시 95:8, 106:32).

81:8-10. 하나님은 계속해서 화자로 등장하시면서 내 백성이여 들으라 내가 네게 증거하리라고 말씀하신다. 또 그분은 엄중하게 너희 중에 주변 열국들이 섬기는 다른 신을 두지 말라고 선언하신다. 이것은 십계명 중 제1계명의 기본적인 요건이었다(출 20:3). 하나님은 자기 백성들에게 절대적인 충성을 요구하신다. 그들은 결코 이방 신에게 절해서는 안 된다. 자신을 너를 애굽 땅에서 인도하여 낸 여호와 네 하나님이라고 밝히신 그분은 자기 백성들이 온전히 자신만을 의지할 것을 사랑으로 촉구하신다. 하나님이 과거에 그들을 어떻게 인도하셨는지 기억함으로써 그들은 현재 그분을 의지할 수 있도록 격려받을 것이다. 하나님은 과거에 그들이 광야에서 방황할 때 그들의 필요를 채워주셨던 것처럼 네 입을 넓게 열라 내가 채우리라고 맹세하신다.

81:11-12. 그러나 하나님의 은혜로우신 역사와 너무나 대조적으로 이스라엘은 완악하여 하나님께 귀를 기울이려 하지 않았다. 하나님은 내 백성이 내 소리를 듣지 아니하였도다라고 하시며 이 반항을 그들에게 상기시키신다. 이스라엘은 그분을 거부하고 오히려 그들의 길을 따르기로 선택하며 그분을 원치 않았다. 그들의 불신 때문에 하나님은 그 마음의 강퍅한 대로 버려두어 그 임의대로 행케 하셨다. 그들은 하나님을 버렸고, 하나님 역시 그들을 죄에 넘겨주어 그들을 버리셨다. 그러한 하나님의 유기는 가장 두려운 심판이다(롬 1:24-31, 사 6:9-10).

C. 회개에 대한 요청(81:13-16)

81:13-15. 하나님에 대한 과거의 끔찍한 태도를 생각해보고, 하나님이 다시 그들을 버리시지 않도록 현재의 이스라엘은 회개해야 한다. 그러나 그 백성들의 마음은 변함없이 그대로였다. 하나님은 내 백성이 나를 청종하며 이스라엘이 내 도 행하기를 원하노라 그리하면 내가 속히 저희 원수를 제어할 것이라고 말씀하신다. 하나님은 모세의 율법을 통해 이스라엘에게 그들이 순종하면 저희 대적을 치실 것이라고 이미 약속하셨다(민 33:52-56, 신 6:16-19, 7:16-24). 그들이 회개하면 여호와를 한하는 자(즉 이스라엘의 원수들)는 그 앞에서 복종하게 될 것이다. 하나님이 그들을 철저히 멸하실 것이기 때문이다. 그들에 대한 심판이 너무나 철저하여 그것은 영원히 계속될 것이다.

81:16. 이스라엘에 대해서는, 그들이 회개하여 하나님께 순종하면 그들이 밀의 아름다운 것(약속의 땅의 풍성한 축복을 가리킨다)으로 먹을 것이며, 반석에서 나오는 꿀로 만족할 것이다. 이것은 그의 풍성하고 향기로운 채우심을 묘사한 것이다(신 32:13). 하나님의 선하심은 그들을 회개로 이끌어야 한다.

결론

예배드리는 흉내는 내지만 동시에 두려울 정도로 회개가 필요한 상태에 있는 경우가 전적으로 가능하다. 이 모든 것이 오늘날 육신적인 상태에 머물러 있는 수많은 종교인들의 특징이기도 하다. 예수님은 선지자 이사야의 말을 인용하셔서 당시 종교 지도자들에 대해 "이 백성이 입술로는 나를 존경하되 마음은 내게서 멀도다"(마 15:8, 비교. 사 15:9)라고 말씀하셨다. 그러므로 신자들은 자신의 마음이 죄악에 그대로 머물러 있으면서 외적으로는 하나님을 섬기는 척하지 않도록 자신들을 경계해야 한다. 우리의 예배가 이와 같지는 않은가? 이 시편의 경고에 주의하고, 우리 하나님을 예배하러 모일 때마다 회개하는 자로 나아가도록 하자.

티칭 가이드

교안

A. 기뻐하라는 요청(81:1-5)

1. 이스라엘이 하나님을 예배하는 방법(1-3a)
   a. 기쁨으로 노래하라(1절)
   b. 소고를 치라(2a)
   c. 비파를 연주하라(2b)
   d. 수금을 곁들이라(2b)
   e. 나팔을 불라(3a)
2. 이스라엘이 예배해야 할 때(3절)
   a. 월삭 때(3a)
   b. 절기에(3b)
3. 이스라엘이 예배해야 하는 이유(4-5절)
   a. 이스라엘을 위한 율례이므로(4a)
   b. 하나님의 규례이므로(4b)
   c. 요셉을 위한 증거이므로(5절)

B. 기억하라는 요청(81:6-12)

1. 하나님이 그들을 어떻게 건지셨는지 기억하라(6-7절)
   a. 하나님이 그들을 속박에서 건지셨다(6절)
   b. 하나님이 그들의 부르짖음에 응답하셨다(7절)
2. 하나님이 그들에게 요구하시는 것을 기억하라(8-9절)
   a. 하나님의 말씀을 들어야 한다(8절)

b. 하나님이 영광을 받으셔야 한다(9절)

3. 하나님이 그들을 어떻게 채우셨는지 기억하라(10절)

a. 하나님이 그들을 애굽에서 건지셨다(10a)

b. 하나님이 먹을 것을 풍성하게 채워주셨다(10b)

4. 하나님이 그들을 어떻게 책망하셨는지 기억하라(11-12절)

C. 회개에 대한 요청(81:13-16)

1. 하나님의 백성들은 그분의 말씀을 들어야 한다(13a)

2. 하나님의 백성들은 그분의 도에 주의해야 한다(13b)

3. 하나님의 백성들은 그분이 주시는 승리를 소유해야 한다(14-16절)

a. 하나님은 그들의 대적을 치실 것이다(14-15절)

b. 하나님은 그들의 식욕을 만족시켜주실 것이다(16절)

시편 82편

피할 수 없는 심판

"하나님의 입의 심판을 지켜보지 않으려 하는 자들은 그의 손의 심판을 피할 수 없을 것이다."

- 매튜 헨리(Matthew Henry)

들어가는 글

모든 신자의 마음 깊숙한 곳에는 하나님이 궁극적으로 세상에서 완전한 정의를 시행하실 날에 대한 강렬한 열망이 자리하고 있다. 그 마지막 날 주님은 성도들이 당한 모든 불의를 바르게 시정하실 것이다. 그 마지막 시간에 하나님은 이 패역한 세상에서 형통했던 악인들을 심판하실 것이다. 현재 많은 불의한 재판관들이 정의의 저울을 왜곡시키며 의인들이 고통당하도록 허용한다. 그 결과 많은 성도들은 스스로를 방어할 수 없고, 부패한 자들로 인해 수없이 사법상으로 악용을 당하고 있다. 또 악이 보상받는 경우가 너무나 빈번하다. 그리고 결백한 자들이 계속해서 누명을 쓴다. 따라서 하나님의 백성들은 하나님의 심판이 언젠가 이땅에 이루어지기를 간절히 바란다. 그날은 확실히 올 것이다. 그리고 그날이 올 때 세상의 불의한 재판관들은 하나님께 직접 심판받을 것이다.

시편 82편은 하나님이 법정을 개정하시고, 이 세대의 악한 재판관들의 주재자가 되셔서 참된 정의를 이루시는 미래의 심판 장면을 상상하면서 현재의 불공정한 행위들을 지적하고 있다. 온 땅의 대재판관이신 하나님은 약한 자들과, 고아들과, 가난한 자들과, 압제당한 자들을 기만한 책임이 있는 모든 부패한 통치자들을 소환하시는 것으로 그려진다. 이 지혜 시편은 모든 세상의 권세들이 만물의 주권자 되신 하나님께 복종한다고 선포한다. 이것은 땅에서 정의가 이루어지지 못하게 막은 모든 사람들에게 하나님이 직접 심판을 내리시라는 호소다.

본문 이해

Main Idea	시편 기자는 이스라엘의 불의한 재판관들에 대한 하나님의 심판을 선언하며 하나님이 그들을 심판하실 것을 재확인시킨다.

A. 하나님 앞의 회(82:1)

82:1. 시편 기자는 하나님이 하나님의 회를 주재하시며 세상을 판단할 준비가 되신 장면을 상상한다. 그날에는 하나님 외에 어떤 재판관도 없을 것이다. 저자는 재판장들(신들 - NIV)을 본다. 그들은 (1) 세상의 인간 통치자와 재판장들이나 (2) 귀신들 (3) 이방 신들 혹은 (4) 이방 통치자들을 의미한다. 여기서는 아마 첫 번째 경우인 인간 통치자들을 의미할 것이다. 그들이 하나님 앞에 서서 하나님의 판단을 받는 모습으로 나타나고 있다. 그들의 악한 방식을 경멸하는 것처럼 빈정거리는 투로 이 재판관들이 신이라는 불순한 어조로 서술되어 있다(2-6절). 이 인간 재판관들이 마지막 심판 때 하늘과 땅의 유일한 참 재판관이신 하나님 앞에서 그분의 최후 판결을 기다리며 서 있는 모습으로 나타난 것은 통렬한 역설이다.

B. 하나님의 정죄(82:2-7)

82:2. 하나님 자신이 화자로서 타락한 인간 재판관들을 심문하신다. 너희가 불공평한 판단을 언제까지 하려느냐? '언제까지' (비교. 시 13:1-2, 74:10)란 구절은 그들이 불의한 자들에게 벌을 내리기보다 오히려 그들을 변호한 혐의를 소개한다. 그들은 악인의 낯을 봐주어(악인들에게 편파적인 판단을 내려) 마땅히 직무로 실행해야 할 정의를 왜곡시켰다. 그들은 오랫동안 이런 일을 해왔다.

82:3-4. 스스로를 판단할(방어할) 힘이 없는 자들을 보호하는 것이 재판관과 통치자들의 의무다(사 11:4, 렘 22:3, 16). 하지만 여기서 그 의무는 내팽개쳐지고 있다. 그래서 하나님은 그들에게 그들이 직면한 불의에서 가난한 자와 고아를 위하여 판단하라고 말씀하셨다. 다시 말해서 그들은 결백한 자들을 법정으로 끌고 간 악한 자들의 불의에서

그들을 보호해야 한다. 하나님은 곤란한 자와 빈궁한 자들을 착취하는 자들로부터 그 권리를 지켜주라고 요구하셨다. 악인들에게 착취당하지 않도록 가난한 자와 궁핍한 자들을 건져야 한다.

82:5. 그러나 자기 잇속만 차리는 이 재판관들은 신적 공평성, 편벽되지 않은 공정함 혹은 참된 공의에 대해 무지무각하다. 그들은 흑암 중에 왕래한다. 이것은 무지와, 불공평과, 어리석음을 묘사한 것이다. 사회 질서의 모든 터가 그들의 부패한 판결로 인해 흔들리고, 세상 질서가 그들의 불의로 동요하고 있다.

82:6-7. 그들이 신들 혹은 재판관(비교. 1절)이며 지존자의 아들이라고 말씀하신 이는 바로 하나님 자신이셨다. 이는 이 인간 통치자들이 하나님의 주권적 선택으로 통치자가 되었으므로 하나님께서 직접적인 책임을 져야 한다는 의미다. 너희는 범인같이 죽을 것이다. 높은 지위에도 불구하고 이 높은 자들은 방백의 하나같이(다른 모든 통치자처럼) 죽음으로 곧 비천해질 것이고, 또 하나님께 엄중히 해명해야 할 것이다. 하나님이 그들을 권세자의 자리에 올리셨지만 하나님이 또한 그들을 제거하실 것이다.

C. 하나님에 대한 호소(82:8)

82:8. 화자는 하나님에서 시편 기자로 이동한다. 그는 하나님이여 일어나사 세상을 판단하소서라고 호소한다. 이 호소와 함께 그는 하나님께 온 세상에 대한 심판을 주재하시기 위해 속히 오시라고 구한다. 그는 하나님께 이 세상 통치자들을 판단하시고, 그들이 하지 않은 일을 행하시라고 간구한다. 다시 말해서 이 무자비한 통치자들에게 압제당하는 약자들을 방어해달라는 것이다. 하나님의 미래의 심판은 확실한 것이었다. 모든 열방이 주의 기업이 되기 때문이다. 하나님이 그 모든 것을 소유하셨으므로 그들은 그분이 판단하실 대상이다.

결론

이 시편에서 "하나님이여 일어나사 세상을 판단하소서"(8절)라는 시편 기자의 마지막 기도는 궁극적으로 이스라엘의 메시아 예수 그리스도의 재림에 대한 간구다. 재판장이신 그가 직접 재림하실 때 비로소 완전한 공의가 완벽하게 시행될 것이다. 마지막 날이 오기까지 세상에서 완전한 공의는 시행되지 않을 것이다. 그때가 되어야만 악인들이 악행을 멈출 것이고, 모든 악이 시정될 것이다. 신자들은 하나님이 세상을 심판하실 것을 구하며 오늘 이 기도를 드려야 한다. 이 성취는 천상의 재판관이신 주 예수 그리스도께서 땅을 상속받기 위해 재림하실 때 완벽하고도 최종적으로 이루어질 것이다. 그날에 하나님의 나라가 임할 것이며 하늘에서처럼 그의 뜻이 땅에서 이뤄질 것이다. 그러므로 주 예수여 오시옵소서!

티칭 가이드

교안

A. 하나님 앞의 회(82:1)

1. 하나님이 하나님의 회 가운데서 주재하신다(1a)
2. 하나님이 통치자들을 판단하신다(1b)

B. 하나님의 정죄(82:2-7)

1. 하나님이 통치자들을 취조하신다(2절)
    a. 그들이 불의한 자들을 변호한다(2a)
    b. 그들이 악인들을 두둔한다(2b)
2. 하나님이 통치자들을 가르치신다(3-4절)
    a. 연약한 자들과 고아들을 변호하라(3a)
    b. 가난한 자들과 압제당하는 자들을 변호하라(3b)
    c. 연약한 자들과 궁핍한 자들을 건져주라(4절)
3. 하나님이 통치자들을 기소하신다(5-7절)
    a. 그들이 정의에 대해 무지하다(5a)
    b. 그들이 분열을 선동한다(5b)
    c. 그들은 하나님보다 열등하다(6절)
    d. 그들은 죽음의 형벌을 받는다(7절)

C. 하나님에 대한 호소(82:8)

1. 일어나소서(8a)
2. 정의를 시행하소서(8a, b)

시편 83편

신적 개입

"기도는 피조된 자들이 휘두를 수 있는 가장 강력한 무기이다."

- 마틴 루터(Martin Luther)

들어가는 글

신자들은 참으로 암울한 시기를 만나면 하나님이 직접 개입하셔서 그 시련에서 건져주시기를 종종 기도한다. 하나님 외에 아무 소망이 없을 때 그들은 주님이 극적으로 개입하셔서 그들을 구해주실 것을 간절히 바라며 간구한다. 그렇게 함으로써 그들은 하나님이 그들의 부당한 고난을 신원하시고 그들을 덮치는 대적들에게서 보호해주시도록 간구한다. 그들이 굳건하게 유지하는 확신은, 하나님이 악한 사람들의 위협을 없게 하시고 그들, 즉 자기 백성을 보호하시기 위해 능력으로 역사하시는 것이다. 구원은 주님께 속한 것이다. 오직 하나님만이 고통스러운 시련에서 자기 백성들을 건지실 수 있다. 그러므로 그들은 바로 하나님께 구원을 위한 기도를 드려야 한다.

시편 83편은 그러한 기도이며 민족적 탄식이다. 시편 기자는 이스라엘의 원수들에 대한 하나님의 개입을 기도하고 있다. 시편 기자는 수많은 민족들이 이스라엘을 파멸시키기 위해 함께 뭉친 날에 하나님이 그의 원수들을 짓밟아주시기를 기도한다. 절망적인 시간이었지만 그것은 시편 기자가 그의 백성들에 대한 국제적 음모를 좌절시키시고 보호해주시기를 하나님께 간구하는 기회가 되었다. 온 세상이 그들을 대적하는 듯한 불길한 날이었다. 그러나 하나님은 만물보다 크신 분이시다. 그들이 바라볼 이는 하나님이시다. 이것은 아삽의 시편으로 여겨지는 것 중 마지막 시편이다(시 50, 73-83편).

본문 이해

Main Idea	아삽은 이스라엘의 원수들에 대한 하나님의 도우심을 간구하며 하나님의 구원과 변호를 구한다.

A. 하나님의 개입을 바라는 호소(83:1)

83:1. 갑자기 시편 기자는 하나님이여 침묵하지 마소서라고 호소한다. 행동하시지 않는 하나님의 침묵은 그분이 그들에게 관심이 없으신 듯한 인상을 준다. 하나님이여 잠잠치 말고 고요치 마소서. 그는 이스라엘이 처한 이 괴로운 상황에 하나님이 개입해주시기를 구한다. 이것은 하나님이 말씀하시고, 그들의 원수들을 멸하셔서 그들로 떨게 해달라는 긴박한 부르짖음이다. 시편 기자의 절박한 호소는 하나님이 그들의 대적들에 대해 즉각적으로 조치를 취해주시라는 것이다.

B. 하나님의 감찰하심을 바라는 호소(83:2-8)

83:2. 아삽은 하나님이 그들의 대적들에게 주목해주실 것을 구한다. 대저 주의 원수가 훤화하며. 이를 통해 그는 이 대적들이 그들을 공격하기 위해 어떻게 준비하고 있는지 하나님이 주목해보시도록 초청한다. 겉으로 드러난 하나님의 침묵과, 심판하시지 않는 태도와 정반대로 이스라엘의 대적들은 그들에 대해 너무나 적극적으로 악을 모의하고 있었다. 그는 주를 한하는 자가 노골적인 적대감과 교만한 도전으로 일어나며 머리를 들었나이다라고 하나님께 탄식한다(삿 8:28). 그는 이 대적들을 주의 원수, 즉 하나님의 대적이라고 생각한다. 이 증오심은 궁극적으로 하나님을 향한 것이다.

83:3-4. 아삽은 하나님께 저희가 주의 백성을 치려 하여 간계를 꾀한다고 상기시킨다. 그들은 이스라엘을 치기 위해 다국적 연합군을 결성했다. 그들은 주의 숨긴 자(하나님이 사랑하는 백성들에 대한 부드러운 묘사)를 치려고 악한 음모를 의논한다. 가서 저희를 끊어 다시 나라가 되지 못하게 하여. 그들은 힘을 뭉쳐 이스라엘을 무너뜨리고 지상에서 제거해버리고자 한다. 그들의 사악한 의도는 이스라엘의 이름으로 다시는 기억되지 못하게 하는 것이었다. 이 사악한 원수들은 이스라엘의 완전한 패배와 철저한 파멸을 구한다.

83:5. 그들의 일치 단결된 대항의 악한 의도를 다시 거론하면서 시편 기자는 하나님께 주를 대적하여 서로 언약한다고 상기시킨다. 이것은 단순히 하나님의 백성들에 대한 대적이 아니라 하나님에 대한 직접적인 도전이었다. 그에 대한 그들의 연합은 그들의 악한 공격의 결속력을 보여준다.

83:6-8. 시편 기자는 하나님과 그분의 백성 이스라엘을 도전적으로 대적한 국가 연합을 밝힌다. 이 10개국 동맹은 (1) 에서의 후손인 에돔 (2) 이스마엘의 후손인 이스마엘

인 (3) 롯의 후손인 모압 (4) 요단 동쪽에 살던 하갈인 (5) 페니키아의 성인 그발 (6) 역시 롯의 후손인 암몬 (7) 에서의 후손인 아말렉 (8) 블레셋 (9) 두로 (10) 북쪽의 무서운 이스라엘의 대적 앗수르로 구성되었다. 이 국가 동맹은 이스라엘을 대적하기 위한 강력한 연합을 이뤘다.

C. 하나님의 저주에 대한 호소(83:9-18)

83:9-12. 이스라엘의 적들을 밝힌 아삽은 하나님이 사사 시대에 하신 것처럼 그들을 패망시켜주시도록 간구한다. 그는 주는 미디안인에게 행하신 것(이것은 미디안 족속에 대한 기드온의 대승리를 가리킨 것이다, 삿 7:19-25)같이 해달라고 기도한다. 또한 시스라와 야빈에게 하신 것(삿 4-5장)처럼 저희에게 행하시라고 기도한다. 이것은 다아낙 근처 엔돌에서 있었던 가나안 연합군 소속 바락의 패배를 상기시켜준다(삿 5:19). 아삽은 미디안 족속에 대한 기드온의 승리를 다시 지적한다(시 83:9a). 이 전쟁에서 미디안 족속의 지도자들인 오렙과 스엡과 세바와 살문나는 대패했다. 이 이방의 귀인들과 방백들은 우리가 하나님의 목장을 우리의 소유로 취하자라고 말했다. 그러나 그들의 말은 전혀 무익했다. 하나님이 개입하셔서 그들을 패하게 하셨기 때문이다. 시편 기자는 그 일이 다시 일어나기를 기도한다. 그러므로 그는 하나님이 이전에 행하신 그대로(9-12절) 현재의 적들을 무찔러주시기를 구하고 있다(6-8절).

83:13-15. 아삽은 자신이 소원하는 원수들의 파멸을 묘사하기 위해 몇 가지 강렬한 메타포를 사용한다. 저희로 굴러가는 검불 같게 하소서, 즉 '신의 진노에 휩쓸려가게 해주소서' 라고 간구하고 있다. 그는 또한 바람에 날리는 초개 같게 하소서라고 기도한다. 이것은 도망치는 군대가 전쟁으로 인해 날려 사라지는 모습을 묘사한 것이다. 나아가 아삽은 삼림을 사르는 불처럼 이 원수들을 멸해주시기를 기도한다. 그리고 그는 하나님이 광풍과 폭풍처럼 그들의 악한 음모를 뒤엎어주시며 그들을 혼란에 빠지게 해주시기를 간구한다.

83:16. 아삽은 하나님께 치욕적인 패배와 수치로 저희 얼굴에 가득하게 해달라고 구한다. 그는 개인적 유익이나 국가적 명성이 아니라 순전히 이타적이고 영적인 이유, 즉 저희로 주의 이름을 찾도록 하기 위해 이것을 구하고 있다. 보복에 대한 이 간구를 드리는 와중에도 이 적대적인 국가들이 여호와를 찾을 수 있는 은혜의 문은 열려 있다.

83:17-18. 아삽은 그들이 회개하지 않는다면 주님으로 인해 참혹한 패배와 수치를 당하여 영원히 놀라게 하시라고 결론내린다. 또 치욕적인 죽음을 당해 낭패와 멸망을 당케 하사 여호와라 이름하신 주만 온 세계의 지존자로 알게 하소서. 또다시 이 이방 나라들이 여호와를 만물의 절대적인 주권적 통치자를 의미하는 '지존자'로 인정하게 해달라고 소원한다.

결론

하나님이 인간의 일에 개입하심을 신자들은 진정으로 확신해야 한다. 하나님은 인간 역사의 과정을 조정하신다. 하나님은 자기 백성들의 기도를 들으시며, 개인적이고 국가적인 차원에서 그들이 직면한 고난을 지켜보신다. 아무리 어려운 상황에서도 하나님은 들으시고 행동하신다. 그러므로 전세계 그리스도인들은 용기를 내서 온 세상의 지존자이신 그분께 부르짖을 수 있는 확신을 가져야 한다. 시편 기자처럼 모든 신자들은 하나님이 더 이상 침묵하시거나 가만히 계시지 말 것을 간절히 기도해야 한다.

teaching guide

티칭 가이드

교안

A. 하나님의 개입을 바라는 호소(83:1)

1. 하나님, 침묵하지 마소서(1a)
2. 하나님이여 잠잠치 마소서(1b)

B. 하나님의 감찰하심을 바라는 호소(83:2-8)

1. 그들의 부패가 얼마나 심한지 보소서(2-4절)
    - a. 그들이 저희 머리를 들었나이다(2절)
    - b. 저희들이 음모를 꾸미나이다(3-4절)
    - c. 저들이 목소리를 높이나이다(4절)
2. 그들의 동맹이 얼마나 방대한지 보소서(5-8절)
    - a. 에돔과 이스라엘인(5-6a)
    - b. 모압과 하갈인(6b)
    - c. 그발, 암몬, 아말렉(7a)
    - d. 블레셋과 두로(7b)
    - e. 앗수르와 롯의 후손들(8절)

C. 하나님의 저주에 대한 호소(83:9-18)

1. 그들을 치소서(9-12절)
    - a. 기드온이 미디안을 칠 때처럼(9a, 10-12절)
    - b. 바락이 가나안을 칠 때처럼(9b)
2. 그들을 멸하소서(13-16절)

a. 굴러가는 검불처럼 사라져버리게 하소서(13a)
b. 겨처럼 날아가게 하소서(13b)
c. 나무처럼 불살라버리소서(14절)
d. 폭풍처럼 그들을 날려버리소서(15절)

3. 그들이 수치를 당하게 하소서(16-18절)
a. 수치로 덮이게 하소서(16절)
b. 놀람으로 혼란에 빠지게 하소서(17절)
c. 그들로 알게 하소서(18절)

시편 84편

거룩한 집

"참된 교회를 원하는 자는 만물을 붙들고 있는 말씀에 매달리도록 하라."

- 마틴 루터(Martin Luther)

들어가는 글

한 노부인이 안내원의 도움으로 유럽의 대형 성당 안을 둘러보고 있을 때 안내원이 조심스럽게 그 건물 디자인이 숨막힐 듯 아름답다고 말을 꺼냈다. 그는 뛰어난 조각상들과 훌륭한 그림들에 특별히 관심을 환기시켰다. 하지만 영적인 일에 관심이 많은 그 노부인은 건물의 외적인 장식물에 그다지 감동을 받지 못했다. 그 관광 코스가 끝나자 그녀는 안내원에게 "올해 여기서 구원받은 영혼은 몇 사람이나 되나요?"라고 물었다. 당황한 그는 "할머니, 여기는 예배당이 아니라 성당입니다"라고 대답했다.

불행하게도 인상적인 수많은 대형 교회 건물들이 이러하다. 하나님이 영광을 받으시는 진리로 충만한 예배보다는 사람들에게 인상적으로 보이기 위해 지어진 화려한 성당에 지나지 않는 것이다. 어떤 교회든 벽돌과 모르타르가 중요한 관심의 대상이 되어서는 안 된다. 시설이 크든 작든, 인상적이든 평범하든, 일차적 관심사는 항상 교회 내부에서 드려지는 예배의 순수성이어야 한다. 교회는 신자들이 예배하러 모일 때마다 하나님의 말씀이 선포되고, 하나님의 이름이 영광을 받으며, 하나님의 뜻이 추구되는 장소가 되어야 한다. 하나님은 건물 그 자체의 웅장함이 아니라 자신이 영광받으심을 가장 중시하신다. 이런 의미에서 모든 교회는 성당이 아니라 하나님의 영광이 드러나는 예배의 처소가 되어야 한다.

이것은 하나님의 집, 특히 하나님 자신에 대한 간절한 열망의 기도인 시편 84편의 주된 초점이다. 시편 기자가 하나님의 집에 거하겠다는 깊은 열망을 드러낸 다른 시편들(시 27, 42, 43편)과 마찬가지로 저자는 예배 처소에 거하고 싶은 절실한 소망을 표현한다. 그는 성전에서 하나님을 예배하고 싶은 순수한 열정을 소유하였다. 구약 시대에, 하나님의 영광의 현현이 일어난 장소인 예루살렘의 이스라엘 성전은 매우 중요한 곳이었다. 그럼에도 불구하고 시편 기자가 성전에 대한 자신의 애정을 이야기할 때 그는 실제로 그 위대하심으로 성전을 가득 채우신 하나님에 대해 생각하고 있었다. 이 시편은 하나님을 의지하는 사람에 대한 복을 선언한다. 그리고 궁극적으로 그것은 진실로 중요한 것이다.

표제에 따르면, 이 시편은 고라 자손이 쓴 시다. 고라 자손은 고라의 후손들로 구성된 레위 성가대를 가리킨다. 그들은 성전에서 성전 문지기와 음악가로 섬기도록 다윗에게 임명받은 자들이다. 그러므로 이 시편은 고라의 후손들에 의해서 쓰였거나 고라의 후손들을 위해 쓴 것이다. '고라 자손'이 쓴 열한 편의 시 가운데 하나인 이 시편은 제3권에 수록된 4개의 시편(84-85, 87-88편) 중 첫 시편이다. 이 시편은 깃딧(블레셋 가드와 연관이 있는 기타 모양의 수금일 가능성이 매우 높다)에 맞추어 부른 노래다.

본문 이해

Main Idea	시편 기자는 주의 임재를 깊이 향유하는 성전에 대한 자신의 갈망을 표현한다.

A. 하나님의 집에 대한 열정(84:1-4)

Supporting Idea	시편 기자는 성전에 거하기를 원하는 그의 갈망은 여호와를 예배하기 위한 것이라고 선언한다.

84:1-2. 시편 기자는 만군의 여호와의 거룩한 장막(솔로몬이 건축한 예루살렘 성전에 대한 언급, 왕상 6장)에 대한 찬양의 노래를 터뜨린다. 예배 센터로서 사랑스럽다고 묘사된 이 장소는 구약 성도들에게 특별한 곳이었다. 그곳에서 하나님의 임재의 장소로 특별히 들어갈 수 있었기 때문이다(시 27, 42:1-2, 61:4, 63:1-2). 그래서 시편 기자의 영혼은 성전에 들어가기를 열렬히 사모한다. 그는 심지어 성전에 들어가고 싶어 쇠약해질 정도다. 그의 전 내적 존재(즉 그의 마음과 육체)가 하나님을 찾아 부르짖는다. 그는 단순히 성전 건물을 사모하는 것이 아니라 하나님 자신의 거룩한 임재를 간절히 구하고 있다. 성전을 사모한다는 것은 실제로 하나님을 사모하는 것이었다.

84:3. 하나님의 집에 대한 간절한 열망을 표현하면서 시편 기자는 성전 안으로 날아

가 둥지를 틀어 하나님의 뜰에 살 수 있는 새를 가리킨다. 참새도 하나님의 집에서 제 집을 얻고 제비도 새끼 둘 보금자리를 얻는다. 시편 기자는 제단 근처의 성전 뜰에서 둥지를 튼 이 새에게 질투를 느끼고 있다. 그들은 시편 기자의 마음이 있는 장소에 실제로 가까이 가 있는 행운을 누리고 있다. 이 제단은 번제를 드리던 장소를 가리킨다(출 27:1-8). 혹은 지성소 앞에서 향을 태울 때 사용된 더 작은 제단을 가리킬 수도 있다(출 30:1-10). 그리하여 시편 기자는 그의 만군의 여호와, 왕과 하나님이 되신 분과 가까이 있는 새의 특권을 부러워한다. 이 긴 신적 명칭에서 전자는 하나님의 주권적 능력을 강조하고, 후자는 시편 기자와 하나님의 관계의 친밀성을 강조한다.

84:4. 하나님의 집에 사는 새들이 부러움의 대상이라면 그곳에 거하는 신자들은 훨씬 더 부러움의 대상이다. 그들은 복이 있고, 특별히 은혜를 받았으며, 하나님의 집에서 풍성한 행복을 누리고 있다. 성전에서의 하나님의 특별한 현현은 쉐키나(shekinah, 하나님의 지상 임재를 나타낸다) 영광의 형태로 일어났고, 하나님의 백성들은 그곳에서 하나님의 임재를 독특하게 경험했다. 시편 기자가 성전에 있다가 그곳에 거하는 모든 이들과 더불어 복이 있다고 선언받기를 사모하는 것은 놀랄 일이 아니다.

B. 하나님의 집으로의 순례(84:5-7)

Supporting Idea	성전 순례를 하는 모든 자들은 그곳에서 하나님을 예배하기를 기대할 때조차 복이 있다.

84:5. 시편 기자는 하나님의 집에 있기 위해서 예루살렘으로 순례하는 모든 자들에게 복을 선언한다. 주께 힘을 얻는 자는 복이 있나이다. 하나님 안에서 힘을 얻는 자들은 참으로 복이 있다. 하나님에 대한 그들의 믿음 때문에 그들 자신의 인간적 연약함이 하나님이 주시는 힘으로 바뀐다. 그들의 믿음의 순수성은 하나님의 영광과 지식을 얻으면서 성전으로 향하는 순례 여행(시온의 대로)에서 드러난다.

84:6. 성전으로 가는 도중에 그들은 눈물 골짜기(바카 계곡)를 통과한다. 이것은 (1) 이름을 알 수 없는 장소거나 (2) 영혼의 상태를 상징하는 비유적 장소인 수수께끼 같은 이름이다. 아마 여기서는 후자의 의미로 사용되었을 것이다. 바카 계곡은 건조한 땅에서 자라는 수목인 '발삼 나무' 라는 뜻이다. 문자적으로 '바카(Baca)' 라는 단어는 '울

다' 혹은 '울음의 장소' 라는 뜻이 있다. 성전을 사모하는 이 순례자들은 영적인 의미로 슬픔의 장소에서 출발해서 **그곳이 많은 샘의 곳이 될 때까지** 계속 순례한다. 이 과정에서 상하고 황폐한 그들의 영혼은 복받은 마음의 상태로 바뀐다. **이른 비**(가을 비)**도 은택을 입힌다**. 이것은 하나님으로 인해 그들의 마음이 충만해지고 새롭게 회복되는 것을 묘사한 것이다. 하나님을 의지하고 예배하는 사람은 시온으로 가는 도중에도 짐이 복으로 바뀌는 경험을 할 수 있다. 이는 그가 그곳에서 하나님을 예배하기를 고대하기 때문이다.

84:7. 그들의 마음의 짐이 무엇이든 혹은 여행 중에 어떤 장애를 만나든 **시온에서 하나님 앞에 각기 나타날 때까지 저희는 힘을 얻고 더 얻어** 영혼이 큰 힘을 갖게 된다. 시온에서 하나님을 예배하는 일은 그들로 마음의 힘을 얻게 할 뿐 아니라 긴 여행 중에 그분의 위대하심을 묵상하기 때문에 그것을 고대하는 일 역시 마음의 힘을 얻게 한다.

C. 하나님의 집에서의 기도(84:8-9)

Supporting Idea	일단 성전에 도착하자 하나님의 기름 부음을 받은 자, 즉 왕을 위한 기도를 드린다.

84:8-9a. 하나님의 집에 도착하자 시온으로의 여행이 마무리된다. 성전에 들어간 즉시 시편 기자는 하늘로 자신의 영혼을 올려드린다. **만군의 하나님 여호와여 내 기도를 들으소서**. 그는 **야곱의 하나님**을 의지하며 **우리 방패**로 표현된 그들의 왕을 대신해 기도한다(개역 성경은 하나님을 우리 방패로 번역함). 이스라엘 왕인 그는 전쟁의 날에 이스라엘 군대를 이끄는 백성들의 보호자다.

84:9b. 시편 기자는 왕을 위해 중보한다. **주의 기름 부으신 자의 얼굴을 살펴보옵소서**. 이스라엘의 통치자는 하나님이 임명하신 자다. 이는 그가 성령의 능력으로 섬길 힘을 얻기 때문이다. 시편 기자는 하늘의 왕인 하나님이 지상의 왕을 지혜와 힘과 용기로 보살펴주시기를 기도한다. 그가 이렇게 기도하는 것은, 그가 맡은 성전 사역에 평화롭게 복귀할 수 있기 위함이다.

D. 하나님의 집의 소중함(84:10-12)

Supporting Idea	성전에서 지내는 하루가 다른 곳에서의 천 날보다 낫다.

84:10. 시편 기자는 세상의 다른 곳이 아닌 하나님의 집에 거하는 특권을 확인하는 것으로 마무리하기 시작한다. 주의 궁정에서 한 날이 다른 곳에서 천 날보다 나은즉. 그는 하나님의 집에서 지내는 단 하루가 다른 곳에서 지내는 수많은 날보다 더 낫다고 생각한다. 그는 악인의 장막에 거함보다 내 하나님 문지기로 있는 것(성전에서 그가 맡은 비천한 정규 직무를 가리킴)이 좋사오니라고 말한다. 악인들에게 둘러싸여 옥좌에 앉은 군주보다 성전에서 비천한 종으로 있는 것이 더 낫다.

84:11. 시편 기자는 하나님의 집에 있는 것이 왜 더 좋은지 설명하면서 여호와 하나님은 자기 백성들에게 은혜를 비추어주시는 해라고 말하는 것으로 결론을 내린다. 하나님은 해처럼 빛나는 은혜로 그들에게 힘을 주시고, 그들의 날을 밝혀주신다. 하나님은 자기 백성들이 공격당할 때마다 그 대적들에게서 보호하시는 무적의 방패시다. 그러므로 그분은 정직히 행하는 자에게 좋은 것을 아끼지 아니하신다. 하나님은 자기 백성들에게 무한한 선의 원천이시다.

84:12. 시편 기자는 하나님의 백성들에게 약속된 복의 선언을 이 시편에서 세 번째로 반복한다(4-5, 12절). 그는 만군의 여호와여 주께 의지하는 자는 복이 있나이다라고 선언한다.

Main Idea 복습	시편 기자는 주의 임재를 깊이 향유하는 성전에 대한 자신의 갈망을 표현한다.

결론

어떤 교회 건물도 그 건물 자체가 목적이 되어서는 안 된다. 그것이 우리 관심의 초점이 되어서도 절대 안 된다. 교회 건물은 무엇보다도 참된 예배자들이 하나님을 찬양하는 장소로서의 역할을 하는 것으로 그쳐야 한다. 그러나 현실은 항상 그렇게 돌아가지 않는다. 너무나 자주 건물 자체가 벽돌과 회반죽의 본래 목적을 가려버린다. 그 한 가지 예는 계획과 건축에 2세기가 걸린 한 유명한 성당을 들 수 있다. 그것은 세계에서 여섯 번째로 큰 교회 건물이라고 알려져 있으며, 건축하는 데도 수백만 달러의 비용이 들었다. 그것은 3백 피트 높이의 종탑을 갖고 있다. 2백 개가 넘는 장식용 스테인드 글라스가 건물을 장식한다. 석누조가 건물 위로 정렬해 있다. 배수용 홈통의 작은 조상들은 세계 지도자들을 본뜬 것이라고 한다. 그들이 그리스도인인지 아닌지는 중요하지 않다. 이 유명한 교회에는 단순히 스테인드 글라스 창문과 방대한 종교적 예술품들을 볼 목적으로 매년 수십만 명이 넘는 방문객들이 다녀간다. 그러나 이것이 교회의 목적인가?

교회를 이루는 것은 무엇인가? 건물 그 자체는 아니다. 분명히 그것은 그곳에서 예배하는 자들에게 하나님의 영광이 나타나도록 하는 것이다. 교회의 위대함은 건물을 칭송하기 위해 찾는 방문객 수가 아니라 하나님을 찬양하기 위해 찾는 예배자 수에 의해 평가된다. 교회 건물이 그 안의 영적 활동보다 부각되어서는 안 된다. 모든 신자들이 건물의 위엄이 아니라 그곳에 나타난 하나님의 위대하심을 기준으로 교회를 선택하게 하자. 말씀 선포와 하나님에 대한 간절한 예배가 교회의 참된 위대함의 특징이 된다.

삶의 적용

교회를 선택할 때는 아래의 질문을 항상 해보아야 한다.

1. 하나님의 말씀이 그곳에서 선포되고 있는가? 진정한 예배당은 성경의 진리가 그곳에 들어온 모든 사람들에게 올바로 가르쳐지는 곳이다. 그곳은 예배를 돕는 각 사역 외에 성경이 예배의 핵심적 역할을 하는 곳이어야 한다.
2. 하나님에 대한 예배를 추구하고 있는가? 진정한 교회는 하나님이 높으심을 받으시고, 찬양과 경배를 받는 곳이다. 그곳은 사람들이 영과 진리로 하나님을 예배하는 곳이다. 하나님을 높이는 생각이 옹호되고, 그의 임재 의식이 자각되는 곳이다.
3. 하나님의 뜻이 실행되고 있는가? 참된 교회는 하나님의 말씀이 전해질 뿐 아니라 적용되고 순종이 있는 곳이다. 성경이 사람들의 삶 속에서 실행되는 곳이다.
4. 하나님의 일이 수행되고 있는가? 참된 교회는 하나님의 사역이 수행되는 곳이다. 그곳은 하나님이 섬김을 받고, 사람들이 하나님의 이름으로 돌봄을 받는 곳이다. 그곳은 성도들이 소극적 방관자들이 아니라 적극적인 종으로서 하나님의 일을 하는 곳이다.

기도

하나님 아버지, 당신을 영과 진리로 예배하기 위해 당신의 백성들과 함께 모이기를 간절히 원하는 저희가 되게 해주십시오. 누군가의 습관처럼 함께 모이기를 폐하는 자가 되지 않게 해주십시오. 당신의 위대하심을 찬양하는 일에 우리 마음이 하나 되게 해주십시오. 예수님의 이름으로 기도합니다. 아멘.

심층 연구

A. 하나님(84:3, 7-11)

'하나님(엘로힘, elohiym)' 이란 단어는 참된 하나님을 가리키는 일반 명사로 히브리어 성경 전반에 걸쳐 사용되고 있다. 이 이름은 때로 이방 신들(창 35:2, 4, 출 12:12, 18:11, 23:24, 삿 17:5, 룻 1:15, 삼상 7:3, 17:43, 삼하 7:23, 왕상 11:2, 대하 2:5, 시 86:8), 천사들(시 8:5), 사람들(시 82:6), 재판관들(출 21:6)을 가리킬 때 사용되기도 하지만 일차적으로는 무에서 모든 만물을 창조하신 참되시고 유일하신 하나님을 가리켜 사용된다. 실제로 엘로힘은 창세기 전반부에서 하나님을 가리켜 자주 사용되었다. 엘로힘의 뜻에 대해서는 해석이 분분하지만 하나님의 초월성을 가리키는 것으로 보인다. 복수 형태는 권세와 위엄의 충만함을 암시하며, 또한 한 하나님 안의 위격의 복수성을 암시한다. 이것은 확실히 구약 다른 곳에서와 신약에서 더 깊이 발전된 하나님의 삼위일체성을 고려하는 근거가 된다. 이 복수성은 선정된 구절에서 확실하게 확인된다(비교. 창 1:26, 3:22, 사 6:8).

B. 복이 있다(84:4, 5, 12)

'복이 있다(아쉬레, ashrei)' 라는 말은 하나님 안에서 흘러넘치는 기쁨과 온전한 만족, 주님 안에서의 만족과 행복을 의미한다. 이 명사는 구약에서 44회 사용되는데 그중 25회는 시편에서 발견되고 있다. 이 단어는 흔들림 없는 평화와 만족이라는 단순한 의미 이상의 것을 전달하지만 적당한 동의어로는 '행복하다' 라는 단어다. 또한 이 단어는 복수 형태로서 그 의미를 강조하여 여호와를 두려워하고 그 뜻을 좇는 사람에게 베푸시는 하나님의 다면적인 구속의 은총을 표현한다. 시편 1편 1절을 다르게 번역하면 "오 그 축복됨이여"라고 할 수 있다. 이 축복됨은 자기 공로 때문이 아니라 하나님의 선물로서 개인의 환경에 의존하지 않고 하나님과 그 개인이 누리는 관계의 생명력에 의존한다.

C. 기름 부으신 자(84:9)

'기름 부으신 자(히. 마쉬아, mashiah)' 는 다윗의 옥좌에 앉은 기름 부음 받은 모든 왕을 가리킨다. 구약에서 약 40번 사용된 이 단어는 대제사장(레 4:3), 왕(삼상 24:6, 사 45:1), 족장(시 105:15), 선지자들(왕상 19:16)에 대해 사용되었다. 여호와의 기름 부으신 자가 된다는 것은, 이 사람이 하나님과 특별한 관계를 갖고 있으며, 특별한 역할이나 사명을 위해 하나님이 선택하시고, 거룩하게 하시며, 위임하신 자라는 의미였다. 유사한 의미로 다윗을 거론할 때 다윗이 사무엘 앞에 서고 주님이 사무엘에게 "이가 그니 일어나 기름을 부으라"(삼상 16:12)라고 말씀하시는 대목보다 이것이 더 명확하게 드러난 곳은 없다. 영어의 '메시아(messiah)' 는 바로 이 '마쉬아(mashiah)' 에서 파생된 단어다. 그러나 궁극적으로 이 호칭은 신약에서 성취된다. 실제로 '그리스도' 는 히브리어 '메시아(Messiah)' 에 대한 헬라식 단어이며, 둘 다 '기름 부음 받은 자' 라는 뜻이다. 시편 기자의 기름 부음 받은 자에 대한 언급은 다윗 왕을 넘어 그리스도이신 주 예수의 오심을 바라본다. 초대 교회는 이 시편이 주 예수 그리스도에 의해 성취되었다는 올바른 이해를 견지했다(행 2:32, 히 1:5, 5:5).

D. 좋은(84:11)

'좋은(히. 토브, tob)' 이란 단어는 탁월하거나, 유쾌하고 사랑스럽거나, 건전한 사람 혹은 대상을 묘사하는 포괄적인 히브리어 형용사다. 이 단어는 추상적인 것을 묘사하기 위해 여러 다양한 방식으로 사용된다. 다른 구절들에서처럼(비교. 창 2:18, 민 11:18, 신 6:24, 15:16, 삼하 16:12, 느 2:18, 13:31) 여기서 '좋은' 이란 단어는 한 개인의 전반적인 안녕을 암시하고 있다.

교안

A. 하나님의 집에 대한 열정(84:1-4)

1. 성전의 아름다움을 높이다(1-2절)
   a. 그곳은 하나님의 거처다(1절)
   b. 그곳은 하나님 자신의 궁전이다(2절)
2. 성전의 새들이 부럽다(3절)
   a. 참새가 그곳에서 둥지를 튼다(3a)
   b. 제비가 그곳에서 보금자리를 만든다(3b)
3. 성전에 있는 성도들에게 외친다(4절)
   a. 그들이 당신 안에서 복이 있나이다(4a)
   b. 그들이 당신 안에서 자랑하나이다(4b)

B. 하나님의 집으로의 순례(84:5-7)

1. 하나님의 백성들이 순례 여행을 떠난다(5절)
   a. 그들은 하나님 안에서 만족한다(5a)
   b. 그들이 하나님으로 인해 힘을 얻는다(5b)
   c. 그들의 마음이 하나님께 있다(5c)
2. 하나님의 백성들이 눈물 골짜기로 통과한다(6절)
   a. 그들이 그곳을 샘이 솟는 곳으로 만든다(6a)
   b. 그들이 그곳을 이른 비로 덮는다(6b)
3. 하나님의 백성들이 시온산에 도착한다(7절)
   a. 그들이 힘을 얻는다(7a)
   b. 그들이 하나님 앞에 나타난다(7b)

C. 하나님의 집에서의 기도(84:8-9)

1. 내 기도를 들으소서(8절)
    - a. 전능하신 하나님 여호와여 내게 귀를 기울이소서(8a)
    - b. 야곱의 하나님이여 귀를 기울이소서(8b)
2. 우리 왕을 살펴보소서(9절)
    - a. 우리의 방패인 그에게 은혜를 베푸소서(9a)
    - b. 당신의 기름 부으신 그에게 은혜를 베푸소서(9b)

D. 하나님의 집의 소중함(84:10-12)

1. 하나님의 집이 다른 어떤 곳보다 더 좋다(10절)
    - a. 여기서 지내는 날이 더 좋다(10a)
    - b. 여기서 맡은 임무는 무엇이든지 더 낫다(10b)
2. 하나님의 거룩함이 다른 어떤 것보다 더 좋다(11-12절)
    - a. 그분은 해이다(11a)
    - b. 그분은 방패시다(11a)
    - c. 그분은 좋은 것의 원천이시다(11b)
    - d. 그분은 우리를 붙드시는 분이시다(12절)

시편 85편

우리로 다시 부흥케 하소서

"하나님이 교회를 위해 놀라운 일을 행하시고자 할 때 그분의 백성들의 특별한 기도가 선행되는 것이 그분의 뜻이다."

- 조나단 에드워즈(Jonathan Edwards)

들어가는 글

1734년 7월 8일 에드워즈는 이제 유명한 설교가 된 "진노한 하나님의 손에 붙들린 죄인들"이라는 제목의 설교를 하기 위해 설교단으로 올라섰다. 에드워즈는 사실 이전에도 여러 번 동일한 본문으로 설교를 했고, 그해 바로 한 달 전에도 매사추세츠 주 노스햄턴의 회중들에게 설교했던 본문이었다. 그러나 코네티컷 엔필드의 설교자로 초청되었을 때 그는 다시 이 설교를 했다. 뉴잉글랜드 교회의 회중들은 그 설교에 깊은 영향을 받았다. 대각성 운동의 주도적인 설교자들 가운데 한 사람인 엘리아저 휠록(Eleazer Wheelock)은 사람들이 "죄와 그 위험성에 대한 양심의 가책을 느끼며 무릎을 꿇었다"고 말했다. 그중 한 사람이 갑자기 일어나 "에드워즈 목사님, 자비를 베풀어 주십시오!"라고 소리쳤다. 어떤 사람들은 지옥의 구덩이 속으로 미끄러지지 않으려고 앉아 있는 의자를 붙잡고 늘어지기도 했다. 많은 사람들은 갑자기 심판의 날이 그들에게 임하였다고 생각했다. 또 어떤 이들은 하나님이 다른 사람들에게는 복을 주시면서 자신에게는 진노하시고 외면하실까봐 두려워했다.

뉴잉글랜드에 부흥이 찾아왔다. 식민지 아메리카 사람들에게 회복이 임하고, 그들이 하나님의 뜻을 행할 능력을 얻게 되었다. 부흥이란 무엇인가? 문자적으로 이 단어 자체는 정체되었거나 잠자고 있던 생명의 온전함을 다시 회복한다는 의미다. 그것은 나태한 시대로 퇴보한 각 개인과 교회들의 영적 생명에 다시 불을 붙이는 것이다. 참된 부흥은 항상 하나님의 백성들이 다시 하나님의 거룩과 의, 죄에 대한 하나님의 심판, 참된 회개, 그리스도에 대한 인격적 회심의 놀라운 효과를 새롭고 생생하게 강조한다. 하나님의 압도적 임재에 대한 이 갑작스러운 자각이 모든 부흥의 특징이다. 그것은 하나님의 초자연적 사역으로, 그것을 통해 하나님은 자기 백성을 찾아가시며, 많은 영혼들을 구원으로 인도하실 뿐 아니라 그들의 마음에 영적 생명을 회복시키신다. 그러한 부흥은 항상 자기 백성들의 기도에 대한 하나님의 주권적 사역이며, 그분의 사역에 항구적 표지를 영영히 남긴다.

시편 85편은 영적 무감각에 처한 하나님의 백성들의 회복을 구하며 고통스러운 시간에 드려진 기도이다. 이 시편의 역사적 배경을 확실히 단정할 수는 없지만 고대 이스라엘이 바벨론에서 70년간 포로 생활을 한 후 팔레스타인의 옛 땅으로 귀환한 직후 어느 시점이라고 믿어진다. 주전 538년 스룹바벨의 지도로 유대인들의 1차 예루살렘 귀환이 이루어졌다. 그러고 나서 주전 458년 에스라의 지도하에 한 무리가 귀환했다. 처음에 백성들은 고국으로 돌아갈 수 있다는 사실에 기뻐했다. 하지만 재건 계획이 정체 상태에 빠지자 거룩한 성은 어려움에 처하게 되었다.

이것이 이 시편의 실제 배경이라면 이것은 하나님이 그들의 사역을 부흥케 해주시고 성을 예전의 영광으로 회복시켜달라는 기도다. 따라서 이 기도는 주전 445년 느헤미야의 귀환으로 응답되었다. 그는 실제로 영적 부흥의 시대를 열어 하나님의 사역을 회복시켰다. 이것은 하나님의 사역이 정체에 빠질 때마다 밝은 내일에 대한 전망으로 하나님의 백성들에게 용기를 불어넣기 위한 목적을 지닌 시편이다.

본문 이해

Main Idea	시편 기자는 과거에 베푸신 하나님의 은혜를 기억하고, 하나님께 자기 백성들을 회복시키시며 부흥시켜달라고 부르짖는다.

A. 과거에 대한 회상(85:1-3)

Supporting Idea	시편 기자는 하나님이 과거에 자기 백성들에게 베푸신 복을 회상한다.

85:1. 시편 기자는 과거를 돌이켜보고 과거에 베푸신 하나님의 자비를 묵상한다. 과거에 하나님이 행하신 놀라운 일에 대한 회상은 현재적 확신을 낳는다. 지난 세월을 가리키며 시편 기자는 주께서 주의 땅에 은혜를 베푸셨다고 회상한다. 이 은혜는 아마 이스라엘이 70년의 바벨론 포로 생활을 마치고 약속의 땅으로 돌아온 것을 가리킬 것이다.

하나님은 그들의 유대 귀환을 통해 야곱의 포로 된 자로 돌아오게 하셨다(야곱의 재물을 회복시키다-NIV)고 증언한다(렘 29:14). 야곱은 이스라엘 전 국가를 가리킨다.

85:2. 시편 기자는 주의 백성의 죄악, 즉 그들이 당한 엄청난 고통의 원인이었던 죄를 사하시고라고 쓴다. 하나님은 자비하심으로 저희 모든 죄를 덮으시며, 그들의 죄를 은혜로 대속해주셨다. 그들의 회복은 단순히 물리적인 본토 귀환이 아니라 큰 변화가 있었던 하나님과의 관계와 관련된 영적인 것이었다.

85:3. 주의 모든 분노를 거두시며. 이것은 그분의 의로운 분노가 달래졌다는 것이다. 하나님은 화가 해소되어 진노를 돌이키셨다. 이것은 불순종하는 자기 백성들을 향한 거룩한 자비와 은혜의 놀라운 표현이다.

B. 현재의 갈망(85:4-7)

Supporting Idea	시편 기자는 하나님께서 분노를 돌이키시고 구원을 허락하셔서 그들에게 부흥과 회복을 주시기를 구한다.

85:4. 하나님의 과거의 자비를 돌이켜본(1-3절) 시편 기자는 현재 고난당하는 그들에게 동일한 자비가 베풀어지기를 간구한다(4-7절). 우리 구원의 하나님이여 우리를 돌이키시고는 하나님의 은혜를 이 현재 시간에 다시 한번 베풀어달라는 겸손한 요청이다. 시편 기자는 과거에 그들을 그 땅으로 회복시켜주신 하나님이 다시 한번 그 일을 해주시기를 간구한다. 우리에게 향하신 주의 분노를 그치소서라는 구절은 그들의 현재 위기가 그들 자신의 죄 때문임을 암시한다.

85:5. 시편 기자는 주께서 우리에게 영원히 노하시리이까라고 탄식한다. 이것은 부정적인 대답이 예상되는 세 개의 수사학적 질문의 시작이다. 분명히 하나님은 무한정 진노하지 않으실 것이라고 그는 생각한다. 대대에 발분하시겠나이까? 분명히 하나님은 곧 분노를 돌이키실 것이다.

85:6. 우리를 다시 살리사 주의 백성으로 주를 기뻐하게 아니하시겠나이까? 이것은 하나님의 백성들의 영적 각성을 구하는 간구이며, 하나님이 그에 대한 새로운 헌신으로 그들의 마음을 회복시켜달라는 호소다. 하나님이 그들을 다시 살리신다면 그들은 다시 기뻐할 것이다. 그러나 반대로, 영적 부흥이 없이는 참된 기쁨이 있을 수 없다.

85:7. 시편 기자는 이 단원을 여호와여 주의 인자하심(히. 헤세드, hesed, 언약적 헌신)을 우리에게 보이시며라는 최종적 요청으로 마무리한다. 그는 하나님이 자기 백성들에 대한 영원한 언약적 약속에 근거해 그들의 모습에도 불구하고 그들에 대한 그분의 변치 않는 성실한 사랑을 알게 해주시기를 구한다. 그는 우리의 현재적 어려움과 영적 무감동에서 주의 구원을 우리에게 주소서라고 구한다.

C. 약속에 의지한 생활(85:8-13)

Supporting Idea	하나님은 자기를 두려워하는 자들에게 평강과 구원을 약속하신다.

85:8. 시편 기자는 여기서 제사장이나 레위인의 말을 기록하고 있는 것으로 보인다. 아마 그들 중에는 시편 기자 자신도 포함될 것이다. 내가 하나님 여호와의 하실 말씀을 들으리니. 그는 주님의 직접적인 계시의 말씀을 원한다. 하나님은 그 성도에게 화평을 말씀하실 것이다. 이 화평은 처음에는 일반적인 복이며(민 6:22-26), 궁극적으로는 미래의 메시아 왕국의 도래로 성취된다(눅 2:14). 이 '화평(히. 샬롬, shalom)' 은 본래 의도된 인생의 온전함이나 풍성함 혹은 풍성한 삶을 의미한다. 저가 다시는 망령한 데(하나님과 독립적으로 사는 것, 오직 하나님의 분노를 다시 촉발할 뿐인 죄)로 돌아가지 말지어다.

85:9. 진실로 그의 구원이… 가까우니. 즉 그의 백성들을 시련에서 구원할 날이 멀지 않았다는 것이다. 그러한 구원은 그분의 이름을 존경하며 그분을 경외하는 자들을 위한 것이다. 하나님이 주신 그러한 부흥으로 그분의 영광이 우리 땅에 거하게 될 것이다. 시편 기자의 마음에 있는 가장 깊은 소원은 하나님의 경이로운 임재와 현현이다. 그분의 백성들의 회복으로 그분의 위대함과 위엄이 모든 이들에게 알려질 것이다.

85:10. 하나님이 새 날을 시작하실 때 수많은 신적 속성이 계시될 것이다. 긍휼과 진리가 같이 만나고. 그분의 무조건적이고 변함없는 성실한 사랑(헤세드, hesed)은 그분의 신실하심과 말씀의 진리에 대한 그의 확실한 헌신과 함께 일할 것이다. 또한 의와 화평이 서로 입맞추었으며. 이것은 의와 평강이 완벽한 조화 속에 통합된 역할을 하는 것을 묘사한 시적 방법이다. 이 네 가지 영적 자질은 모두 자기 백성들을 향한 하나님의

풍성한 은혜의 표현이다.

85:11. 이 신적 속성의 두 번째 속성을 반복하면서 시편 기자는, 진리는 땅에서 솟아난다고 말한다. 그의 신실함(진리)의 효력은 마치 풍성한 추수로 그들이 복을 받을 수 있도록 땅에서 새로운 작물이 솟아나오는 것과 같다. 의는 하늘에서 하감하였도다. 세 번째 신적 속성은 하나님께로부터 직접 내려오는 것처럼 묘사되고 있다. 그리하여 하늘과 땅 양쪽에서 하나님의 복이 그분의 백성들을 에워싼다.

85:12. 10-11절에 표현된 하나님의 왕국의 네 가지 특성이 참으로 엄청나게 임하는 것으로 묘사되어 있다. 약속의 땅에서 그들은 알찬 산물로 상징된, 하나님이 주신 최고의 번영을 누리게 될 것이다. 여호와께서 좋은 것, 즉 긍휼, 진리, 의, 화평(11-12절)을 주시리니.

85:13. 이전 절에서 두 번 강조된 의가 마치 하나님의 백성의 이 회복과 부흥을 주도하는 것처럼 주의 앞서 행한다. 이 신적 속성은 미래에 세워질 메시아 왕국의 특징이 될 것이다(사 11장). 그 앞서가는 전령처럼 의가 주의 종적을 위한 길을 예비하는 것으로 나타난다. 그분의 백성들의 회복을 통해 하나님의 임재가 나타나는 곳마다, 하나님의 백성들의 삶 속에 의가 확실하게 드러날 것이다.

Main Idea 복 습	시편 기자는 과거에 베푸신 하나님의 은혜를 기억하고, 하나님께 자기 백성들을 회복시키시며 부흥시켜달라고 부르짖는다.

! 결론

1653-1658년에 영국 호국경을 지낸 올리버 크롬웰(Oliver Cromwell)은 영국 내전 이후의 파란만장한 시기를 통치했다. 강철 같은 의지와 천재적 전쟁 수행 능력을 소유한 크롬웰은 그의 비판자들로부터 받은 두려움과 증오만큼은 아니지만 그의 추종자들로

부터 많은 사랑과 존경을 받았다. 그는 의회파 군대를 이끌어 찰스 1세에 대한 승리를 주도했고, 1658년 사망할 때까지 영국 지도자로 섬겼다.

1656년 9월 16일 호민관 정치의 두 번째 의회의 두 번째 모임이 있기 전날, 크롬웰은 시편 85편을 읽고 있었다. 이 시편을 묵상하면서 그는 영국의 미래와 관련해 큰 영감을 받았다. 그는 이 시편이 약속하고 있는 것을 그의 사랑하는 조국이 지니기를 간절히 원했다. 크롬웰은 영국이 의와 평화로 통치되기를, 하나님의 풍성한 복이 분명하게 나타나는 나라가 되기를 간절히 소원했다. 의회가 소집되자 크롬웰은 위대한 잉글랜드를 위한 자신의 비전에 대한 표현으로 바로 이 시편의 구절들을 설명하며 의회에서 연설했다. 그는 그들이 하나님께 신실함으로, 의가 통치하고, 그로 인해 더 행복하고 평화로운 시대가 그 땅에 도래하기를 소원했다.

올리버 크롬웰이 영국을 위해 소망했던 것(의와 평화가 만나며 입맞추는 날)을 오늘날의 신자들도 기도로 구해야 할 것이다. 그들은 그들의 삶과 사역과 교회에 그러한 부흥의 시대가 오도록 중보하고 간구해야 한다. 영적 각성은 모든 세대, 모든 신자들의 필요다. 지금 이 시대도 예외가 아니다. 오직 하나님만이 자기 백성들에게 그러한 영적 회복과 부흥의 시간을 주실 수 있다. 시편 기자처럼 하나님이 은혜를 주셔서 부흥시켜주시기를 우리가 기도해야 할 이유가 바로 이 때문이다. 하나님의 백성들이 이 시대에, 이 시편을 묵상하며 새롭게 기도하고, 하나님이 자기 백성들의 마음을 다시 각성시켜주시기를 원한다.

삶의 적용

역사적으로 볼 때, 부흥이 일어날 때는 항상 동일한 영적 특징들이 나타났다. 신자들은 마땅히 이러한 특징들을 다시 회복해야 할 것이다. 그것이 구약의 에스라와 느헤미야 시대든 혹은 교회사의 종교 개혁, 청교도 시대 그리고 대각성 운동 때든 부흥은 항상 동일한 특징을 보여주었다. 그 특징은 아래와 같다.

1. 성경의 선포. 어느 시대든 부흥이 일어날 때는 항상 하나님의 말씀으로 돌아가는 행위가 선행되었다. 분명히 이것은 에스라와 느헤미야가 주축이 된 부흥에서도 마찬가지였다(느 8:8). 모든 부흥에서 성경이 중심이 된다는 것은 논쟁의 여지가 없다. "주의 도에 나를 소성케 하소서"(시 119:37). 그리고 이것은 분명히 "저희가 사도의 가르침을 받을"(행 2:42) 때 혜성처럼 등장한 예루살렘 초대 교회의 원동력이었다. 마틴 루터와 조나단 에드워즈, 조지 휫필드 시대에도 이것은 마찬가지였다. 성경이 읽히고, 연구되며, 가르쳐지고 선포되는 신적 계시의 복귀가 있었다.

2. 하나님께 중보. 진정한 영적 각성은 나아가 하나님의 백성들이 자신을 낮추고 쉬지 않는 기도로 주님을 구하는 시간을 특징으로 한다. 그것은 하나님께 간구하고, 그분의 얼굴을 구하며, 그분의 백성을 회복시키고, 그분의 사역을 회복시키도록 구하는 새로운 계절이다. 모든 부흥이 하나님의 주권적인 주도로 찾아오지만, 그럼에도 불구하고 기도는 항상 그분의 백성들의 전령이다. 초대 교회가 함께 기도하기 위해 정기적으로 모였던 것이 바로 이 방식에 해당한다(행 1:13-14, 2:42, 3:1).

3. 죄 고백. 참된 부흥은 죄에 대한 깊은 자각, 죄 고백 그리고 죄에서 돌이킴으로 이어진다. 이것은 깨달은 죄를 해결해야만 한다는 의미다. 말씀이 죄악으로 드러나고, 깊은 통회로 마음이 상하고 깨어진다. 에스라 시대에 백성들이 하나님께 죄를 고백하며, 자신들이 하나님의 기준에서 떠났음을 공개적으로 애통해할 때 일어난 일이 바로 이런 것이었다(느 9:1-37). 실제로 그들은 베옷을 입고, 머리에 먼지를 뒤집어쓰고(1절), 자신들의 죄를 고백하고(3절), 그것을 하나님 앞에서 공개적으로 드러냈다(37절).

4. 거룩에 대한 헌신. 이전에 버렸던 순종이라는 옛길을 다시 한번 추구하게 된다. 말씀이 가르쳐지고 새롭게 청종될 뿐 아니라 말씀이 수용되고 지켜진다. 갑자기 성경을 자신의 삶에 적용하고, 새로운 결심으로 실행하고자 하는 소원이 압도한다. 부흥은 항상 이 결과를 야기한다. 그것은 순종하기 위해서 성경으로 돌아가고자 하는 새로운 헌신의 시간이다.

기도

하나님 아버지, 당신의 백성에게 또 다른 대각성을 불러일으켜주시고 그것이 우리 각 개인으로부터 시작될 수 있게 해주십시오. 과거에, 이전 세대에 당신이 역사하셨듯이 다시 역사해주시기를 소원합니다. 당신의 풍성한 은혜로 우리를 회복시켜주십시오. 당신의 영광이 누구도 부인할 수 없는 방법으로 우리 눈앞에 분명히 드러나게 해주십시오. 당신의 말씀이 우리 마음에서 결실을 맺게 해주십시오. 예수님의 이름으로 기도합니다. 아멘.

심층 연구

A. 죄악(85:2)

'죄악' 이란 단어 '이니퀴티(iniquity)' 는 히브리어 '아온(awon)' 을 번역한 것으로 '부패한, 왜곡된, 구부러진, 패역한, 굽은' 이란 뜻이다. 죄에 대한 첫 번째 단어 '트랜스그레션(transgression)' 은 하나님과 우리의 관계라는 관점에서 죄를 서술하고, 두 번째 단어는 하나님의 말씀과 우리의 관계를 다루며, 이 단어는 한 개인의 자기 자신과의 관계에 초점을 맞춘다. 모든 죄는 자기를 더럽게 하고, 부패하게 하며, 자기 자신의 인격을 왜곡시키고, 통합성을 굽게 만든다. 사람은 죄를 지을수록 자신의 영혼 속에서 왜곡된 존재가 된다. 다윗이 범죄하자 부정해지고 더러워졌다. 시편 51편 2절은 "나의 죄악을 말갛게 씻기시며 나의 죄를 깨끗이 제하소서" 라고 말한다. 시편 51편 10절은 "내 속에 정한 마음을 창조하시고" 라고 간구한다.

B. 사하다(85:2)

'사하다' 에 해당하는 히브리어 '나사(nasa)' 는 '올리다', '들다', '나르다', '옮기다', '가져가 버리다', '머리를 들다' (즉 '인구 조사를 하다', 출 20:12) '얼굴을 들다' (즉 '누군가의 눈을 정면으로 바라보다', 삼하 2:22), '손을 들다' (즉 '맹세를 하다', 삼상 20:21), '목소리를 높이다' (즉 '울부짖다 혹은 애통하다', 창 21:6), '자신의 영혼을 들다' (즉 '전적으로 의지하다', 신 24:15)라는 뜻이 있다. 그러나 여기서 죄를 들어 제거하는 이는 사람이 아니라 하나님이시다. 우리가 죄를 고백할 때 하나님은 우리에게서 그 죄를 말아가버리신다.

C. 구원(85:7, 9)

'구원' 이라는 히브리어 '예샤(yesha)' 는 '건져냄, 구조, 승리, 도움 혹은 자유' 를 가리킨다. 이 단어의 첫 용례에서 '예샤' 는 원수들에게서의 물리적 구원을 의미했다(민 10:9, 출 2:17, 3:12, 14:30, 삿 8:22, 시 18:3, 44:7, 렘 1:8, 19). 하지만 나중에 이 단어는 구속적인 의미를 함축하게 되었다(시 51:14, 67:2, 68:19, 79:9, 사 45:17, 22, 49:6, 52:10, 겔 37:23).

D. 진리(85:10)

'진리' 라는 히브리어 '에메트(emet)' 는 '확실성, 신뢰성, 확고함' 의 의미를 함축한 히브리어 '아만(aman)' 의 파생어이고, 종종 '진리(truth)' 혹은 '성실함(faithfulness)' 으로 번역된다. 이 단어(emet)는 구약에서 종종 진실함이란 신적 특성을 말하기 위해 127번 사용되었다(비교. 창 24:27, 출 34:6, 시 25:5, 31:5, 71:22, 렘 4:2, 42:5). 이것은 또한 하나님이 진리를 소유하신 분이기 때문에 하나님의 말씀과 명령에도 적용된다(비교. 왕상 17:24, 대하 18:15, 시 26:3, 30:9, 43:3, 69:13, 86:11, 91:4, 108:4, 117:2, 119:142, 151, 138:2). 마찬가지로 이것은 하나님을 아는 사람들의 특징이다(출 18:21, 느 7:2, 시 15:2, 슥 8:16). 여기서 '진리' 혹은 '진실성' 이라는 단어는 도덕적 성실성과 신뢰할 만한 생활을 의미하거나 말씀 속의 하나님의 진리의 기준에 부합하는 것을 의미한다.

E. 의(85:10-11, 13)

'의' 라는 히브리어 '체데크(sedeq)' 는 비유적인 의미에서 '의롭다' 는 뜻이 있으며, 정직하고, 공정하며, 도덕적인 사람이나 대상을 말할 때 사용된다. '체데크' 는 공평하게 판단하는 재판관을 가리켜 사용된다(비교. 레 19:15, 신 16:18, 시 9:4, 8, 72:2, 89:14, 96:13, 98:9, 119:7, 62, 75). 개인 사이에서 이 단어는 관계상의 윤리적이고 도덕적인 행실을 가리킨다. 여기서 이 단어는 하나님의 의, 하나님이 이스라엘에게 베푸실 공정한 의를 가리킨다.

교안

A. 과거에 대한 회상(85:1-3)

1. 당신이 우리에게 은혜를 베푸셨나이다(1절)
   a. 당신의 자비를 보이심으로(1a)
   b. 야곱의 포로 된 자를 돌아오게 하심으로(우리의 재산을 회복시키심으로, 1b)
2. 우리에게 죄 용서하심을 보이셨나이다(2-3절)
   a. 우리의 모든 죄를 덮어주심으로(2절)
   b. 당신의 분노를 돌이키심으로(3절)

B. 현재의 갈망(85:4-7)

1. 하나님이여 우리를 다시 회복시키소서(4-5절)
   a. 우리를 돌이키소서(4절)
   b. 당신의 진노를 돌이키소서(5절)
2. 하나님이여 우리를 다시 부흥시키소서(6-7절)
   a. 당신의 사랑을 보이소서(6절)
   b. 당신의 구원을 베푸소서(7절)

C. 약속에 의지한 생활(85:8-13)

1. 하나님이 그분의 영광을 나타내기로 약속하신다(8-9절)
   a. 자기 백성들에게 평화를 제공하심으로(8절)
   b. 자기 백성들에게 구원을 보이심으로(9절)
2. 하나님이 그분의 선하심을 더 크게 나타내신다(10-13절)
   a. 긍휼과 진리가 만난다(10a)
   b. 의와 화평이 입맞춘다(10b)
   c. 진리와 의가 행한다(11a)

d. 의가 하감한다(11b)

e. 좋은 것이 나온다(12절)

f. 의가 앞서 인도한다(13절)

시편 86편

자비를 베푸소서

"아무리 선한 사람이라도 자비가 필요하고 자비에 호소해야 한다. 자비 외에는 어떤 것에도 호소할 수 없다."

- 찰스 스펄전(Charles H. Spurgeon)

들어가는 글

하나님의 돌보심을 받을 자격은 없지만 하나님이 자기 백성들에게 베푸시는 따뜻한 자비는 소중하다. 분명히 주님은 냉철한 주권자나 감정과 동정심이 없는 로봇 같은 통치자가 아니시다. 오히려 하나님은 자기 성도들을 향한 애정 어린 연민과 깊은 열망으로 가득하신 분이다. 그분은 따뜻한 연민의 눈으로 그들을 찾으신다. 자비란 무엇인가? 그것은 절망적인 고통 속에 처한 자기 피조물을 향한 하나님의 따뜻한 연민과 사랑의 표현이다. 자비는 하나님이 자기 백성, 특히 고통 속에 있는 백성들에게 갖는 깊은 사랑의 감정이다. 긍휼이 가득한 하나님의 마음에서 흘러나오는 자비는 죄로 삶이 망가지거나 시련으로 고통스러워하는 자기 백성들을 향한 하나님의 무한한 애정과 은혜다.

이 시편에서는 하나님의 속성인 그의 부드러운 자비가 그 강조점이다. 이것은 다윗의 기도로, 3권에서 유일한 다윗의 시편이다. 이 탄식의 노래에서 다윗이 환난을 당했고(7절), 공인된 적들로(17절) 그의 목숨을 노리는 자들(13절)인 강포한 무리들에게 공격을 당하고(14절) 있음을 알 수 있다. 이 시련 속에서 다윗은 하나님께 자신을 구해주시기를 부르짖으며 하나님의 자비와 선하심과 긍휼에 호소한다(3, 5, 13, 15절).

본문 이해

Main Idea	다윗은 무자비한 원수들에게 공격당하자 하나님의 인도하심과 힘을 구하며 기도한다.

A. 다윗의 호소(86:1-4)

86:1. 가중되는 압박을 느낀 다윗은 여호와여 귀를 기울여 내게 응답하소서라고 말한다. 그는 하나님께 그의 긴박한 호소에 귀를 기울여달라고 간구한다. 그는 하나님이 자신에게 뭔가 갚아야 할 것이 있는 것처럼 접근하지 않고, 자신이 곤고하고 궁핍하다고, 즉 자비가 필요하다고 겸손히 고백한다(비교. 시 35:10).

86:2. 그는 내 영혼을 보존하시고 그를 해하고자 하는 악한 사람들로부터 주의 종을 구원하시라고 요청한다. 그의 간구의 근거는 그가 하나님께 경건하다(히. 하시드, hasid, '신실한')는 것이다. 그는 자신의 무죄함을 주장하고 있는 것이 아니라 주를 의지하는 자로서 믿음의 눈으로 바라보며 하나님께 전적으로 헌신된 위치에 있으므로 의롭다는 것을 증명하고 있다.

86:3-4. 하나님께 자신의 마음을 쏟아부은 다윗은 주여 나를 긍휼히 여기소서라고 간구한다. 그의 상태가 너무나 절망적이기 때문에 그는 종일 조금도 멈추지 않고 하나님을 부른다. 이 시련 속에서 내 영혼을 기쁘게 하소서라고 간구하는데, 이것은 오직 하나님만이 하실 수 있는 일이다. 겸손한 기도로 주여 내 영혼이 주를 우러러보오니라고 다윗은 주님께 간구한다.

B. 다윗의 확신(86:5-7)

86:5. 다윗은 자신을 공격하는 교만한 원수들에게 둘러싸여 있지만(14, 17절) 하나님의 신적 속성과 관련된 불변하는 몇 가지 진리들과 관련해 주님에 대한 확신을 계속 유지한다. 주는 선하사 사유하기를 즐기시며 주를 부르짖는 자에게 인자함이 후하나이다. 다윗은 삶으로 지은 죄에도 불구하고 하나님이 자신을 용서하시며, 그분의 선을 이루어주실 것을 알고 있다. 하나님의 본성 자체가 자신의 종들을 용서하시는 것이다. 다윗은 하나님이 무한한 사랑으로 넘치는 분이심을 알고 있다. 이것은 하나님의 불변하시는 속성에 뿌리를 둔 그의 확신과 신뢰다.

86:6-7. 시작 절을 반복하면서 다윗은 하나님이 들어주시기를 다시 한번 간구한다. 여호와여 나의 기도에 귀를 기울이시고. 자신에 대한 하나님의 사랑을 확신한 그는 주님께 자신의 영혼을 쏟아붓는다. 나의 환난 날(즉 이 현재적 시련)에 내가 주께 부르짖으리니 주께서 내게 응답하시리이다. 다윗은 흔들림 없는 확신으로 하나님이 그의 기도를 들

으시며 그를 구원하실 것을 믿는다. 고난의 풀무 속에서 그 자신이나 환경이 아니라 하나님을 의지하는 다윗의 믿음은 변함없이 강하고 흔들림이 없다.

C. 다윗의 찬양(86:8-10)

86:8. 하나님이 그를 사랑하시고, 그에게 귀 기울이시며, 그를 구원하실 것이라는 사실(5-7절)로 인해 그의 마음은 하나님에 대한 찬양으로 터질 것 같다(8-10절). 주여 신들 중에 주와 같은 자 없사오며. 다윗은 주님이 하나님이시며, 이스라엘 주변 민족들의 다신론적 거짓 신들과는 비교할 수 없는 유일하게 참된 하나님이심을 이해한다. 주의 행사와 같음도 없나이다. 어떻게 그럴 수 있겠는가? 하나님만이 무한한 능력과 절대적 권세로 통치하신다.

86:9. 주의 지으신 모든 열방, 심지어 이스라엘의 원수로서 시편 기자를 위협하는 이 민족들도 주가 지으셨다. 때가 되면 그들이 와서 주의 앞에 경배할 것이다. 이 세상에서든, 최후의 심판대에서든 그들은 주의 이름에 영화를 돌릴 것이다. 언젠가는 그의 원수들도 비록 지옥의 저주 속에서이긴 하지만 하나님을 찬양할 것이다.

86:10. 대저 주는 모든 면에서 광대하사 기사를 행하시오니. 이 사실로 인해 다윗은 절대적인 경이로움에 사로잡힌다. 주만 하나님이시니이다. 하늘이나 땅이나 땅 아래에서 주와 같은 이는 없다.

D. 다윗의 확인(86:11-13)

86:11. 다윗의 기도와 찬양은 단순히 이론적인 영역에 한정되지 않는다. 그는 그가 믿는 대로 살기를 간절히 원한다. 그래서 그는 하나님께 기도한다. 여호와여 주의 도로 내게 가르치소서 내가 주의 진리에 행하오리니. 그는 하나님의 뜻의 길을 절대 타협하지 않고 추구하기를 원하지만 하나님이 그 길을 밝혀주셔야만 한다. 일심으로 주의 이름을 경외하게 하소서. 다윗은 그 자신의 마음이 쉽게 방황하기 때문에 올바로 하나님을 경외하기 위해서 계속해서 하나님의 간섭과 영향이 필요하다는 것을 깨달았다(빌 2:13).

86:12. 다윗의 영적 삶에 대한 하나님의 주권(11절)으로 인해 그는 겸손함 가운데 기뻐한다. 주 나의 하나님이여 내가 전심으로 주를 찬송하고 영영토록 주의 이름에 영화를 돌리오리니. 감사의 맹세로 표현된 이 찬양은 일시적이고 단회적인 찬양이 아니다. 그

것은 주를 영화롭게 하기 위해 전심으로 애쓰는 지속적인 예배의 생활 방식이다.

86:13. 그러한 찬양은 하나님의 변함없는 사랑에 대한 다윗의 경험에서 흘러나왔다. 그는 내게 향하신 주의 인자가 크시다고 선언한다. 그 사랑은 그의 영혼을 깊은 음부에서 건지시는 사랑이다. 다윗은 생명을 위협받는 이 상황에서 하나님이 자신을 건져주실 것을 확신하며 그의 기도에 대한 긍정적인 대답을 기대한다.

E. 다윗의 대적들(86:14-15)

86:14. 하나님의 구원을 확신하지만(17절) 다윗은 계속해서 천상의 보좌 앞에서 자신의 무죄를 변호한다. 그렇게 함으로써 그는 주님께 두 가지 사실을 확인해드린다. 첫째는, 하나님이여 교만한 자가 일어나 나를 치고 강포한 자의 무리가 내 혼을 찾았사오며라는 내용이다. 다윗은 하나님께 자신이 처한 절망적이고 생명이 위협당하는 상황, 그의 생명을 노리며 하나님에 대한 관심이 전혀 없는 원수들과 대치해 있는 상황을 상기시킨다. 다시 말해서 다윗의 적들은 하나님의 적이었다.

86:15. 두 번째 사실은 그의 악한 원수들과 달리 그러나 주는 긍휼히 여기시며 은혜를 베푸시는 분이시라는 것이다. 수많은 위험 속에서 다윗은 그의 고난에 마음을 쏟으시는 하나님의 따뜻한 돌보심 안에서 안식한다. 그는 하나님이 노하기를 더디하시며 인자와 진실이 풍성하심을 안다. 이 강한 확신은 다윗이 앞에서 드린 찬양에서도 메아리쳤다(5절). 그에겐 하나님과 하나님의 불변하는 성품을 신뢰할 모든 이유가 있다.

F. 다윗의 요청(86:16-17)

86:16. 이 시편은 시작할 때처럼(1-4절), 다윗이 하나님께 긴급한 간구를 드리는 것으로 마무리한다. 그는 이 시편의 서두에서 표현된 것과 마찬가지로 내게로 돌이키사 나를 긍휼히 여기소서라고 간구한다. 다윗은 자신의 연약함을 자각하고 주의 종에게 힘을 달라고 구한다. 그렇게 함으로써 그는 주의 여종의 아들을 구원하소서라고 요청한다. 이것은 자신을 비천한 상태에서 태어난 자로 겸손하고 은근하게 지칭한 표현이다.

86:17. 주님의 응답을 기대하며 다윗은 은총의 표징을 내게 보이소서라고 마무리한다. 하나님이 다윗을 구원해주시면 하나님이 신뢰하기에 합당한 분이시며, 너무나 절망적이고 위험한 환경에서 자기 백성들을 건져주실 수 있는 분이심을 다른 사람들에게

증거할 수 있는 강한 증거가 될 것이다.

결론

유명한 종교 개혁가인 존 칼빈은 이렇게 말했다. "그리스도 안에서 밝히 드러난 것처럼 유일하게 안전한 피난처는 하나님의 자비 안이다. 그 안에서 우리 구원의 모든 부분이 완성된다." 구원을 받기 위해서 우리는 모두 하나님의 공의가 아닌 하나님의 자비가 필요하다. 그 구원이 지옥의 그의 진노에서 건짐받는 하나님의 영원한 구원이든 세상에서 인간들의 분노에서 건짐받는 일시적인 것이든 이것은 진실이다. 구원은 항상 하나님의 불변하는 정의에 의해서 결코 이루어지지 않고 항상 받을 자격이 없는 자들에게 베풀어지는 하나님의 자비하심으로 이루어진다. 주님이 우리가 받을 만한 것을 우리에게 주셔야 한다면 우리는 수많은 고통 속에서 영원히 형벌을 받아야만 할 것이다. 그러므로 우리에게 필요한 것은 정의가 아니라 자비하심이다. 그것은 큰 위험 가운데 그분의 구원하시고 붙드시는 은혜가 필요한 자들을 향한 하나님의 따뜻한 긍휼하심이다. 그러므로 우리가 주님께 구해야 하는 것은 자비다. 또한 하나님의 무한한 능력이 우리의 선을 이루도록 활발하게 기능하는 것도 자비다.

교안

A. 다윗의 호소(86:1-4)

1. 내 기도를 들으소서(1절)
   a. 나는 곤고하나이다(1a)
   b. 나는 궁핍하나이다(1b)
2. 내 생명을 지켜주소서(2절)
   a. 내가 당신께 헌신하였나이다
   b. 내가 당신을 의지하나이다
3. 내 영혼을 기쁘게 하소서(3-4절)
   a. 내가 당신께 부르짖나이다(3절)
   b. 내가 당신을 우러러보나이다(4절)

B. 다윗의 확신(86:5-7)

1. 하나님은 내게 풍성하게 베푸신다(5절)
   a. 언제라도 용서하신다(5a)
   b. 사랑이 풍성하시다(5b)
2. 하나님은 내게 응답하실 것이다(6-7절)
   a. 들으실 수 있다(6절)
   b. 언제라도 응답하신다(7절)

C. 다윗의 찬양(86:8-10)

1. 당신은 다른 신들과 같지 않나이다(8절)

a. 당신의 위격과 같은 자 없나이다(8a)

b. 당신의 행사를 행하는 자 없나이다(8b)

2. 당신만이 주권자시니이다(9절)

a. 모든 열방이 당신으로부터 창조되었나이다(9a)

b. 모든 열방이 당신을 경배할 것이나이다(9b)

3. 당신만이 하나님이시니이다(10절)

a. 주는 광대하시나이다(10a)

b. 주의 행사가 위대하시나이다(10b)

D. 다윗의 확인(86:11-13)

1. 주의 도로 행하겠나이다(11절)

a. 그래서 당신의 진리를 따르겠나이다(11a)

b. 그래서 당신의 이름을 두려워하겠나이다(11b)

2. 내가 당신의 이름을 경배하겠나이다(12-13절)

a. 나를 향한 당신의 사랑이 크시기 때문입니다(13a)

b. 나에 대한 당신의 구원이 놀랍기 때문입니다(13b)

E. 다윗의 대적들(86:14-15)

1. 교만한 자들이 나를 박해하나이다(14절)

a. 강포한 자들(14a)

b. 하나님을 전혀 생각하지 않는 자들(14b)

2. 전능자가 나를 보호하시나이다(15절)

a. 그분은 긍휼히 여기시며 은혜를 베푸신다(15a)

b. 인내하시며 사랑을 베푸신다(15b)

F. 다윗의 요청(86:16-17)

1. 내게 당신의 힘을 주소서(16절)

a. 나를 붙드소서(16a)

b. 내게 힘을 주소서(16b)

c. 나를 구원하소서(16b)

2. 내게 표징을 주소서(17절)

a. 경건치 않은 자들이 수치를 당하도록(17a)

b. 주께서 나를 도우셨기 때문에(17b)

시편 87편

영광을 받은 성

"하나님의 성 시온이여, 너를 가리켜 영광스럽다 말하는도다."

- 존 뉴턴(John Newton)

들어가는 글

전직 노예상으로 복음 설교자와 찬송가 작가가 된 존 뉴턴은 수많은 위대한 찬송시를 지었는데, 그중에 "나 같은 죄인 살리신"이라는 찬송가가 있다. 그러나 가장 사랑받는 그의 작품 가운데 하나는 "시온성과 같은 교회"일 것이다. 이 웅장한 찬송의 첫 행은 시온에 대한 찬양의 진술인 시편 87편 3절에 근거한 것이다. 종종 생략되는 이 명곡의 한 연은 다음과 같이 끝난다. "세상 쾌락이 시들고 그가 자랑하던 모든 허식과 자랑도 시들지만 굳건한 기쁨과 영원한 보배는 시온의 자녀들만 안다네." 뉴턴은 이 세상의 일시적인 쾌락을 맛보았지만 결국 그의 입 안에는 쓰라린 맛만 남았다. 그는 시온의 기쁨을 더욱 선호했고 우리 역시 모두 그러해야 한다.

시편 87편은 '하나님의 성' 예루살렘, 시온을 하나님의 특별한 사랑의 대상으로, 또 그분의 왕국의 왕의 도시로서 영광스럽게 찬양하고 있다. 거룩한 성인 그곳은 하나님이 그분의 백성 가운데서 행하시는 거룩하고 선한 모든 사역을 상징한다. 나아가 장차 임할 메시아 왕국에서 세상의 영적 도시로 군림할 예루살렘으로 열국이 모일 날을 예언적으로 내다본다. 세계 나라들이 하나님을 예배하기 위해 시온으로 올 것이기 때문에 이스라엘은 하나님의 선택된 나라로 계속 있을 것이다. 표제가 암시하듯이 이 시편은 고라의 후손들로 구성된 레위 성가대인 고라 자손에 의해 기록되었다.

본문 이해

Main Idea	시편 기자는 시온을 하나님의 거룩한 성으로 칭송한다.

A. 영광스러운 시온성(87:1-3)

87:1. 시편 기자는 하나님이 예루살렘의 건축자라고 선언하며 그 기지가 성산에 있음이여라고 말한다. 주님 자신이 시온의 기초를 놓으신 것이다. 하나님이 터를 닦으신 이 성은 유대 산지에 위치하며, 거룩한 산 시온산에 세워졌다. 이 거룩한 성은 하나님의 특별한 목적을 위해 구별되었고, 절대 요동하지 않는다. '산' 은 복수로 쓰여 그것의 안정성과 초월적 위엄을 강조한다.

87:2. 따라서 여호와께서 가장 소중히 여기시는 성인 시온의 문들을 사랑하신다. 하나님은 그분의 거처로, 그분의 영광이 특별히 나타날 성으로 시온을 선택하셨다. 성의 '문들' 은 하나님을 경배하기 위해 그 성으로 들어오고 그를 섬기기 위해 떠나는 사람들인 성 사람들의 활동을 가리킨다. 그러므로 그분은 이 장소를 나머지 야곱의 거처보다 더 사랑하신다. 이 성은 지상의 예배 중심지로 하나님이 선택하신 장소다. 야곱은 이스라엘 전 민족과 동의어다(창 32:28).

87:3. 이 진리에 반응해 사람들은 너를 가리켜 영광스럽다 말하는도다. 사람들은 그 성이 하나님의 성, 하나님이 특별히 택한 백성들을 친밀하고 경이로운 예배 가운데 만나시는 장소이므로 그 거룩한 성을 찬양한다.

B. 시온에 모인 무리들(87:4-6)

87:4. 하나님은 이제 화자로서 내가 라합과 바벨론을 나를 아는 자 중에 있다 말하리라고 말씀하신다. '라합' 은 남서쪽의 대강국인 애굽을 상징한다(시 89:10, 사 30:7, 51:9). 시편 기자는 또한 서쪽에 위치하며 이스라엘과 인접한 세력인 블레셋과 북쪽의 강력한 도시 국가인 두로를 남쪽 먼 거리에 위치한 구스(에디오피아를 가리킴)와 더불어 언급한다. 이 모든 이방 세력들은 이도 거기서 났다고 말할 것이다. 미래에 있을 복된 날에 세상의 모든 나라들이 하나님을 예배하기 위해 예루살렘으로 올 것이며, 그곳에서 자녀를 낳을 것이다. 전 지구적 차원에서 하나님께 찬양을 드린다는 점이 강조되고 있다. 예배자들이 세계 각국에서 예루살렘으로 찾아온 오순절 날에 이 예언이 일차적으로 성취될 것이다(행 2:9-11). 궁극적으로 이것은 이방인들과 유대인들이 함께 거룩한 성에서 이스라엘의 주를 예배할 천년왕국을 내다본다(롬 11장).

87:5-6. 시온에 대하여 말하기를 이 사람, 저 사람이 거기서 났나니라고 할 것이다. 많

은 이방 예배자들이 예루살렘을 찾아와서 그곳에서 다시 날 것이다. 부모들이 하나님을 예배하러 오기 때문에 여러 사람들, 이 사람, 저 사람이 그곳에서 태어날 것이다. 그 과정에서 지존자가 친히 시온을 세우실 것이며, 시온을 예배의 중심으로 영광스럽게 하실 것이다. 여호와께서 민족들을 등록하실 때에는 그 수를 세시며 이 사람이 거기서 났다 하시리로다. 예루살렘에서 하나님께 영광의 찬양이 드려질 것이기 때문에(3절) 하나님은 예루살렘을 너무나 사랑하신다(2절). 그러므로 예루살렘에서 태어나는 것은 특별한 영광으로 여겨질 것이다(슥 8:20-23).

C. 시온의 즐거운 찬양(87:7)

87:7. 예루살렘을 찾은 이 예배자들이 음악을 연주하며 하나님께 노래를 부를 것이다. 그들은 시온에게 나의 모든 근원이 네게 있다고 선언할 것이다. 다시 말해서 그들의 모든 영적인 복이 하나님이 예배받으시고 그분의 영광을 나타내시는 예루살렘에서 흘러나올 것이다. '근원' 혹은 샘은 하나님이 주시는 복의 원천을 묘사한다. 예루살렘에서 주를 구하는 자들은 주님을 큰 기쁨으로 향유한다.

결론

지금도 예루살렘은 여전히 하나님의 눈동자이고, 특별히 그분의 영광을 나타내시겠다고 약속하신 성이다. 예수께서 죄인들을 위해 죽으심으로 율법 아래서 저주가 되신 곳이 바로 거룩한 성 예루살렘이었다. 예수께서 죽은 자 가운데서 살아나셔서 죽음에 대해 승리하신 곳 또한 예루살렘이었다. 예수께서 승천하신 곳도 예루살렘 감람산이었다. 예수님이 성령을 보내신 곳도 예루살렘이었다. 그리스도께서 첫 교회를 세우신 곳도 예루살렘이었다. 예수님이 이 시대 말에 재림하실 곳도 예루살렘이다. 그리스도가 천 년 동안 세상을 통치하시고 지배하실 곳도 예루살렘일 것이다. 이처럼 예루살렘은 하나님께 특별한 곳이다. 그러므로 그분을 사랑하는 모든 사람들도 그러해야 할 것이다.

교안

A. 영광스러운 시온성(87:1-3)

1. 하나님이 그 기초를 놓으셨다(1절)
2. 하나님이 그 문들을 사랑하신다(2절)
3. 하나님이 그 예배 가운데 계신다(3절)

B. 시온에 모인 무리들(87:4-6)

1. 사람들이 시온을 찬양할 것이다(4절 a, b)
   a. 라합과 바벨론(4a)
   b. 블레셋, 두로, 구스(4b)
2. 사람들이 시온에 거할 것이다(4c-6절)
   a. 사람들이 그곳에서 태어날 것이다(4c-5a)
   b. 하나님이 그 성을 세우실 것이다(5b)
   c. 하나님이 그들의 이름을 기록하실 것이다(6절)

C. 시온의 즐거운 찬양(87:7)

1. 예배자들이 노래할 것이다(7a)
2. 예배자들이 새롭게 회복될 것이다(7b)

시편 88편

암울한 절망

"사람은 그 사람의 열정이 아니라 그가 견딜 수 있는 실제적인 고통의 양으로 알 수 있다."

- C. T. 스터드(C. T. Studd)

들어가는 글

인생에서 시련을 면제받는 신자는 아무도 없다. 인간이 이 세상에 존재하는 한 고난은 믿음의 학교에서 결코 생략하거나 외면해도 되는 선택 과정이 아니라 필수 과정이다. 성도들은 고통에서 제외되는 것이 아니라 하나님의 도우심 가운데 고난을 견디며 승리하도록 붙드심을 받는다. 우리는 시편의 기자가 영혼의 어두운 밤을 지나고 있다는 것을 보며 놀랄 필요가 없다. 그러한 어려움은 인생에 흔하다. 하지만 다른 시편들에서 시편 기자는 환난을 겪고 견고한 소망의 상태로 회복된다. 이 시편의 경우는 예외다. 여기서 시편 기자는 절망 상태에 그대로 머물러 있으며 깊은 낙심을 떨칠 수가 없다. 그는 아직 주님의 구원의 손길을 경험하지 않았다. 영적 격려를 경험한 적도 없었다. 어둠이 그를 안팎으로 에워싸고 있기 때문에 그는 그것을 떨쳐낼 수가 없다.

이 시편은 전 시편에서 가장 슬픈 시편이라 불릴 정도로 독특한 차별성을 지닌다. 이 탄식의 노래는 자신의 존재 깊은 곳에서 나오는 절망적인 부르짖음이며, 소시 적부터 병에 걸렸거나 부상으로 아파온(15절) 사람의 고통스러운 기도다. 평생 동안 그는 질병과 응답되지 않는 기도로 인해 고통당했다. 그는 거듭해서 낙망을 경험했다. 시편은 인생의 모든 고통스러운 시기에 대해 메시지를 주고 있기 때문에 이 특별한 시편이 포함된 것은 끝도 보이지 않을 정도로 고통당하는 사람들을 위해 적절한 것이다. 표제는 이중적인 제목으로 되어 있는데 먼저 고라 자손의 찬송 시, 영장으로 마할랏르안놋에 맞춘 노래로 되어 있다. 이것은 '고통의 춤'을 지칭하는 것으로 이 시편의 절망을 묘사한다. 두 번째 제목은 고핫 자손 출신의 음악가인 에스라인 헤만의 마스길(묵상, 관조)로 되어 있다(왕상 4:31, 대상 15:16-19).

본문 이해

Main Idea	시편 기자는 암울함과 절망, 심지어 죽음까지 직면한 상태에서 너무나 애절한 탄식을 표현한다.

A. 그가 직면한 위기(88:1-9)

88:1-2. 갑자기 절망스러운 마음을 드러내며 시편 기자는 여호와 내 구원의 하나님이여라고 부르짖는다. 그는 현재적 고통에서 건져줄 유일한 구원이 하나님께로부터 와야 한다는 것을 이해한다. 그것은 그의 상황에 대한 절망적이고 쓸쓸한 전망이다. 이것은 이 시편 전체에서 보이는 유일한 희망의 빛이다. 내가 주야로 주의 앞에 부르짖었사오니. 그러나 그가 간구해도 하늘에서 듣지 않으면 느낄 수 없다. 나의 기도로 주의 앞에 달하게 하시며 주의 귀를 나의 부르짖음에 기울이소서. 그는 계속 기도를 해왔지만 아무런 응답이 없다. 응답되지 않는 그의 간구는 하나님이 듣지 않으시며, 그의 부르짖음에 귀를 막으신 듯한 인상을 준다.

88:3-5. 그는 죽음의 문턱에서 살아가면서 나의 생명은 음부에 가까웠사오니라고 탄식한다. 이 곤란이 무엇인지 확인할 수 없지만 분명히 생명을 위협하는 것이었다. 이 위기의 심각성을 보완 설명하여 시편 기자는 나는 무덤에 내려가는 자와 함께 인정되고라고 말한다. 그는 더 이상 삶을 지탱할 힘이 없다. 이미 무덤에 한 발을 들여놓은 것처럼 그는 절망적인 사실을 체념하고 있다. 그의 시각에서 볼 때 그는 죽음으로 하나님의 손(돌보심)에서 끊어져서 더 이상 그에게 기억되지 않게 될 것이다. 시편 기자는 자신이 주님께 철저히 버림당하고 잊혀졌다고 생각한다.

88:6-7. 시편 기자는 하나님이 이 시련을 주셨다고 믿는다. 주께서 나를 깊은 웅덩이에 두셨사오며(즉 하나님이 강조되어 있다). 자신의 요점을 설명하면서 시편 기자는 또 다시 생생한 표현을 사용해 죽음과 무덤을 깊은 웅덩이와 어두운 곳 음침한 데라고 언급한다. 이 환난을 신적 징계와 심판으로 인식한 그는 주의 노가 나를 심히 누르시고(비교. 16절)라고 말한다. 환난이 끊이지 않는 그의 상황은 무서운 파도처럼 그를 괴롭게 하며

심각한 절망 속에 빠져 죽어가게 한다.

88:8-9. 낙심이 점점 더 깊어진 시편 기자는 주께서 나의 아는 자로 내게서 떠나게 하시고라며 탄식한다. 그는 격려해주는 친구들도 없이 홀로 외롭게 고통당한다. 이제 그는 그들에게 가증되게 여김을 받는 존재다(비교. 16절). 그래서 그들은 그를 피해 얼굴을 숨긴다. 그는 에워싼 환난에 갇혀서 쉼을 얻기 위해 나갈 수가 없다. 눈물이 마를 날이 없고, 그의 부은 눈은 곤란으로 인해 쇠하여 있다. 그는 주님께 부르짖지만 아무 대답도 없는 것 같다.

B. 그의 변론(88:10-12)

88:10. 시편 기자는 하나님께 호소하며 연속적인 질문 형태로 하나님과 논쟁한다. 하나님을 부르며 그는 주께서 사망한 자에게 기사를 보이시겠나이까라고 설득을 시도한다. 다시 말해서 "내가 죽을 때까지 당신이 기다리신다면 어떻게 내게 구원의 행동을 보일 수 있겠나이까?" 라는 것이다. 유혼이 일어나 주를 찬송하리이까? 그는 침묵의 무덤에서는 하나님을 찬송하기가 불가능함을 알고 있다.

88:11. 그의 호소는 계속된다. 주의 인자하심을 무덤에서 선포할 수 있으리이까? 그는 자신이 일단 죽은 후에는 사람들에게 하나님의 사랑을 선포할 수 없다는 것을 안다. 그래서 그는 하나님께 자신의 생명을 보존해주실 것을 호소한다. 아니면 주의 성실하심을 멸망 중에서 선포할 수 있으리이까? 그가 죽으면 세상 사람들에게 하나님의 한결같으심을 선포할 수도 없다. 시편 기자가 죽으면 사람들은 하나님의 성실하심을 볼 수 없을 것이다.

88:12. 흑암 중에서 주의 기사를 알 수 있으리이까? 대답은 '알 수 없다' 이다. 잊음의 땅에서 주의 의를 알 수 있으리이까? 또다시 대답은 '그럴 수 없다' 이다. 시편 기자는 자신이 하나님을 찬양하고 섬길 수 있도록 흑암과 망각이라는 죽음의 두 결과에서 자신을 구해주실 것을 하나님께 변론한다.

C. 그가 느끼는 혼란(88:13-18)

88:13-14. 아무런 구원의 기미도 보이지 않는 가운데 시편 기자는 여호와여 오직 주께 내가 부르짖었사오니라고 말한다. 그러나 아무 응답도 오지 않는다. 아침에 나의 기도

가 주의 앞에 달하리이다. 그러나 여전히 하나님은 아무런 응답이 없으시다. 심한 혼란 속에서 그는 여호와여 어찌하여 나의 영혼을 버리시며 어찌하여 주의 얼굴을 내게 숨기시나이까라고 표현한다. 그는 기도할수록 하나님께 더욱 거부당하는 것 같다. 하늘의 침묵은 기가 막힐 정도로 그를 절망시킨다.

88:15. 이러한 거부는 시편 기자가 평생 동안 경험한 것이다. 아니면 이 글을 쓰는 순간 그가 그런 감정을 가졌을 수도 있다. 내가 소시부터 곤란을 당하여 죽게 되었사오며. 그가 현재 당하는 고통은 모두 하나님이 주신 것으로 오랫동안 지속된 고통이었다. 주의 두렵게 하심을 당할 때에 황망하였나이다. 그가 지금 당하는 고통은 익숙한 고통이다.

88:16-17. 무기력한 그의 영혼 위로 파도가 덮치는 것처럼 그는 주의 진노가 내게 넘치고라고 증언한다. 이로 인해 그는 절망 속에 빠져 죽어간다. 주의 두렵게 하심이 나를 끊었나이다. 그는 끝장난 것이다! 어떤 구조도 없이 이런 일이 물같이 종일 나를 에우며 함께 나를 둘렀나이다. 그는 완전히 비탄에 빠져, 생명을 지탱해줄 희망이라는 공기를 마시려고 물 밖으로 얼굴을 내밀 힘도 없다.

88:18. 더 깊은 절망의 나락으로 떨어진 시편 기자는 또다시 주님이 그의 친구들로 그를 외면하게 하셨다고 주장한다. 주께서 나의 사랑하는 자와 친구를 내게서 멀리 떠나게 하시며. 이러한 고립은 그가 그들 보기에 역겨워서였다(8절). 아마 생명을 위협하는 질병으로 인한 격리와 관계있을 것이다. 그는 오직 나의 아는 자를 흑암에 두셨나이다(흑암이 나의 가장 가까운 친구입니다)라고 결론지을 수밖에 없다. 이 흑암은 그의 절망, 낙심 그리고 가까이 다가온 것 같은 죽음을 암시한다. 그는 그 정도로 절망감에 시달린다. 그는 절망의 어둠 속에 삼켜져 다시는 희망의 빛을 보지 못할 것이라고 두려워한다.

결론

어떤 신자도 심각한 낙망의 시간을 피해갈 수는 없다. 산꼭대기의 수많은 기쁨의 시간도 있지만 골짜기의 우울한 시절도 있다. 이것은 그리스도인의 인생에서도 마찬가지다. 따라서 이 탄식의 노래는 참된 신자가 얼마나 심한 낙심에 빠질 수 있는지를 보여준다. 환난 날에 하나님의 백성들은 하나님에 대한 흔들림 없는 믿음으로 견뎌야 할 때가 자주 있다. 매우 암울하지만 이 시편은 모든 생활과 진실된 상관성이 있다. 신자가 힘을 얻기 위해 주님을 의지해야 할 때가 바로 그러한 고통의 때이다. 하나님의 은혜가 언제나 풍성하다는 것을 아는 것은 얼마나 큰 격려가 되는가.

교안

A. 그가 직면한 위기(88:1-9)

1. 내가 하나님께 부르짖는다(1-2절)
    a. 밤낮으로(1절)
    b. 하늘의 하나님 앞에서(2절)
2. 내가 하나님께 짓밟힘을 당한다(3-7절)
    a. 내 생명이 음부에 가까이 있다(3절)
    b. 내 생명이 약하다(4절)
    c. 내 생명이 잊혀짐을 당했다(5절)
    d. 내 생명이 어두워졌다(6절)
    e. 내 생명이 괴로움을 당한다(7절)
3. 내가 하나님으로 인해 속박당한다(8-9절)
    a. 내 친구들이 떠나간다(8a)
    b. 나의 출입이 제한되었다(8b)
    c. 내 눈이 쇠하여졌다(9a)
    d. 내 기도가 무익하다(9b)

B. 그의 변론(88:10-12)

1. 사망한 자를 구원하실 것이니이까?(10a)
2. 죽은 자가 당신을 찬양하리이까?(10b-11절)
    a. 당신의 사랑을 무덤에서 선포하리이까?(11a)
    b. 당신의 신실하심을 죽음 속에서 선언하리이까?(11b)

3. 주가 무덤 속에서 알려질 수 있으리이까?(12절)
    a. 당신의 기사를 흑암 중에 알 수 있으리이까?(12a)
    b. 당신의 역사를 무덤에서 선언할 수 있으리이까?(12b)

C. 그가 느끼는 혼란(88:13-18)

1. 내가 하나님께 고통 가운데 부르짖나이다(13-14절)
    a. 왜 나를 버리시나이까?(14a)
    b. 왜 내게서 얼굴을 숨기시나이까?(14b)
2. 내가 하나님의 치심을 당하나이다(15-18절)
    a. 내가 오랫동안 곤란을 당했나이다(15a)
    b. 내가 깊은 고통을 당했나이다(15b)
    c. 고통으로 파멸해왔나이다(16절)
    d. 완전히 에워싸였나이다(17절)
    e. 완전히 고립당한 채 살아왔나이다(18절)

시편 89편

영원히 신실하심

"우리 눈을 들어 이 황폐한 장면 너머를 바라보며 항상 모든 일에 신실하신 분을 볼 수 있다는 것은 얼마나 큰 축복인가."

- A. W. 핑크(A. W. Pink)

들어가는 글

인간의 불성실함과 대조적으로 하나님은 자기 백성들에게 영원히 신실하시다. 특별히 그분은 자신이 약속하신 것을 지키시는 데 영원히 신실하시다. 항상 자신의 말을 지키시는 분을 보는 것은 얼마나 영혼의 힘이 되는가. 하나님은 하겠다고 말씀하신 것을 이루시는 데 항상 전념하신다. 그분은 자기가 한 말을 절대 잊지 않으시고, 결코 약속을 저버리지 않으시며, 언약을 어기지도 않으신다. 언약하신 것을 절대 성취하지 않는 경우도 없으시다. 말씀하신 것을 이루지 않는 일도 없으시다. 우리가 신실하지 않을 때라도 그분은 여전히 신실하시다. 하나님은 신실하신 하나님이시다.

하나님의 신실하심이 이 제왕 시편의 주된 핵심이다. 이것은 이스라엘 민족을 위해 드린 고뇌의 기도로 하나님이 다윗과의 언약(삼하 7:8-16)을 존중해주실 것을 호소하고 있다. 이것은 하나님이 다윗에게 하신 약속에 여전히 신실하시기를 구하는 기도다. 이 시편은 레위인이며(대상 15:17-18), 현자로서(왕상 4:31) 약속의 계보인 다윗 계보에 속한 기름 부음 받은 왕이 패배한 사건에 직면했을 때 그의 백성들을 대신해 하나님께 중보한 에스라인 에단의 시편이다. 그러므로 시편 기자는 다윗과 맺은 언약을 기억하시고, 그들을 환난에서 건져주실 것을 하나님께 간구한다.

본문 이해

Main Idea	시편 기자는 하나님이 다윗과 그의 후손들과 맺은 언약에 신실하심을 기뻐한다.

A. 하나님의 신실하심에 대한 찬양(89:1-2)

89:1a. 하나님의 사랑과 신실하심에 대한 찬양으로 서두를 시작하는 시편 기자는 내가 여호와의 인자하심을 영원히 노래할 것이라고 선언한다. 그는 자기 백성들을 향한 하나님의 완전하고도 무조건적인 사랑(이 시편이 특별히 초점을 맞추는 주제, 1-2, 14, 24, 28, 33, 49절)을 기뻐한다. 마찬가지로 '영원히' 역시 이 시편의 핵심 단어로서 8번이나 사용되었다(1-2, 4, 28-29, 36-37, 46절). 하나님의 사랑은 끝이 없다.

89:1b-2. 시편 기자는 계속해서 주의 성실하심을 내 입으로 대대에 알게 하리이다라고 말한다. 하나님의 신실하심이 이 시편의 또 다른 초점의 대상으로 7번 사용된다(1-2, 5, 8, 14, 33, 49절). 하나님은 자신의 신실하심으로 인해 자신이 약속하신 것을 이루시기 위해 무조건적으로 헌신하신다. 그 이유로 시편 기자는 하나님의 사랑과 성실하심이 영원하다고 선언한다.

B. 하나님의 신실하심에 대한 약속(89:3-4)

89:3-4. 시편 기자는 하나님의 신실하심에 대한 구체적인 한 면을 살핀다. 그것은 이 시편 전체를 차지할 주제인, 다윗과 맺으신 하나님의 언약이다. 하나님은 내가 나의 택한 자와 언약을 맺으며라고 말씀하셨다. 이 언약은 하나님이 다윗과 맺은 다윗 언약을 가리키는 것으로, 그의 후손들에게 확대되고 왕의 계보를 견고케 할 언약이다. 그러므로 그 위(왕좌)의 올바른 후계자는 항상 다윗의 후손이 될 것이다. 궁극적으로 이 위의 계승자는 메시아일 것이다(눅 1:31-33).

C. 하나님의 신실하심의 완벽성(89:5-18)

89:5-8. 이 하나님의 신실하심의 속성에 초점을 맞추어보면 그것은 하나님이 다른 모든 존재와 권세들과 독특하게 구분되는 속성이다. 여호와여 주의 기사를 하늘이 찬양할 것이요. 하나님에 대한 이 예배는 거룩한 자 혹은 천사들, 여기서는 권능 있는 자로 묘사된 자들에게서 나온다. 그들은 대저 궁창에서 능히 여호와와 비교할 자 누구며라고 하나님의 고유의 거룩하심을 선언한다. 이 질문에 대한 대답은 '아무도 없다' 이다. 그의 성실하심이 그를 에워싸고 있기 때문에 하나님은 천상의 회중들에게 심히 엄위하시다(하나님이 큰 두려움의 대상이 되신다).

89:9-14. 하나님은 날마다 전혀 흔들림 없이 신실하게 모든 피조물을 통치하시고 붙드신다. 주께서 바다의 흉용함과 바다 안의 모든 것을 다스리시며. 하나님은 이스라엘을 둘러싼 가장 높은 두 산인 다볼과 헤르몬을 지칭하는 남북을 비롯해 세계와 그중에 충만한 것을 건설하셨다. 하나님은 이 모든 것을 창조하셨고, 그분의 오른손으로 통치하신다. 또한 시편 기자는 그의 백성들의 선을 이루어주는, 그들로 하나님을 찬양하게 하는 다른 하나님의 속성들을 인용한다. 의와 공의가 주의 보좌의 기초라. 이것은 하나님이 옳고, 정당하며, 공평하고, 공정한 것만 하실 수 있다는 의미다. 인자함과 진실함(둘 다 이미 언급된 적이 있음)이 주를 앞서 행한다. 이 두 속성이 하나님의 뜻을 이루기 위해 하나님의 보좌에서부터 흘러나온다는 뜻이다. 하나님이 유일한 주권자로 통치하실 때 그분의 행하시는 모든 것이 그분의 보좌의 기초에서 흘러나온다.

89:15-18. 하나님이 이 많은 완전한 속성들을 소유하시기 때문에 그분의 백성들은 유복하다. 하나님을 예배하며, 즐거운 소리를 알고, 거룩의 빛 가운데 다니는 그들은 큰 은총을 받으며, 행복하고 만족스럽다. 하나님이 그들의 힘의 영광이시므로 그들은 하나님의 의로 인해 기뻐하며 높아진다. 우리 방패(그들의 보호자로서 왕에 대한 메타포, 시 84:9)는 하나님께 속한다.

D. 하나님의 신실하심에 대한 맹세(89:19-37)

89:19-25. 시편 기자는 여기서 앞에서 소개한 주제, 즉 하나님과 다윗의 언약(3-4절)으로 되돌아간다. 하나님은 계시로 사무엘(삼상 16:1-12)과 나단(삼하 7:4-16)에게 말씀하셔서 그가 택한 자(젊은이), 능력 있는 자(전사) 다윗을 왕으로 선택하셨음을 알게 하셨다. 그는 하나님의 기름 부음을 받고, 붙드심을 받아 힘있게 대적과 맞설 수 있게 되었다. 하나님은 다윗의 통치가 지중해에서 강들까지 미칠 것이라고 선언하셨다.

89:26-29. 저자는 하나님과 다윗 앞에서 존재하는 특별한 형태의 부자 관계를 묘사한다. 이 기름 부음 받은 왕은 하나님의 장자인 것처럼 세상 왕국에서 가장 높은 지위와 거룩한 특권을 갖게 될 것이며, 이로 인해 모든 열왕의 으뜸이 될 것이다. 하나님은 하늘의 날처럼(하늘이 존재하는 한) 후손(왕조)과 그 위뿐 아니라 다윗과의 언약을 영구히 지켜주기로 약속하셨다(삼하 7:12-13, 16).

89:30-37. 다윗 언약이 무조건적이고 영원하다 해도 불순종은 고통으로 이어질 것

이다. 만일 그 자손이 내 법을 버리면 하나님은 내가 지팡이로 저희 범과를 다스릴 것이라고 약속하셨다. 불순종은 하나님의 징계를 초래할 것이다. 다윗의 후손들과의 신적 언약에도 불구하고 주님은 나의 인자함을 그에게서 다 거두지 아니하며 내 언약을 파하지 아니할 것이라고 말씀하신다. 하나님은 그분의 거룩하심으로 다윗과 맺은 언약 조건이 영원히 서 있을 것이라고 맹세하셨다. 이것은 다윗의 후손들이 불충성한다고 해도 하나님은 신실하셔서 자기 말을 지키시기 때문이다.

E. 하나님의 신실하심에 대한 혼란(89:38-45)

89:38-39. 이 맹세를 생각하고 시편 기자는 그들의 왕이 고난당하고 패배한 것을 탄식한다. 이스라엘에 대한 하나님의 명백한 거부가 다윗 언약과 어떻게 조화될 수 있는가? 아마 바벨론 포로 생활의 묘사로 보이는 이 내용을 통해 시편 기자는 그러나 주께서 주의 기름 부음 받은 자를 노하사 물리쳐버리셨으며라고 반문한다. 하나님은 고통스러운 결말을 주심을 통해 다윗의 자손들을 거부하셨다. 혼란스러운 상태에서 에단은 주의 종의 언약을 미워하사(문자적으로 '경멸하다')라고 쓴다. 어떻게 하나님 자신이 영원하다고 말씀하신 언약을 어기실 수 있단 말인가? 이것이 시편 기자의 딜레마였다.

89:40-45. 거룩한 성의 파멸을 지적하며 그는 예루살렘의 성벽을 가리켜 저의 모든 울타리를 파괴하셨다고 말한다. 성의 보호막이 사라지고, 성이 무방비 상태로 언제든지 탈취될 수 있으며, 욕의 대상이 되었다. 성벽이 파괴된 성은 마치 하나님이 그들의 원수들에게 그들을 멸하고 파멸시킬 수 있는 기회를 주심으로 주의 대적의 오른손을 높이신 것처럼 보인다. 밖으로 드러난 사실로 볼 때 하나님은 약속하셨던 것과 달리 자기 백성들이 침략한 바벨론인들에 대한 전장에 서지 못하게 하셨다. 오히려 하나님은 예루살렘의 영광을 그치게 하신 것처럼 보인다. 이것은 다윗 언약에 나타난 그분의 맹세와 완전히 반대되는 것이다. 또한 하나님은 왕과 관련해 그 위를 땅에 엎으시고, 그의 통치를 끝내시고, 갑자기 그의 생명을 앗아가심으로 그 소년의 날을 단축케 하셨다. 이 모든 것을 통해 하나님은 그분의 영광을 끝내시고 저를 수치로 덮으셨다. 하나님의 약속을 생각하면 시편 기자가 혼란스럽고 고통스러워하는 것이 놀라운 일이 아니다.

F. 하나님의 신실하심에 대한 기도(89:46-52)

89:46. 이 마지막 연에서 에단은 주님께 이렇게 탄식한다. 여호와여 언제까지니이까? 스스로 영원히 숨기시리이까? 하나님이 예루살렘의 파멸을 허락하시고, 다윗 왕조의 멸망을 허용하셨기 때문에 하나님이 마치 스스로 숨어버리신 듯한 인상을 준다. 그래서 주의 노가 언제까지 불붙듯하시겠나이까라고 한다. 그들이 하나님의 징계를 당하는 일이 도무지 끝날 것 같지 않다.

89:47-48. 그래서 시편 기자는 나의 때가 얼마나 단촉한지 기억하소서라고 기도한다. 그는 자신이 죽어서 그의 백성의 회복을 볼 수 없는 일이 생기기 전에 하나님이 지금이라도 역사하셔야 한다고 소원한다. 누가 살아서 죽음을 보지 아니하겠나이까? 확실히 시편 기자는 아니며, 지금의 이전 세대도 그럴 수 없다. 죽음이 임박해 있다. 주님이 지금 곧 행동하시지 않으면 그들은 하나님의 신실하심을 살아서 볼 수 없을 것이다.

89:49-51. 시편 기자의 유일한 소망은 하나님의 이전의 인자하심에 호소하는 것이다. 하나님이 성실하심으로 다윗에게 맹세하신 그 사랑이 어디 있는가? 이 호소는 하나님이 다윗과의 언약을 지키실 것을 요청하고 있다. 그는 모든 민족의 훼방으로 훼방받지 않도록 그들을 도와달라고 주님께 호소한다. 이 이방 민족들은 그 기회를, 언약을 어긴 하나님과 이스라엘 사이를 갈라놓을 기회로 이용할 것이다.

89:52. 이 시편은 여호와를 영원히 찬송할지어다 아멘 아멘으로 마무리한다. 이 절은 아마 시편 73-89편을 3권으로 편찬한 최종 편집자들이 추가했을 것이다. 이 17편의 시편에 나타난 하나님의 모든 영광을 요약하여 편집자들은 열정적인 찬양으로 마무리했다. 이 찬양의 선언으로 제3권이 완성된다.

결론

영원히 신뢰할 수 있고, 불변하는 하나님의 성실하심은 신자들의 영광스러운 보배다. 하나님의 백성들이 자신에게 불성실할 때조차 그분은 여전히 그들에게 성실하시다. 사람들은 자신들의 말을 쉽게 어긴다. 자신들의 약속을 쉽게 뒤집는다. 자신들의 결정을 쉽게 바꾼다. 하지만 하나님은 그렇지 않으시다. 주님은 영원히 신실하셔서 그분이 계획하시고 맹세하신 일을 이루신다. 여기에 모든 성도들을 위한 참된 위로가 있다. 하나님은 결코 우리를 부인하지 않으시며, 우리를 실망시키고 버리지 않으신다. 그분의 모든 약속은 늘 '아멘'과 '예'이다. 그분의 모든 계획은 불변하며 영원하다. 그분은 자신의 말을 지키시기 위해 사용하시는 능력으로 인해 매우 신실하시다. 하나님의 모든 백성들이 모든 일에 항상 완벽하게 신실하신 그분께만 닻을 내리기를 바란다. 하나님의 약속이 늦게 이루어지는 일은 있을 수 있지만 반드시 신자들의 삶을 통해 그 약속들은 이루어진다. 그것이 하나님의 신실하심이다.

teaching guide

티칭 가이드

교안

A. 하나님의 신실하심에 대한 찬양(89:1-2)

1. 내가 그분의 신실한 사랑을 노래할 것이다(1절)
2. 내가 그분의 신실한 사랑을 말할 것이다(2절)

B. 하나님의 신실하심에 대한 약속(89:3-4)

1. 그분이 다윗과 언약을 세우셨다(3절)
2. 그분이 다윗을 통해 계보를 세우셨다(4a)
3. 그분이 다윗을 위한 보좌를 세우셨다(4b)

C. 하나님의 신실하심의 완벽성(89:5-18)

1. 그분의 신실하심이 하늘에 선포된다(5-8절)
   a. 하나님이 그 신실하심으로 찬양을 받으신다(5절)
   b. 하나님이 그분의 신실하심으로 엄위하심의 대상이 된다(6-7절)
   c. 하나님이 그분의 신실하심에 둘러싸여 계신다(8절)
2. 그분의 신실하심이 세상에 드러난다(9-13절)
   a. 하나님이 흉용한 바다를 다스리신다(9절)
   b. 하나님이 바다 괴물을 다스리신다(10절)
   c. 하나님이 주위 땅을 다스리신다(11-12절)
   d. 하나님이 강한 권능으로 다스리신다(13절)
3. 성도들이 그분의 신실하심을 기뻐한다(14-18절)
   a. 그분의 신실하심이 그분의 다른 속성들과 협력한다(14a)

b. 그것이 그분의 보좌를 앞서 행한다(14b)
c. 그분의 신실하심으로 그분의 백성들이 기뻐한다(15-16절)
d. 그분의 신실하심이 그분의 백성들을 보호한다(17-18절)

D. 하나님의 신실하심에 대한 맹세(89:19-37)

1. 다윗 왕조에게 그분의 신실하심이 나타났다(19-29절)
   a. 하나님이 다윗을 왕으로 선택하셨다(19-20절)
   b. 하나님이 다윗을 왕으로 강하게 하셨다(21절)
   c. 하나님이 다윗을 왕으로 보호하셨다(22-24절)
   d. 하나님이 다윗을 왕으로 높이셨다(25-27절)
   e. 하나님이 다윗을 왕으로 복 주셨다(28-29절)
2. 하나님의 신실하심이 하나님의 징계로 강화된다(30-32절)
   a. 하나님의 백성이 하나님의 말씀에 불순종한다면(30-31절)
   b. 하나님이 그들의 죄를 심판하실 것이다(32절)
3. 하나님의 신실하심은 하나님의 사랑과 함께한다(33-37절)
   a. 하나님이 사랑을 거두지 않으실 것이다(33a)
   b. 하나님이 그분의 성실하심을 배신하지 않으실 것이다(33b)
   c. 하나님이 그분의 언약을 어기지 않으실 것이다(34a)
   d. 하나님이 그분의 말씀을 어기지 않으실 것이다(34b)
   e. 하나님이 다윗의 계보를 멸하지 않으실 것이다(35-37절)

E. 하나님의 신실하심에 대한 혼란(89:38-45)

1. 하나님이 왕을 버리셨다(38절)
2. 하나님이 언약을 욕되게 하셨다(39절)
3. 하나님이 성을 멸망시키셨다(40-41절)
   a. 그분이 성벽을 무너뜨리셨다(40절)
   b. 그분이 재물을 약탈하셨다(41절)
4. 하나님이 그들의 대적들에게 보상하셨다(42절)

a. 그분이 그들을 높이셨다(42a)

b. 그분이 그들을 기쁘게 하셨다(42b)

5. 하나님이 주의 종인 왕을 거부하셨다(43-45절)

a. 하나님이 그를 무시하셨다(43절)

b. 그분이 왕으로 패배하게 하셨다(44절)

c. 그분이 왕을 수치스럽게 하셨다(45절)

F. 하나님의 신실하심에 대한 기도(89:46-52)

1. 시편 기자가 하나님과 변론한다(46-49절)

a. 언제까지 진노하시리이까?(46절)

b. 인간이 어떻게 죽음을 피할 수 있으리이까?(48절)

c. 당신의 이전 사랑이 어디 있나이까?(49절)

2. 시편 기자가 하나님께 상기시킨다(50-51절)

a. 내가 받은 훼방을 기억하소서(50a, 51절)

b. 내가 받은 조롱을 기억하소서(50b, 51a)

송영: 여호와를 찬양하라(52절)

시편 90편

영원한 시각

"오, 하나님이여, 내 눈동자에 영원을 새겨주소서!"

- 조나단 에드워즈(Jonathan Edwards)

들어가는 글

유럽의 한 유명한 성당은 현관을 거쳐 성당 안으로 이어주는 세 개의 반원형 통로로 유명하다. 오른쪽 입구 위로는 대리석으로 된 반원형 통로에 "모든 쾌락은 잠시뿐이다"라는 글귀가 새겨져 있다. 예배자들을 성당 안으로 이끌어주는 왼쪽 입구 위에는 "모든 고통은 잠시뿐이다"라는 말이 새겨져 있다. 중앙 복도로 이어지는 주 통로 위에는 "참으로 중요한 것은 영원하다"라는 글귀가 선명하게 새겨져 있다. 성당 안으로 들어서는 모든 사람들에게 주는 메시지는 명확하다. 일시적인 모든 것은 궁극적으로 하찮다는 것이다. 현재 진정으로 중요한 것은 영원히 중요한 것이다.

중앙 통로 위에 새겨진 이 메시지는 시편 90편의 핵심 주제다. 우리는 종종 인생에서 금방 사라져버릴 일시적인 것, 잠시 동안 고통을 줄 수도 있고, 기쁨을 줄 수도 있는 것에 관심을 갖는다. 불행하게도 우리는 영원한 것을 시야에서 놓치기가 너무나 쉽다. 이 시편은 인생에서 가장 중요한 것이 일시적인 것이 아니라 영원한 것이며, 물질적인 것이 아니라 영적인 것임을 보여준다. 따라서 이 시편은 보이는 것이 아니라 보이지 않는 것을 일깨우기 위해 기록된 것으로 시간을 초월해 우뚝 솟아 있는 탁월한 시다. 다시 말해서 참으로 중요한 모든 것은 영원한 것이다.

이 시편의 표제는 이것이 모세(고령의 선지자가 쓴 유일한 시편이다)가 쓴 것임을 밝힌다. 그러므로 이것은 모든 시편들 가운데 가장 오래된 것으로 그리스도가 오시기 전 1,400여 년 전에 쓰인 것이다. 또한 모세가 이 시편을 오경 이전에 썼느냐의 여부와 욥기를 누가, 언제 썼느냐에 따라 달라지겠지만 이 시편은 성경 전체에서 가장 오래된 글일 가능성이 매우 높다. 아마 이 시편은 이스라엘의 광야 생활 기간 중에 쓰였을 가능성이 가장 높다.

모세와 이스라엘에게 있어 몇 개월이라는 비교적 짧은 여행이었어야 할 애굽에서 약속의 땅까지의 여정이 40년간의 시련으로 바뀌었다. 하나님의 사람들은 광야에서 끊임없이 떠돌면서 정처없이 방황했고, 요단강을 건너 목적지에 도달하기 전에 죽어갔다. 그들은 수치스러운 패배와, 낙심과, 죽음과, 절망 속에서 살았다. 이 어려운 환경 속에서 모세는 마음을 하늘로 향하며 그의 영혼의 닻을 하나님께 내렸다. 그는 하나님을 새롭게 바라보고 영원한 시야를 다시 확립했다. 여기에 영원한 시각을 가지고 사는 삶이 있다.

본문 이해

Main Idea	모세는 백성들이 하나님의 영원성, 주권, 자비에 비추어 그들의 날을 계수하는 법을 배우게 해달라고 간구한다.

A. 하나님의 영원성(90:1-2)

Supporting Idea	모세는 영원한 과거부터 영원한 미래까지 하나님의 하나님 되심을 인정한다.

90:1. 모세는 하나님을 직접 부르며 주는 대대에 우리의 거처가 되셨나이다라고 선언한다. 광야에서 40년 동안 하나님의 백성들은 고향이라고 부를 집이 전혀 없었다. 그들은 사막 유목민들처럼 방황하며 그들 자신의 거처를 갖지 못했다. 그들은 정착하기 위해 한 번도 짐을 푼 적이 없었고, 바람에 날려가는 잡초처럼 한 장소에 결코 정주하지 못했다. 이 방랑 생활 속에서 모세는 자신의 진정한 거처가 되시는 하나님 안에서 자신의 영혼이 안식했다고 고백한다. 세대는 오고 간다. 하지만 하나님은 불확실성 속에서도 한결같으신 유일한 분이시다.

90:2. 세상이 창조되기 전 하나님은 홀로 존재하셨다. 세상의 기초가 놓이기 전 어떤 물체나 존재가 있기 전에 하나님은 계셨다. 하나님이 존재하시지 않은 시간은 결코 없었다. 시작도 없는 이 하나님은 앞으로도 영원토록 하나님이실 것이며, 결코 하나님 되심을 그치는 일이 없을 것이다. 끊임없이 변하는 세상 속에서 하나님은 영원히 변치 않는 분이시다. 영원부터 영원까지 하나님은 유일하신 참된 하나님이시다.

B. 하나님의 주권(90:3-6)

Supporting Idea	모세는 하나님이 인간의 날을 통제하시며 그들을 먼지로 되돌리신다고 말한다.

90:3. 하나님과는 완전히 다르게 인간은 먼지에 불과하다. 인간의 날들의 종말이 되면 인간을 흙으로 창조하신 하나님(창 2:7)은 인간을 티끌로 돌아가게 하신다. 하나님은 인간을 흙으로 빚으시고, 생명의 호흡을 불어넣으셨다. 하나님은 그의 날의 수를 미리 조정하시고, 결정하시며, 인간의 생명의 길이를 주권적으로 조정하고 계신다.

90:4. 하나님의 무한한 영원성의 관점에서 보면 인간 역사의 천 년은 너무나 빨리 흘러가는 24시간이라는 하루에 지나지 않는다. 인간의 천 년은 짧은 3시간인 밤의 한 경점과 같다. 이것은 유한한 인간의 날이 얼마나 덧없는지 보여준다. 인간은 잠시 있는 존재지만 하나님은 영원하시다.

90:5a. 인간의 생명은 강력한 홍수가 밀려온 것처럼 죽음으로 하나님이 쓸어가신다. 오직 쏜살같이 지나가는 한순간을 살아 있다가 곧 눈을 감고 죽음의 잠을 잔다. 이 냉혹한 종말은 인간이 아닌 하나님이 정하신 것이다.

90:5b-6. 사막이라는 조건에서 이른 아침의 이슬을 먹고 작은 풀들이 자랄 수 있다. 하지만 정오의 해가 작열하면 그것은 시들어 죽고 만다. 인간도 마찬가지다. 인간은 항상 죽음이라는 영원한 형벌 아래 살고 있다.

C. 하나님의 엄격성(90:7-12)

Supporting Idea	모세는 백성들의 죄로 인해 하나님의 진노를 촉발하고, 그들의 수명을 단축시켰다고 고백한다.

90:7. 시내 광야에서 이스라엘이 범죄해 하나님의 노를 촉발하였고, 그것이 그들을 죽음으로 이끌었다. 하나님의 백성들은 이 신적 엄격함에 직면해 소멸을 당하고 놀라 공포에 떨었다. 그들의 불신과 우상 숭배는 하나님을 근심하시게 하고, 그분의 진노를 자극하여 전 세대가 약속의 땅에 들어가지 못하고 광야에서 죽게 되었다.

90:8. 모세는 하나님이 우리의 죄악을 자신 앞에 놓으셨다고 설명한다. 하나님은 그

들의 모든 불신과, 불평과, 불순종과, 반역을 보신다(히 4:13). 사람들의 눈에는 보이지 않는 은밀한 죄가 거룩한 하나님의 눈부신 빛 앞에서는 모두 다 밝혀진다. 주님 앞에서는 아무것도 숨길 수 없다.

90:9. 주의 분노로 인간의 모든 날이 지나간다. 인간의 생명은 인간의 죄악에 대한 하나님의 진노 아래 소모되기 때문에 단축된다. 이 소멸시키는 진노는 인간들이 신적 심판이라는 확실한 종말 속에 살도록 판결한다.

90:10. 아무리 하나님을 두려워하는 사람이라고 해도 세상에서 살 시간은 매우 제한적이다. 어떤 이들의 평균 수명은 칠십이다. 어떤 이들의 평균 수명은 강건함으로 인해 팔십까지 연장된다. 인간이 평생 동안 아무리 좋은 것을 누린다 해도 수고(고된 노동)와 슬픔, 낙심이 많고 결국 죽음으로 끝을 맺는다.

90:11. 죄에 대한 하나님의 거룩한 진노를 두려워하고 진지하게 생각하는 자가 누구인가? 하나님께 마땅히 반응해야 할 두려움을 하나님께 표현하는 자가 아무도 없다. 아무도 하나님의 맹렬한 진노를 이해하지 못하며, 주님께 합당한 경외심을 표현하는 이도 없다.

90:12. 이에 대해 모세는 하나님께 우리에게 우리 날 계수함을 가르치시사라고 간구한다. 다시 말해서 인간은 하나님의 가르치심을 받아 이땅에서의 자신의 수명을 셀 수 있어야 한다. 그날이 너무나 짧기 때문이다. 인간은 그것들을 달아보고 평가해보아야 한다. 하나님이 인간의 날들을 세시므로 모든 인간들도 그렇게 해야 한다. 일단 각 사람이 자기 날들을 셀 때 하나님께 지혜의 마음을 드러낼 수 있게 된다. 인간은 일시적인 쓸데없는 일에 인생을 허비하지 말고 영원을 위해 그것을 투자해야 한다.

D. 하나님의 자비(90:13-17)

Supporting Idea	모세는 하나님의 자비하심으로 자기 백성을 회복시키시고 세워주시기를 간청한다.

90:13. 이 시편은 하나님의 긍휼하심을 구하는 기도로 마무리한다. 여호와여 돌아오소서 혹은 문자적으로 우리를 먼지로 돌리시기 전에 우리에게 은혜로 돌아오소서. 오 주여 언제까지니이까? 백성들은 하나님의 복을 못 받은 채 오랫동안 하나님의 징계를

받았다. 그들이 이 징계를 얼마나 더 견뎌야 하는가?

90:14. 모세는 이스라엘을 위해 중보하며 아침에 은혜의 새 날이 밝아오게 해달라고 간청한다. 그는 하나님의 진노의 긴 밤이 물러가기를 바란다. 우리 남은 평생이 달라지기를 바란다. 그들로 기쁨과 즐거움이 충만하기를 바란다.

90:15. 모세는 백성들이 그들을 곤고케 한 하나님의 혹독한 징계로 고통당하고 있음을 안다. 이 모든 화는 그들에 대한 하나님의 징계였고, 그들이 하나님께 등을 돌린 데 대한 고통스러운 징벌이었다. 그는 그들이 슬픔을 당한 것만큼 기쁨을 얻게 해달라고 기도한다.

90:16. 주의 행사를 우리 인생에서 평생토록 회복시켜달라고 모세는 중보한다. 그는 우리로 끝없이 광야를 배회하는 생활을 끝내게 하시고, 우리를 약속의 땅과 주의 풍성한 복으로 인도해달라고 간구한다. 이것은 다시 한번 하나님의 찬란한 영광을 보여달라는 기도다.

90:17. 이 기도는, 하나님이 자기 백성들을 진노로 소멸하지 마시고, 받을 자격이 없지만 은혜를 베풀어달라는 내용으로 끝맺는다. 나아가 모세는 여호와께서 우리 손의 행사를 견고하게 하시고, 열매 맺게 하시며, 지속되게 해달라고 구한다.

Main Idea 복습	모세는 백성들이 하나님의 영원성, 주권, 자비에 비추어 그들의 날을 계수하는 법을 배우게 해달라고 간구한다.

! 결론

신앙 생활에서 시각은 결정적인 중요성을 지닌다. 한 개인의 관점은 그가 사물을 바라보는 방식과, 생활 방식과, 삶의 목적을 결정한다. 이것은 모든 신자가 영원한 시각을 견지하는 것이 얼마나 중요한지 뒷받침한다. 우리는 오직 한정된 시간을 하나님께 할

당받았다. 그러므로 우리는 영원에 비추어서 전략적으로 살아야 한다. 아마 당신은 광야의 이스라엘처럼 목표 없이 다람쥐 쳇바퀴 돌듯 살아가고 있다고 느낄 수도 있다. 낙심과 절망 가운데 살아갈 수도 있다. 온갖 마감 시간에 쫓기며 긴급함의 폭정에 짓이겨지고 있지만 영원을 바라보지 못하고 살 수도 있다. 이 시편은 당신의 삶에서 영원에 대한 시각에 다시 초점을 맞추도록 돕기 위한 것이다. 이것은 이 세상의 왕국이 아니라 하늘의 왕국을 위해 살도록 당신의 인생을 재조정하도록 돕는다. 이것은 우리에게 매일을 인간의 갈채가 아니라 하나님의 인정을 받기 위해 살라고 요청한다. 우리가 세상의 부가 아니라 하늘에 보물을 쌓도록 우리를 인도한다. 인생에 대한 지혜로운 투자는 영원에 비추어 살 것을 요구한다. 또 그것은 삶의 모든 것에 대한 영원한 시각을 갖고 살 것을 요구한다.

삶의 적용

옛 격언은 "아무 목표도 갖지 말라. 그러면 당신은 항상 목표를 명중시킬 것이다(Aim at nothing and you will hit it every time)"라고 말한다. 인생도 마찬가지다. 방향이 잘못된 인생은 낭비된 삶이다. 하나님의 뜻의 과녁을 명중시키기 위해 우리는 진정으로 중요한 것을 위해 살아야 하며, 시간의 시험을 견뎌야 한다. 우리는 앞으로 1만 년이 흘러도 지극히 중요한 것을 위해 사는 길을 선택해야 한다. 오늘 하나님과 그분의 영원한 나라를 위해 살아야 한다. 오직 하나님을 위해 산 인생만이 참으로 만족된 인생이 될 것이다. 하나님과 독립해 세상을 위해 사는 삶은 공허하고 허무한 인생을 낳는다. 둥근 세상은 하나님을 위해, 오직 하나님을 위해 만들어진 세모 마음에 절대 들어맞지 않을 것이다.

이 시편은 우리가 매일을 영원에 대한 시각을 갖고 살아가도록 격려하는 열정적인 호소다. 모든 사람은 세상에 머무는 동안 오직 하나님이 할당하신 시간, 하나님이 주권적으로 결정하신 시간만을 살다 간다. 메시지는 분명하다. 시간을 구속하라는 것이다. 시간을 지혜롭게 사용하라. 신중하게 시간을 투자하라. 이 세상이 끝나도 영원한 것은 두 가지뿐이다. 그것은 하나님의 말씀과 사람들의 영혼이다. 우리는 이 영원한 실재에 우리 인생을 지혜롭게 쏟아부어야 한다.

기도

하나님 아버지, 우리로 영원의 관점에서 가장 중요한 것에 우리 인생을 지혜롭게 투자하도록 해주십시오. 우리가 우리 시간을 낭비하고, 사소한 것에 우리 인생을 허비하지 않도록 막아주십시오. 우리가 영원에 비추어서 우리의 현재 기회와 책무들을 바라보도록 해주십시오. 우리가 할 수 있는 최선을 다해 우리 삶을 살게 도와주십시오. 예수님의 이름으로 기도합니다. 아멘.

심층 연구

A. 주(90:1)

'주' 라는 히브리어 '아도나이(adonay)' 는 '주인, 주님' 을 의미한다. 아도나이는 '아돈(adon)' 의 복수형이며, 1인칭 공성 단수의 대명사 접미로 한정되었을 가능성이 매우 높다. 이런 형태의 '아도나이(adonay)' 는 위엄이나 강화의 의미가 있으며, 항상 하나님을 가리켜 사용된다. 이는 히브리 성경 전반에서 발견되며, 오경에서는 경외하는 마음으로 하나님을 부를 때 사용된다(출 4:10, 13, 수 7:8). 또 '아도나이' 는 선지서에서 두드러지게 사용되며, 시편에서는 55번 사용되었다. '온 땅의 주' (수 3:13, 시 97:5, 미 4:13), '주의 주' (신 10:17), '주 여호와 이스라엘의 하나님' (출 34:23)의 구절들의 용례와 그외 다른 구절들의 문맥은 아도나이의 의미가 궁극적 권세와, 능력과, 통치를 소유하시는 주권자 되신 주님이라는 뜻임을 암시한다. 흥미로운 것은 이것이 시편 110편 1절에서 메시아에 관해 사용되었다는 점이다.

B. 세계(90:2)

'세계' 라는 히브리어 '테벨(tebel)' 은 구약에서 세 가지 의미로 사용되고 있다. (1) 이 단어는 땅이라는 물리적 덩어리를 가리킨다(시 89:11, 삼상 2:8, 삼하 22:16). (2) 세상의 사람들을 가리킨다(시 9:8, 24:1, 33:8, 96:13, 98:9, 사 13:11, 18:3, 24:4:, 26:9, 18, 애 4:12). (3) 땅의 인간이 거주할 수 있는 영역을 가리켜 사용된다(욥 37:12, 시 90:2, 잠 8:31, 사 14:17, 나 1:5).

C. 능력(90:11)

'능력' 이라는 히브리어 '오즈(oz)' 는 시편 전반에서 하나님의 전능하심의 속성을 묘사하기 위해 사용되고 있다(시 62:11, 63:2). 이 단어는 만물을 다스리시는 하나님의 강력한 음성(시 68:33)과 모든 반대를 물리치시는 그분의 능력의 팔(시 89:10)을 가리켜 사용한다. 이 능력은 하나님이 이스라엘을 애굽에서 이끌어내시고, 광야를 통과하며, 약속의 땅으로 인도해 들어가시기 위해 모든 반대와 장애물을 이기신 출애굽 사건을 통해 명확하게 증명되었다(출 15:13). 이 단어는 또한 하나님 안에서 얻는 '안전, 안정성'의 의미를 전달하기 위해 사용된다(시 30:7). 그분은 '견고한' 망대시며(시 61:3), '힘의' 반석이시다(62:7). 하나님의 백성들은 그분을 경배하며, 그 능력을 그분께 돌려드려야 한다(시 29:1, 96:7).

고안

A. 하나님의 영원성(90:1-2)

1. 하나님은 우리의 거처가 되셨나이다(1절)
2. 하나님은 유일한 하나님이시니이다(2절)
    a. 산이 생기기 전(2a)
    b. 땅이 창조되기 전(2b)
    c. 과거의 영원부터(2c)
    d. 미래의 영원까지(2c)

B. 하나님의 주권(90:3-6)

1. 하나님이 인간을 죽음의 형벌에 처하셨다(3a)
    a. 그분이 인간을 흙으로 돌아가게 하신다(3절)
    b. 그분이 시간의 제한을 받는 인간을 초월하여 계신다(4절)
2. 하나님은 인간을 죽음에 복종시키신다(5-6절)

a. 그분이 잠을 자는 것처럼 인간을 쓸어가신다(5a)
b. 그분이 인간을 풀처럼 베어버리신다(5b-6절)

C. 하나님의 엄격성(90:7-12)

1. 하나님이 인간의 죄를 심판하신다(7절)
   a. 우리가 하나님의 노에 소멸된다(7a)
   b. 우리가 하나님의 노로 인해 놀란다(7b)
2. 하나님이 인간의 죄를 밝혀내신다(8절)
   a. 하나님이 우리 죄를 자기 앞에 놓으신다(8a)
   b. 하나님이 우리 죄를 빛 가운데 두신다(8b)
3. 하나님이 인간의 생명을 단축시키신다(9-10절)
   a. 진노 가운데 인생을 산다(9a)
   b. 슬픔으로 인생이 마무리된다(9b)
   c. 하나님이 인생을 단축시키신다(10a)
   d. 인생은 고통으로 가득하다(10b)
4. 하나님은 인간의 지각을 뛰어넘는 분이시다(11절)
   a. 하나님의 노는 측량이 불가능하다(11a)
   b. 하나님의 노는 무한하다(11b)

올바른 반응(12절):

1. 우리에게 우리 날 계수함을 가르치소서(12a)
2. 우리에게 지혜의 마음을 주소서(12b)

D. 하나님의 자비(90:13-17)

1. 우리에게 은총을 베푸소서(13절)
   a. 당신의 마음을 바꾸소서(13a)
   b. 긍휼하심을 보여주소서(13b)
2. 우리를 만족시키소서(14-15절)

a. 새로운 날을 주소서(14a)

b. 새로운 기쁨을 주소서(14b-15절)

3. 우리를 깨닫게 하소서(16절)

a. 우리에게 당신의 행사를 보여주소서(16a)

b. 우리에게 당신의 영광을 보여주소서(16b)

4. 우리를 견고하게 하소서(17절)

a. 당신의 은혜가 우리에게 임하게 하소서(17a)

b. 당신의 은혜가 우리와 계속 함께하게 하소서(17b, c)

시편 91편

주권적 안전

"내게는 주권적 보호자가 계신다. 눈에 보이지 않지만 영원히 가까이 계시고 변함없이 신실하셔서 구원하시며, 통치하시고, 명령하시는 전능자시다."

- 아우구스투스 탑레디(Augustus M. Toplady)

들어가는 글

샌프란시스코 만 입구에 위치한 금문교(Golden Gate Bridge)는 세계에서 가장 크고 화려한 현수교 가운데 하나로 약 2,738미터의 다리가 공중에 매달려 있다. 세계적으로 유명한 이 다리가 건설될 때 여러 명의 인부가 수면에서 약 61미터 높이의 위험한 곳에서 추락하여 목숨을 잃었다. 그래서 공사 일정이 차질을 빚게 되었다. 다시 말해서 건설 현장 바로 아래에 안전망을 설치하는 아이디어를 생각해낼 때까지 공사가 계속 연기되었다. 그러한 안전 시설이 설치되면 인부가 추락하거나 떨어지더라도 죽지 않고 그물망에 걸리게 될 것이다.

그래서 건설 현장 아래 튼튼하고 강한 줄로 된 거대한 안전망을 만들어 매달게 되었다. 그것은 대형 공사 역사상 안전망이 사용된 최초의 경우였다. 그 그물의 비용은 1백만 달러로 그 대공황 이후 시기에 천문학적 수치였다. 그러나 그 효과는 즉각적인 동시에 주목할 만한 것이었다. 인부들은 자신들이 미끄러지더라도 그물이 안전하게 받쳐주어 목숨을 건질 것이라는 사실을 알았으므로 공사는 훨씬 빠른 속도로 진척되었다.

이것은 시편 91편에 기록된 대로 하나님의 주권이 시편 기자에게 미친 것과 동일한 효과였다. 그러나 그의 안전은 그의 아래 있지 않았다. 그것은 그의 위에 있었다. 하나님이 그의 안전망이셨고, 그를 에워싼 해에서 보호해줄 분이셨다. 그는 지존하신 하나님이 그의 피난처와 산성이 되어주실 것이기 때문에 전능자의 그늘 아래 안식할 것이다. 이 안전(비교할 수 없는 주권적 안전) 아래서 시편 기자는 큰 확신과 능력으로 그의 삶을 영위할 수 있었다. 이 시편은 자기 백성들을 수많은 위험과 충격적 공포로부터 주권적 보호하심 가운데 끊임없이 보호하시는 하나님을 생생하게 묘사한다. 이 구절들을 읽으면 신자들은 주님이 허락하시지 않으면 하나님의 자녀에게 아무 해가 가해질 수 없음을 알고 하나님을 의지하도록 격려를 받는다. 나아가 이 시편에는 오실 메시아의 미래 왕국을 언급한 수많은 구절들이 있다. 그러므로 이것은 또한 세대 마지막에 궁극적으로 성취되길 기다리는 예언적인 시편으로 보아야 할 것이다.

신뢰에 관한 이 시편의 역사적 배경은 불확실하다. 그것은 이스라엘 군대가 전쟁으로 나아간 사건이 분명할 것이다. 저자는 익명으로, 아마 이스라엘군을 전쟁터로 인도하는 사람이었을 것이다. 어떠한 배경에서 이루어졌든 메시지는 분명하다. 신자들의 안전의 근거는 하나님의 성품(1-2절), 돌보심(3-8절), 보호(9-13절) 그리고 사랑(14-16절) 안에서 발견된다는 것이다. 이것은 큰 위험에 직면했을 때와 악한 세력들에게 도전받고 있을 때 읽어야 할 시편이다.

본문 이해

Main Idea	시편 기자는 하나님을 의지하는 모든 자들의 절대적 안전을 확인한다.

A. 하나님에 대한 강력한 믿음(91:1-2)

Supporting Idea	시편 기자는 하나님이 그의 피난처와, 돌보심과, 보호가 되심을 믿는다.

91:1. 위험이 덮쳐오는 가운데 시편 기자는 하나님에 대한 자신의 개인적 신뢰를 선언한다. 그는 하나님의 세 가지 이름을 이용해 하나님의 속성에 집중적으로 초점을 맞추는 방법을 사용한다. 하나님의 힘과 주권을 강조하는 지존자(엘 엘리온, El Elyon), 하나님을 능동적이고 자존하시는 분으로 묘사한 전능자(엘 샤다이, El Shaddai), 강하고 힘센 지도자, 최고의 신인 하나님(엘로힘, Elohim). 지존자의 은밀한 곳에 거하는 신자는 하나님의 강하고 확실한 보호를 받을 것이라고 기대해도 좋다. 그는 하나님의 돌보심의 그늘 아래서 하나님과 가까이 거한다. 이 피난처는 뒤에서 머리 위로 드리운 날개와 하나님의 무적의 갑옷으로 묘사된다(4절). 시편 기자는 전능하신 자의 그늘 안에서 깊은 평강과 고요 가운데 거할 것이다. 이것은 모든 신자의 삶을 살피시는 하나님의 보호를 묘사한다. 이것은 지존자(하나님의 통치적 주권을 강조하는 신적 명칭)와 전능하신 자

(전능하신 무적의 하나님)로 인해 성취될 것이다.

91:2. 시편 기자는 흔들림 없는 결심으로 저는 나의 피난처요 나의 요새요라고 고백한다. 이것은 하나님의 무적의 권능을 자신의 피난처(히. 마세흐, mahceh, 보호를 받기 위해 달려가 피하는 장소)와 요새(히. 메수다, metsudah, 성)로 의지하는 역동적인 믿음이다. 그는 위협적인 상황 속에서 하나님께 자신을 굳게 의탁하며 나의 의뢰하는 하나님이라는 내용을 덧붙인다. 이것은 필요를 채우시고 보호하시는 하나님의 능력을 온전히 의지하며 하나님께 자신을 위탁하는 참된 믿음을 보여준다.

B. 보호하시는 하나님의 은혜(91:3-13)

Supporting Idea	시편 기자는 하나님이 주실 것이라고 확신하는 보호를 묘사한다.

91:3. 긍정적인 미래를 기대하며 시편 기자는 주의 임재 가운데 살 때 하나님으로부터 받을 보호를 묘사한다. 이는 저가 너를 새 사냥꾼의 올무에서 건지실 것임이로다. 이 심상은 그를 먹잇감으로 노리며 접근하는 사냥꾼으로 그 위험을 묘사한다. 그러나 주님은 극한 염병(그가 당한 해에 대한 또 다른 메타포로 생명을 앗아가는 전염병과 같은 해)에서 건지실 것이라고 말한다.

91:4. 독수리가 새끼를 보호하듯이 하나님은 신자들을 그 깃과 날개로 덮으실 것이다(시 17:8, 신 32:11). 하지만 또 다른 메타포로 이동하여 시편 기자는 하나님의 진실하심을 방패와 손 방패처럼 모든 해에서 그를 지키시는 것으로 묘사하며, 하나님을 전쟁 때 전사를 보호하시는 분으로 묘사한다.

91:5-6. 그러한 보호는 변치 않는 평화를 가져다준다. 시편 기자는 가장 취약한 시각인 밤에 원수들의 기습 공격에도 놀라지 않을 것이다. 그를 파멸시키고 죽이기 위한 낮에 흐르는 살도 두려워하지 않을 것이다. 그는 흑암 중에 행하는 염병도 두려워하지 않을 것이다. 파멸(그를 위협하는 모든 것을 묘사한 것)을 두려워하지도 않을 것이다. 그가 두려워하지 않는 이유는, 하나님이 그의 확실한 보호자가 되시기 때문이다.

91:7-8. 하나님의 개입은 참으로 놀라운 것이다. 전쟁 중에 천 인이 네 곁에서 엎드러지며 심지어 너를 해하고자 할 만 인이 엎드러진다고 해도 그들과는 완전히 반대로 이

재앙이 네게 가까이 못 할 것이다. 하나님은 어떤 인간보다 훨씬 더 크신 분이므로 인간에게 다가올 수 있는 모든 재앙보다 더 크신 분이다. 그러한 위험 속에서 희생자가 아니라 아무 상처도 입지 않은 승리자로서 오직 너는 이 살육을 목도할 것이다.

91:9-10. 점점 더 확신이 강해진 시편 기자는, 여호와는 나의 피난처시며 지존자를 그의 거처로 삼는다는 첫 절의 믿음의 고백을 반복한다. 전적 순종이라는 이 확고한 입장에 있으면 원수들이 가하는 화가 네게 미치지 못할 것이다. 그리고 주님의 보호의 방패가 보호의 울타리 역할을 할 것이므로 재앙이 네 장막에 가까이 오지 못할 것이다.

91:11-12. 부분적으로 이 주권적 보호하심은 주님이 네 모든 길에서 너를 지키게 하시도록 명령하시고 위임하신 천사들이 수행할 것이다. 사단은 그리스도를 유혹할 때 이 구절을 인용하면서 간사하게 이 마지막 구절인 '네 모든 길에서' 를 생략했다(마 4:6, 눅 4:10-11). 이 신적 보호는 하나님을 신뢰하고 순종하는 곳까지만 미친다. 천사들이 그 손으로 너를 붙들어 발이 돌에 부딪히지 않게 할 것이다(시 34:7).

91:13. 이 높은 곳의 안전한 위치에 서서 네가 사자와 독사를 밟을 것이다. 이것은 문자적인 의미가 아니라 비유적인 의미다. 젊은 사자와 뱀을 발로 누를 것이다. 이 위협적인 짐승들은 그의 대적들과 원수들이 그에게 가한 수많은 위험을 묘사한 것이다.

C. 인격적인 하나님과의 교제(91:14-16)

Supporting Idea	하나님은 자기를 높이는 자를 구원하실 것이라고 선언하신다.

91:14. 갑작스럽게 이제 화자가 시편 기자에서 하나님 자신으로 이동한다. 주님과 그분을 사랑하는 사람 간의 상호 교제라는 쌍방성을 주목하라. 저가 나를 사랑한즉 내가 저를 건지리라. 진정한 믿음은 하나님과 그분의 종의 심오하고 상호적인 관계와 관련있다. 하나님을 사랑하는 신자는 하나님의 구원하심을 받을 것이다. 내가 저를 높이리라. 문자적으로 "내가 그를 높고 안전한 장소로 끌어올리리라." 이 건지심은 저가 내 이름을 알기 때문에 이루어진 것이다. 주님께 충성하는 사람들은 그분의 성실하신 보호가 어떤 것인지 알게 될 것이다.

91:15. 하나님은 계속 화자로서 그분을 사랑하고 인정하는 사람(14절)이 내게 간구하

리니 내가 응답하리라고 말씀하신다. 그것은 여호와와 그 백성들 간에 존재하는 구속력을 지닌 언약적 관계이다. 하나님은 심한 환난 속에 있는 신자들의 기도에 응답하시며, 고난 중에 저와 함께하실 것이다. 하나님은 환난 속에서 저를 건지시고, 특별히 그분의 이름을 위하여 고난당할 때 신적 보상과 은혜로 저를 영화롭게 하실 것이다.

91:16. 하나님은 장수함으로 저를 만족케 하실 것이라고 마무리하신다. 다시 말해서 그분은 생명의 위협을 당하는 곤경 속에서 자신을 신뢰하는 자를 건져주시며(7-8, 13절), 장수를 누리게 하실 것이다. 그렇게 하심으로 하나님은 인생의 풍성함으로 그를 만족시키실 것이다. 하나님은 연수와 생명을 더하실 것이다. 신자는 하나님의 영원한 명령의 한계 내에서 풍성한 장수를 누릴 것이다. 주님이 나의 구원으로 그에게 보일 것이기 때문이다.

Main Idea 복습	시편 기자는 하나님을 의지하는 모든 자들의 절대적 안전을 확인한다.

결론

후안 카를로스 오르티즈(Juan Carlos Ortiz)는 한 설교에서 공중 곡예사 한 명과 나눈 대화를 소개한 적이 있다. 그 곡예사는, 발 아래 쳐놓은 그물은 곡예사들의 목이 부러지지 않도록 예방하기 위해 설치된 것이라고 털어놓았다. 여기서 그는 이렇게 덧붙였다고 한다. "그 그물은 우리가 떨어지지 않도록 막아주는 역할도 합니다. 그물이 없다고 상상해보세요. 우리는 너무 불안해서 우리가 해야 할 곡예의 일부는 엄두도 내지 못할 겁니다. 그러나 그물이 있어서 2회 공중 돌기를 시도할 수도 있고, 한번은 제가 3회 공중 돌기도 시도했습니다. 그물 덕분에 말입니다!" 그러고 나서 오르티즈는 다음과 같은 사실을 지적했다. "우리는 하나님 안에서 안전합니다. 우리가 그의 팔 안에 있음을 확인할 때 하나님을 위해 놀라운 일을 시도해볼 수 있습니다. 우리는 거룩한 존재가 되려고 시도합니다. 순종하려는 시도를 감행합니다. 우리가 떨어지면 하나님의 영원하신 팔이 우리를 붙들어줄 것이므로 우리는 감히 여러 가지 시도를 할 수 있습니다."

이것은 하나님이 모든 신자들을 위해 제공하시는 주권적 안전으로 인해 고취되는 대담한 확신이다. 특별히 가중되는 위험에 직면하여 이 신적 보호를 확신하면 하나님의 백성들은 놀라운 믿음으로 나아갈 용기를 갖는다. 이 시편은 신자들이 참된 안전의 원천, 즉 하나님 자신을 바라보록 한다. 자신이나 이 세상이 아닌 하나님을 온전히 신뢰하는 사람은 모든 삶 속에서 하나님의 거룩한 보호를 경험하게 될 것이다.

삶의 적용

인생의 수많은 환경 속에서 우리는 하나님을 신뢰하는 법을 배워야 한다. 주님은 우리의 안전이시며, 모든 해에서 우리를 지키시는 유일하고 확실한 방패와 피난처가 되신다. 우리는 항상 그분의 보호하심이 우리를 위협하는 어떤 위험보다 더 크심을 확신할 수 있다. 우리가 처한 곤경이 아무리 심각하다 해도 하나님은 그 곤경보다 더 크신 분이며 모든 것을 통제하시는 분이다. 그분은 항상 만물을 다스리신다. 그러므로 우리는 그분을 온전히 의지해야 할 것이다.

하나님의 보호하심을 의지하라. 하나님의 손을 먼저 거치지 않으면 우리 인생에 어떤 일도 일어날 수 없다. 그분은 자신이 택하신 모든 위험에서 우리를 지키실 수 있다. 우리 인생에 어떤 것을 허락하시든 그것은 우리의 선을 이루기 위해 하나님이 선택하신 것이다.

하나님의 능력을 의지하라. 우리가 하나님의 보호하심 아래 거한다면 우리는 하나님의 은혜로 아무리 큰 시련도 견딜 수 있다. 우리의 약함 가운데 하나님의 능력이 완전해지신다. 그분은 폭풍 속에서도 우리가 포기하지 않고 견딜 수 있는 더 놀라운 은혜를 주신다.

하나님의 평강을 의지하라. 평강은 단순히 걱정이 없는 상태 이상의 것이다. 그것은 환난 속에서 초자연적 평온함이 존재하는 것으로, 하나님은 자기 자신으로 우리 마음을 견고하게 하시고 만족하게 하신다. 모든 사람들이 우리를 떠난다 해도 우리는 지각을 초월하시는 하나님의 평강을 소유한다.

기도

하나님 아버지, 시련이 닥쳐 우리 주위를 에워싸고 우리로 큰 두려움에 사로잡히게 하는 때가 얼마나 많은지 보십시오. 우리는 그러한 어려움 앞에서 너무나 연약한 존재임을 고백합니다. 이러한 시련에서 우리가 당신께 초점을 맞추고, 당신께 우리의 관심을 쏟게 해주십시오. 우리 마음이 당신 안에서 온전히 안식할 수 있게 해주십시오. 당신의 위대하심에 대한 우리의 이해를 확대시켜주십시오. 당신에 대한 우리의 확신을 넓혀주십시오. 우리로 당신 안에서 강하게 해주십시오. 그러면 우리가 두려워하지 않을 것입니다. 우리를 항상 보호하시는 당신의 기이한 능력을 선포합니다. 예수님의 이름으로 기도합니다. 아멘.

심층 연구

A. 피난처(91:2, 9)

'피난처(히. 마세흐, mahseh)' 란 단어는 자연의 비바람을 피할 안식처가 되는 튼튼하고 안정된 구조물을 가리킨다(욥 24:8, 사 4:6). 여기서 사용된 것처럼 비유적인 의미에서의 '피난처' 는 우리를 해치고, 파멸시키며, 심지어 죽이고자 하는 원수들로부터 보호하는 피난처를 가리킨다. 시편 기자는 하나님이 자기 백성들의 피난처가 되심을 알았다(시 14:6, 46:1, 61:3, 62:8, 71:7). 이 단어는 자기 백성들에 대한 하나님의 지키심과 돌보심을 강조하기 위해 사용되었다.

B. 건지다(91:3)

'건지다(히. 나살, nasal)' 라는 단어는 '낚아채다, 건지다, 끄집어내다, 구원받다, 끌어내다 혹은 피하다' 라는 뜻이 있다. 이 단어는 다윗이 하나님께 자기 목숨을 노리는 적들로부터 건져달라고 간구하면서 수없이 사용한 것이다. 다른 시편들에서 이 단어는 우리의 죄(시 39:8)와 무덤(시 86:13)에서 건져주심을 말하기 위해 구원의 의미로 사용되고 있다. 아삽은 "우리 구원의 하나님이여 주의 이름의 영광을 위하여 우리를 도우시며 주의 이름을 위하여 우리를 건지시며(나살, nasal) 우리 죄를 사하소서" (시 79:9)라고 썼다. 이 단어는 또한 죄를 거역할 힘을 주시도록 하나님께 간구할 때 사용되었다(시 120:2). 시편에서 '건지다(nasal)' 라는 단어가 수없이 사용된 것을 보면 구원이라는 주제가 시편의 지배적 주제 가운데 하나임을 알 수 있다.

C. 화(91:10)

'화(히. 라, ra)' 라는 단어는 '그릇되고, 악하며, 사악하거나 부패하다' 라는 의미를 지닌 형용사다. 이 단어는 악한 말(잠 15:26), 악한 생각(창 6:5, 8:21), 악한 행동(잠 2:14, 출 5:22-23, 신 17:5, 느 13:17, 왕하 3:2)에 대해 사용되고 있다.

고안

A. 하나님에 대한 강력한 믿음(91:1-2)

1. 그가 하나님의 임재 안에 산다(1절)
    - a. 내가 하나님의 은밀한 곳에 거한다(1a)
    - b. 내가 하나님의 그늘 아래 안식한다(1b)
2. 그가 주님의 보호하심을 의지한다(2절)
    - a. 그는 나의 피난처
    - b. 그는 나의 요새
    - c. 그는 나의 하나님

B. 보호하시는 하나님의 은혜(91:3-13)

1. 하나님이 너를 구원하실 것이다(3절)
    - a. 새 사냥꾼의 올무에서(3a)
    - b. 극한 염병에서(3b)
2. 하나님이 너를 막아주실 것이다(4절 a, b)
    - a. 그의 깃으로(4a)
    - b. 그의 날개로(4b)
3. 하나님이 너를 지켜주실 것이다(4c)
    - a. 방패처럼(4c)
    - b. 손 방패처럼(4c)

4. 하나님이 너를 숨겨주실 것이다(5-6절)
   a. 공포를 두려워하지 않도록(5a)
   b. 화살을 두려워하지 않도록(5b)
   c. 염병을 두려워하지 않도록(6a)
   d. 파멸을 두려워하지 않도록(6b)
5. 하나님이 너를 붙드실 것이다(7-10절)
   a. 너는 재앙을 피할 것이다(7절)
   b. 너는 오직 재앙을 목도만 하게 될 것이다(8절)
   c. 너는 해를 피할 것이다(9-10절)
6. 하나님이 너를 안전하게 하실 것이다(11-12절)
   a. 그분의 천사들이 너를 보호할 것이다(11절)
   b. 그분의 천사들이 너를 붙드실 것이다(12절)
7. 하나님이 네게 힘을 주실 것이다(13절)
   a. 사자를 밟도록(13a)
   b. 독사를 밟도록(13a)
   c. 큰 사자를 발로 누르도록(13b)
   d. 뱀을 발로 누르도록(13b)

C. 인격적인 하나님과의 교제(91:14-16)

1. 그가 하나님과 사랑의 관계를 누린다(14절)
   a. 그가 하나님을 사랑한다(14a)
   b. 하나님이 그를 건지실 것이다(14b)
   c. 하나님이 그를 보호하실 것이다(14c)
   d. 그가 하나님을 인정한다(14d)
2. 그가 하나님과 살아 있는 관계를 누린다(15-16절)
   a. 그가 하나님을 부른다(15a)
   b. 하나님이 그에게 응답하실 것이다(15b)
   c. 하나님이 그와 함께하실 것이다(15c)

d. 하나님이 그를 건지실 것이다(15d)
e. 하나님이 그를 영화롭게 하실 것이다(15d)
f. 하나님이 그를 만족하게 하실 것이다(16a)
g. 하나님이 그에게 구원을 보이실 것이다(16b)

시편 92편

기쁨의 찬양

"하나님을 지극히 광대하게 찬양하는 것을 두려워하지 말라. 모든 위험은 하나님을 찬양하는 것에 너무 인색한 데 있다."

- 매튜 헨리(Matthew Henry)

들어가는 글

모든 그리스도인에게 일요일은 주님의 날이며, 같은 마음을 지닌 다른 신자들과 함께 모여 하나님을 예배하고 그리스도를 높이는 특별한 날이다. 구약 시대의 성도들은 일주일의 마지막 날인 안식일에 공적 예배를 위해 모였던 반면(출 20:8-11, 레 23:3), 신약 시대의 그리스도인들은 일주일의 첫날에 하나님을 찬양하기 위한 공적 모임을 가졌다(행 20:7, 고전 16:2). 신자들은 주마다 찬양을 드리는 이 지정된 시간 외에 날마다 하나님을 경배해야 한다. 예배는 생활 방식이며, 하나님의 영광을 높이는 지속적인 경험이다. 이 찬양은 그리스도인의 행동과 생각과 말을 통해 드려져야 한다. 또한 우리가 있는 모든 곳이 찬양의 궁전이 되어야 한다. 우리가 무슨 일을 하든지 간에 그 일은 찬양을 위한 강단이 되어야 한다. 날마다 종일토록 쉬지 않고 찬양하는 삶이 모든 신자의 생생한 현실이 되어야 한다.

그럼에도 불구하고 하나님의 백성들이 갖는 공적 모임은 항상 특권이므로 최대한 중시되어야 한다. 그러면 어떻게 주의 날을 지켜야 하는가? 그분께 어떻게 찬양을 드려야 하는가? 그리고 그 이유는 무엇인가?

시편 92편은 그분의 백성들이 갖는 공적 모임에서 하나님을 예배하기 위한 유익한 지침을 제공한다. 이 시편의 표제인 '안식일의' 라는 구절은 원래 안식일 예배에서 예배자들을 인도할 목적으로 의도되었던 것이다. 포로기 이후 공동체에서 이 시편은 안식일에 아침 제사를 드릴 때 사용되었다. 이것은 하나님의 위격과 세상에 대한 하나님의 사역을 기쁨과 즐거움으로 찬양하는 것이다. 여기에 설명된 찬양에 대한 모든 특별한 내용들은 오늘날 신약의 예배자들에게 동일하게 적용될 수 있다. 여기에 하나님을 찬양하는 것의 정당성(1-3절), 찬양하는 이유(4-11절), 그 결과(12-15절)가 소개되어 있다. 이 시편의 지도 원리는 오늘날 모든 신자들이 준수해야 한다.

본문 이해

Main Idea	시편 기자는 주의 집에서 만물에 대한 그의 의로운 통치로 인해 하나님을 찬양한다.

A. 찬양의 정당성(92:1-3)

92:1. 이 시편의 중심 주제는 바로 첫 절에 기록되어 있다. 시편 기자는 주를 찬양하는 것이 좋으니이다(여호와께 감사하는 것이 좋으니이다, 개역 성경과 순서가 다름 - 역자 주)라고 말한다. 다시 말해서 하나님을 예배하는 것이 당연하며 인간이 해야 할 가장 합당한 일이라는 것이다. 주님은 모든 만물보다 높임과 존경을 받는 분이시므로 하나님의 이름을 찬양하는 것은 영광스러운 일이며, 소중하고 즐거운 일이다(비교. 시 7:17). 그분은 그분의 속성과 사역의 위대하심 때문에 찬양을 받으셔야 한다.

92:2-3. 하나님의 인자하심과 성실하심을 나타내는 것(선포하는 것)이 마땅하다. 이것은 시편에 두드러지게 언급된 하나님에 대한 두 신학적 진리다(비교. 시 85:7, 89:5). 그분의 인자하심(히. 헤세드, hesed)은 자기 백성들에게 무조건적으로 베푸시는 하나님의 변치 않는 성실한 사랑을 가리킨다. 마찬가지로 신자들에게 지속적으로 헌신하시는 그분의 성실하심은 아침과 밤에 혹은 하루종일 놀라운 찬양을 드려야 할 이유다.

B. 찬양의 이유(92:4-11)

92:4-5. 4-6절에서 시편 기자는 하나님에 대한 찬양이 그토록 중요한 이유를 알려준다. 그는 계속해서 자기 백성들을 그 원수들에게서 구원하시는 하나님의 구원 행위를 가리키며 주의 행사로 나를 기쁘게 하셨으니라고 말한다(비교. 10-11절). 그리고 하나님이 역사를 통해 행하신 일을 가리키며 주의 손의 행사를 인하여 내가 높이 부르리이다라고 말한다. 주의 행사가 어찌 그리 크신지요(경이롭고 장엄한지요). 주의 생각이 심히 깊으시나이다(이것은 그 생각이 심오하고 이해되지 않아 평범한 관찰자에게는 즉각적으로 식별되지 않는다는 뜻이다).

92:6-7. 우준한 자(야만적인 짐승, 둔하거나 어리석은 자를 의미함, 시 73:22)는 하나님의 길이 얼마나 깊고 심오한지 알지 못한다. 그러므로 그는 자신이 이해하지 못하는 분을 찬양할 수 없다. 하나님의 위대한 행사를 볼 수 없는 이 사람들은 악인이며, 그들은 풀같이 생장하고 일시적으로 흥왕하지만 결국 영원히 멸망할 뿐이다.

92:8-9. 극적인 대조를 위해 (그러나) 여호와여 주는 원수를 확실하게 패망시키시며 영원토록 지존하시나이다. 시편 기자는 주의 원수가 패망하고 다 흩어질 것이라고 선언한다. 그들은 하나님에 대해 장기적으로 반역했기에 성공할 수 없고, 그들이 마땅히 받아야 할 최후를 맞이하게 될 것이다.

92:10-11. 주께서 내 뿔을 … 높이셨으며는 시편 기자가 수많은 박해에 맞서 승리했음을 그림처럼 생생하게 보여주기 위해 사용한 방법이다. 짐승의 뿔은 힘을 상징하며, 하나님이 그에게 부으신 신선한 기름은 수고 속에서의 큰 기쁨을 묘사한다. 그러므로 이 큰 어려움에 맞서 시편 기자는 하나님이 주시는 능력을 경험하며 마음으로 찬양한다. 그는 내 원수의 보응받는 것을 목격했기 때문에 하나님을 찬양할 이유가 충분하다.

C. 찬양의 결과(92:12-15)

92:12-13. 이 시편은 하나님을 찬양하는 의인들에게 임하는 풍성한 복에 대해 확인하는 것으로 마무리한다. 의인은 종려나무같이 번성하며 모든 계절과 삶의 환경에서 열매를 맺을 것이다. 그들은 레바논의 백향목같이 발육할 것이다. 백향목은 근동에서 가장 키가 큰 나무로 엄청난 크기와 힘의 상징이다. 풀처럼 자라났다가 시드는 악인과 반대로(7절) 의인들은 여호와의 집에 심겨져서 영원히 흥왕할 것이다. 그러한 생명력과, 안정됨과, 풍성함과, 힘은 하나님을 예배하는 데서 기인한다.

92:14-15. 그들은 늙어도 결실하며 결코 영적 활기를 잃어버리지 않을 것이다. 진액이 풍족하고, 빛이 청청하여 경건한 덕목이 가득할 것이다. 이 모든 것은 그들이 즐거울 때나 괴로울 때나 하나님을 끊임없이 경배하며 하나님 안에 뿌리내리고 살기 때문이다. 여호와는 정직하시고, 흠이 없으시며, 항상 옳은 일만 하신다. 하나님은 절대적으로 안정된 나의 바위시며, 절대적으로 거룩하시므로 그분에게는 불의가 없다.

결론

그리스도인들은 하나님께 영광 돌리기 위해 주일에 성실하게 모여야 한다. 이것은 성경에서 반복적으로 강조하는 내용이며 심지어 이 시편도 마찬가지다. 신약은 이렇게 말한다. "모이기를 폐하는 어떤 사람들의 습관과 같이 하지 말고 오직 권하여 그날이 가까움을 볼수록 더욱 그리하자"(히 10:25). 신자들은 하나님의 날에 하나님의 말씀을 듣고 하나님께 찬양의 노래를 불러드리기 위해 하나님의 집에 모이는 것을 규칙적인 습관으로 삼아야 한다. 어떤 신자든 살아 있는 믿음을 위해서는 영적 훈련이 필수적이다. 이 시편은 이 진리를 반복하고 있으며, 모든 성도들과 함께 그분을 찬양하는 일에 동참하라는 강력한 권면을 제공하고 있다. 이 노래를 통해 모든 심령이 성령의 깨닫게 하신 생각과 마음으로 하나님을 찬양하도록 인도받기를 바란다.

티칭 가이드

교안

A. 찬양의 정당성(92:1-3)

1. 주를 찬양하는 것이 좋다(1절)
    a. 그분의 이름을 찬양하는 것이 좋다(1a)
    b. 지존자를 찬양하는 것이 좋다(1b)
2. 주께 선포하는 것이 좋다(2절)
    a. 아침에 그분의 사랑을 선포함(2a)
    b. 밤에 그분의 성실하심을 선포함(2b)
3. 악기로 주께 찬양하는 것이 좋다(3절)
    a. 비파로(3a)
    b. 수금으로(3b)

B. 찬양의 이유(92:4-11)

1. 그분의 행사로 인해 하나님을 찬양하라(4-7절)
    a. 그분의 행사로 인해 내가 기뻐한다(4절)
    b. 그분의 행사가 위대하다(5a)
    c. 그분의 행사가 심오하다(5b)
    d. 그분의 행사를 측량할 수 없다(6-7절)
2. 하나님의 지존하심을 찬양하라 (8-9절)
    a. 그분의 지존하심이 영원하다(8절)
    b. 그분의 원수가 패망하다(9절)
3. 하나님의 능력 주심을 찬양하라(10-11절)

a. 그의 뿔이 높이 들림을 받았다(10a)

b. 그의 머리에 기름 부음을 받다(10b)

c. 그의 원수가 보응을 받다(11절)

C. 찬양의 결과(92:12-15)

1. 의인들은 영적인 생산성이 높다(12절)

   a. 종려나무처럼(12a)

   b. 레바논의 백향목처럼(12b)

2. 의인들이 안전하게 심겨져 있다(13절)

   a. 여호와의 집에(13a)

   b. 우리 하나님의 궁전에(13b)

3. 의인들은 영원히 결실을 맺는다(14절)

   a. 늙어도 열매를 맺는다(14a)

   b. 늙어도 푸르고 청청하다(14b)

4. 의인들은 매우 열정적이다(15절)

   a. 주님은 정직하시다(15a)

   b. 주님은 나의 바위시다(15b)

   c. 주님은 거룩하시다(15c)

시편 93편

주가 통치하신다

"신적 주권성은 단순히 하나님이 하나님이심을 의미한다."

- A. W. 핑크(A. W. Pink)

들어가는 글

모든 기독교 신학의 기본 진리는 모든 교리의 기초가 되는 하나님의 주권이다. 이것은 모든 신학 위로 우뚝 솟은 요동하지 않는, 모든 진리의 에베레스트 산이다. 하나님의 절대적 통치는 그분이 창조하신 모든 만물을 다스리실 그분의 확고한 권리를 상징한다. 이것은 교리 신경의 일차적 항목이 되어야 하며, 모든 신적 진리의 가장 중요한 기초가 되어야 한다. 하나님의 통치는 만물에 대한 그분의 지고한 권리를 어떤 방해도 없이 지속적이고 자유롭게 행사하는 것이다. 모든 다른 교리적 가르침은 하나님을 높이는 이 진리와 일치를 이루어야 하며, 그것에 확실하게 근거해야 한다. 하나님의 주권은 단순히 말해 이름에서 뿐 아니라 온전한 실체에 있어서 하나님의 하나님 되심을 의미한다. 다시 말해서 하나님은 항상 그 기뻐하시는 대로, 자신이 원하실 때, 자기가 원하는 곳에서 기뻐하는 자와 함께 행하신다. 여기에 그분의 손으로 지으신 모든 만물을 통치할 수 있는 절대적인 권리인 신적 주권의 진리가 있다.

시편 93편은 온 세상에 대한 하나님의 주권적 왕 되심을 찬양하는 즉위 시편이다. 주님의 영원하고 우주적인 왕국이 이 시편의 핵심적인 초점이다. 이 찬양의 노래는 시편 100편까지 이어지는 신정주의적 시편(theocratic psalms)의 짧은 시리즈 가운데 첫 시편이다. 이 시편들은 '여호와께서 통치하신다' 는 구절이 반복적으로 나타나며 신적 주권이라는 중요한 메시지를 강조한다(시 93:1, 96:10, 97:1, 99:1). 분명히 하나님은 자연이나 국가, 역사, 구원 혹은 인간의 영원한 운명 등 우주의 모든 영역을 통치하신다.

본문 이해

Main Idea	시편 기자는 인간의 죄악된 반역에도 불구하고 하나님이 만물을 승리로 다스리심을 기뻐한다.

A. 하나님의 주권적 통치(93:1-2)

93:1a-b. 시편 기자는 하나님에 대한 궁극적 진리, 예배를 통해 확립되어야 할 가장 일차적인 진실을 선언하는 것으로 이 노래를 시작한다. **여호와께서 통치하시니.** 하나님은 자신의 뜻을 계속 행사하시고 만물을 다스리시면서 하늘의 보좌에 앉아 계신다. 그분은 스스로 **권위를 입으셨다.** 이것은 중대한 싸움을 한 후 승리한 왕이 입는 왕복을 묘사한 것이다. 여기서 하나님은 제왕의 위엄과, 존귀와, 당당함을 가진 분으로 묘사되어 있다. 그분은 왕의 통치 위엄에 걸맞는 의복을 입고 있다. 나아가 그분은 능력 있는 승리한 전사이며, 왕에게 어울리는 힘, 즉 모든 세상의 왕들을 초라하게 하는 **힘을 가지고 계시다.**

93:1c. 하나님이 주권자시기 때문에 세계가 견고히 서 있다. 하나님은 직접 물리적인 행성뿐 아니라 이 세상 질서의 도덕적, 사회적, 영적 법도 제정하셨다. 주님은 모든 것을 적절한 위치에 두셨고, 그것은 흔들림 없이 자기 자리를 지킨다. 세상에 대한 그분의 섭리적 통치는 사람이나 국가들로 인해 **요동치 아니한다.** 세상 권세들의 위협에도 불구하고 주님의 영원한 지혜는 단순한 인간의 계획에 의해 변경되지 않는다.

93:2. 나아가 **주의 보좌는 예로부터 견고히 섰으며 주는 영원부터 계셨나이다.** 누군가에 의해 창조되지 않았고, 시작도 없으신 하나님은 영원히 계시다. 그분은 시간이 시작되기 전, 그분이 이루실 모든 것에 대한 영원한 계획을 처음으로 선포하시던 때부터(엡 1:4-5, 11, 2:10) 주권적으로 통치해오셨다. 하나님은 세계의 기초가 놓이기 전부터 주권적인 통치자셨다. 그분의 보좌는 오래 전부터 견고히 섰으므로 결코 전복되거나, 강탈되거나, 혼란에 빠지지 않는다.

B. 세상의 악한 반역(93:3-4)

93:3. 이 반역적인 세상은 하나님의 주권에 대해 반항하며 인간의 타락으로 인해 파괴되었다. 큰 물이 소리를 높였고 큰 물이 그 소리를 높였고 큰 물이 그 물결을 높이나이다. 이 무질서한 물결의 천둥소리 같은 으르렁거림은 세상, 특별히 이방 민족들 속에 나타난 도덕적 무질서를 시적으로 표현한 것이다(비교. 사 17:12, 렘 6:23, 50:42). 파도가 해변에서 쉬지 않고 부서지듯이 바다는 주의 왕국을 반대하고 대항하는 모든 것을 상징한다(시 2:1-3). 죄와 사단의 모든 파괴적인 세력들은 세상 속에 세워진 하나님의 질서를 위협하는 이 바다로 구체화되어 있다. 인간의 죄악된 반역은 주권자 되신 하나님을 향한 것이다.

93:4. 인간의 죄악된 반역에도 불구하고 하나님의 강력한 대응은 훨씬 더 위력적이다. 높이 계신 여호와의 능력은 많은 물소리와 바다의 큰 파도보다 위대하시니이다. 이것은 역사와 하나님의 천상의 통치에 반대하려고 하는 모든 인간적 발전에 대한 하나님의 주권을 분명하게 단언하는 것이다. 진실로 하나님은 모든 만물보다 더 위대하시고, 어떤 방해도 받지 않으시며, 만물에 대한 그분의 절대적 권한을 자유롭게 행사하신다(시 103:19, 115:3). 인간이 계획할지라도 일을 이루시는 분은 하나님이시다.

C. 하나님의 확실한 계시(93:5)

93:5. 이 마지막 행은 이제 하나님의 주권적 통치의 특징을 두 가지 더 선언한다. 첫째, 그분의 왕국은 흔들림 없는 법이 통치하는 왕국이다. 시편 기자는 주의 증거하심이 확실하다고 강한 어조로 말한다. 주님의 명령은 선포되고 확실하여 결코 폐지되지 않는다. 그분의 법은 자기 백성들에게 생명을 주는 명령이고, 영원히 동일하며, 절대적으로 신뢰할 수 있는 것이다(시 19:7). 마찬가지로 하나님은 거룩하심, 즉 주의 집에 합당하여 영구한 초월성과 순결성에 변함이 없으신 분이다. 하나님은 영원하시고, 지극히 거룩하시며, 그분의 속성과 자신의 모든 길에 있어서 전혀 변함없이 완전하시다.

결론

주님은 세상을 주권적으로 통치하신다. 그러므로 하나님의 모든 백성들은 기뻐해야 한다. 인간의 온갖 죄악된 반역으로도 하나님의 영원한 뜻을 좌절시킬 수는 없다. 바다의 요동하는 물결과 같은 하나님에 대한 인간의 모든 반역은 성공할 수 없다. 그분만이 높은 곳에서 다스리신다. 그러므로 모든 신자들은 하나님을 신뢰하며 의지해야 한다. 그분은 모든 것이 합력하여 선을 이루게 하시는 분이다. 하나님은 만물의 주권자 되신 왕이시다. 그분의 절대적 통치는 영원한 과거에 견고히 섰으며 결코 끝나지 않을 것이다. 모든 신자들은 홀로 찬양받기에 합당하신 주님을 높이고 경배해야 한다. 하나님의 백성들은 그 이름에 합당한 영광을 그분께 돌려드려야 한다. 하나님이 통치하신다. 사단이나 인간, 다른 신들이 아니다. 세상 지배자들, 이방 세력들, 환경, 운명도 아니다. 오직 하나님, 주께서 다스리신다!

티칭 가이드

교안

A. 하나님의 주권적 통치(93:1-2)

1. 주가 보좌에 앉으셨다(1절)
    a. 그분이 권위로 차려입으셨다(1a)
    b. 그분이 능력으로 무장하셨다(1b)
2. 세상이 견고히 서 있다(2절)
    a. 하나님으로 인해 흔들리지 않는다(2a)
    b. 요동치 않는다(2b)

B. 세상의 악한 반역(93:3-4)

1. 바다가 소리를 높였다(3a)
    a. 하나님을 대적하는 그들의 음성(3a)
    b. 하나님을 대적하는 물결(3b)
2. 주권자가 만물을 통치하신다(4절)
    a. 그분은 많은 물소리보다 더 위대하시다(4a)
    b. 그분은 바다의 큰 파도보다 더 위대하시다(4b)

C. 하나님의 확실한 계시(93:5)

1. 그분의 증거하심이 확실하다(5a)
2. 그분의 거룩하심이 두드러지다(5b)
    a. 그분의 집에 합당하다(5b)
    b. 영원하다(5b)

시편 94편

부당한 고통

"하나님의 자비의 손 안에 자신을 맡기지 않으려고 하는 자들은 그분의 공의의 손에서 결코 건짐을 받을 수 없다."

- 매튜 헨리(Matthew Henry)

들어가는 글

신자들은 종종 악인들에게 박해를 받는다. 하지만 박해를 받을 때 그들은 하나님께 원수 갚는 것을 맡겨야 한다. 성도들은 그들 스스로 보복하려고 하기보다 모든 악을 심판하시겠다고 말씀하신 하나님을 기다리며 인내해야 한다. 개인적인 공격을 당해 비틀거린다고 하더라도 하나님의 백성들은 결코 같은 방식으로 보복해서는 안 된다. 오히려 그들은 하나님의 진노하심의 여지를 남겨둔 채 모든 사람들과 화평하게 살아야 한다. 부당한 고난을 당하면서 하나님이 잘못을 바로잡아주시기를 기다리는 것이 육신적으로 보복하며 자신의 힘으로 문제들을 처리하는 것보다 훨씬 더 낫다. 신적 진노라는 하나님의 속성에 대해 하나님의 백성들은 하나님이 언젠가 모든 것을 심판하실 것을 알고, 인내하며, 평안한 마음을 가져야 한다.

시편 94편은 하나님을 향한 시편 기자의 긴급한 부르짖음에 대한 영감된 기록이다. 여기서 그는 불의한 자들에게 당하는 학대를 보복해주시기를 하나님께 구하고 있다. 이 시편은 제왕 시로, 불의한 자들에 의해(3-7, 16, 20절) 무방비 상태에 있는 이들에게 가해진 공격(21절)을 보수하시는(1절) '세계의 판단자' (2절)이신 하나님을 향한 호소다. 이 시편이 얼마나 실제적인가. 분명히 의인들은 이 세상에서 악인들로 인해 자주 고통을 당한다(마 5:10-12, 요 15:18-20, 16:33, 딤후 3:12). 이 시편은 결백한 자들을 억압하며, 그들의 권력을 남용하는(3절) 불의한 지도자들(20절)로 인해 학대받는 모든 이들에게 모델을 제공하는 도움의 간구다. 이 시편에는 표제가 나타나 있지 않으며, 저자와 역사적 배경 모두 알려져 있지 않다.

본문 이해

Main Idea	시편 기자는 하나님께 악한 통치자들로 인해 당하는 학대를 심판해 달라고 호소한다.

A. 시편 기자의 호소(94:1-3)

94:1-2. 이 첫 연은 세계를 판단하시는 주이신 하나님이 일어나셔서 교만한 자에게 상당한 형벌을 주실 것을 긴급하게 호소하고 있다. 구체적인 내용은 기록되어 있지 않지만 여기서 악인들은 하나님의 백성들을 핍박하는 것으로 밝혀져 있다. 그러므로 시편 기자는 하나님께 심판으로 빛을 비추셔서 그들의 압제자들을 처리해달라고 호소한다. 보복 혹은 정당한 보응은 하나님께 속한 것이며, 오직 그분만이 그분의 거룩한 법을 어긴 모든 자들을 처벌하신다.

94:3. 하나님이 더디 행동하시는 것 같고, 그로 인해 악인이 개가를 부르는 일이 언제까지 지속될 것인가? 이것은 하나님이 즉각 심판하시길 구하는 간절한 호소다.

B. 시편 기자의 고소(94:4-7)

94:4. 이 두 번째 연은 악인에 대한 시편 기자의 고발을 밝히고 있다. 그리고 입과, 손과, 생각과, 뜻을 비롯한 죄인들의 총체적 타락을 생생하게 묘사한다. 그들의 왜곡된 입은 지껄이며 오만히 말을 하고 다 자긍한다. 불의한 자들의 왜곡된 인격은 그들의 행위로 드러난다.

94:5-6. 증오에 가득한 그들의 손은 하나님의 백성을 파쇄하고 자신을 방어할 능력이 없는 사람들, 특별히 과부와 나그네와 고아를 살해한다. 스스로 설 수 없는 사람들은 매우 취약한 사람들이다. 그러한 살육으로 하나님의 백성들은 자신을 방어할 수 없는 취약한 상태에 있다.

94:7. 죄악에 완전히 사로잡힌 악인들의 마음은 여호와가 보지 못한다는 어리석은 결론을 내린다. 그들은 어리석게도 하나님이 그들이 하는 일을 알지 못하신다고 생각

한다. 이것은 경건치 않은 자들이 스스로 속임을 당한 상태를 가리킨다. 그들은 자신들의 죄악 속에서 하나님을 볼 수 없으므로 그분이 그들의 행동을 알지 못하신다고 착각한다.

C. 시편 기자의 훈계(94:8-11)

94:8-9. 시편 기자는 이제 이 우준한 자들에게 냉정히 경고하며 그들로 악을 회개하고 버리도록 요청한다. 단순하지만 아주 설득력 있는 논리로 시편 기자는 귀를 만드신 자가 듣지 아니하시랴 하고 설득한다. 이 질문에는 '그렇지 않다' 는 대답이 전제되어 있다. 그분이 듣고 계신다. 인간의 귀를 만드신 하나님은 분명히 악인들의 교만한 말을 들으실 수 있다(4절). 또다시 그는 눈을 만드신 자가 보지 아니하시랴라고 반문한다. 물론 하나님은 그들의 악한 길을 보실 수 있다. 인간의 눈을 창조하신 분은 보실 수 있다. 하나님이 보시고 있지 않다는 생각이 얼마나 어리석은가?

94:10-11. 열방을 징벌하시는 자가 징치하지 아니하시랴? 악인들의 주장과 생각과는 달리(7절) 분명히 하나님은 모든 악을 심판하신다. 진실로 여호와는 사람의 생각이 허무함을 아시며 그에 따라 행동하실 것이다.

D. 시편 기자의 확신(94:12-15)

94:12. 초점을 바꾸어 시편 기자는 하나님이 의인들에게 베푸신 은혜에 집중한다. 죄에 대한 사랑의 징계로 주의 징벌을 당하는 자는 복이 있나니('행복한, 은혜를 입은', 비교. 시 1:1). 다시 말해서 하나님의 백성들이 견디는 악은 실제로 그들의 영적 유익을 위해 하나님이 계획하신 것이다. 지혜가 충만하신 사랑의 하나님은 항상 자기 백성들을 징계하시고, 훈련하시며, 심지어 그들의 영원한 유익을 위해 고난을 사용하기도 하신다.

94:13-15. 과정이 고통스럽다 해도 하나님은 환난의 날에 벗어나게 하사 평안을 주실 것이다. 다시 말해서 죄로 인한 곤경에서 건져주실 것이다. 시련의 불 속에 있을 때라도 주님은 결코 그 백성을 완전히 버리지 않으신다. 모든 징계 속에서 하나님의 의에 따라 완전한 판단이 이루어질 것이며, 마음이 정직한 자가 율법의 진리를 좇게 되는 긍정적인 결과를 얻게 될 것이다. 하나님이 자기 백성들에게 내리시는 징계는 항상 그들의 유익

을 위한 것이다.

E. 시편 기자의 확언(94:16-19)

94:16. 고난 속에서 하나님의 백성들이 부르짖을 때 하나님이 주시는 복에 관한 개인적인 증언이 지금 요구되고 있다. 시편 기자는 누가 나를 위하여 일어나서 행악자를 칠꼬라고 묻는다. 아무도 그를 건져줄 자가 없다는 뜻이 내포된 질문이다.

94:17-19. 여호와께서 내게 도움이 되지 아니하셨더면 시편 기자는 죽었을 것이다. 하나님이 직접 죽음의 문턱에서 그를 건져주셨다. 그가 많은 생각으로 짓눌릴 때 주께서 영원히 변함없는 인자하심으로 그를 붙드셨고, 그의 영혼을 즐겁게 해주셨다. 하나님은 환난을 당하고 있을 때도 그를 위해 이 모든 것을 해주셨고, 그는 그것을 기쁨으로 선포한다.

F. 시편 기자의 동맹(94:20-23)

94:20. 시편 기자는 이제 이 시편을 시작할 때의 위치로 되돌아가서 하나님이 온 세상의 재판장이시라고 선언한다. 그는 모든 악한 재판장과 절교한다. 악한 재판장은 자신의 권력을 부당하게 사용하며 특별히 스스로를 방어할 능력이 없는 사람들을 압제하는 데 권력을 사용한 부패한 통치자들이 차지한 모든 지위를 가리킨다. 시편 기자는 악한 재판장이 어찌 주와 교제하리이까라고 묻는다. 예상되는 대답은 '교제할 수 없다'는 부정적인 것이다. 거룩하신 하나님은 인간의 타락을 인정할 수 없으시다.

94:21-22. 이 악한 통치자들이 모여 의인의 영혼을 치고 그들의 목숨을 빼앗아가려고 해도 그들은 분명히 하나님과 연합 세력을 구축하지 않으며, 하나님도 그들과 연합하지 않으신다. 오히려 시편 기자는 자기 자신과 하나님과의 견고한 동맹을 선언한다. 주님은 그의 산성(히. 미스고브, misgob)과 반석이 되셨다. 하나님만이 그에게 완전한 보호를 제공하신다.

94:23. 보복은 악인들에게 저희 죄악을 돌리시며, 최후의 심판을 통해 저희를 철저히 끊으실 주님께 속한 것이다.

결론

악한 사람들로 인해 부당한 고난을 당하는 신자들은 항상 올바른 반응을 선택해야 한다. 여기에 올바른 반응이 기록되어 있다. 이것은 박해를 견디며 하나님을 영화롭게 하는 것이다. 악한 자들의 공격을 당할 때 신자들은 주님을 불러야 한다. 오직 그분만이 그들의 고통을 갚아주실 수 있다. 하나님은 거룩하시고 의로우시다. 그분은 자기 백성들이 당한 모든 학대를 보수해주실 것이다. 그러므로 경건한 자들은 극심한 고통 속에 있을 때 주님을 찾아야 한다. 그들은 하나님이 일어나셔서 원수들을 심판하시도록 인내하며 기다려야 한다. 원수 갚는 것은 인간이 아니라 하나님께 속한 것이다. 하나님은 반드시 무방비 상태의 결백한 자들에게 저지른 그들의 악을 갚아주실 것이다. 그리스도에 대한 적대감이 고조되는 세상에 살고 있는 하나님의 백성들에게 이 시편은 점점 더 깊은 관련을 가지며 소중하게 될 것이다.

교안

A. 시편 기자의 호소(94:1-3)

1. 오 하나님 빛을 비추소서(1절)
2. 오 판단자시여, 되갚아주소서(2절)
3. 오 주님, 언제까지니이까?(3절)

B. 시편 기자의 고소(94:4-7)

1. 그들의 말이 교만하나이다(4절)
    a. 저희가 오만한 말을 지껄이나이다(4a)
    b. 저희가 다 자긍하나이다(4b)
2. 그들의 행위가 악하나이다(5-6절)
    a. 저들이 신자들을 억압하나이다(5절)
    b. 저희가 자신을 보호할 수 없는 자들을 살해하나이다(6절)
3. 저희가 거만한 말을 하나이다(7절)
    a. 하나님은 보지 못한다(7a)
    b. 하나님은 아무 관심이 없다(7b)

C. 시편 기자의 훈계(94:8-11)

1. 우준한 자들아, 너희는 생각하라(8a)
2. 무지한 자들아, 지혜로운 자가 되라(8b-11절)
    a. 하나님이 듣지 아니하시랴?(9a)
    b. 하나님이 보지 아니하시랴?(9b)

c. 하나님이 징벌하지 아니하시랴?(10a)

d. 하나님이 알지 못하시겠는가?(10b)

e. 하나님은 인간의 생각을 아신다(11절)

D. 시편 기자의 확신(94:12-15)

1. 하나님의 백성들은 복이 있다(12-14절)

a. 그들은 하나님의 징계를 받는다(12절)

b. 그들은 하나님의 위로를 받는다(13절)

c. 그들은 하나님과 관계를 맺는다(14절)

2. 하나님의 백성들은 보상을 받는다(15절)

a. 그들이 의로 판단을 받을 것이다(15a)

b. 그들이 의를 좇을 것이다(15b)

E. 시편 기자의 확언(94:16-19)

1. 그가 하나님의 도우심을 간구하였다(16절)

a. 하나님이 나를 위하여 일어나실 것인가?(16a)

b. 하나님이 나를 대변해주실 것인가?(16b)

2. 그가 하나님의 도움을 받았다(17-19절)

a. 하나님이 나를 죽음에서 건져주셨다(17절)

b. 하나님이 나를 사랑으로 붙드셨다(18절)

c. 하나님이 나를 사랑으로 위로하셨다(19절)

F. 시편 기자의 동맹(94:20-23)

1. 하나님이 거룩하게 하신다(20-21절)

a. 부패한 재판장은 하나님과 연합할 수 없다(20절)

b. 부패한 무리가 경건한 자들에 맞서 연합한다(21절)

2. 하나님이 신자들을 보호하신다(22절)

a. 그분은 나의 산성이시다(22a)

b. 그분은 나의 반석이시다(22b)

3. 하나님이 믿지 않는 자들을 벌하신다(23절)

a. 그분이 그들에게 보응하실 것이다(23a)

b. 그분이 그들을 멸하실 것이다(23b)

시편 95편

경배받기에 합당하시다

"유일하게 위대한 일은 하나님을 높이고 찬양하는 것이다."

- 토마스 머튼(Thomas Merton)

들어가는 글

대영 제국의 군주가 영국의 왕으로 등극할 때마다 그 즉위식은 전통적으로 런던의 역사적인 웨스트민스터 사원에서 거행되었다. 1066년 이후로는 왕으로 즉위하는 모든 영국 왕이 이 화려한 대관식을 거행했다. 이 장엄한 행사에서 미래 통치자는 "나는 기뻐도다(I was glad)"라는 곡의 연주에 맞추어 웨스트민스터 사원으로 행진하고, 왕으로 인정한다는 백성들의 환호를 대신해 웨스트민스터 학자들의 박수 갈채가 동반된다. 대관식 의자에 앉은 군주는 기름 부음을 받고 이어서 성 에드워드(St. Edward)의 왕관을 쓰는 순서가 이어진다. 이것은 이 장엄한 의식의 가장 엄숙한 순간이다.

그러고 나서 군주는 대관식 의자에서 일어나 옥좌로 이동한다. 이것은 왕관을 쓴 왕이나 여왕이 한자리에 모인 고관 인사들에게 모습을 드러내는 첫 순간이다. 군주가 영국 제국을 물려받는 순간이 이때다. 이제 왕관을 쓰고 사람들에게 모습을 드러낸 왕은 백성들로부터 존경의 예를 받을 준비가 되어 있다. 대주교는 세 번에 걸쳐 회중들에게 이렇게 말한다. "여러분들에게 OOO(군주의 이름)를 소개합니다. 이분께 백성의 예를 다하겠습니까?" 이제 그들의 군주가 왕의 복장을 갖추고 왕관을 쓴 채 왕좌에 앉은 것을 보며 백성들은 "예를 다하겠나이다"라고 세 번에 걸쳐 환호로 대답한다.

이것이 시편 기자가 시편 95편에서 하고 있는 일이다. 하지만 훨씬 더 놀랍고 장엄하다. 저자는 하나님의 백성들 앞에 왕관을 쓰신 만군의 주, 하늘과 땅의 유일한 통치자이신 전능하신 하나님을 소개한다. 본질적으로 그는 "너희들은 그의 이름에 합당한 예배를 돌려드리겠는가?"라고 묻는다. 시편 기자는 위대하시고 두려우신 하나님을 경배하는 초대에 대해 "그러하겠나이다"라는 독자의 반응을 이끌어내고 있다. 여기에 예배의 본질이 있다. 그것은 만군의 주이신 하나님에 대한 '경배(worship, 예배받으시기에 합당함)'를 인정하는 것이다. 그것은 그분의 위대하심을 선언하고, 그분의 보좌 앞에 엎드리는 것이다. 신하가 왕 앞에 무릎을 꿇고 왕이 내민 팔에 입을 맞추듯이, 참된 예배는 하나님께 나아가서 그분의 임재 앞에 자신의 자아를 낮추며 그분을 찬양하는 것이다. 하나님만이 그러한 예배를 받기에 합당하시다.

시편 95편은 하나님의 백성들에게 주를 찬양하도록 부르는 열정적 요청이다. 그분은 금과 은과 나무와 돌로 된 비천한 우상들에 불과한 이른바 모든 신들을 다스리시는 주권자시다. 예배에 관한 이 시편은 하나님을 예배하라는 열렬한 요청을 보낸다. 그분은 그들의 창조주시며 왕이시기 때문이다. 드라마틱하게도 이 시편은 그들의 조상들의 불신앙을 피하라는 백성들에 대한 경고로 마무리한다. 그러한 배교는 살아 계신 하나님의 분노를 자초한다.

본문 이해

Main Idea	시편 기자는 하나님의 백성들에게 하나님께 찬양을 드리고 그분 앞에 엎드려 경배함으로 주를 예배하라고 요청한다.

A. 예배의 내용(95:1-2)

Supporting Idea	시편 기자는 하나님의 백성들에게 주를 노래하고 외치라고 요청한다.

95:1. 극적인 시작과 함께 시편 기자는 하나님의 모든 백성들에게 오라 우리가 여호와께 노래하자라고 초청한다. 전 회중은 홀로 찬양받기에 합당하신 하나님께 기쁨으로 노래하자는 요청을 받는다. 성도들은 하나님을 경배할 때 축제적인 분위기에서 기뻐해야 한다. 그는 모든 성도들을 초청하면서 우리 구원의 반석을 향하여 즐거이 부르자라고 말한다. 구원의 반석은 광야에서 물이 솟았던 바위를 가리키는 메타포다(출 17:1-7, 민 20:1-13). 궁극적으로 반석은 백성들의 변함없는 충족과 안전이 되신 하나님 자신이시다.

95:2. 그들은 감사함으로 그 앞에 나아가서 음악과 노래(시)로 그 이름을 높이며 그분의 풍성한 채우심에 대해 겸손히 감사해야 한다. 찬양은 예배자의 영혼을 고양시키며 하나님의 진리를 표현하는 것이다. 참된 종교는 예배자들이 감정적으로 무미건조한 상

태에 머무르는 금욕적인 것이 아니라 마음을 특별히 기쁨의 감정으로 불붙게 한다.

B. 예배의 이유(95:3-5)

Supporting Idea	신자들은 만물의 위대한 왕이신 하나님을 경배해야 한다.

95:3. 하나님의 백성들은 그분을 예배해야 할 이유가 충분하다. 시편 기자는 그 강력한 이유 가운데 첫 번째 이유를 기술한다. 대저 여호와는 크신 하나님이시요. 이것은 그분만이 하나님이시며 경이로운 분이시라는 의미다. 그분은 모든 신 위에 크신 왕이시며, 말할 줄 모르는 모든 우상들을 다스리고 통치하시며, 이방 종교의 신화적인 상상의 모든 신들을 지배하신다. 시편 기자는 주님이 참되고 유일한 하나님이시기 때문에 그분을 경배하라고 권면한다.

95:4-5. 둘째, 하나님은 모든 피조물, 즉 땅의 깊은 곳과 산들의 높은 것과 그 사이에 있는 모든 것을 손 안에 쥐고 계신다(이것은 그분의 것이다). 모든 만물의 창조자이신 하나님은 또한 모든 만물을 붙드시는 분이시다. 피조물은 창조주를 경배함으로 마땅한 예를 보여야 한다. 하나님은 그들의 창조주시며, 바다와 육지가 모두 그분의 것이다. 존재하는 모든 것이 다 그분의 소유다. 그러므로 만물의 창조주시며 붙드시는 분인 하나님을 경배하라.

C. 예배의 방식(95:6-7b)

Supporting Idea	신자들은 하나님 앞에 겸손히 엎드려 경배해야 한다.

95:6. 이 위대하신 하나님은 그분께 적합한 방식으로 경배를 받으셔야 한다. 굽혀 경배하다(히. 샤하, shaha)는 특별히 상급자 앞에서 꿇어엎드린다는 의미다. 가장 구체적으로 '엎드리다' 라는 말은 반드시 엎드린 자세만이 아닌 마음의 태도를 가리킨다. 이 단어는 하나님께 나아오는 자들이 바치는 전적인 자기 비하, 복종, 찬양을 묘사한다.

95:7a-b. 저는 우리 하나님이시기 때문에 하나님의 백성들은 마땅히 그분을 경배해

야 한다. 이것은 그들이 그분과 맺은 인격적인 친밀한 교제를 암시한다. 주님은 그들의 은혜로우신 목자(시 23:1)시다. 시편 기자는, 우리는 그의 기르시는 백성이며 그 손의 양이라고 말한다. 그분은 하나님이시다. 보좌에 앉아 통치하시는 전능하신 분이 자기 백성들을 사랑으로 돌보신다. 하나님의 백성들은 양과 같다. 양은 귀가 멀어 듣지 못하고, 자신을 방어할 수 없으며, 곁길로 간다. 그러므로 모든 예배자들은 하나님 앞에서 자신을 낮추어야 한다. 그분은 따스한 손길로 자신의 백성들을 인도하시고 먹이신다.

D. 예배의 때(95:7c-11)

Supporting Idea	시편 기자는 하나님이 지금, 바로 오늘 찬양받으셔야 한다고 요청한다.

95:7c-8a. 복음 전도의 열정으로 시편 기자는 강력히 호소한다. 너희는 오늘날 그 음성 듣기를 원하노라, 너희 마음을 강퍅하게 하지 말라. 하나님은 그분의 말씀을 통해 명확하게 말씀하셨다. 유일한 질문은 "그분의 백성들이 듣고 있는가?" 였다. 그들이 회개와 믿음으로 그분의 음성에 주의할 것인가? 혹은 불신앙으로 그들의 마음을 완악하게 할 것인가? '듣다(히. 샤마, shama)' 라는 단어는 '순종을 목적으로 철저히 관심을 기울여 듣는 것' 을 의미한다. 예배의 첫 단계는 복종의 믿음으로 반응하는 것이다. 하나님과의 겸손하고 순종적인 관계 없이는 하나님에 대한 진정한 예배가 있을 수 없다.

95:8c-9. 시편 기자는 그날 예배하기 위해 모인 사람들에게 이스라엘의 과거의 부정적인 예를 소개한다. 그는 너희는 므리바에서와 같이 또 광야 맛사의 날과 같이 하나님을 거부하지 말라고 경고한다. 이 악명 높은 사건(출 17:1-7)은 모세에 대한 이스라엘의 반역과 관련이 있다. 그는 하나님의 메시지를 전해주고 그들을 하나님의 뜻으로 이끌었다. 그 백성들이 모세에게 반역했을 때 그들은 사실 하나님께 반역을 저지르고 있었다. 이 불순종은 하나님을 시험하고, 그분을 탐지하여 그분의 인내를 건드려 그분의 심판을 자초하고, 더 심각하게는 그들의 영혼을 위험에 빠뜨렸다.

95:10-11. 하나님에 대한 반역이라는 이 광야의 사건은 그다음 40년 동안 그 백성들의 삶을 결정하였다. 40년 동안 그들이 미혹되어 그의 말씀을 떠났기 때문에 하나님은 그 세대로 인하여 근심하셨다. 그리하여 그들은 하나님의 도를 개인적인 경험으로 알지

못하였다. 따라서 하나님은 내가 노하여 맹세하기를 저희는 내 안식에 들어오지 못하리라 하였도다라고 말씀하셨다. 이것은 그들이 약속의 땅 가나안에 절대로 들어가지 못할 것이라는 뜻이다. 그들은 하나님의 은혜와 복의 풍성함을 누리지도 못할 것이다. 메시지는 분명하다. 이스라엘은 하나님의 음성을 들을 때마다 즉각적으로 반응하며 순종해야 한다. 그렇지 않으면 하나님의 복을 상실할 것이다.

Main Idea 복습	시편 기자는 하나님의 백성들에게 하나님께 찬양을 드리고 그분 앞에 엎드려 경배함으로 주를 예배하라고 요청한다.

결론

한 남자가 미술관의 미술품을 관람하면서 전시된 아름다운 걸작들을 살펴보고 있었다. 그가 특별히 한 그림에 가까이 다가갔을 때 그것이 십자가에 못 박히신 예수님을 표현한 그림임을 알았다. 그는 걸음을 멈추고 그 장엄한 붓놀림과 그리스도의 죽음에 대한 놀라운 묘사를 천천히 훑어보았다. 그가 그 그림을 감상하고 있을 때 미술관 안내원이 그에게 다가오면서 몸을 낮추라는 몸짓을 했다. "이 그림의 아름다움을 제대로 감상하고 싶으시다면 자세를 낮추어야 합니다. 이 그림을 그린 예술가는 더 낮은 자세로 감상해야 그림이 제대로 감상될 수 있도록 했습니다." 그래서 그는 자세를 낮추었다.

"더 낮추세요." 안내원은 전등으로 몸짓을 하며 말했다. 그는 그 말을 따라 허리까지 자세를 낮추었다. "아니, 아니요. 더 낮추세요." 그 안내원은 끈질기게 말했다. 마침내 그 남자가 카페트 위에 무릎을 꿇은 채 엎드려 그 화폭의 그림을 올려다보았다. 오직 그렇게 낮은 자세에서만 그 그림의 참된 아름다움을 감상할 수 있었다.

이것은 또한 하나님을 예배할 때의 올바른 자세다. 하나님께 나아가려는 모든 이들은 그분 앞에 꿇어엎드려야 한다. 모든 예배자는 주님의 임재 앞에서 자신을 낮추어야 한다. 하나님께 올바로 나아가고자 하는 사람들은 하나님의 초월적 영광을 뵙기 위해서 겸손한 자세로 하나님을 우러러보아야 한다. 그분 앞에 무릎 꿇을 때만 우리는 그분을 올바로 예배할 수 있다.

삶의 적용

하나님을 예배하는 데는 분명히 올바른 방식과 잘못된 방식이 있다. 우리는 두 가지 방식의 차이를 결정짓는 것이 무엇인지 신중하게 생각해보아야 한다. 주님을 불쾌하게 하는 예배는 위험하고 심지어 목숨을 위협한다(행 5:1-11, 고전 11:29). 우리는 하나님을 어떻게 예배해야 하는가? 요한복음 4장 24절은 우리가 주님을 '영과 진리로' 예배해야 한다고 가르친다. 이것은 무엇을 의미하는가?

첫째, '영으로 예배하라' 는 것이다. 예수님은 올바른 마음의 태도로 하나님을 예배해야 한다는 의미로 이렇게 말씀하셨다. 이것은 외적인 종교 의식을 강조하는 것이 아니라 개인의 내적인 영혼의 상태를 강조한다. 예배의 장소는 상관이 없다. 그것은 건물의 구조와 예배자의 복장과 같은 외적인 장식과 관련있기 때문이다. 진정으로 중요한 것은 마음이다. 그러므로 예배할 수 있는 마음을 준비해야 한다. 자신을 겸손히 낮추고, 그분께 자신을 내어드려야 한다.

둘째, '진리로 예배하라' 는 것이다. 모든 참된 예배는 기록된 말씀과 일치해야 한다. 하나님을 높이는 예배에서 진리는 참으로 중요하다. 신학은 송영을 낳는다(하나님에 대한 지식은 하나님에 대한 찬양을 낳는다). 말씀은 예배의 마음을 불러일으킨다. 예배는 기록된 하나님의 말씀을 통한 하나님의 계시에 대한 인간 영혼의 올바른 반응이다. 그러므로 모든 신자들은 성경을 공부해야 한다. 말씀 아래 앉아 건전한 교리를 이해하고, 진리의 말씀을 올바르게 구분해야 한다. 오직 하나님께로부터 오는 진리만이 하나님에 대한 올바른 예배로 이어진다.

기도

하나님 아버지, 당신이 우리를 만드신 것은 당신을 위해, 당신을 예배하고, 당신께 영광을 돌려드리게 하기 위함임을 믿습니다. 당신 앞에 겸손히 엎드립니다. 당신은 우리의 주권자시므로 우리 삶을 다스리는 당신의 권리를 기쁘게 인정합니다. 오늘 당신 앞에 엎드려 오직 당신께만 속한 위대하심을 당신께 돌려드립니다. 예수님의 이름으로 기도합니다. 아멘.

심층 연구

A. 굽히다(95:6)

'굽히다(히, 샤하, shaha)' 라는 단어는 특별히 자기보다 높은 존재 앞에서 '엎드리다' 라는 뜻이 있다(창 18:2, 19:1, 43:26, 28, 삼상 24:8, 삼하 9:8, 15:5). 드물지만 동등한 위치의 사람 앞에서 엎드린 경우도 있다(창 23:7, 왕상 2:19). 이 단어는 히브리어 성경에서 170번 넘게 사용되었는데, 빈번히 사용되는 경우는 기도와 관련해서다(창 22:5, 삼상 1:3). 또 하나님을 예배하는 것과 관련해서도 매우 빈번히 사용되지만(출 11:8, 24:1, 33:10, 신 26:10, 삼상 15:30, 사 27:13) 때로는 우상 숭배를 서술할 때 사용되기도 한다(신 8:19, 11:16, 30:17, 수 23:7, 삿 2:19, 대하 7:19, 25:14). 고대에는 더 높은 지위에 있는 사람 앞에 엎드리는 것이 통상적이었다. 사람들은 왕의 통치에 대한 완전한 복종을 표현하기 위해 왕 앞에 엎드리곤 했다. 믿음의 조상들의 모범을 따르면 기독교적 예배는 하나님께 사랑 이상의 것을 표현해야 한다. 그분의 뜻에 대한 복종을 표현해야 하는 것이다.

B. 근심(분노, 95:10)

'분노' 에 해당하는 히브리어 단어 '아프('aph)' (왕하 13:3, 17:11, 21:6, 21:15, 22:17, 23:26, 24:20)는 '코, 콧구멍' 혹은 '분노' (창 2:7, 잠 15:1)를 의미한다. 이 단어는 종종 불타오르는 것을 묘사하는 단어들과 함께 사용된다. 구약 전반에서 '불타듯 씩씩거리는 코(burning nose)' 와 같은 비유적 표현은 일반적으로 코에서 나오는 한 사람의 거친 호흡으로 화를 묘사한 것이다(출 32:10-12). 이 단어를 사용한 구약 인용문의 대부분은 하나님의 진노를 가리켜 이 단어를 사용한다(신 4:24-25, 시 103:8). 하나님의 의로운 분노는 그분의 언약을 어기는 자들을 향한 것이다(신 13:17, 29:25-27, 수 23:16, 삿 2:20,

시 78:38).

C. 안식(95:11)

'안식(히. 샤바트, shabbat)' 이란 단어(수 1:13, 21:44, 22:4, 23:1)는 '평화롭다' 는 뜻이다. '안식' 은 염려와 갈등에서 자유롭다는 의미를 내포한다. 하나님은 이스라엘 백성에게 약속의 땅에서의 안식을 약속하셨다(출 33:14, 신 3:1-20, 12:9-10). 여호수아서에서 안식 개념은 구체적으로 이스라엘이 이웃 국가들과 가진 싸움이나 전쟁과 관련이 있다. 하나님은 자기 백성들에게 정착할 평화로운 장소를 약속하셨다. 이 안식의 소유는 가나안 족속들을 쫓아내라는 하나님의 명령에 대한 이스라엘의 완전한 순종에 달려있었다(수 11:23, 14:15). 신약의 기자들 역시 안식의 개념을 말한다. 그리스도인들은 천국이 죽음과 고통, 죄 그리고 모든 다른 세상의 고투에서 안식을 줄 것이라는 말을 듣는다(히 4:1, 계 21:4).

고안

A. 예배의 내용(95:1-2)

1. 여호와께 즐거이 노래하라(1a)
2. 여호와께 큰소리로 외치라(1b)
3. 여호와께 감사를 드리라(2a)
4. 여호와께 즐거이 외치라(2b)

B. 예배의 이유(95:3-5)

1. 여호와는 위대하신 하나님이시다(3a)
2. 여호와는 모든 신들 위에 뛰어나시다(3b)
3. 여호와는 모든 피조물을 다스리신다(4-5절)

C. 예배의 방식(95:6-7b)

1. 오라 여호와께 경배하자(6절)
   a. 그 앞에 겸손히 엎드리라(6a)
   b. 그 앞에 무릎을 꿇으라(6b)
2. 여호와를 예배할 이유를 생각해보라(7절 a, b)
   a. 주는 우리 하나님이시다(7a)
   b. 주는 우리 목자시다(7b)

D. 예배의 때(95:7c-11)

1. 오늘 하나님의 음성을 들으라(7c)
2. 오늘 하나님의 음성에 주의하라(8-11절)
   a. 이스라엘이 그분께 거역했던 때처럼 하지 말라(8절)
   b. 이스라엘이 그분을 시험했던 때처럼 하지 말라(9절)
   c. 이스라엘이 그분을 떠나갔을 때처럼 하지 말라(10-11절)

시편 96편

모든 민족이여 찬양하라

"너희 열방들이여, 여호와의 두려운 보좌 앞에 거룩한 기쁨으로 경배하라. 주는 오직 홀로 하나님이심을 알라. 그분은 창조하기도 하시고 멸하기도 하신다."

- 아이작 왓츠(Issac Watts)

들어가는 글

하나님이 열방의 절대적 주권자시라는 것은 모든 사람들이 경외함으로 엎드려 반응할 것을 요구하는 진리다. 어떤 사람이 하나님의 주권적 권세를 생각하고 여전히 무감동한 상태로 있을 수 있단 말인가? 그러한 침묵은 죄악이며, 하나님의 위엄을 철저히 거스르는 것이다. 무소불위의 하나님의 세계적 통치는 모든 곳의, 모든 사람들의 찬양을 요구한다. 주님이 제한된 지배력만 행사하는 한 지역의 신에 불과하다면 그분의 통치가 미치는 지역에 살고 있는 소수의 사람들에게만 경배를 받으셔야 한다. 그러나 그분의 우주적 통치는 아무 제한이 없다. 주님은 세상 모든 나라들의 왕이시다. 그러므로 그분은 모든 사람들에게 경배받으셔야 한다. 이스라엘의 남은 자들에게만 찬양받으시는 것으로는 너무나 부족하다고 시편 기자는 주장한다. 그 정도는 하나님의 참된 위대하심을 선언하기에 턱없이 작은 무리다. 그분의 주권은 온 열방에 미치기 때문에 모든 민족들이 그분을 찬양해야 한다.

모든 열방을 향하여 주를 찬양하라는 요청이 시편 96편의 핵심 메시지다. 이것은 또 하나의 즉위 시편으로 '열방' (3, 5, 7, 10절)과 '만민' (3절)에게 하나님의 통치가 선언되고 있다(10절). 분명히 이것은 전세계적 시야를 가진 시편으로, 모든 이들에게 주를 '경배하고' (9절), '송축하며' (2절), 그분께 '여호와의 이름에 합당한 영광' 을 돌려드리라고 요청한다(8절). 이 시편에는 하나님의 백성들이 세상으로 나아가 모든 민족에게 하나님의 주권을 선포해야 한다는 의미가 함축되어 있다. 이것은 모든 민족들이 하나님을 경배하기 위해 나아오게 하는 유일한 방법이다. 여기에 복음 전도의 고귀한 목적이 있다. 그것은 궁극적으로, 우리의 주권자 되신 하나님을 찬양하는 무리들의 위대한 성가대에 예배자들이 더 합류하도록 하는 것이다.

본문 이해

Main Idea	시편 기자는 유일하고도 참되신 주 하나님을 찬양하라고 모든 열방을 초청한다.

A. 예배로의 초대(96:1-3)

96:1-2. 시편 기자는 전세계적인 소집 명령을 내리며, 온 땅이여 여호와께 노래하라고 초청한다. 모든 피조물은 새 노래를 하나님께 올려드림으로 그 이름을 송축하는 일에 동참한다. 이 새 노래는 이방 신들과 귀먹은 우상들에게 바치는 옛 노래와 대조를 이룬다. 이 찬양의 노래는 그 구원, 오직 주님만이 주실 수 있는 죄에서의 구원과 그 결과에 대해 유일하고도 참되신 하나님께 드려져야 한다. 또한 새 노래는 자기 백성들을 위해 행하신 그의 새로운 구원의 행위로 인해 드려진다. 그러한 하나님에 대한 노래는 날마다 이루어져야 한다.

96:3. 모든 땅이 주님을 찬양한다면 하나님의 백성들은 먼저 그 영광을 열방 중에 선포해야 한다. 이것은 모든 신자들에게 담대하고도 전세계적인 공격적 복음 전도를 요구한다. 그분의 영광을 선포한다는 것은 하나님의 기이한 행적의 위대함, 즉 그분의 성품과 사역을 선포하는 것이다. 이 구원은 만민 중에 선포되어야 한다.

B. 예배를 위한 격려(96:4-6)

96:4-5. 이 두 번째 연은 모든 민족이 주를 찬양해야 할 이유를 제시한다. 하나님은 크고 영화로우시므로 예배를 받으셔야 한다(6절). 하나님은 홀로 광대하시기 때문에 극진히 찬양받고 모든 신보다 경외받아야 할 분이시다. 그분은 속성에 있어서도 위대하시며, 무에서 하늘을 지으신 것과 같이 창조적 행위에서도 위대하시며, 구원하시는 행위 또한 위대하시다(2절). 이에 비하면 다른 모든 신들은 벙어리 신인 우상에 불과하다. 주님은 유일하고도 참되신 살아 계신 하나님이시므로 찬양받기에 합당하시다.

96:6. 신적 속성의 두 쌍이 그분의 보좌를 지키는 것으로 의인화되어 있다. 존귀와 위

엄이라는 하나님의 속성이 그 앞에 있으면서 하늘에서 그분의 경이로운 거룩하심으로 빛을 발한다. 능력과 아름다움이 그 성소에 있으면서 그분의 왕좌를 에워싼다. 그러한 주권자의 존귀 앞에 세상의 모든 사람들은 찬양으로 응답해야 한다.

C. 예배를 위한 교훈(96:7-9)

96:7-8. 세 번째 연은 주를 어떻게 찬양하고 경배해야 하는지 서술한다. 먼저, 예배자는 영광과 권능을 여호와께 돌려드려야 한다. 그들은 오직 하나님만이 참된 영광과 능력을 소유하고 계심을 선언해야 한다. 만방이 예외 없이 여호와의 이름에 합당한 영광을 그분께 돌려야 한다. 이 요청은 거짓 우상들을 찬양하는 행위를 금지하며, 엄격한 유일신론을 강조한다. 주님은 질투하는 하나님이시며, 다른 신들과 영광을 나누지 않는 분이시다. 그러므로 시편 기자는 하나님께 예물을 가지고 그 궁정에 들어갈지라고 선언한다. 참된 예배는 전적으로 하나님 중심적이며 말하지 못하는 우상이 아닌 오직 하나님께 영광을 돌리는 것이다.

96:9. 아름답고 거룩한 것으로 여호와께 경배할지어다. 도무지 비교할 수 없는 그분의 거룩하심의 위대성으로 인해 그분을 찬양하라. 하나님의 거룩하심에 대한 묘사는 모든 피조물과 그분을 구별하는 모든 신적 완전성을 가리킨다. 그분은 자신의 피조물 위에 계시며, 그것을 초월하신다. 모든 것을 불사르는 그분의 거룩하심에 다가가는 사람들은 경외심을 갖고 그 앞에서 떨어야 한다. 하나님을 예배하는 것은 결코 일시적인 경험이 아니라 영혼을 사로잡는 매우 충격적인 경험이다.

D. 예배의 결과(96:10-13)

96:10. 이 마지막 연은 모든 열방들에게 여호와께서 통치하신다고 선언하도록 하는 하나님의 백성들에 대한 열정적 요청이다. 모든 신자들은, 하나님이 인간의 모든 일을 다스리고 계심을 선언해야 한다. 이 선언과 달리 외견상 모든 것이 혼란스럽고 나라들이 혼란과 위협에 처해 있음에도 불구하고 세계는 굳게 서 있다. 모든 사건과 그 전개는 하나님의 통치 아래 있다. 악이 일시적으로 심판을 면한다 해도 하나님은 만민을 공평하게 판단하실 것이다. 모든 인류에 대한 이 마지막 심판이 민족들에게 선포되어(행 17:31) 그들이 회개하여 영원한 생명에 이르게 해야 한다. 그러한 선포는 분명히 하나님

의 새로운 예배자들을 낳을 것이다.

96:11-12. 시편 기자는 모든 피조물이 "여호와께서 통치하신다"(10절)는 이 선언에 열광적으로 반응할 날을 고대한다. 하늘은 기뻐하고 땅은 즐거워하리니. 그는 바다와 밭과 삼림의 나무들을 포함한 모든 자연에게 기뻐하라고 명한다. 모든 민족들은 인간 역사에 대한 하나님의 주권을 기뻐해야 한다.

96:13. 하나님의 우주적 통치에 대한 이 찬양(11-12절)은 그리스도께서 세상에 다시 오셔서 의로 세계를 판단하실 때 이뤄질 인간 역사의 마지막 완성을 예고한다. 주는 그분의 아들 예수 그리스도의 몸으로 오셔서 그분의 진실하심으로 땅과 백성을 판단하실 것이다. 그 마지막 날에 완전한 의가 시행될 것이며, 악인들은 심판을 받고, 의인들은 상급을 받을 것이며, 주님의 통치가 온 땅에 확립될 것이다. 이것은 현재를 살면서 하나님을 예배하는 모든 이들의 확고한 소망이다.

결론

"여호와께서 통치하신다"라는 이 메시지가 널리 온 민족과 열방들에게 선포되도록 해야 한다. 하나님은 천국의 보좌에 앉아 계시며 온 세상을 다스리신다. 오직 유일한 주권자 하나님만이 살아 계신다. 하나님을 찬양하는 이 진리가 온 세상에 선포되기를 바란다. 하나님만 홀로 높은 보좌에 좌정하고 계시며 그분의 통치가 만물에게 미친다. 그분의 우주적 통치라는 주제를 통해 세상 모든 곳에 복음을 전하겠다는 선교적 열정이 고취되어야 한다. 신적 주권과 세계 선교 간에는 어떤 갈등도 없다. 전자가 후자를 촉진시킨다. 성경과 교회 역사 모두 이 사실을 입증한다. 이 시편은 모든 신자들이 직접 선교지로 가든, 기도와 물질로 후원하든 혹은 훈련을 받든, 어떤 식으로든 세계 선교에 동참할 것을 요구한다. 교회는 하나님의 주권에 대한 이 메시지를 가지고 온 세상으로 가서 "여호와께서 통치하신다!"라고 전해야 한다. 하나님의 백성들은 세상에 "와서 회개하고 그분의 아들에 대한 믿음으로 하나님 앞에 엎드리라"고 말해야 한다.

teaching guide

티칭 가이드

고안

A. 예배로의 초대(96:1-3)

1. 하나님께 노래하라(1-2절)
   a. 무엇을: 새 노래(1a)
   b. 누가: 온 땅(1b)
   c. 어떻게: 그분의 이름을 찬양하라(2a)
   d. 언제: 날마다(2b)
2. 그분의 영광을 선포하라(3절)
   a. 어디서: 모든 열방 중에서(3a)
   b. 무엇을: 그분의 기이한 행적(3b)

B. 예배를 위한 격려(96:4-6)

1. 여호와는 광대하시다(4-5절)
   a. 그분은 모든 신들보다 뛰어나시다(4-5a)
   b. 그분은 모든 피조물보다 뛰어나시다(5b)
2. 여호와는 영화로우시다(6절)
   a. 존귀와 위엄이 그분의 것이다(6a)
   b. 능력과 아름다움이 그분의 것이다(6b)

C. 예배를 위한 교훈(96:7-9)

1. 하나님께 영광을 돌리라(7-8a)
2. 하나님께 예물을 드리라(8b)

3. 하나님께 경배하라(9a)

4. 하나님 앞에서 떨라(9b)

D. 예배의 결과(96:10-13)

1. 하나님의 주권을 선언하라(10절)
    a. 여호와가 세상을 다스리신다(10절 a, b)
    b. 여호와께서 민족들을 심판하신다(10c)
2. 하나님의 주권을 기뻐하라(11-12절)
    a. 하늘이여 기뻐하라(11a)
    b. 땅이여 반응하라(11b-12절)
3. 하나님의 결산하심을 선언하라(13절)
    a. 주가 오신다(13a)
    b. 주는 심판자시다(13b, c, d)

시편 97편

하나님 중심의 세계관

"우주의 고정점, 불변하는 사실은 하나님의 보좌다."

- G. 캠벨 몰간(G. Campbell Morgan)

들어가는 글

한 개인이 모든 인생을 바라보는 관점을 종종 세계관이라고 부른다. 그러한 포괄적 시각은 개인이 세계 역사와 사회, 문화, 교육, 철학, 예술, 음악 등을 바라보는 렌즈다. 세계관은 한 개인이 인생을 판단하고 그것을 하나의 응집된 생각의 단위로 이해하고자 시도하는 패러다임이다. 세계관은 다음과 같은 기본적인 철학적 질문에 응답한다. '나는 누구인가? 나는 왜 여기 있는가? 나는 어디서 왔는가? 나는 어디로 가고 있는가? 진실은 무엇인가? 내가 몸담고 사는 세상의 상태는 어떠한가?

이러한 질문들에 대답할 수 있는 세계관은 아주 많다. 성경적 유신론, 이원론, 인본주의, 숙명론, 이신론, 신인협동설(synergism), 세속주의, 상대주의, 실용주의, 실증주의, 쾌락주의, 그외 수많은 세계관들이 가능하다. 그러나 실제로 진실되고 올바른 세계관은 하나다(유일하게 하나다). 오직 하나님이 순간순간 그분 자신의 영광과 자기 백성의 선을 위하여 모든 만물을 적극적으로 다스리신다는 믿음 체계로 충분할 것이다. 이것은 성경에서 특별히 시편에서 제시된 포괄적인 세계관이다.

시편 97편은 하나님 중심의 세계관을 간결하게 선포한 경배의 찬양이다. 이 시편은 하나님의 거룩하신 속성과 신적 성품이라는 렌즈를 통해 세계에 대한 포괄적인 시각을 제시한다. 그러나 이 시편은 또 다른 즉위 시편(시 93-100편)으로, 모든 피조물에 대한 하나님의 절대적 주권을 선언한다. 올바른 세계관을 갖는 일은 하나님 자신에 대한 올바른 시각을 갖는 것으로 시작한다. 놀라운 영광에 둘러싸여 하늘 위에 높이 계신 하나님을 먼저 뵙지 않으면 세상의 그 어떤 것도 이해되지 않을 것이다. 이 시편은 만물에 대한 신 중심적 시각을 확립하는 데 큰 도움이 된다.

본문 이해

Main Idea	시편 기자는 온 세상에 대한 하나님의 의로우신 통치를 기뻐한다.

A. 하나님은 주권자시다(97:1)

97:1. 시편 기자는 여호와께서 **통치하시나니**라는 익숙한 후렴으로 시편을 시작한다. 이 선언은 하나님이 모든 인간 역사에 대한 절대적 주권자이심을 의미한다. 하나님은 모든 것을 포괄하는 자신의 권위를 끊임없이 행사하시며 언제나 자신의 기쁘신 뜻대로 행하신다고 말한다. **땅은 즐거워하며**는 신적 주권의 위대한 진리에 대한 합당한 반응이다. **땅**은 지구의 거대한 땅덩어리를 가리킨다. **허다한 섬**은 세상의 가장 작은 땅을 의미한다.

B. 하나님은 엄위하시다(97:2-6)

97:2. 구름과 흑암은 마지막 날 곧 땅을 강타할 신적 진노의 무서운 폭풍을 상징한다. 하나님의 보좌로 안내를 받자(즉 "여호와께서 통치하시니") 이제 **그 보좌의 기초**가 드러난다. 여기에는 하나님의 보좌에서 내려가서 땅을 비추는 무서운 번개와 함께 사나운 폭풍우가 있다. 하나님의 보좌를 둘러싸고 하늘에서 일어나는 파괴적인 폭풍이 땅을 때리며 공포스러운 진노를 가할 준비가 되어 있다. **의와 공평**은 하나님이 죄인들의 삶을 주관하시고, 증거를 살피시며, 판결을 내리시고, 형을 집행하시는 하나님의 엄격한 심판을 가리킨다.

97:3. **불**은 하나님 앞에서 나오는 신적 진노와 분노를 가리킨다. 그것은 그리스도를 배척하는 세상에 가할 꺼지지 않는 **그분의 진노**의 불인데, 그분의 복수로 **타오를** 것이다. 문자적으로 대적은 마른 나무처럼 그분의 진노에 불살라질 것이다. 이 신적 진노는 마지막 날 주 예수 그리스도를 거부한 모든 사람들을 불사를 것이다.

97:4-5. 그의 번개가 세계를 비추니 땅이 보고 떨었도다. 온 세상 사람들이 심판의 날에 경련을 일으키듯 떨 것이다. 온 땅이 여호와 앞에서 대격변과 같이 엄청난 녹아내림(meltdown)을 경험할 것이다.

97:6. 이 신적 진노에 반응해 하늘의 구속받은 자들이 그들의 목소리를 높이며 그분의 의를 선포할 것이다. 구속받은 자들은 세상에 대한 이 의로운 신적 심판의 승리를 찬양할 것이다. 결국 그리스도께서 눈부신 영광 가운데 오실 것이다. 그분이 세상에 나타나실 때 모든 눈이 있는 그대로의 그분을 보게 될 것이다.

C. 하나님은 홀로 하나님이시다(97:7-9)

97:7. 인간 역사의 최후의 시간에 결코 되돌릴 수 없는 하나님의 심판이 시행될 것이다. 모든 거짓 종교들의 정체가 폭로될 것이다. 인간이 만든 거짓말에 불과하고, 사단이 사주한 가짜이며, 영혼을 파멸시킨 기만에 불과함이 폭로될 것이다. 모든 거짓되고 사단적인 종교들은 유일하고도 참되신 하나님께는 역겨운 것이다. 그러한 것은 수치 가운데 종말을 맞을 것이다. 은유적으로 이 모든 거짓 신들은 참되고 유일하신 하나님께 무릎을 꿇고 엎드려 여호와께 경배하도록 요구받는다. 나아가 이 신들을 좇는 자들은 회개해야만 한다.

97:8. 시온, 예루살렘, 유다의 딸(이스라엘)이 주의 판단으로 인해 기뻐한다. 마지막 날의 하나님의 심판은 그분만이 유일한 하나님이심을 보여줄 것이다. 하나님과 같은 분은 없다.

97:9. 시편 기자는 하나님만이 하나님이심을 선언한다. 그분만이 지존하시고(창 14:19), 모든 만물 위에 높이 계시며 이른바 다른 모든 신 위에 초월해 계신다고 선언한다.

D. 하나님은 구세주시다(97:10-12)

97:10. 하나님의 백성들은 모든 악을 용납하지 말고 미워해야 한다. 신자들은 모든 죄를 거부하고 결코 타협해서는 안 된다. 주님을 사랑하는 만큼 악을 미워할 것이다. 하나님을 사랑하면 악을 더욱 미워하게 된다. 인간이 악과 타협하는 것은 하나님에 대해 식어지게 만든다. 하나님은 참된 신자들, 즉 그 성도의 영혼을 보전하신다. 하나님은 신자들을 악인의 손에서 건지시며, 항상 죽음에서는 아니더라도 불신자들의 결정적인 해

악에서는 모두 건지신다.

97:11. 빛이 의인에게 쏟아진다. 이것은 하나님에 대한 참된 지식을 가리킨다. 그러한 밝은 계시는 의인들로 깨닫게 하여 하나님과의 인격적인 관계 속에서 성장하게 한다. 빛은 또한 말씀의 진리에 대한 이해와 개인적 성결함이 자라게 한다. 이 신적 빛의 결과는 기쁨이다. 하나님에 대한 지식과 거룩의 추구는 기쁨을 낳는다.

97:12. 시편 기자는 모든 신자들에게 여호와로 인하여 기뻐하도록 요청하는 것으로 마무리한다. 신자는 하나님 자신과 그분의 왕국 안에서 마땅히 기쁨을 누려야 한다. 모든 참된 기쁨은 주님 안에 있다. "여호와께서 통치하신다"(1절)는 사실은 마음을 기쁘게 한다. 하나님이 만물로 합력해 우리의 선을 이루시고 그분께 영광이 돌아가게 하신다는 것(롬 8:28)을 알면 가장 심오한 기쁨을 얻게 된다.

결론

하나님은 그분의 손의 모든 행사를 다스리시는 절대적 주권자시다. 이것은 기독교 진리의 견고한 기초다. 모든 피조물에 대한 하나님의 주권은 기독교 교리의 중심이다. 이 핵심적인 성경 진리는 하위 진리의 모든 위성과 행성들이 원을 그리며 도는 태양이다. 하나님은 만물의 주권자시거나 아니면 절대 주권자가 아니시다. 부분적 주권은 있을 수 없다. 주권은 절대적인 것이어야만 한다. 하나님의 주권은 모든 신학의 분수령이다. 인간 중심적인 생각의 물 한 방울은 산 반대편을 타고 내려와서 개울과 시내와 강으로 흘러들고 결국 인간 중심적인 예배와 생활과 사역의 바다로 쏟아져 들어간다. 그러나 반대로 "여호와가 통치하신다"는 이 진술에 뿌리내린 하나님 중심적인 진리의 물 한 방울은 산의 반대편으로 흘러내린다. 그러한 성경적 진리는 하나님 중심적인 예배, 생활, 사역의 바다로 흘러들어간다. 하나님의 백성들은 항상 그들의 생각과 마음과 삶의 합당한 자리에 하나님을 모셔야 한다. 주님만이 만물을 통치하는 분이시다.

고안

A. 하나님은 주권자시다(97:1)

1. 여호와가 통치하신다(1a)
2. 땅이 기뻐한다(1a, b)

B. 하나님은 엄위하시다(97:2-6)

1. 여호와가 심판하신다(2-4a)
    a. 구름과 흑암이 그분을 두르고 있다(2a)
    b. 의와 공평이 그분을 받든다(2b)
    c. 불이 그 앞에서 나온다(3절)
    d. 번개가 세계를 비춘다(4a)
2. 땅이 보고 떤다(4b)
    a. 세상이 흔들린다(4b)
    b. 산이 녹는다(5절)
3. 하늘이 선포한다(6절)
    a. 하늘이 그분의 의를 외친다(6a)
    b. 백성이 그분의 영광을 본다(6b)

C. 하나님은 홀로 하나님이시다(97:7-9)

1. 우상 숭배자들이 수치를 당한다(7a, b)
2. 우상이 멸시를 당한다(7c)
3. 이스라엘이 듣고 기뻐한다(8-9절)

a. 하나님의 통치가 온 땅에 임한다(8-9a)

b. 하나님은 만물에 초월해 계신다(9b)

D. 하나님은 구세주시다(97:10-12)

1. 하나님이 신실한 자들을 지키신다(10a, b)
    a. 그분을 사랑하는 자들(10a)
    b. 그분을 위해 사는 자들(10b)
2. 하나님이 신실한 자들을 악인에게서 건지신다(10c)
3. 하나님이 정직한 자에게 빛을 비추신다(11절)
4. 하나님이 의인을 기쁘게 하신다(12절)

시편 98편

가장 고귀한 찬양

"의에 대한 가장 우선적인 기초는 의심할 여지없이 하나님께 대한 경배다."

- 존 칼빈(John Calvin)

들어가는 글

하나님이 죄인을 구원하실 때 그것은 항상 그분의 주권적 은혜의 영광스러운 승리다. 인간의 영혼 구원은 모든 기적 가운데 가장 놀라운 기적이다. 이 자비의 신적 행위로 하나님은 새롭게 회심한 마음속에 찬양의 새 노래를 심으신다. 중생의 신적 행위를 통해 구속받은 자들은 참되시고 살아 계신 한 분 하나님의 참된 예배자가 된다. 여기에 우리 구원의 가장 고귀한 목적이 있다. 그것은 더 많은 음성들이 하나님의 영광을 찬양하는 일에 동참하는 것이다. 하나님은 죄로 인해 황폐해진 자들을 구원하셔서 궁극적으로 하늘과 땅이 그분의 은총을 찬양하는 참된 예배자들로 충만하게 하신다.

그러나 예배는 단순히 일주일에 한 번 주님을 찬양하는 행위 이상의 것이다. 온전한 의미에서 예배는 지속적인 생활 방식, 자신이 하는 모든 일에서 하나님의 영광을 위해 사는 매일 매순간을 포괄하는 삶의 방식과 관련이 있다. 한 인간의 삶은 지속적인 예배가 되어야 하며, 항상 자신이 하는 모든 일로 하나님께 영광을 돌려드려야 한다. 그는 일상 속에서 반드시 불러야 할 찬양의 노래가 있어야 한다. 하나님은 자기 백성들에게서 영속적인 찬양과 경배를 원하신다. 모든 사람은 하나님께 영광을 돌린다는 이 고귀하고 거룩한 목적을 위해 창조되었다.

시편 98편은 하나님의 의로운 통치를 축하하기 위해 기록된 제왕 시편이다. 시편 93-100편은 모든 땅을 통치하시는 하나님이 높은 곳에 좌정하심을 찬양하는 제왕 시다. 시편 98편은 각기 세 절로 된 세 개의 연으로 총 9절로 되어 있다. 여기에는 시편 기자가 찬양하는 하나님의 세 가지 측면이 전개되고 있다. 구원자로서(1-3절), 주권자로서(4-6절), 심판자로서(7-9절). 모든 백성들이 놀라운 이 세 가지 진리로 하나님을 찬양해야 한다.

본문 이해

Main Idea	시편 기자는 모든 피조물이 구세주로서, 주권자로서, 심판자로서의 주님을 경배하도록 초청한다.

A. 우리 구원의 하나님께 노래하라(98:1-3)

98:1. 이 첫 연은 하나님께 풍성한 찬양의 새 노래로 찬송하라는 요청이다. 이것은 그분의 은혜의 새로운 행위를 새롭게 찬양하라는 뜻이다. 이러한 요청의 이유는 명확하다. 그분이 놀라운 일을 행하신 것이다. 이것은 영원한 구원뿐 아니라 현실적인 구원에도 개입하시는, 자기 백성들을 위한 그분의 구원 행위를 가리킨다. 어떤 죄인도 하나님의 구원의 능력에서 제외되지 않는다. 그분의 구원의 능력이 미칠 수 없는 상황도 전혀 없다. 그분은 그 오른손과 거룩한 팔로 구원을 베푸셨다. 하나님의 손과 팔은 그분의 구원 사역의 놀라운 힘과 권능을 상징한다. 그분이 거룩하시므로 그분의 구원이 아니고는 거룩하지 못한 인간이 그분의 용납하심을 얻을 방법은 전혀 없다.

98:2. 하나님이 구원의 하나님이신 것은 그분의 본성 자체가 구원하시는 분이기 때문이다. 그러므로 그분은 그 구원과 의를 명백히 나타내시는 구원을 열방들에게도 알게 하셨다. 세상적인 시련에서의 일시적 구원에 있어서도 그분은 의로우셔서 경건한 자들에게는 상을 주시고 경건치 않은 자들에게는 벌을 주신다. 영원한 구원과 관련해서도 경건치 않은 죄인이 그분의 아들 예수 그리스도를 통해 하나님과 화목하는 데 필요한 의를 준비해주셨다.

98:3. 여호와께서 이스라엘 집에 향하신 자신의 충성스럽고, 확고하며, 변치 않는 인자와 성실을 기억하셨다. 자신의 택한 백성을 구원하시고자 하는 하나님의 결심은 변함없으며 영원하시다. 땅의 모든 끝이 하나님의 구원을 보았다. 그분은 이스라엘 중의 믿는 자들의 구세주일 뿐 아니라 그분을 의지하는 세상 모든 민족들의 구세주시기도 하다. 이것은 모든 사람이 구원을 얻는다는 것이 아니라 하나님의 구원이 모든 민족들에게 미친다는 것을 가르친다. 악인들은 망할 것이다(시 1:6). 하나님은 강하시고, 거룩하

시며, 의로우시고, 사랑이 많으시며, 신실하신 영원한 구세주시므로 찬양받기에 합당하시다.

B. 우리의 주권자 되신 여호와께 노래하라(98:4-6)

98:4-6a. 시편 기자는 땅의 온 백성들을 향해 말하며, 모든 피조물에게 여호와께 즐거이 소리하도록 부른다. 오직 참되신 하나님은 한 분이시므로 온 땅은 그분을 경배해야 한다. 그들은 자신들의 이방 신들과 귀먼 우상들을 버려야 한다. 여기에 복음 전도의 지고한 목적이 있다. 주를 예배하는 자들의 수가 많아지는 것이다. 용서는 이차적이다. 찬양이 일차적이다. 구체적으로 하나님은 음악으로 찬양을 받으셔야 한다. 시편 기자는 나팔과 호각뿐 아니라 수금과 음성으로 찬양하며, 힘차고 생생한 음악을 하나님께 돌려드려야 한다고 말한다. 하나님의 이름을 찬양하는 가운데 소리를 발하며 즐거이 노래해야 한다.

98:6b. 왕 여호와 앞에 즐거이 소리할지어다는 세상의 모든 민족들을 향한 찬양의 호출이다. 하나님께 영광을 돌리라. 하늘의 왕과 같은 신이 없다.

C. 우리의 엄격한 재판장께 노래하라(98:7-9)

98:7-8. 이 마지막 연은 모든 피조물이 의로우신 재판장이신 하나님을 노래하며 찬양할 것을 요청한다. 바다와 거기 충만한 것은 다 외칠지어다. 바다와 그 안의 모든 수생 생물은 하나님의 영광을 위해 창조되었다. 육지와 그중에 거하는 자는 찬양하라는 요청을 받는다. 큰 물은 대륙들로 그분에 대한 찬양을 전달하며, 하나님 안에서 기뻐하고 찬송하면서 주께 박수해야 한다. 땅 위로 우뚝 솟은 산악은 함께 즐거이 노래해야 한다. 세상의 모든 피조물이 여호와 앞에서 손뼉을 치며 기쁨으로 노래하게 하라.

98:9. 하나님은 의와 공평으로 땅을 판단하시려 임하실 것이다. 하나님은 모든 문제에 대한 결정권을 가지시며, 모든 불법을 처리하실 것이다. 하나님은 악에 대한 결정적인 판결을 내리시며, 모든 의에 보상하실 것이다. 이것은 미래에 오실 하나님의 아들, 주 예수 그리스도, 하나님께 모든 심판을 위임받으실 분(행 17:31)을 예언적으로 내다본다. 하나님을 찬양하라는 부름은 실제로 그분의 아들을 찬양하라는 요청이다(시 2:7, 12). 예수 그리스도께 찬양을 돌리도록 하자!

결론

온 세대를 통하여 하나님은 영원히 계셨고, 타인을 통해 충족될 필요가 있는 존재처럼 공허감이나 외로움을 의식하지 않으시며, 장엄한 삼위일체 관계를 통해 완전한 만족을 누리셨다. 그러나 성부 하나님은 자기 아들을 위한 사랑을 표현하시기 위해 땅과 그 안에 있는 모든 것을 창조하셨다. 그리고 성부 하나님은 한 백성을 택하셔서 아들을 찬양할 백성으로 삼으셨다. 하나님은 이 목적을 위해 모든 사람을 창조하셨다(빌 2:9-11). 그분은 이스라엘 너머로 구원을 확대하심으로 그분의 구속받은 공동체 속에 믿는 열방들이 포함되게 하셨다. 하나님은 그분의 아들 예수 그리스도를 통해 온 땅을 섭리적으로 다스리시는 주권자 되신 여호와시다. 그분은 자기 아들, 주 예수 그리스도를 각 사람을 의로 심판할 이로 임명하신 모든 민족의 엄위하신 재판장이시다. 모든 심령이 하나님의 아들 예수 그리스도의 뛰어나심을 선포하며 성부 하나님께 영광을 돌리도록 하라.

교안

A. 우리 구원의 하나님께 노래하라(98:1-3)

1. 그분은 어떻게 찬양을 받으셔야 하는가?(1절)
   - a. 노래로(1a)
   - b. 새 노래로(1b)
2. 그분이 왜 찬양을 받으셔야 하는가?(1a-3절)
   - a. 그분이 기이한 일들을 행하셨다(1a)
   - b. 그분이 구원을 베푸셨다(1b)
   - c. 그분이 구원을 드러내셨다(2절)
   - d. 그분이 사랑을 기억하셨다(3a)
   - e. 그분이 성실하심을 버리지 않으셨다(3b)

B. 우리의 주권자 되신 여호와께 노래하라(98:4-6)

1. 어떻게 찬양을 받으셔야 하는가?(4-6a)
   - a. 즐거운 소리를 외침으로(4a)
   - b. 즐거운 노래로(4b)
   - c. 수금으로(5절)
   - d. 나팔로(6a)
2. 왜 찬양을 받으셔야 하는가?(6b)
   - a. 그분이 여호와시므로(6b)
   - b. 그분이 왕이시므로(6b)

C. 우리의 엄격한 재판장께 노래하라(98:7-9)

1. 어떻게 찬양을 받으셔야 하는가?(7-9a)
    - a. 땅으로 외치게 하라(7a)
    - b. 세상으로 외치게 하라(7b)
    - c. 강으로 손뼉치게 하라(8a)
    - d. 산들이 노래하게 하라(8b-9a)
2. 왜 찬양을 받으셔야 하는가?(9b, c, d)
    - a. 그분이 세상을 판단하시기 위해 오신다(9b)
    - b. 그분이 의로 판단하실 것이다(9c)
    - c. 그분이 공평으로 판단하실 것이다(9d)

시편 99편

절대적 주권

"나는 하나님께 절대적 주권을 돌려드리기를 원한다. 하나님의 주권은 영광의 광대하심으로 나타났다. 하나님께 나아가 그분을 절대자로 경배드리는 것은 종종 있는 나의 기쁨이었다."

- 조나단 에드워즈(Jonathan Edwards)

들어가는 글

모든 성서 신학의 가장 기초적이고 근본적인 진리는 하나님의 주권에 대한 것이다. 하나님은 자신의 영원한 목적을 흔들림 없이 시행하시고, 반대하는 인간의 결정에 전혀 방해받지 않으시며, 하늘과 땅의 통치자로서 절대적 권한을 갖고 주권적으로 통치하신다. 온 우주는 그분의 전능하신 통치 아래 있다. 이 진리에 자극된 A. W. 핑크는 "신적 주권은 하나님이 그분의 이름뿐 아니라 현실에 있어서도 하나님이심을 의미한다. 그리고 만물을 통제하고 그분의 뜻의 경륜을 따라 모든 것을 움직이시며 우주의 보좌에 앉아 계신다는 뜻이다"라고 썼다.

절대적 주권은 이제 익숙해진 후렴인 "여호와께서 통치하신다"(시 93:1, 96:10, 97:1, 99:1)는 내용을 선포하는 경배의 노래인 시편 99편의 메시지다. 이 시편은 즉위 시편(93-100편)으로 세상에 대한 하나님의 통치를 확증한다. 이것은 만물을 통치하시는 주를 위대하시고 두려우신 시온의 왕으로 찬양하는 힘찬 찬송이다. 또 민족들을 심판하시고, 자기 백성들을 구원하시는 하나님을 높인다. 영어로는 다르지만 히브리어 원문으로는 각기 세 개의 행으로 된 네 개의 연으로 구성되어 이 시편에 완벽한 균형을 부여한다. "그는 거룩하시도다"라는 반복된 후렴(3, 5, 9절)은 제왕적 시편인 이 노래의 특성을 강조한다.

본문 이해

Main Idea	시편 기자는 온 땅에 대한 하나님의 주권을 선언한다.

A. 하나님의 주권 선언(99:1-3)

99:1. 이 시편은 절대적이고 무조건적인 하나님의 주권에 대한 선언으로 즐거운 어조로 시작한다. 여호와께서 통치하시니. 이 세상이 아무리 혼란에 휩싸여 있다 하더라도 이 사실은 변하지 않는다. 하나님은 보좌에 앉아 계신다. 이에 반응해 모든 사람들은 떨도록 요청받고 있다. 깊이 감동되고, 마음이 요동치며 심지어 급격한 혼돈에 빠지라는 것이다. 모든 사람들은 그러한 주권자를 향해 두려움과 경외심으로 마음이 움직여야 한다. 역사를 주관하시는 하나님은 좌정하셔서 적극적으로 통치하신다. 천사들의 특별한 서열인 그룹은 그분의 보좌를 호위하며, 하나님 바로 앞에 상주하고 있다. 이 사실로 인해 땅이 요동할 것이며, 인간의 마음에 따라 그 반응이 나타난다.

99:2. 여호와께서 광대하셔서 만물보다 높이 계시며 하늘의 시온에서 절대적 지배력을 장악하고 계신다. 그분은 권세와 능력과 주권이 심히 뛰어난 분이시다. 그분의 주권은 이스라엘에게 한정되지 않는다. 그분은 제한적인 지배력을 지닌 지역적인 하나님이 아니라 인간의 모든 왕국과 제국 위에 높으신 분이시다. 모든 민족들이 그분의 지배 아래 있다.

99:3. 이에 대해 모든 나라들과 민족들이 크고 두려운 이름을 찬송해야 한다. 왕이신 하나님은 그 이름에 합당한 영광을 받으셔야 한다. 그분은 거룩하셔서 그분의 피조물과 구분되시고, 초월하시며, 높임과 존귀를 받으시며, 그분의 피조물 위에 계시며, 그것과 철저히 다른 분이시다.

B. 하나님의 주권에 대한 묘사(99:4-5)

99:4. 왕(하나님의 통치자로서의 명칭)은 능력이 있고 자신이 원하시는 모든 것을 하실 수 있다. 나아가 그분은 공의를 사랑하신다. 그분은 철저히 공평하고, 공정하게 자신의 주권을 이용하길 기뻐하신다. 그분의 능력은 결코 남용되지 않으며 항상 올바로 사용된다. 하나님의 공평은 그분의 의로우심 혹은 보상과 형벌에 대한 올바른 균형을 의미한다. 하나님은 항상 공과 의를 행하신다.

99:5. 시편 기자는 여호와 우리 하나님을 높이라고 모든 사람을 부른다. 하나님은 높임을 받으신 분이므로 이것은 찬양으로 그분의 이름을 높여드림으로 그분의 높으심을 모든 이들에게 인정하라는 요청이다. 시편 기자는 그 발등상 앞에서 경배하라고 말한다. 고대에 왕의 발등상은 왕이 발을 올려놓는 낮은 높이의 상으로 왕좌 바로 앞에 놓여 있

었다. 그것은 그 앞에서 비천한 지위나, 누군가가 깊은 겸손함과 경외심을 갖고 그 앞에 꿇어 엎드림을 의미했다. 하나님의 거룩하심은 우리가 그 앞에서 엎드려야 할 가장 강력한 이유다.

C. 하나님의 주권에 대한 증명(99:6-7)

99:6. 모세, 아론, 사무엘은 하나님의 주권을 목격했다. 그들은 **그 이름을 불렀다.** 그들의 요청이 쉽지 않음에도 불구하고 주님은 **저희에게 응답하셨다.** 신적 주권은 인간과 별개의 것이 아니라 인간의 기도와 완벽한 조화를 이루며 행사된다. 그분의 통치는 인간을 무시하지 않고, 그들의 생각과, 마음과, 뜻과, 행동 속에서 이루어지며, 또한 그것들을 통해 이루어진다. 하나님의 주권은 인간의 책임과 결코 반대되지 않는다. 하나님은 일을 하고자 하실 때 언제나 그 목적을 위해 기도하도록 사람들의 마음을 움직이신다. 하나님은 주권적으로 **그들에게 응답하셨다.** 섭리는 모든 것들이 합력해서 그분의 영광과 우리의 선을 이루도록 하며 하나님이 일하시는 방법이다.

99:7. 주님은 광야에서 자기 백성들의 기도에 응답하시고, **구름 기둥으로** 그들에게 방향을 제시하셨다(비교. 출 13:21-22, 민 12:5, 신 31:15). 나아가 하나님은 그의 기록된 말씀인 **증거와 율례를** 통해 그들을 인도하셨다. 하나님은 모든 세대에서 동일하게 행하실 것이다.

D. 하나님의 주권에 대해 기뻐함(99:8-9)

99:8. 시편 기자는 하나님을 자랑하는 것으로 마무리하기 시작한다. **주께서는 저희에게 응답하셨고**는 구원에 대한 그들의 부르짖음을 가리킨다. 그러나 하나님이 자기 백성들을 구원하셨음에도 불구하고 그들은 그들의 죄로 인한 고통스러운 결과들을 감수하며 살아야 했다. 하나님과 그분의 백성들과의 관계에 있어서 그분은 **사하시는** 하나님이시고, 용서하시며, 회복시키고, 두 번째 기회를 주시는 하나님이시다. 동시에 그분은 또한 징계하시는 하나님으로 **저희 행한 대로 갚으시며**, 훈계하시고, 책망하시는 하나님이시다.

99:9. 시편 기자는 모든 이들에게 **여호와 우리 하나님을 높이라고** 권면한다. 이것은 앞에서 선포된 익숙한 후렴(5절)을 반복한 것으로, 점층적 강조를 위해 다시 보강된 것

이다. 이것은 성산 시온산으로 와서 하나님을 경배하라는 요청이다. 주님은 자기 백성들이 공적으로 함께 모여 자신을 예배하라고 요구하신다. 하나님을 높이는 이 찬양의 이유는 강력하다. 대저 우리 하나님은 거룩하시기 때문이다. 하나님은 구별된 분이시므로 그분의 백성들은 하나님을 예배할 때 세상과 구별되어야 한다. 하나님은 그분의 백성들과 달리 그분의 모든 피조물과 철저하게 구별된 분이시다. 그러므로 신자들은 그분을 예배할 때 세상과 구별됨으로 함께 모여야 한다.

결론

하나님의 주권은 모든 신자들의 삶의 대주제가 되어야 한다. 오래 전 고대 이스라엘에서처럼 그것이 모든 예배의 지배적인 기조가 되어야 한다. "여호와께서 통치하신다"는 것은 교회가 설교하고, 가르치며, 찬양하는 모든 것의 핵심적인 교의가 되어야 한다. 하나님은 영광과 은혜로 통치하신다. 그분의 백성들은 그분을 경외해야 한다. 모든 신자들이, 하나님이 하늘에서 통치하시고, 다스리시며, 그 기쁘신 뜻대로 모든 것을 행하신다는 이 초월적 진리 안에서 기뻐하기를 바란다.

찰스 스펄전은 이렇게 쓴 적이 있다. "신적 주권에 대한 반대는 본질적으로 무신론과 마찬가지다. 인간들은 실제로 절대 하나님이라고 할 수 없는 신, 변덕의 대상이 되는 신, 그들의 뜻의 비굴한 추종자가 되고, 그들의 통제 아래 있을 신에게는 아무런 이의가 없다. 그러나 말씀하시면 그대로 이루어지고, 명령하시면 그것이 영영히 서 있는 하나님, 천상의 군대와 이 낮은 세상의 거민들 속에서 그 원하시는 뜻대로 행하시는 하나님에 대해서는 그들이 견딜 수 없다. 그러나 절대자시며 지존자이심은 바로 그 하나님 되심의 본질이 아니겠는가? 확실히 하나님에 대한 성경적 개념으로는 주권이 절대적으로 필수적인 것이다." 이에 대해 하나님을 사랑하는 모든 사람들은 "아멘"이라고 선언할 수 있다. 하나님이 주권자이심을 교회는 기뻐하며 시편 기자와 더불어 이 진리를 온 세상에 선포하도록 하라.

티칭 가이드

고안

A. 하나님의 주권 선언(99:1-3)

1. 합당한 인식(1-3절)
    a. 주가 통치하신다(1a)
    b. 주는 보좌에 좌정하신다(1b)
    c. 주는 광대하시다(2a)
    d. 주는 모든 민족을 통치하신다(2b)
    e. 주는 두려우시다(3a)
    f. 주는 거룩하시다(3b)
2. 합당한 반응(1b, 2b, 3절)
    a. 만민이 떨도록 하라(1b)
    b. 땅이 요동하도록 하라(2b)
    c. 민족들이 찬양하게 하라(3절)

B. 하나님의 주권에 대한 묘사(99:4-5)

1. 합당한 인식(4절)
    a. 왕은 능력이 있으시다(4a)
    b. 왕이 공의를 사랑하신다(4a)
    c. 왕이 공평을 견고히 세우신다(4b)
    d. 왕이 의를 행하신다(4b)
2. 합당한 반응(5절)
    a. 주를 높이라(5a)

b. 주를 경배하라(5b)

C. 하나님의 주권에 대한 증명(99:6-7)

1. 합당한 인식(6a-c)
    - a. 모세가 하나님을 부른다(6a)
    - b. 아론이 하나님을 부른다(6a)
    - c. 사무엘이 하나님을 부른다(6b, c)
2. 합당한 반응(6d-7절)
    - a. 하나님이 그들에게 응답하셨다(6d)
    - b. 하나님이 그들에게 말씀하셨다(7a)
    - c. 그들이 하나님께 순종했다(7b)

D. 하나님의 주권에 대해 기뻐함(99:8-9)

1. 합당한 인식(8절)
    - a. 하나님이 그들에게 응답하셨다(8a)
    - b. 하나님이 그들을 용서하셨다(8b)
    - c. 하나님이 그들을 벌하셨다(8b)
2. 합당한 반응(9절)
    - a. 주를 높이라(9a)
    - b. 주를 경배하라(9b)

시편 100편

그의 궁정으로

"하나님은 일꾼들 이전에 예배자들을 원하신다. 실제로 유일하게 용납되는 일꾼들은 예배의 기술을 배운 자들이다."

- A. W. 토저(A. W. Tozer)

들어가는 글

예배는 구속받은 하나님의 왕국 백성이 위에 있는 보좌로 나아가 하나님 앞에 서서 그 이름에 합당한 영광을 그분께 돌리는 것이라고 묘사할 수 있다. 모든 참된 예배에서 신자들은 경외심으로 그분의 궁정에 들어가 겸손함 가운데 하나님께 나아간다. 그는 하나님의 초월적 위엄을 목도하고 이에 반응해 그분의 위대하심을 선언한다. 이것은 먼저 하나님에 대한 소망과 관련이 있고, 둘째로 그분이 베푸신 수많은 복에 대한 감사를 표현하며, 그분의 영광스러운 이름에 대한 찬양을 드리도록 이끈다. 여기에 예배의 참된 본질이 있다. 성도는 천상의 왕국 시민으로서 우주의 왕을 배알하기 위해 이 보좌가 있는 궁전으로 들어간다. 그리고 그분의 위엄 앞에 엎드려 절하며 하나님께 찬양과 경배를 드린다. 그렇게 함으로써 그는 하나님의 영광과 은혜에 감사하는 마음에 압도된다. 이것이 예배의 핵심이다.

시편 100편은 이 천상의 보좌 장면을 생생하게 포착하고 있다. 예배자들은 하나님의 내실로 들어가서 그들의 왕께 합당한 찬양을 드린다. 이 시편은 매우 짧고 다섯 절에 불과하지만 마음을 이끌어내는 강력한 일곱 개의 명령문은 이 시편에 빠른 리듬감을 부여한다. 그 동사들은 '부르다' (1절), '섬기다' (2절), '나아가다' (2절), '알다' (3절), '들어가다' (4절), '감사하다' (4절), '찬송하다' (4절)이다. 이것들이 이 시편의 골격을 형성하며, 이 시편을 두 부분으로 나누어준다. 첫째, 하나님을 찬양하라는 전반부의 요청이 있다(1-3절). 둘째, 동일하게 하나님을 찬양하라는 심층적 초청이 있다(4-5절). 표제는 이것이 감사의 시임을 확인해주며, 특별히 이 시편은 감사의 시편으로 명명된 유일한 시편이다.

본문 이해

Main Idea	시편 기자는 오직 여호와만이 하나님이시고 선하시므로 온 땅으로 하여금 그분을 찬양하라고 부른다.

A. 하나님께 나아감(100:1-2)

100:1. 에너지가 충만한 상태에서 시편 기자는 여호와께 즐거이 부를지어다라고 외친다. 이것은 왕께 드리는 존경(외침, 팡파르, 98:6)이다(66:1, 95:1). 이 외침은 신하가 자신의 주권자에게 돌리는 충성의 외침이다(즉 "왕이여 만세수를 누리소서!" 삼상 10:24). 하나님에 대한 충성을 선언하라는 이 부름은 전세계로 전달된다. 분명히 땅에는 오직 한 분 하나님만 계시며(4절), 귀먼 우상이 아닌 오직 그분만이 찬양을 받으셔야 한다. 이 호출은 모든 나라들이 그러한 찬양을 제대로 드릴 수 있기 전에 하나님께 나아가야 함을 전제한다.

100:2a. 첫 번째 명령을 확대하여 시편 기자는 두 번째 명령을 추가한다. 기쁨으로 여호와를 섬기라. 문자 그대로 '섬김(예배, worship)'은 우리가 예배로 하나님을 섬기거나 찬양으로 그분을 섬겨야 함을 암시한다. 이것은 기쁨 혹은 하나님을 알고 사랑하는 기쁨의 마음으로 이루어져야 한다.

100:2b. 세 번째 명령은 노래하면서 그 앞에 나아갈지어다이다. 이 명령은 공적 예배 시간을 가리키며, 이 시편 뒤에서는 성전의 문으로 들어가 그 뜰로 들어가는 것으로 정의되어 있다. 핵심은 예배자들이 공적 예배를 통해 그 앞에 규칙적으로 나아가야 한다는 것이다. 그것은 하나님의 백성들이 그분의 이름을 높이기 위한 목적이다(히 10:24-25).

B. 하나님을 앎(100:3)

100:3. 네 번째 명령은 여호와가 우리 하나님이신 줄 너희는 알지어다이며 우리가 하나님을 찬양해야 하는 이유가 무엇인지 밝혀준다. 예배자들은 깊은 개인적 확신을 갖

고 주님, 여호와가 유일하시고, 참되시며, 살아 계신 하나님이심을 알아야 한다. 이 유일신론에 대한 진술은 모든 신학적 진리의 기본이다. 주님 외에는 하나님이 없으며, 그분만이 만물을 다스리신다. 하나님이 유일신이라는 이 사실은 창조에 대한 그분의 배타적 능력에서 드러난다. 그러므로 시편 기자는, 그는 우리를 지으신 자시요 우리는 그의 것이니라고 확증한다. 하나님만이 무에서 모든 것을 만드셨다. 그러므로 그분은 자기를 위해 자기 백성을 만드셨다. 우리는 그의 것이니 그의 백성이요 그의 기르시는 양이로다. 우리를 만드신 그분이 이제 목자가 양을 돌보듯 우리를 돌보신다. 그분만이 찬양을 받으셔야 한다.

C. 하나님을 경배함(100:4-5)

100:4. 이 시편의 두 번째 연은 하나님을 예배하라는 반복적인 요청에 하나님께 감사하라는 요청을 포함하고 있다. 이것은 다섯 번째 명령인 감사함으로 그 문에 들어가며로 시작하며, 성전 지역으로 이어지는 정문을 언급한다. 기대감을 가진 예배자들이 공적 예배에 동참하기 위해서는 이 문을 통과해야만 한다. 그들은 또한 찬송함으로 그 궁정에 들어가야 한다. 그리하여 그는 그분께 감사하며 그 이름을 송축할지어다라고 말하며 자신의 이중적 호소를 반복한다. 여섯 번째와 일곱 번째 명령은 전심을 다해 반응할 것을 요구하는 강력한 명령이다. 진정한 찬양은 하나님이 주신 풍성한 복을 회상하고, 하나님을 향한 깊은 감사가 내포되어 있어야 한다. 예배자들은 하나님을 향한 감사라는 불변의 주제 아래 살아야 한다.

100:5. 3절의 반복인 이 마지막 절은 모든 사람들이 하나님을 찬양해야 하는 이유가 무엇인지 설명한다. 모든 예배에는 이유가 있다. 여기서는 하나님의 선하심과 사랑 그리고 성실하심으로 인해 찬양이 촉발된다. 대저 여호와는 선하시니. 하나님 자신이 그분의 백성들을 향한 모든 복의 원천이 되신다(약 1:17). 그 인자하심이 영원하고. 자기 백성들을 향한 그분의 완전한 선하심이 끝없이 흐른다. 그 성실하심이 대대에 미치리로다. 자기 백성을 향한 하나님의 끝없는 선하심을 다시 강조한다. 과거에 선하신 하나님은 영원히 선하실 것이다. 그러므로 항상 그분을 찬양하라!

결론

하나님께 나아가는 것은 모든 신자의 고귀한 특권이다. 천상의 왕을 뵈옵는 것은 우주의 왕 앞에 나아간다는 경외심을 갖고 이루어져야 한다. 어떤 왕국이든 왕 앞에 나아갈 시민은 올바른 의전과 왕의 궁전에 들어갈 때의 공손한 행동이 어떤 것인지 알아야 한다. 부적절한 행동은 그의 주권자를 모욕하는 것이다. 하나님을 예배하는 것 역시 마찬가지다. 주권자 되신 왕을 배알하는 특권은 마음의 즐거움, 기쁨의 노래, 감사의 표현, 찬양의 노래를 요구한다. 모든 하나님의 백성들이 규정에 의한 이 방식으로 그분께 나아가기를 바란다. 그분은 주권자시고, 그분의 백성은 그분의 가신들이다. 그러므로 찬양함으로 그분의 궁정에 들어가도록 하라.

teaching guide

티칭 가이드

교안

A. 하나님께 나아감(100:1-2)

1. 기쁨으로 그분을 환호하라(1절)
2. 즐거움으로 그분을 경배하라(2a)
3. 노래로 그분을 인정하라(2b)

B. 하나님을 앎(100:3)

1. 그분만이 우리 하나님이시다(3a)
2. 그분만이 우리 창조주시다(3b)
3. 그분만이 우리 목자시다(3c)

C. 하나님을 경배함(100:4-5)

1. 감사함으로 그 문에 들어가라(4a, c)
2. 찬양함으로 그 궁전에 들어가라(4b, 5절)
    a. 그분은 선하시므로(5a)
    b. 그분이 인자하시므로(5b)
    c. 그분이 성실하시므로(5c)

시편 101편

개인의 성실성

"다이아몬드는 투명할수록 더욱더 빛난다. 마음은 투명할수록 하나님이 보시기에 더욱더 빛난다."

- 토마스 왓슨(Thomas Watson)

들어가는 글

오늘날 성실성은 빠른 속도로 멸종 위기에 처한 종의 처지가 되고 있다. 우리가 눈을 돌리는 곳마다 한때 크게 존중받던 정직한 인격이라는 가치가 사라지고 있다. 스캔들이 신문 1면을 장악한다. 비즈니스계의 거물들이 불법으로 주식을 매도한다. 정부 관리들이 뒷돈을 받는다. 기업체 간부들이 주주들을 속인다. 정치인들이 한때 존중받던 윤리 강령을 위반한다. 전반적으로 성실성이 빠르게 침식당하고 있다. 우리의 현 문화는 거짓말하고, 속이며, 위조하고, 훔치며, 왜곡하고, 진실을 은폐하는 일에 유능한 사람들을 만들어내는 데 능숙하다. 현재 절박하게 요구되는 것은 하나님의 백성들이 개인적 성결과 성실을 추구하는 것이다. 그렇게 할 때 그리스도인들은 어둔 세상의 밝은 빛으로 드러나게 될 것이다. 신자들이 세상을 변화시키고자 한다면 먼저 변화되어야 한다.

시편 101편은 자신이 하는 모든 일에서 개인적 성실성을 추구하고자 하는 열정적 헌신을 반영한다. 이스라엘의 왕이며 저자인 다윗은 하나님과 백성 앞에서 의롭게 살기로 결심한다. 이 시편은 이스라엘 민족이 성실성을 회복하기를 보고자 하는 다윗의 소원을 기록하고 있다. 그는 그러한 성실성의 추구는 먼저 자기 자신의 삶과 더불어 시작되어야 함을 안다. 다른 사람들에게서 그것을 바라기 전에 다윗은 먼저 그러한 삶을 살아야 한다.

본문 이해

Main Idea	다윗은 이스라엘 왕으로서 의롭게 살고, 의로 통치하고자 경건한 사람들로 주위를 채운다.

A. 다윗의 예배(101:1)

101:1. 다윗은 하나님의 비길 데 없는 속성에 대해 열정적 예배로 하나님을 찬양하는 것으로 시작한다. 하나님을 향한 사랑이 열렬한 다윗은 주를 찬양해야 한다. 특히 다윗은 하나님이 자기 백성들을 돌보시겠다고 맹세하시는 불변하고 무한한 인자와 자기 종들에게 보상하시는 하나님의 공의에 대해 찬양한다. 여기서 그의 찬양은 오직 하나님을 향하거나 수직적인 찬양이다.

B. 다윗의 행함(101:2-5)

101:2. 내가 완전한 길에 주의하오리니(즉 '세심한', '부지런한'). 다윗은 개인적 성결의 삶을 추구하겠다고 결심한다. 완전한 길은 신실하고 순종적인 길, 노골적인 죄의 혐의를 전혀 받지 않는 인생이다. 그는 하나님께 주께서 언제나 내게 임하시겠나이까?라고 질문한다. 이것은 개인의 성실성을 추구하고자 하는 그의 결심을 하나님이 굳게 해 주실 것을 구하는 필사적인 기도다. 그의 성결의 추구는 그가 살고 있는 집안에서의 사생활, 즉 그의 사적 세계에서 시작되어야 한다. 하나님의 진리는 그의 인생 전 영역으로 온전히 통합되어야 한다.

101:3a. 다윗은 자신의 눈과 마음의 밀접한 관계를 이해한다. 사람의 눈앞에 무익한 것을 두면 그것이 무엇이든 그 사람의 마음속에 악이 생길 가능성이 있다. 눈은 마음으로 향하는 문이다. 눈을 통해 마음에서 유혹이 시작된다. 다윗이 마음으로 완전하기 위해서는(2절) 그의 눈이 철저히 순결해야 한다.

101:3b. 반대로 죄에 빠지는 사람들은 하나님의 말씀에 대해 확고한 자세를 지니지 않는 배도자들이다. 다윗은 순결하고 신실하겠다고 맹세한다. 그는 다른 사람들의 불성실함 때문에 자신이 넘어지는 일을 거부한다.

101:4. 경건한 신자는 모든 형태의 악을 피한다. 사특한 마음을 가진 사람들은 완전한 사람들과 정반대로 내적으로 뒤틀린 사람들이다. 다윗은 그런 악한 자들의 죄로 자신이 타락하지 않기 위해서 그들과 알지 아니할 것이다. 그는 그의 영혼에 잠재적 파괴력을 지닌 모든 악을 거부하기로 결심한다. 다윗은 죄악의 모든 습관이 자신의 삶에 들어와 머무르는 것을 거부한다.

101:5. 다윗은 다른 사람들이 그에게 미칠 수 있는 잠재적인 부정적 영향을 알고 있

다. 누군가가 와서 그 이웃을 은밀하게 헐 때마다 그는 그 사람을 배척하고, 이 죄를 거부할 것이다. 비방하는 자는 눈이 높고 마음이 교만한 자들이다. 다윗은 또한 교만한 사람들이 자기 삶의 내부로 근접하는 것을 허용치 않을 것이다. 그렇게 하면 그들이 그에게 악한 영향을 미칠 것이다.

C. 다윗이 뽑을 일꾼(101:6-7)

101:6. 다윗은 국가를 경영할 때 충성된 사람들을 찾아서 주변에 그들을 두겠다고 결심한다. 다윗은 하나님과 그 말씀에 신실하여 도덕적으로 성실한 사람들과 협력해야 한다. 다윗은 개인 생활이 완전하여 그를 섬길 사람들을 찾을 것이다. 성직자(minister)라는 단어는 종종 구약 성경에서 제사장들과 성막에서 섬기는 레위인들을 가리켜 사용되고 있다(신 10:8, 민 3:6). 그러나 이 단어는 왕의 일상적 직무를 보좌하는 궁정의 관리들에게도 사용될 수 있다(비교. 출 24:13, 삼하 13:17-18).

101:7. 반대로 다윗은 거짓을 행하는 자는 누구도 내 집에 거하지 못할 것이라고 선언한다. 이 거부는 불충성, 불성실, 위선, 자신의 의도에 대한 가장, 거짓말을 퍼뜨리고 험담하는 것을 비롯한 수많은 형태의 악을 거부하는 것이었다. 이러한 죄를 하나라도 용납한다면 다윗의 궁에서는 갈등이 일어날 것이다. 파당을 일삼는 사람들은 아무리 재능과 은사가 있고 인기가 있다 해도 그와 함께 섬기지 못할 것이다. 거짓 행하는 자는 또한 거짓말하는 자이며, 그들은 결국 다윗에 대해 거짓을 말할 것이다. 악인은 그의 목전에 서지 못할 것이다. 그는 직책을 박탈당하고 쫓겨날 것이다.

D. 다윗의 경고(101:8)

101:8. 다윗은 단호한 결심으로 아침마다 내가 이땅의 모든 악인을 멸할 것이라고 맹세한다. 이것은 하나님의 왕국에서 하나님의 말씀을 어기는 모든 자들을 제거하겠다는 맹세다. 어떤 죄는 매우 중대하여 그 죄를 범한 자를 신자들에게서 끊어버려야 할 것을 요구한다. 이것은 분명히 사형에 대한 언급이다.

결론

성실성은 그것을 소유한 모든 사람들을 부유하게 하는 소중한 덕목이다. 영어 사전은 '성실성(integrity)' 이라는 단어를 '엄격한 도덕법이나 도덕율에 대한 지속적인 고수, 손상되지 않은 상태, 건전성, 온전하거나 나뉘어지지 않은 상태의 질, 완전성' 이라고 정의한다. 사실 성실성은 인간 삶의 모든 부분이 일관성 있는 전체로 온전히 통합된다는 뜻을 지닌 단어에서 파생한 것이다. 신자가 성실하게 산다는 것은, 하나님의 말씀이 그의 삶 속에 온전히 통합된다는 것이다. 말씀에 대한 복종을 통해 변화되거나 영향을 받지 않고 남아 있는 영역은 하나도 없다. 성실성은 정직, 진실, 부패하지 않음으로 특징지어지는 사람을 묘사한 단어다. 그는 위선적이거나 이중적이지 않다. 성실한 사람은 자신이 공언한 신념과 일치되는 사람이다.

teaching guide

티칭 가이드

고안

A. 다윗의 예배(101:1)

1. 내가 하나님의 사랑을 노래할 것이다(1a)
2. 내가 하나님의 공의를 노래할 것이다(1a)
3. 내가 하나님을 찬양할 것이다(1b)

B. 다윗의 행함(101:2-5)

1. 내가 순결한 발을 유지할 것이다(2절)
2. 내가 순결한 눈을 유지할 것이다(3a)
3. 내가 순결한 자들과 동행할 것이다(3b-4절)
4. 내가 순결한 귀를 지킬 것이다(5절)

C. 다윗이 뽑을 일꾼(101:6-7)

1. 내가 충성된 자들과 사귈 것이다(6a)
2. 내가 완전한 자들과 사귈 것이다(6b)
3. 내가 거짓을 말하지 않는 자들과 사귈 것이다(7절)

D. 다윗의 경고(101:8)

1. 내가 악인들을 멸할 것이다(8a)
2. 내가 악을 행하는 자들을 다 끊어버릴 것이다(8b)

시편 102편

흔들림 없는 소망

"소망은 아무리 구름이 짙어도 그 너머의 하늘을 볼 수 있다."

- 토마스 브룩스(Thomas Brooks)

들어가는 글

아무리 암울한 시간을 보내고 있다 해도 신자들은 항상 하나님 안에서 변치 않는 소망을 갖는다. 흔들리지 않고 난공불락의 긍정적 확신이 있다. 밤이 아무리 어두워도, 파도가 아무리 사납게 몰아쳐도, 주님 안에 있는 우리의 소망은 강하다. 바깥의 전망이 냉혹하다 해도 하늘을 향한 전망은 여전히 밝다. 머리 위의 별들이 가장 밝게 빛날 때는 밤이 가장 어두울 때다. 하나님 안에 있는 소망도 마찬가지다. 어두운 시련 속에서도 하나님에 대한 확고한 확신, 하나님이 자기 자신의 영광과 자기 백성들의 선을 이루시기 위해 일하실 것이라는 미래에 대한 확고한 기대가 있다. 모든 신자는 이 요동치 않는 반석 위에 자신의 닻을 굳게 내려야 한다. 모든 성도는 특별히 인생의 어려운 환경 속에 있을 때 주님에 대한 강한 소망을 가지고 하나님을 의지해야 한다. 하나님이 위에 계시는 한 소망이 있다.

시편 102편은 하나님의 백성들의 역사가 쇠퇴기에 있을 때 기록되었다. 그 배경은 하나님이 택한 백성 이스라엘의 바벨론 포로 생활로 하나님의 사역이 겉으로 볼 때 정지 상태에 있는 듯한 때였다. 하나님의 말씀이 선포되지 않고 있었고, 하나님의 백성들은 소수로 전락한 시기였다. 하나님의 집은 황폐한 상태로 방치되고, 하나님의 거룩한 성은 파괴되며, 하나님의 영광이 가려져 있던 때였다. 이것은 절망으로 시작되는 시지만 승리의 어조로 마무리된다. 자기 백성들에 대한 하나님의 지속적인 주권 안에 항상 소망이 있다. 하나님의 사역이 아무리 손상을 입는다 해도 하나님의 불변성은 하나님의 완벽한 시간에 그분의 사역이 진척될 것을 보장한다. 그러므로 항상 미래에 대한 흔들리지 않는 소망이 있다.

본문 이해

Main Idea	시편 기자는 어둡고 암울한 시대에 개입하셔서 자신을 구해주실 하나님을 의지한다.

A. 시편 기자의 절망(102:1-11)

102:1. 시편 기자는 갑자기 감정을 폭발시키듯 드러내며 하나님이 들어주시기를 호소한다. 그는 자신의 인간적 힘으로는 도무지 감당할 수 없는 듯한 때에 하나님의 주권적 개입을 위해 하나님께 부르짖는다. 하나님이 개입하시지 않는 현 상황을 볼 때 하나님은 그의 기도에 무관심한 듯 보인다. 하늘의 침묵으로 인해 도움을 구하는 그의 부르짖음은 더욱더 커지고 간절해질 수밖에 없다.

102:2. 하나님이 피하시기라도 하는 것처럼 시편 기자는 주의 얼굴을 내게 숨기지 마소서라고 호소한다. 그의 괴로움에 대해 어떤 대답도, 반응도 없다. 하나님은 그의 간구에 귀를 틀어막으신 것처럼 보인다. 그는 하나님께 속히 응답해달라고 간구한다.

102:3. 이 위기는 그의 몸에 심각하고 실제적인 악영향을 미쳤다. 그는 이 고통으로 수명이 단축되고 있었다. 그의 물리적 목숨이 쇠약해지고 있었다. 그의 날이 그 앞에서 연기같이 소멸하고 있었다. 맹렬히 타오르는 불길이 그의 몸을 삼키기라도 하듯이 그의 뼈가 냉과리처럼 타고 있었다.

102:4-5. 그는 자신의 연약함을 인정하며, 그의 기력과 열정이 쇠약해지고 있다고 고백한다. 그는 이 고통으로 심각하게 쇠약해진 나머지 음식 먹기를 잊었다. 그는 심한 고통으로 먹는 것조차 생각할 수 없는 지경이었다. 그는 영혼의 깊은 한숨인 탄식 소리 속에서 산다. 정서적으로, 신체적으로 고갈된 그는 살이 뼈에 붙었고, 수척하며, 시들어 있다.

102:6-7. 그는 자신이 광야의 당아새 같고, 지붕 위의 외로운 참새 같다고 느낀다. 시편 기자는 이 정도로 심한 외로움을 느낀다.

102:8. 시편 기자의 원수들은 그를 조롱하며 그의 쇠약한 상태를 멸시한다. 그가 아

직 바벨론에 거하고 있다면 이 원수들은 바벨론 사람들일 것이다. 아마 가장 가능성이 높은 것은 그가 바벨론 유수에서 풀려나 예루살렘으로 돌아갔을 것이며, 이 원수들은 느헤미야를 조롱한 도비야, 산발랏, 게셈과 같은 사람들일 것이다. 이들은 유대인들이 바벨론으로 끌려간 후 예루살렘에 남았던 이방인들이다. 그들은 하나님의 사역이 성공하기를 원치 않았다. 그래서 그것을 막기 위한 모든 방법을 이용했다.

102:9. 시편 기자는 애통함을 묘사하며 자신이 양식으로 재를 먹었다고 주장한다. 머리에 재를 뒤집어쓰는 것은 개인적 애통을 상징한다. 하나님의 일이 지지부진하자 울음이 그의 매일의 양식이 되었다.

102:10-11. 이 상황에서 하나님의 능력이 전혀 나타나지 않기 때문에 시편 기자는 이 고난이 자신의 죄의 결과인 것은 아닌지 의문스럽다. 그는 내 날이 기울어지는 그림자 같다고 선언한다. 그는 하나님이 이땅의 영적 기근을 돌이키는 것을 살아서 보지 못할까봐 두렵다. 그는 내가 풀의 쇠잔함 같으니이다라고 탄식한다. 그는 하나님이 이 영적 황무함을 다루시는 것을 보기 전에 죽지 않을까봐 두렵다.

B. 시편 기자의 헌신(102:12-22)

102:12-13. 시대의 불확실성에도 불구하고 하나님은 만물을 주재하시고, 통치하시며, 영원히 계신다. 때가 되면 하나님은 일어나셔서 행동하실 것이며, 땅의 시온인 예루살렘을 긍휼히 여기실 것이다. 시편 기자는 하나님께 지금이 긍휼히 여기실 때라고 상기시킨다. 심판과 구원을 위한 정한 기한이 왔다.

102:14-15. 예루살렘 성전이 바벨론인들로 인해 평지처럼 완전히 파괴되었던 일이 있음에도 불구하고 주의 종들은 시온의 돌들과 티끌도 사랑한다. 무너진 예루살렘 성과 성전의 티끌과 파편이 사방에 널려 있었다. 그러나 하나님이 예루살렘에서 자기 사역을 회복하실 때가 곧 올 것이다. 그때가 되면 믿지 않는 열방이 이것을 보고 여호와의 이름을 경외할 것이다. 쉽게 감동하지 않는 세계 열왕도 두려워하며 하나님의 영광을 경외할 것이다.

102:16-17. 장차 하나님은 자기 백성들을 바벨론에서 돌아오게 하실 때 시온을 건설하실 것이다. 하나님이 그렇게 하실 때 모든 민족들이 볼 수 있도록 그분의 영광을 나타내실 것이다. 거룩한 성 예루살렘을 재건축하실 때 하나님의 손이 빈궁한 자의 기도에

반응하실 것이다. 억압당한 자들이 하나님을 섬기며, 기도 응답을 받을 것이며, 그분께 멸시함을 받지 않을 것이다.

102:18-20. 하나님이 미래에 일하실 것을 믿는 시편 기자는 장래 세대가 하나님의 거룩한 성이 회복되는 것을 볼 것을 확인한다. 이 시편을 읽고 그들은 하나님을 찬양하고 싶은 마음이 생길 것이다. 이러한 기도에 응답하셔서 하나님은 관심을 갖고 하감하시며 땅을 감찰하실 것이다. 하나님은 바벨론 유수로 수인이 된 자기 백성들, 즉 갇힌 자의 탄식을 들으신다. 그분은 예루살렘으로 돌아가 바벨론에서의 죽음을 면할 수 있도록 죽이기로 정한 자들(즉 자기의 택한 백성들)을 바벨론에서 풀어주셨다.

102:21-22. 바벨론에서의 이 미래의 구원의 결과로 사람들은 시온에서 주의 이름을 선포할 것이다. 이 찬양은 새롭게 지어진 거룩한 성 예루살렘에서 민족들과 나라들이 모여 여호와를 섬길 때 드려질 것이다.

C. 시편 기자의 의존성(102:23-28)

102:23-24. 시편 기자는 하나님의 개입을 기다리던 그의 힘을 쇠약케 하신 이가 바로 하나님이시라고 본다. 하나님은 이 극한의 상태를 통해 그의 날을 단축케 하신 것처럼 보인다. 하나님이 그를 죽기 전에 건져내고자 하신다면 빨리 행동하셔야 한다. 그는 자신이 갈망해온 구원을 보지 못하고 죽음으로 인해 땅에서 데려가시는 일이 일어나지 않게 해달라고 하나님께 호소한다. 그는 그의 생명이 연장되어 하나님이 지상의 시온을 이렇게 회복시키시는 것을 볼 수 있게 해달라고 간구한다.

102:25-26. 연약함 속에서도 시편 기자는 하나님의 불변하심으로 인해 위로를 얻는다. 그것은 하나님의 주권적 사역이 계속될 것이라는 확신을 그의 마음에 심어준다. 모든 피조물이 바뀌지만 하나님은 그렇지 않으시다. 그분은 영존하실 것이다. 하나님은 자신의 신적 사역을 수행하시는 일에 요동함이 없으시며 자기 계획을 변경하지 않으신다.

102:27-28. 하나님은 신적 위격에 있어 불변하시며, 영원한 계획에 있어 변함이 없이 영원히 여상하시다. 주님은 변하시지 않기 때문에 자기 백성을 통한 그분의 미래 사역은 굳게 설 것이다.

결론

이 시대의 성도들은 고대의 시편 기자와 너무나 흡사한 시대를 살고 있다. 오늘날 지역 교회의 상태를 살펴보면 신자들은 시편 기자가 그 시대에 보았던 것과 너무나 흡사한 현상을 보게 된다. 복음이 전해진 많은 곳에서 하나님의 영광이 흐려지고, 그분의 말씀이 무시되며, 그분의 집은 방치되고, 그분의 사역이 정체되어 있다. 오늘날 교회에서는 성경 해석을 하기보다 오락으로 대체하고 있다. 신학은 연출법에 자리를 내주고 있다. 말씀이 세상에 굴복하고 있다. 하나님의 주권이 인간의 주권으로 대체되고 있다. 한때 십자가에 초점을 맞추던 교리적으로 풍성한 찬송들이 그리스도 중심적인 내용은 빠진 퓨전 음악과 현대 음악으로 바뀌고 있다. 이 모든 것에 대해 신자들은 무거운 부담을 가져야 한다. 그러나 하나님이 승리하실 것이라는 소망을 버리지 않도록 하자.

고안

A. 시편 기자의 절망(102:1-11)

1. 내 기도를 들으소서(1-2절)
    a. 얼굴을 내게로 향하소서(2a)
    b. 주의 귀를 내게 기울이소서(2b)
2. 나의 곤궁함을 보소서(3-11절)
    a. 내 날이 소멸하고 있나이다(3a)
    b. 내 뼈가 타나이다(3b)
    c. 내 마음이 쇠잔하나이다(4절)
    d. 내 탄식 소리가 크니이다(5절)
    e. 내 인생이 황폐하게 되었나이다(6절)
    f. 잠을 자지 못하나이다(7절)
    g. 내 원수들이 조롱하나이다(8절)
    h. 슬픔이 내 양식이니이다(9-10절)
    i. 내 날이 사라지고 있나이다(11절)

B. 시편 기자의 헌신(102:12-22)

1. 하나님의 영원하심으로 인해(12절)
    a. 그분은 영원히 거하신다(12a)
    b. 그분은 대대에 이르신다(12b)
2. 하나님의 긍휼하심으로 인해(13-14절)
    a. 그분이 긍휼히 여기신다(13a)

b. 그분이 은혜를 베푸신다(13b)

c. 그분이 기쁨을 주신다(14절)

3. 하나님의 주권으로 인해(15절)

a. 모든 민족들이 그분을 두려워할 것이다(15a)

b. 모든 왕들이 그분을 경외할 것이다(15b)

4. 하나님의 영광으로 인해(16절)

a. 그분이 자기 백성들을 세우셨다(16a)

b. 그분이 자기 영광을 계시하셨다(16b)

5. 하나님의 성실하심으로 인해(17절)

a. 그분이 빈궁한 자들에게 응답하실 것이다(17a)

b. 그분이 그들의 간구를 들으실 것이다(17b)

6. 하나님의 불변하심으로 인해(18절)

a. 그분의 계획이 기록되어 있다(18a)

b. 그분의 백성들이 기뻐할 것이다(18b)

7. 하나님의 긍휼하심으로 인해(19-20절)

a. 그분이 하늘에서 내려다보신다(19절)

b. 그분이 그들의 탄식을 들으신다(20a)

c. 그분이 죽게 된 자들을 풀어주신다(20b)

8. 하나님의 이름으로 인해(21-22절)

a. 그 이름이 시온에서 선포될 것이다(21절)

b. 그 이름이 모든 이들을 통해 선포될 것이다(22절)

C. 시편 기자의 의존성(102:23-28)

1. 하나님이 나를 짓밟으셨다(23절)

a. 그분이 내 힘을 쇠약케 하셨다(23a)

b. 그분이 내 날을 단축시키셨다(23b)

2. 내가 하나님을 부른다(24-28절)

a. 하나님이 모든 것을 다스리신다(24절)

b. 하나님이 만물을 창조하셨다(25절)

c. 하나님이 모든 것을 변하게 하신다(26절)

d. 하나님은 변하지 않으신다(27절)

e. 하나님은 모든 이들을 돌보신다(28절)

시편 103편

영광스러운 직무

"하나님을 지극히 광대하게 찬양하는 것을 두려워하지 말라. 위험은 너무 적게 찬양하는 데 있다."

- 매튜 헨리(Metthew Henry)

들어가는 글

남아메리카의 미국인 선교사 로버트 케네디(Robert Kennedy)가 한번은 아마존의 깊은 정글을 방문했다. 그곳에서 그는 최근에 그리스도를 영접하게 된 브라질계 인디언과 이야기를 하게 되었다. 통역가를 통해 의사 소통을 했기 때문에 그들의 대화는 원만하지 않았고, 그로 인해 케네디는 새롭게 개종한 이 인디언이 구원을 받았는지 알 수가 없었다. 그는 아무 생각 없이 그 인디언에게 "당신은 어떤 일을 가장 하고 싶으신가요?" 라고 물었다. 그는 '활과 화살로 사냥하는 것' 이나 '카누 타기' 와 같은 일반적인 대답을 기대했다. 하지만 놀랍게도 그 인디언은 "하나님께 사로잡히는 것입니다" 라고 대답했다. 케네디는 그의 대답에 너무나 놀랐다. 그는 "다시 한번 물어봐주십시오. 통역에 뭔가 빠진 것이 있습니다" 라고 말했다. 그러나 그 인디언은 같은 대답을 했다. 이 새 신자가 끊임없이 몰두하는 대상은 간단히 말해 하나님이었다. 그는 이 기회를 통해 그토록 놀랍도록 그에게 복을 주신 하나님을 찬양했다.

이 진실된 이야기는 진정한 예배의 정의를 제공한다. 그것은 하나님의 위대하심과 위엄에 영광스럽게 압도된 구속받은 삶이다. 그것은 신자가 매일 매순간 하나님을 찬양하며 그분의 위엄에 도취되어 사는 것이다. 예배는 의식과 율법 혹은 종교의 외적인 모습을 유지하는 것이 아니다. 그것은 그분의 아들 예수 그리스도를 통해 하나님과 살아 있는 관계를 맺는 내적 실체에 대한 것이다. 예배는 하나님의 주권과 높이 들리신 그리스도와의 영혼의 조우이다. 예배는 개인의 가장 깊은 내면에서 하나님을 경험하는 것이다. 그분의 전면적인 성품에 내가 지금 반응하고 있는 모든 것이다. 이것이 모든 신자의 영광스러운 직무다.

이것이 시편 103편의 핵심이다. 이것은 주님께 전적으로 헌신된 마음에서 흘러넘치는 하나님을 향한 찬양의 노래다. 이 시편에서 다윗은 자기 백성들을 향한 하나님의 사랑과 긍휼을 관찰한다. 각 행에서 그는 하나님을 찬양하는 일에 그의 영혼이 동참하도록 자신을 격려한다. 여기서 다윗은 우리 모두를 대변한다. 그는 자기 영혼에게 말함으로써 실제로 우리 각자에게 말하며, 우리 마음과 목소리를 하나님께로 들어 그분을 예배하도록 초청한다. 어떤 시편들은 하나님을 향하고 있고, 어떤 시편들은 다른 사람들을 향하고 있다. 하지만 이 시편은 일차적으로 시편 기자 자신을 향하고 있다. 그는 자기 자신에게 하나님을 찬양할 것을 명하고 있다.

본문 이해

Main Idea	다윗은 하나님이 베푸신 수많은 복들에 대해 자기 마음이 주를 찬양하도록 명하며 다른 사람들에게도 동일한 찬양을 드리도록 요청하고 있다.

A. 찬양의 기쁨(103:1-2)

Supporting Idea	다윗은 하나님의 은혜를 하나도 잊지 않고 그분을 찬양하도록 자기 영혼을 권면한다.

103:1. 시편 기자는 자기 자신에게 여호와를 송축하라고 요청하며, 자기 영혼에게도 그 성호를 송축하라고 재촉한다. 자기의 내면 깊은 곳에서 다윗은 하나님을 찬양하도록 그 자신의 영혼을 훈계한다. 아마 그는 지금 낙담해 있거나 우울해하고 있을 것이다. 그럼에도 불구하고 그는 하나님을 찬양할 이유가 충분히 있다.

103:2. 시편 기자는 강조의 목적으로 여호와를 송축하라는 이 부르심을 반복한다. 감정적으로 의기 소침한 상태에서 그는 그 모든 은택을 잊어서는 안 된다고 말한다. 이 시편의 나머지는 여호와 안에서 그가 누린 수많은 복들을 열거할 것이다.

B. 찬양의 이유(103:3-19)

Supporting Idea	다윗은 하나님을 찬양해야 할 수많은 이유들을 자신에게 상기시킨다.

103:3-5. 무엇보다도 하나님은 우리의 모든 죄를 사하시기 때문에 찬양을 받으셔야 한다. 시편 기자가 하나님께 지은 죄악이 아무리 크다 해도 하나님의 용서는 그것보다 훨씬 더 크다. 나아가 죄가 그의 영혼 전체에 퍼져서 생명을 위협하는 질병으로 묘사되고 있다. 그러나 하나님은 은혜를 베푸셔서 죄의 치명적인 역병을 고치시며 풍성한 생명을 주신다. 하나님은 죄악의 파멸(그가 스스로 팠던 구덩이)에서 다윗의 생명을 구속하신다. 구덩이는 깜깜하고, 좁으며, 자세와 행동을 제한하여 꼼짝할 수 없게 만든다. 이것은 인간의 죄에 대한 생생한 그림이다. 다윗은 자기 스스로 판 이 무덤을 절대로 자신의 노력으로는 벗어날 수 없다. 오직 하나님의 은혜로 구조를 받을 수 있었다.

하나님의 자비는 시편 기자가 왕족의 일원이 된 것처럼 관을 씌운다. 이것은 다이아몬드로 된 문자 그대로의 관이 아니라 훨씬 더 귀중한 관, 즉 하나님의 인자와 긍휼로 된 관이다. 나아가 하나님은 좋은 것(즉 용서하심)으로 우리 소원을 만족케 하신다. 그렇게 해서 다윗의 청춘으로 독수리같이 새롭게 하신다. 죄의 무거운 짐이 제거되었기 때문에 그의 마음은 위로 힘차게 솟구친다.

103:6-7. 성도들은 종종 하나님의 원수들에 의해 이 세상에서 공격을 당한다. 그들은 압박당하지만 하나님은 그들을 대신해 일하시며, 박해당하는 그들을 위해 판단하신다. 하나님은 그들을 대신해 개입하시며 의로운 일을 행하신다. 특히 많은 시련 속에서는 하나님의 길이 잘 보이지 않고 혼란스러울 수 있다. 그러나 하나님은 광야의 혼란 속에서 그 행위를 모세에게 알리셨다. 하나님은 오늘날도 자기 백성을 위해 동일한 일을 행하실 것이다.

103:8-9. 시편 기자의 삶에 대한 하나님의 주권적 통치는 자비로우시며 은혜로우심으로 특징지어진다. 그의 죄에 대해서도 하나님은 즉각적인 징계를 보류하시고 노하기를 더디하신다. 주님은 다윗의 죄에 대해 정당한 진노를 발하실 수도 있지만 항상 경책하지 아니하신다. 하나님은 그를 바로 용서하시고 회복시키실 것이다.

103:10-12. 하나님은 풍성한 자비로 심판을 보류하신다. 그분은 우리의 죄를 따라 처

치하지 않으신다. 하나님은 우리의 죄악을 따라 갚지도 않으신다. 그리스도의 대속이 하나님의 진노를 만족시켰으므로 신자들은 그들의 죄에 대해 정죄를 당치 않을 것이다. 하늘이 땅에서 높음같이(측량이 불가능한 거리)는 바로 그를 경외하는 자에게 하나님의 인자하심이 참으로 크심을 알려준다. 자기 백성을 위한 하나님의 영원한 사랑은 무한하시고 광대하시다. 동이 서에서 먼 것같이(또 하나의 측량 불가능한 거리)는 하나님이 우리 죄과를 우리에게서 참으로 멀리 옮기셨음을 보여준다(사 1:18, 38:17, 43:25).

103:13-14. 아비가 자식을 불쌍히 여김같이(엄청난 정도라는 또 하나의 비유)는 여호와께서 자신을 경외하는 자기 백성들을 참으로 불쌍히 여기심을 강조한다. 하나님은 우리의 유한하고 인간적인 한계를 아시고 우리가 진토처럼 허약한 존재임을 기억하신다.

103:15-16. 인간의 날은 풀과 같아서 너무나 쉽게 베임을 당한다. 그 영화가 곧 빛이 바랜 들의 꽃과 같다. 바람이 지나면 그는 없어지고 기억되지 않는다. 인간은 인간 역사의 장면에 갑자기 등장하지만 휩쓸리듯 사라진다.

103:17-19. 이와 철저히 대조적으로 자기의 택한 백성을 향한 하나님의 무조건적이고 충성스러운 인자하심은 결코 변하지 않을 것이다. 그분의 주권적 은혜는 영원부터 영원까지 이르며 결코 시들지 않을 것이다. 모든 신자들은 구원 얻는 참된 믿음의 증거인 언약을 지킨다. 우주의 절대자, 그 누구와도 비길 자가 없는 주권자 되신 주 하나님은 만물 위의 하늘에 보좌를 세우셨다. 그분은 끊임없이 만유를 통치하시고, 만물이 합력해 그분의 영광과 자기 백성의 선을 이루게 하신다(롬 8:28).

C. 찬양의 강화(103:20-22)

Supporting Idea	다윗은 하늘과 땅에게 하나님을 찬양하는 자신과 함께하라고 요청한다.

103:20. 이 시편은 모든 만물에게 하나님을 찬양하도록 초청하는 것으로 마무리한다. 너희 천사여 여호와를 송축하라. 천군 천사들이 하나님의 이름을 찬양하는 일에 그분과 함께 동참해야 한다. 수종드는 이 영들은 여호와의 말씀을 이루고 그 말씀의 소리를 듣기 위해 존재한다.

103:21. 이 초청은 반복적으로 천사들에게 하나님의 이름을 높이도록 요청한다. 여

호와의 뜻을 행하는 이 천상의 종들은 항상 여호와를 송축해야 한다.

103:22. 마지막으로 시편 기자는 하나님의 지으심을 받고 그 다스리시는 모든 곳에 있는 이들에게 그분을 송축하라고 요청한다. 피조물은 하나님의 지으심을 받았고, 그분은 자기의 영광과 찬양을 위해 그들을 만드셨다. 다윗은 자기 자신에게 말하는 것으로 글을 끝맺는다. 내 영혼아 여호와를 송축하라.

Main Idea 복습	다윗은 하나님이 베푸신 수많은 복들에 대해 자기 마음이 주를 찬양하도록 명하며 다른 사람들에게도 동일한 찬양을 드리도록 요청하고 있다.

결론

오래 전 토마스 K. 비처(Thomas K. Beecher)는 자신의 형인 유명한 설교자 헨리 워드 비처(Henry Ward Beecher)를 대신해 설교를 맡아달라는 요청을 받았다. 보통 때처럼 호기심을 좇는 수많은 사람들이 존경받는 헨리 비처의 설교를 들을 것이라는 기대감을 안고 교회로 찾아왔다. 그런데 토마스 비처가 설교단에 모습을 나타내자 사람들 가운데 일부가 일어나서 문 쪽으로 향했다. 형 대신 자신이 나왔기 때문에 실망한 그들의 마음을 감지한 토마스 비처는 "오늘 아침 헨리 비처를 예배하려고 여기 오신 분들은 모두 교회에서 나가셔도 좋습니다. 하나님을 예배하러 오신 분들만 그대로 계십시오"라고 말했다.

하나님을 예배하는 일은 항상 사람이 아닌 하나님께 초점을 맞추어야 할 것을 요구한다. 하나님의 사람들은 주님만을 바라보는 예배 태도를 갖도록 자기 스스로를 고쳐시켜야 한다. 하나님만이 찬양을 받으셔야 한다.

삶의 적용

하나님을 찬양하는 일에 어려움을 느낀 적이 있는가? 그분의 이름을 높이고 싶지 않은 적은 없었는가? 너무나 낙심해서 기쁨을 잃어버린 적은 없었는가? 너무나 침체되어 교회에 가는 것조차 원치 않았던 경험은 없었는가? 너무나 낙담해서 찬송을 부를 수조차 없었던 때는 없는가? 아마 그럴 때 우리는 우리 자신의 모습을 발견하게 될 것이다. 하지만 하나님을 알아갈수록 우리는 더욱 그분을 찬양하게 된다. 그분을 아는 것이 그분을 사랑하는 것이다. 하나님을 향한 일관된 헌신의 열쇠는 하나님을 아는 지식에서 항상 자라가는 것이다. 그분을 보면 그분을 누릴 수 있다. 당신은 어떻게 그분을 더 깊이 알 수 있는가?

말씀을 통해 그분을 만나라. 우리는 주로 성경을 통해 하나님을 더욱더 친밀하게 알아간다. 하나님의 말씀은 하나님을 계시해준다. 성경 공부를 하라. 성경에 계시된 하나님을 만나라. 성경에서 당신은 그분의 경이로운 속성을 만나게 될 것이다.

예배를 통해 그분을 만나라. 성경을 들여다보면 우리는 그분의 얼굴을 들여다보게 된다. 성경을 기초로 구성된 믿음의 찬송들을 부르라. 건전한 교리에 기초한 합창과 영적 노래들을 부르라. 이러한 진리 중심의 노력은 당신의 영혼을 하나님께로 향하게 해줄 것이다.

세상 속에서 그분을 만나라. 다윗은 "하늘이 하나님의 영광을 선포한다"고 말했다(시 19:1). 우리 주변의 모든 피조물은 하나님의 위엄에 대한 증거이다. 위의 하늘과 별과 해를 보라. 하나님의 위대하심을 보라. 주위의 산들과 초원을 보라. 하나님의 아름다우심을 보라. 비와 추수된 곡식을 보라. 하나님이 사랑으로 공급해주시는 손길을 보라.

기도

하나님 아버지, 저의 죄악됨을 용서하시고, 제가 드리는 예배가 때로 피상적임을 용서해주십시오. 당신의 은혜로 삶의 모든 상황 속에서 당신을 찬양하도록 능력을 주십시오. 저의 관심이 늘 당신께 고정되게 해주십시오. 당신을 향한 저의 마음이 깊어져서 저의 전 존재를 다해 당신을 찬양하도록 일어서게 해주십시오. 예수님의 이름으로 기도합니다. 아멘.

심층 연구

A. 인자하심(103:8, 17)

'인자하심(히. 헤세드, hesed)' 이란 단어는 '친절함, 자비, 호의 혹은 변치 않는 사랑' 을 의미하며, 히브리 성경에서 약 250번 정도 사용되고 있다(비교. 출 20:6, 34:6, 민 14:18, 시 136, 미 7:18). '헤세드' 는 '자신을 굽히다, 절하다' 혹은 '몸을 구부리다' 라는 의미의 '하사드(hasad)' 에서 파생되었다. 이것은 자기 백성들을 향한 하나님의 겸손한 사랑을 암시한다. 여기서 이 단어는 자신에게 영원히 은혜를 베푸실 주님에 대한 다윗의 확신을 표현하기 위해 사용되고 있다. 때로 이것은 신명기 7장 12절과 사무엘하 7장 15절의 용례로 인해 하나님의 언약적 사랑이라고 불리기도 한다.

B. 경외하다(103:11)

'경외하다(히. 야레, yare)' 란 단어는 구약 전체에서 약 330번 나타나는데 인간이 하나님 앞에 섰을 때 생기는 경외심을 말할 때 가장 자주 사용되고 있다(출 1:17, 삼상 12:14, 18, 삼하 6:9, 왕하 17:28, 35-39, 시 33:8, 102:15, 렘 5:22, 24, 욘 1:16). 이 단어는 또한 하나님을 공경하고 진지하게 모시는 자들(욥 1:1, 시 31:19, 33:18-19, 34:9, 128:1, 145:19, 느 7:2)이나 그렇게 하지 못한 자들(전 8:13)에 대해 사용되기도 한다. 다른 경우, 시편 23편 4절의 맥락에서처럼 '야레' 는 불길한 일에 대한 예상으로 생기는 두려움의 의미로 사용된다(출 14:13, 민 14:9, 신 1:29, 3:2, 7:18, 20:1, 3, 8, 수 10:8, 25, 삿 7:3, 왕하 1:15, 느 4:14, 시 27:1, 3, 56:3-4, 11, 사 51:7, 12, 겔 2:6).

C. 하늘(103:11, 19)

'하늘(히. 샤마임, shamayim)' 이란 단어는 문자적으로 '고지대' 혹은 '높은 곳' 을 의미하는 복수 명사형이다. 이것은 별과 달과 행성이 존재하는 우주 영역을 가리킨다(창 1:14-17). '하늘(히. 라키아, raqia)' 이란 표현은 지구를 둘러싼 대기를 가리킨다. 이것은 대류권, 지구를 덮고, 구름과 날씨, 새들, 바람 등을 포함하는 호흡이 가능한 공기 지대다. 여기서는 물의 순환이 일어난다(시 147:8).

D. 죄과(103:12)

'죄과(히. 페샤, peshah)' 는 문자적으로 '가버림, 떠남, 반역 혹은 도전' 을 의미한다. '죄과' 는 하나님의 주권에 대한 고의적 반역 행위며, 그 백성들의 인생을 통치하는 그분의 권리를 인정하길 거부하는 것이다. 죄과는 죄로 인해 상처를 입을 수 있는 다른 사람들뿐 아니라, 궁극적으로 하나님께 대한 반역 행위다.

고안

A. 찬양의 기쁨(103:1-2)

1. 그분의 거룩한 이름을 송축하라(1절)
    a. 내 영혼으로(1a)
    b. 내 속의 가장 깊은 곳에서(1b)
2. 그분이 베푸신 수많은 혜택을 기억하라(2절)
    a. 내 영혼으로(2a)
    b. 내 생각으로(2b)

B. 찬양의 이유(103:3-19)

1. 하나님의 죄 사하심이 크시다(3-4절)

a. 그분이 모든 죄를 용서하신다(3절)
b. 그분이 너의 모든 질병을 고치신다(3b)
c. 그분이 파멸에서 네 생명을 구속하신다(4a)
d. 그분이 사랑으로 네 영혼을 관 씌워주신다(4b)

2. 하나님의 기쁨이 크시다(5절)
a. 그분이 좋은 것으로 너를 만족케 하신다(5a)
b. 그분이 큰 능력으로 생명을 강건하게 하신다(5b)

3. 하나님의 보호하심이 크시다(6-7절)
a. 그분이 압제당하는 자들을 위해 의를 행하신다(6절)
b. 그분이 모세에게 자기 길을 계시하셨다(7a)
c. 그분이 이스라엘에게 그 행위를 알리셨다(7b)

4. 하나님의 인내하심이 크시다(8-12절)
a. 그분이 자기 백성에게 자비로우시다(8절)
b. 그분은 노하기를 더디하신다(8b)
c. 그분은 사랑에 풍성하시다(8b)
d. 그분은 죄를 용서하신다(9a)
e. 그분은 노를 영원히 품지 않으신다(9b)
f. 그분은 죄인들에게 자비하시다(10절)
g. 그분은 인자하심이 풍성하시다(11절)
h. 그분은 무한히 용서하신다(12절)

5. 하나님의 불쌍히 여기심이 크시다(13-14절)
a. 그분은 자기 자녀들을 불쌍히 여기신다(13절)
b. 그분이 우리 연약함을 생각하신다(14절)

6. 하나님의 안내하심이 지극하시다(15-18절)
a. 인간은 풀과 같이 일시적인 존재다(15a)
b. 인간은 꽃과 같이 덧없는 존재다(15b)
c. 인간은 죽고 나면 잊혀진다(16절)
d. 하나님의 사랑은 영원하다(17-18절)

7. 하나님의 섭리가 위대하시다(19절)
    a. 그분이 하늘에 그 보좌를 세우셨다(19a)
    b. 그분이 만물을 통치하신다(19b)

C. 찬양의 강화(103:20-22)

1. 그분의 모든 천사가 그분을 찬양한다(20-21절)
    a. 여호와의 말씀을 이루는 천사들(20a)
    b. 그분의 말씀에 순종하는 천사들(20b)
    c. 그분의 뜻을 행하는 천사들(21절)
2. 하나님의 모든 피조물이 그분을 찬양한다(22절)

시편 104편

전능하신 하나님

"기원과 운명의 문제는 철학자들을 피해가지만 그리스도의 겸손한 제자들은 그 모든 것에 대한 답을 알고 있다."

- A. W. 토저(A. W. Tozer)

들어가는 글

만물의 기원과 관련해 세속적인 인본주의자들이 믿는 것보다 더 불합리한 것을 상상하기란 어렵다. 믿음에 대한 그들의 기본적 진술은 이것이다. 0×0 = 모든 것(Nobody times nothing equals everything). 그 공허한 세계관의 어리석음을 신중하게 살펴보라. 성경을 거부하는 사람에게는 창조주도, 종합 계획도, 고차원적 설계도, 어떤 지적 목적도 존재하지 않는다. 그에게는 모든 것이 우주의 빅뱅과 전자를 띤 입자, 눈먼 우연, 무작위적 변화의 결과다. 충분한 시간이 주어지면 아메바가 하등 생물이 되고, 다시 올챙이로, 물고기와 파충류가 된 후 원숭이가 되며 마침내 인간이 된다고 그들은 말한다. 그러므로 인간 종족은 자신의 기원이 어디인지, 자신이 누구인지, 어디로 가고 있는지 알지 못한다. 진화론자에게 인생은 하나님과 무관한 우연적인 것이므로 무목적적이고 무의미하다. 그것이 바로 세속적 인본주의의 무능력한 철학이다.

시편 104편은 세상에 만연한 어둠이라는 깜깜한 배경에 밝은 빛을 비춰주고 있다. 그것은 만물의 참된 창조주로서 하늘과 땅과 그 안에 있는 모든 것들을 만드신 분인 하나님을 높이는 찬양이다. 이 오래된 노래는, 하나님이 놀라운 천재성과, 정확한 세부적 묘사와, 뛰어난 질서로 우주를 만드셨다고 선언한다. 이 시편은 소위 이 시대의 지혜인 '흉내내기(aping)' 가 아닌 하나님의 진리를 말하고 있다. 위로부터 오는 이 지혜는 하나님만이 오직 말씀으로 무에서 만물을 만드셨다고 가르친다. 시편 104편은 창세기 1장의 아름다운 시적 재진술로서 피조 세계에 나타난 여호와의 권능과 지혜와 선하심을 묘사하고 있다. 이것은 이 세상이 하나님 자신의 영광을 위해 하나님에 의해 만들어졌다고 가르친다. 시편 기자는 창조주께 드리는 찬송으로 만물을 창조하시고 붙드시는 분에 대한 영광을 찬양한다. 모든 이들이 전능하신 창조주 하나님께 목소리를 다해 찬양하도록 하라.

본문 이해

Main Idea	시편 기자는 전 우주의 유일한 창조주이신 하나님을 찬양한다.

A. 첫째 날: 하나님이 빛을 창조하셨다(104:1-2a)

104:1. 시편 기자는 자신의 영혼을 향해 하나님을 열정적으로 송축하라고 말하는 것으로 시작한다(시 103:1-2, 22). 하나님은 심히 광대하시며, 그분의 피조물과 비교가 불가능할 정도로 위대하신 창조주시다. 하나님은 존귀와 권위로 옷 입으시고, 그분의 영광의 찬란한 빛인 눈부신 거룩의 광채에 둘러싸여 계신다.

104:2a. 시적인 표현으로 시편 기자는 하나님이 자신을 빛으로 에워싸신 것처럼 혹은 눈이 멀 정도로 두려운 빛으로 자신을 두르신 것으로 묘사한다. 여기서 창조 첫날에 대한 묘사를 볼 수 있다. 하나님은 그 최초의 24시간 때 빛을 창조하셨다(창 1:3-5, 고후 4:6). 이 빛은 태양보다 앞서 창조된 것이다.

B. 둘째 날: 하나님이 하늘을 창조하셨다(104:2b-4)

104:2b. 둘째 날에 하나님은 하늘을 휘장같이 치셨다. 여기서 우주는 단순히 장막이 펼쳐진 것처럼 묘사되어 있다. 야영자가 텐트를 설치하듯이 하나님은 아무 힘도 들이지 않으시고 광대한 우주를 던지시듯 펼치셨다. 우주의 모든 별들을 창조하시고, 제자리에 두는 일을 함에 있어 전능하신 하나님은 아무런 노력도 할 필요가 없으셨다.

104:3. 물은 대기권의 수증기층을 가리킨다(창 1:7-8). 물들은 하나님의 창조 질서의 꼭대기에 위치한 왕궁의 지붕처럼 하나님이 거주하시는 누각의 기초가 되는 들보를 제공한다. 대기권의 물 아래에는 수증기로 만들어지는 구름이 형성된다. 이러한 구름들은 하늘을 빠르게 가로지르는 수레로 묘사되어 있다. 수레를 모는 자가 수레의 방향을 조종하며 몰고 가듯이 하나님이 구름을 수레처럼 몰고 가신다.

104:4. 바람 역시 하나님의 조종을 받는다. 화염이 위의 구름에서 번쩍거리며 빛난

다. 이것은 구름에서 떨어지는 번개를 가리킨다. 하나님은 자기 자신의 목적을 위해 바람을 보내시고, 다스리시며, 통제하시고, 사용하신다.

C. 셋째 날: 하나님이 땅을 창조하셨다(104:5-18)

104:5. 셋째 날 하나님은 땅을 창조하셨다. 땅은 그 기초 위에 놓여졌다. 이것은 하나님이 이 행성을 만드신 방법을 묘사한 시적인 방식이다(창 1:9-13, 욥 38:4). 그것은 궤도를 벗어나 영원히 요동할 수 없고 다른 각도로 기울어질 수도 없다. 그것은 견고히 서 있으며(시 93:1, 96:10) 항상 정해진 대로 회전하고 있다.

104:6-7. 하나님은 몸을 덮은 의복처럼 바다로 땅을 덮으셨다. 이것은 대기권에 있으면서 산들 위로 선 물을 가리킨다. 하나님의 견책에 그것들은 바다를 이루는 지정된 장소로 빨리 도망한다(욥 38:8-11). 하나님의 입으로 나온 말씀은 우렛소리처럼 권위가 있어서 물들이 재빨리 순종한다.

104:8-9. 이 물들이 흘러서 산은 오르고 골짜기는 내려가게 한다. 이 단계에서 하나님은 지구의 지형을 제 장소에 있도록 정리하신다. 지구 표면의 이 모든 세부적인 상태는 하나님이 정하신 것이다. 나아가 하나님은 물의 경계를 정하셔서 해변으로 된 해안선이 있게 하시고, 땅이 절대로 바다로 인해 침범당하지 않도록 하셨다.

104:10-12. 이 과정에서 하나님은 또한 샘들을 두셔서 정해진 장소에 있게 하셨다. 이 샘들은 즉각 시내와 강으로 흘러들어 들의 짐승이 마시게 하셨다. 하지만 이것은 다섯째 날에 창조되었다. 나무들은 물이 흐르는 시냇가에 자라고, 새들은 이 나무 속에 깃들고 물을 마신다.

104:13-15. 하나님은 하늘에서 비를 보내셔서 산에 물을 주신다. 땅은 하나님이 만물을 자라게 하시려고 제공하신 것으로 인해 풍족하다. 하나님은 오직 한 가지 목적, 즉 인간의 필요를 채우시기 위해 풀과 채소를 자라게 하신다. 고대 이스라엘에서 포도주와 빵(양식)은 일상생활의 주식이었고, 인간 삶을 풍요롭게 하는 하나님의 복이었다.

104:16-18. 하나님이 보내신 비는 나무로 자라게 하고, 새들로 깃들게 하며, 학이 집을 갖게 해준다. 하나님의 천재성으로 모든 형태의 생물이 살기에 적합한 지구가 만들어졌다. 그분은 자신이 창조하신 만물을 위한 완벽한 장소를 제공하신 후 그들을 위해 좋은 것들을 제공하셨다. 그분은 새들과 학에게 나무의 보금자리를 주시고, 산양에게는

높은 산 속에 거처를 주시며, 너구리에게는 바위 틈 속에 거처할 장소를 주신다.

D. 넷째 날: 하나님이 행성들을 창조하셨다(104:19-23)

104:19-20. 넷째 날 하나님은 지구를 둘러싼 우주에 행성들을 만드셨다. 달은 절기를 정해주고, 해는 매일 기울어져 수평선으로 사라지며 절기의 규칙적인 주기를 다스린다. 하나님은 모든 행성과 별을 만드셔서 우주의 적합한 위치에 두셨다. 지구의 자전으로 지구의 절반은 항상 태양의 빛에서 가려져 날의 절반이 흑암이 된다. 짐승들이 기어나와 먹이를 사냥하는 때는 바로 이 밤이다.

104:21-23. 사자는 동물 세계의 왕이며, 하나님의 피조물의 야간 통치자다. 밤의 어둠 속에서 이 짐승들은 그 잡을 것을 쫓아 부르짖는다. 그러나 낮에는 사람이 하나님의 피조 세계의 통치자다. 하나님이 창조하신 것, 즉 지구를 관리할 책임을 부여받았을 때 하나님이 정해주신 인간의 일은 선한 것이었다. 이 절은 여섯째 날의 인간의 등장을 예고한다.

E. 다섯째 날: 하나님이 짐승들을 창조하셨다(104:24-26)

104:24. 창조 다섯째 날, 하나님은 동물의 왕국을 만드셨다. 시편 기자는 갑자기 하나님을 찬양하며, 그분의 영광이 모든 피조물에 나타난 것으로 인해 하나님을 경배한다. 세계는 하나님이 하신 일을 보여주고, 그분을 통해 그분의 지혜를 알리며, 아름다움과, 다양성과, 조화와, 질서로 만물을 만드신 그분의 신적 천재성을 알린다.

104:25. 이날에 하나님은 짐승들을 땅에 살게 하셨다. 구체적으로 시편 기자는 넓은 바다의 짐승들을 언급한다. 이 거대한 수역들은 물고기와 해양 포유류들로 충만하며 무수하여 셀 수 없을 지경이다. 이 모든 것이 하나님의 위대하심을 드러낸다.

104:26. 선척이 바다를 항해한다. 이것은 인간이 바다를 항해할 미래 시대를 예고한다. 그러면 인간들이 배를 타고 물고기와 해양 포유류가 사는 바다를 건널 것이다. 악어는 인간을 압도할 수 있는 무서운 바다 괴물로(욥 3:8, 41:1-34, 시 74:14, 사 27:1) 아마 공룡일 가능성도 있다. 인간에게 공포스럽게 보이는 이 위협적인 짐승은 바다에서 장난을 치는 하나님의 무해한 애완동물이다.

F. 여섯째 날: 하나님이 인간을 창조하셨다(104:27-30)

104:27-28. 창조 여섯째 날에 하나님은 인간을 창조하셨다(창 1:24-31). 인간을 비롯한 하나님의 모든 피조물이 때를 따라 양식을 주시는 하나님을 의지한다. 이것은 곡식을 거두는 추수기에 이어 식물이 자라는 여러 시기를 암시한다. 오직 하나님만이 곡식을 창조하실 수 있다. 인간은 단지 그것을 거둘 뿐이다. 하나님이 제공하신 좋은 것은 그분의 풍성한 선하심의 계시다.

104:29-30. 하나님이 그분의 낯을 숨기시고, 자신의 임재를 거두시며, 식량을 주시기를 멈추신다면 전 지구는 두려움에 떨 것이다. 모든 피조물은 그 출생과, 생존과, 장수에 대해 하나님을 의지한다. 인간이 사는 날의 수는 하나님이 정하신다(욥 14:5, 시 139:16). 그들의 때가 되면 하나님은 그들의 호흡을 취하실 것이다. 하나님이 자기 영을 보내시자 인간은 살아 있는 영이 되었다(창 2:7).

G. 날마다: 하나님은 찬양을 받으셔야 한다(104:31-35)

104:31-32. 창조를 통한 하나님의 전능하심에 대해 인간은 끊임없이 그분을 찬양해야 한다. 여호와의 영광이 그분의 창조 행사를 통해 영원히 드러나도록 하라. 인간이 하나님이 만드신 것을 누리는 것처럼 여호와 하나님도 자신이 만든 것으로 인해 즐거워하신다. 하나님은 땅에 대한 절대적 주권과 권능을 행사하신다. 하나님이 바라보시면 땅이 진동한다. 그분이 그냥 땅을, 가장 강한 곳인 산을 접촉만 하셔도 그것이 녹는다.

104:33-35a. 여기에 하나님의 창조 능력에 대한 합당한 반응이 있다. 인간은 하나님께 영광을 돌리고, 그분의 이름을 찬양해야 한다. 시편 기자는 자신의 묵상이 이 두려우신 하나님께 가상히 여겨지기를 기도한다. 이 하나님에 대한 찬양에 동참하지 않는 사람들은 하나님의 진노에 소멸될 것이다. 죄인은 하나님 안에서 기쁨을 발견하기를 거부하고, 오히려 창조물, 심지어 자기 안에서 기쁨을 얻는다.

104:35b-c. 시편 기자는 처음에 시작한 대로(1절) 이 찬송을 끝맺는다. 그는 자기 영혼으로 하여금 여호와를 송축하라고 명한다. 그는 진심으로 반응하며 하나님에 대한 열정적 찬양에 대한 선언으로 자기 자신의 호소에 응답한다.

결론

하나님의 모든 피조물 가운데 가장 독특한 인간은 하나님의 형상으로 만들어졌다. 하나님의 창조 질서의 정점에 서 있는 인류는 하나님을 알고, 예배하며, 그분의 이름에 영광을 돌리도록 하나님의 모습을 따라 만들어진 존재다. 여기에 인간의 참된 존엄성이 존재하며 삶의 참된 가치가 있다. 인간은 하나님과 인격적 관계를 누릴 수 있는 능력을 가진 존재로 하나님께 창조되었다. 여기에 인간 실존의 가장 고차원적 목적, 가장 고귀한 존재의 이유가 있다. 인간은 하나님을 아는 지성과, 하나님을 사랑하는 마음과, 하나님께 순종하는 뜻을 가지도록 계획되었다. 인간의 영광은 하나님과 그분의 관계에서 발견된다. 하나님은 인간의 영혼 안에 영원성을 두셨다. 다시 말해서 인간은 이 물질적 세계 너머의 것을 위해 살고자 하는 초월의 욕망을 소유한다. 단순히 일시적인 실존을 넘어서서 살라는 인간에 대한 이 고차원적 소명은 하나님이 인간의 영혼 안에 심어주신 것이다. 하나님의 형상을 한 이 빈 공간이야말로 하나님의 다른 피조물들과 다른 점이다. 그러므로 그분의 아들 예수 그리스도를 통해 하나님을 알아가는 삶을 살아가도록 하자.

teaching guide

티칭 가이드

고안

여호와를 찬양하라(1a)

A. 첫째 날: 하나님이 빛을 창조하셨다(104:1-2a)

1. 하나님이 존귀로 옷 입으셨다(1b)
2. 하나님이 빛을 입으셨다(2a)

B. 둘째 날: 하나님이 하늘을 창조하셨다(104:2b-4)

1. 하늘을 펼치셨다(2b, 3a)
   a. 휘장처럼(2b)
   b. 누각처럼(3a)
2. 하나님이 구름을 펼치셨다(3b)
   a. 수레처럼(3b)
   b. 화염처럼(4절)

C. 셋째 날: 하나님이 땅을 창조하셨다(104:5-18)

1. 하나님이 땅의 기초를 두셨다(5절)
2. 하나님이 깊은 물로 땅을 덮으셨다(6-9절)
   a. 산들 위에(6절)
   b. 제자리에(7절)
   c. 골짜기 아래로(8절)
   d. 경계 내로(9절)
3. 하나님이 땅에 물이 흐르게 하셨다(10-18절)

a. 샘물이 골짜기에 흐르게 하신다(10절)

b. 짐승들로 샘물을 마시게 하신다(11절)

c. 새들로 샘물을 마시게 하신다(12절)

d. 산에 물이 흐르게 하신다(13절)

e. 샘으로 풀을 적시게 하신다(14-15절)

f. 샘으로 나무를 적시게 하신다(16-17절)

g. 산양이 샘물을 마시게 하신다(18a)

h. 너구리로 샘물을 마시게 하신다(18b)

D. 넷째 날: 하나님이 행성들을 창조하셨다(104:19-23)

1. 하나님이 행성들을 다스리신다(19-20a)

a. 달로 절기를 정하게 하신다(19a)

b. 해로 하루를 마감하게 하신다(19b)

2. 하나님은 밤을 다스리신다(20a)

3. 하나님은 낮을 다스리신다(22-23절)

a. 해가 떠오른다(22a)

b. 짐승들이 물러가서 쉰다(22절)

c. 인간이 노동을 한다(23절)

E. 다섯째 날: 하나님이 짐승들을 창조하셨다(104:24-26)

1. 하나님이 모든 짐승들을 창조하셨다(24절)

a. 많은 짐승들을 지으셨다(24a, c)

b. 지혜로(24b)

2. 하나님이 해양생물들을 창조하셨다(25-26절)

a. 그 수가 헤아릴 수 없다(25a)

b. 크고 작은 생물을 지으셨다(25b)

c. 악어를 지으셨다(26절)

F. 여섯째 날: 하나님이 인간을 창조하셨다(104:27-30)

1. 하나님이 인간을 먹이신다(27-28절)
   a. 때를 따라(27절)
   b. 좋은 것으로(28절)
2. 하나님이 인간을 두렵게 하신다(29a)
3. 하나님이 인간의 생명을 가져가신다(29b)
4. 하나님이 인간을 창조하신다(30절)
   a. 그분의 영으로(30a)
   b. 지면을 새롭게 하시려고(30b)

G. 날마다: 하나님은 찬양을 받으셔야 한다(104:31-35)

1. 여호와의 영광이 영원하기를(31a)
2. 하나님이 자기 행사로 기뻐하시기를(31-32절)
3. 나는 주를 찬양할 것이다(33절)
4. 나는 하나님을 묵상할 것이다(34절)
5. 악인들이 더 이상 존재하지 않기를(35절)

시편 105편

보이지 않는 손

"하나님이 자신을 현현하시는 것이 역사가 아니라면 무엇이 역사인가?"

- 올리버 크롬웰(Oliver Cromwell)

들어가는 글

윌리엄 S. 플러머(William S. Plumer)가 다음과 같은 글을 쓴 적이 있다. "계시뿐 아니라 역사와 자연 속에서도 하나님을 보는 자는 복이 있다." 확실히 성경을 공부하는 사람은 인간 역사의 모든 일을 주관하시며, 그것을 정해진 목적대로 이끌어가시는 하나님의 보이지 않는 손을 볼 수 있는 눈을 뜨게 된다. 세계 역사의 흐름에 대한 개인의 이해는, 하나님이 세상에 그 뜻을 전하시며, 땅 위에서 주권적으로 자기 왕국을 세우고 계심을 볼 수 있느냐 하는 것에 따라 결정된다.

마틴 로이드 존스(Martyn Lloyd-Jones) 박사는 이렇게 말했다. "세계 역사를 이해하는 열쇠는 하나님의 왕국이다." 다시 말해서 세계 역사는 구속의 역사에 대한 하나님의 보이지 않는 손을 떠나서는 이해할 수 없는 것이다. 세계 역사의 흐름은 자기 백성들 속에서 그리고 그들을 통해서 일하시는 하나님을 관찰하지 않으면 파악이 되지 않는다. 여기에 모든 역사가 중심으로 삼는 것이 있다. 하나님은 항상 전세계적 흐름을 이끌어 내시기 위해 자기 백성들을 통해 일하신다.

이것이 시편 105편의 아름다움이다. 이 시편은 세 편의 역사 시편 가운데 하나다. 나머지 역사 시편은 78편과 106편이다. 요약 형태의 이 역사적 시편은 구약에서 하나님의 백성들의 중요한 역사적 사건들을 요약 형식의 연대순으로 기록하고 있다. 시편 105편에서 우리는 수많은 역사적 사건들과, 환경과, 흐름과, 원인들에 대한 하나님의 보이지 않는 손을 본다. 여기서 우리는 인간사에 개입하시는 하나님을 본다. 하나님이 인간의 삶에 밀접하게 관련되시는 것을 본다. 하나님은 멀리 계셔서 전혀 무관심한 분이 아니시다. 하나님은 인간사와 국가들의 일, 통치자들의 등극, 왕국들의 진행, 역사의 방향에 밀접하게 연관되어 적극적으로 관여하신다. 확실히 역사는 그분의 역사다. 역사에는 하나님의 흐름이 있다. 세상의 사건들에는 하나님의 주권적 목적과 전략적 계획이 있다. 역사는 하나님이 손으로 만드신 솔기 없는 의복이다.

시편 105편과 106편은 완벽하게 어울리는 짝을 이룬다. 이 두 시편은 어깨와 어깨를 맞댄 듯 밀접한 연관을 맺고 있으며, 시편의 제4권을 마무리하는 역할을 한다. 시편 105편은 하나님이 이스라엘을 어떻게 대하셨는지를 말하는 반면, 시편 106편은 이스라엘이 하나님을 어떻게 대했는지에 대해 말해준다. 시편 105편이 이스라엘에 대한 하나님의 신실하심을 말한다면, 시편 106편은 하나님을 향한 이스라엘의 불성실함을 말한다. 또 시편 105편이 하나님의 은혜에 대해서 말한다면, 시편 106편은 이스라엘 백성의 수치에 대해서 말한다. 이 두 시편에서는 성경 전체의 이중적 주제인 하나님의 구원과 인간의 죄, 하나님의 신실하심과 인간의 불성실함의 주제가 요약되어 있다.

이 두 시편의 시간적 배경은 이스라엘이 바벨론 포로 생활에서 예루살렘으로 귀환한 이후인 것으로 보인다(시편 105편이 격려가 목적이라면, 시편 106편은 경고가 목적이다). 시편 105편은 길이가 다른 여섯 개의 연으로 분류되어 아브라함과 맺은 하나님의 언약에서 가나안 정착까지의 이스라엘 역사 약 500년의 기간을 다룬다.

본문 이해

Main Idea	시편 기자는 하나님의 백성들에게 하나님이 역사를 다스리시므로 그분을 예배하라고 권면한다.

A. 이스라엘에 대한 권면(105:1-7)

105:1. 열 가지 명령으로 시작되는 이 시편은 하나님의 백성들에게 그분을 경배하도록 요청한다. 첫 번째 명령인 여호와께 감사하라는 모든 사람들에게 하나님께 대한 감사를 표현함으로써 그분의 선하심을 인정할 것을 권면한다. 두 번째 명령인 그 이름을 불러 아뢰라는 모든 신자들이 마음과 목소리를 높여 찬양과 경배로 하나님의 이름을 높일 것을 명한다. 세 번째로, 그들은 온 세상에 하나님의 놀라운 행사를 알려야 한다. 온 땅과 역사와 자기 백성들 가운데서 행하신 그분의 행사를 말해야 한다.

105:2-3. 네 번째, 하나님의 백성들은 하나님에 대한 찬양에 동참해야 한다. 그분만이 찬양받기에 합당하시다. 다섯 번째, 그들은 그분의 모든 기사를 말해야 한다. 그것은

그것들을 목격한 모든 이들의 마음에 '경이로움' 을 불러일으키는 그분의 놀라운 행사다. 여섯 번째, 모든 성도들은 하나님의 신적 속성의 총체인 하나님의 성호를 자랑해야 한다. 일곱 번째, 그들은 너무나 경이로운 그분 안에서 즐거워해야 한다.

105:4-5. 여덟 번째, 모든 신자는 주를 구하며 그분의 놀라운 능력, 즉 만물을 다스리시는 능력을 살펴보아야 한다. 아홉 번째, 그들은 그분의 얼굴을 구해야 한다. 다시 말해서 하나님에 대한 지식을 추구해야 한다. 열 번째, 하나님의 백성들은 여호와께서 행하신 위대한 일을 기억해야 한다. 그분의 기사를 기억하도록 요청하며, 그분의 행사를 결코 잊지 말며, 기억 속에서 계속 재생시켜야 한다.

105:6-7. 모든 하나님의 백성들인 아브라함의 후손과 야곱의 자손은 이 열 가지 명령에 순종해야 한다(1-5절). 시편 기자는 엄중한 선언으로 여호와가 하나님이심을 알린다. 그분의 판단이 온 땅에서 나타나기 때문이다. 이러한 판단은 자기 백성들을 구원하시고, 원수들을 멸하시는 하나님의 결정적이고 역동적인 행위다.

B. 택함받은 이스라엘(105:8-15)

105:8-11. 하나님은 아브라함과 하신 언약을 기억하시고, 그 약속들을 지키시며 행하셨다(창 12:1-3). 그분은 자신의 말씀을 천대에 이르도록 지키실 것이다. 한 세대는 기본적으로 40년이다. 그러므로 하나님은 그다음 4천 년 동안 혹은 인간 역사가 남아 있는 한(즉 영원히) 자신의 말씀을 지키실 것이다. 하나님은 아브라함과 이 언약을 맺으시고(창 12:1-3, 13:14-18, 15:18-21, 17:1-21, 22:15-19) 후에 이삭(창 26:23-25)과 야곱(창 35:9-12)에게 확증해주셨다. 하나님은 결코 폐지되지 않으며 영원토록 있을 영영한 언약을 말씀하셨다. 이 아브라함의 언약을 통해 하나님은 이스라엘에게 가나안 땅을 주기로 약속하셨다(창 17:8).

105:12-13. 아브라함과 그 가족의 수가 적을 때 하나님은 그에게 하늘의 별만큼, 바다의 모래만큼 번성하게 해주겠다고 약속하셨다(창 13:16, 15:5, 17:2, 6, 22:17). 그들은 가나안 땅에 들어오기 전 이 족속에게서 저 족속에게로 유리했다. 아브라함 자신이 갈대아 우르에서 하란으로, 가나안으로(창 11:31), 애굽으로 옮겨다니며 살았다.

105:14-15. 하나님은 그 누구도 그들을 해하도록 허락지 않으셨고, 그들을 보호하시며, 보존하셨다. 그분은 열왕을 꾸짖으셨다. 아브라함의 아내 사라가 바로의 궁궐로 끌

려가자(창 12:17) 하나님은 무서운 역병으로 바로와 그 집안을 치셨다. 후에 하나님은 아브라함을 보호하시기 위해 그랄 왕인 아비멜렉을 꾸짖으셨다(창 20:3-7). 나의 기름 부은 자를 만지지 말며는 하나님이 아브라함과 이삭과 야곱을 대신해 이방 왕들에게 하신 말씀이다. 그들은 하나님의 선지자로 불렸다(창 20:7). 이 칭호는 그들이 사람들에게 하나님의 메신저로 일하도록 성령의 능력으로 기름 부음 받았음을 암시한다.

C. 이스라엘의 노예 생활(105:16-25)

105:16-19. 하나님과 관련된 이스라엘의 역사는 이제 요셉이 애굽에 있던 때로 이어진다(창 37-50장). 하나님이 그들의 양식을 다 끊으심으로 인해 그 땅에 기근이 임할 것이다. 이때 요셉은 형들에 의해 가나안을 지나가던 대상들에게 노예로 팔렸고, 그들은 그를 애굽으로 끌고 갔다. 그곳에서 요셉은 애굽인들의 죄수가 되었다. 그가 보디발의 감옥에 갇혀 있었지만 하나님은 요셉을 잊지 않으셨다. 요셉이 감옥에 있는 동안 하나님은 일찍이 아브라함에게 하신 말씀을 지키셔서 요셉에 대해 신실하게 행하셨다.

105:20-22. 때가 되자 애굽 왕은 요셉을 감옥에서 석방하고(창 41:14), 그를 그 집의 주관자로 삼았다. 이 지위의 승격은 하나님이 일찍이 그를 방백들의 통치자로 삼겠다고 하신 약속(창 37:5-11)의 성취였다. 사슬에 묶였던 요셉이 이제 자신이 원하는 대로 바로의 백관을 제어할 권세를 얻게 되었다. 장로들은 바로의 자문 위원들을 가리킨다(즉 폭넓은 경험과 학식을 가진 노인들).

105:23-25. 그렇게 요셉이 애굽에 있음으로 인해 이스라엘이 애굽에 들어갔고, 그후 430년 동안 그곳에서 살았다. 그들은 함의 땅에서 살았다. 이곳은 애굽의 또 다른 이름으로 노아의 가장 어린 아들인 함의 후손의 일부(창 10장)가 정착했던 곳이다. 하나님은 그분의 백성을 크게 번성케 하사 그들이 대적들보다 더 강해질 정도로 백성의 수가 많아지게 하셨다. 이 기간 동안 하나님은 애굽에서의 이스라엘의 운명을 주권적으로 다스리셨다(창 15:13). 하나님은 이스라엘을 심판하시고 징계하시는 데 애굽인들을 사용하시기 위해 그들의 마음이 그 종들에 대해 변하게 하셨다(잠 21:1).

D. 이스라엘의 출애굽(105:26-38)

105:26-28. 정해진 때가 되자 하나님은 이스라엘을 애굽의 노예 상태에서 이끌어내

시기 위해 주권적으로 모세를 일으키셨다. 하나님은 이스라엘이 애굽의 속박에서 구원 받을 것이라고 약속하셨다(창 15:14). 하나님은 이 완벽한 때에 아브라함에게 하신 말씀을 지키셨다. 모세와 아론이 이 일에 자발적으로 나선 것이 아니었다. 그들은 이 일을 위해 하나님의 주권적인 선택을 받고 섭리 가운데 보냄을 받았다. 이 두 사람은 애굽인들 사이에서 여호와의 표징을 보였다. 이것은 하나님이 애굽에 보내신 열 가지 재앙의 심판을 가리킨다(출 7-12장). 하나님은 그들의 마음을 철저히 황폐하게 만드셔서 애굽인들이 두 손을 들고 항복하게 하심으로 이스라엘을 압제와 속박에서 풀어주셨다.

105:29-36. 첫 번째 재앙에서(출 7:14-25) 하나님은 물이 변하여 피가 되게 하셨다. 두 번째 재앙에서는(출 8:1-15) 그 땅에 개구리가 번성케 하셨다. 세 번째와 네 번째 재앙에서는(출 8:16-32) 파리 떼와 이에게 명령하여 애굽인들을 심판하게 하셨다. 일곱 번째 재앙에서는(출 9:13-35) 우박과 화염으로 들판의 곡식들을 다 망가뜨렸다. 여덟 번째 재앙에서는(출 10:1-20) 황충과 메뚜기가 저희 땅의 모든 채소를 먹어치웠다. 열 번째 마지막 재앙에서는 하나님이 그 땅의 장자를 죽이셨다(출 11:1-12:51). 이 모든 것은 바로와 애굽 신들에 대한 하나님의 주권을 증명하기 위한 것이었다.

105:37-38. 하나님은 애굽에서 자기 백성들을 건져내실 때 그들의 재정적 필요를 위해 그들이 떠날 때 은금을 준비하셨다(출 12:35-36). 이스라엘의 구원이 너무나 기적적이어서 애굽은 대항조차 하지 않았다. 오히려 애굽은 두려움으로 인해 그들이 저들을 떠날 때 실제로 기뻐했다.

E. 이스라엘이 보호받음(105:39-41)

105:39. 이후 40년 동안 하나님은 구름(쉐키나 영광)을 펴셔서 광야의 이스라엘을 보호하시고 인도하셨다. 그것은 광야에서 안내자 역할을 했고(시 78:14), 애굽인들로부터 보호하는 방패(출 14:19-20)와 하나님의 영광스러운 임재의 불 같은 현현의 가리개(출 16:10, 24:16, 34:5, 40:34-35, 38) 기능을 했다.

105:40-41. 하나님의 백성들은 광야에서 굶주리자 하나님께 양식을 구했다. 하나님은 메추라기가 그들 앞에 날아오도록 하셔서 그들을 먹이셨다. 하나님은 또한 하늘 양식인 만나로 그들을 먹이셨다(시 78:24-25). 이 모든 것을 통해 하나님은 풍성한 채우심으로 그들을 만족케 하셨다. 하나님은 또한 모세가 지팡이로 반석을 가르게 해 그들에게

마실 물을 주셨다(출 17:6, 민 20:11). 이스라엘이 광야에서 유리하는 동안 하나님은 계속 신실하셔서 자기 백성을 인도하시고 먹이셨다.

F. 이스라엘의 가나안 입성(105:42-45)

105:42-43. 이스라엘이 약속의 땅에 이르자 하나님은 자신의 말씀을 완벽하게 지키셨다. 그들이 숱한 시련을 당했음에도 불구하고 하나님은 아브라함에게 하신 거룩한 말씀을 기억하셨다. 하나님은 자기 언약을 존중하심으로 백성을 즐거이 인도하셔서 자신이 약속한 땅에 그들로 들어가게 하셨다. 그곳은 젖과 꿀이 흐르는 아름답고 풍성한 땅이었다. 이스라엘은 마침내 하나님이 그들을 위해 준비하신 곳에 들어갔다.

105:44. 하나님은 그들에게 열방의 땅, 이전에 가나안 족속들이 소유한 땅을 주셨다. 하나님은 이땅을 그들에게 주셔서 그들로 이방 나라들이 이미 심어놓았던 것의 상속자가 되게 하셨다.

105:45. 하나님은 자기 백성들에게 풍성한 복을 주셔서 그들의 마음에 그 율례를 지킬 동기를 부여하셨다. 하나님의 선하신 복을 받은 자들은 순종으로 반응해야 한다. 따라서 이 시편은 시작할 때와 같이 하나님께 찬송을 드리는 것으로 마무리한다.

결론

이 시편은 자기 백성들을 향한 하나님의 변함없는 성실하심에 대한 5백 년의 역사를 기록한다. 이스라엘의 과거를 바탕으로 한 구속 역사의 이야기 전개는 솔기 없는 통으로 된 옷이며, 하나의 통일된 전체이다. 이 드라마는 개별적이고 서로 무관한 부분들을 다루는 것이 아니라 전체가 하나의 통일된 계획으로 통합되는 총체적인 것을 다룬다. 여기에 수많은 등장 인물들을 가진 한 대본이 있고, 수많은 장으로 된 한 편의 연대기가 있다. 이 5백 년 동안의 사건은 하나님의 영원한 목적이 자기 백성들의 삶 속에서 그리고 그 삶을 통해 이루어지는 한 편의 서사시다. 하나님이 기록하신 이 이야기는 오늘날도 여전히 기록되고 있다. 하나님의 영원한 계획들이 세상에서 이루어지고 있으며, 그리스도의 재림으로 세대가 정점에 달하고 완결될 시기를 향해 나아간다. 역사 속에서 통치하시는 하나님에 대해 신자들은 얼마나 큰 확신을 가져야 하겠는가. 역사는 그분에 관한 이야기다.

고안

A. 이스라엘에 대한 권면(105:1-7)

1. 여호와께 노래하라(1-2절)
   a. 그분께 감사를 드리라(1a)
   b. 그분의 이름을 부르라(1절)
   c. 그분의 행적을 전하라(2절)
2. 여호와를 구하라(3-4절)
   a. 그분의 이름을 자랑하라(3절)
   b. 여호와를 의지하라(4절)
3. 여호와를 맛보라(5-7절)
   a. 그분의 기사를 기억하라(5절)
   b. 그분의 심판을 재확증하라(6-7절)

B. 택함받은 이스라엘(105:8-15)

1. 하나님이 자기 언약을 기억하셨다(8-11절)
   a. 그분은 아브라함으로 그것을 명하셨다(8-9절)
   b. 야곱으로 그것을 확증하셨다(10절)
   c. 이스라엘로 그 언약을 지속하신다(11절)
2. 하나님이 자기 백성을 돌아보셨다(12-15절)
   a. 그들이 다른 나라들로 유리하고 다녔다(12-13절)
   b. 그들이 하나님의 보호하심을 받았다(14-15절)

C. 이스라엘의 노예 생활(105:16-25)

1. 하나님이 기근을 불러 임하게 하셨다(16절)
2. 하나님이 요셉에게 사명을 위탁하셨다(17-22절)
3. 하나님이 이스라엘을 거룩하게 하셨다(23-25절)

D. 이스라엘의 출애굽(105:26-38)

1. 하나님이 모세를 부르셨다(26절)
2. 하나님이 기적을 명하셨다(27-36절)
3. 하나님이 이스라엘을 거룩하게 하셨다(37-38절)

E. 이스라엘이 보호받음(105:39-41)

1. 하나님이 그들을 구름으로 인도하셨다(39절)
2. 하나님이 메추라기로 그들을 먹이셨다(40a)
3. 하나님이 양식으로 그들을 만족케 하셨다(40b)
4. 하나님이 그들에게 물을 주셨다(41절)

F. 이스라엘의 가나안 입성(105:42-45)

1. 하나님이 자기 언약을 기억하셨다(42절)
2. 하나님이 그들로 방랑 생활을 끝내게 하셨다(43절)
3. 하나님이 그들에게 땅을 주셨다(44-45절)

시편 106편

전적 고백

"우리 죄를 가리는 방법은 고백을 통해 그것을 드러내는 것이다."

- 리처드 십스(Richard Sibbes)

들어가는 글

한 노인이 회개하지 않은 죄의 직접적인 결과로 내적 혼란을 겪고 있었다. 죄를 숨기고 있는 그의 영혼에는 어떤 평강도 없었다. 자신의 죄를 자각할수록 그는 더욱 저항하게 됐고, 결국 더 이상 그것을 버텨낼 수가 없게 되었다. 드디어 그는 이웃의 농장에 가서 "죄송합니다. 제가 얼마 전에 당신의 밧줄을 훔쳤습니다. 제 잘못을 고백하고 밧줄을 되돌려드리려고 왔습니다" 하며 속마음을 털어놓았다.

그의 이웃은 그를 용서해주었다. 그 노인은 집으로 돌아왔다. 하지만 여전히 그의 양심은 괴로움에서 벗어나지 못했다. 그래서 그는 다시 이웃을 찾아가서 이렇게 말했다. "저, 말씀드리지 않은 게 있습니다. 그 밧줄 끝에는 소 한 마리가 있었습니다."

이 이야기의 교훈은 명확하다. 오직 실제적인 회개가 동반된 온전한 죄 고백만이 참된 고백이라는 것이다. 이것은 죄에 대한 온전하고 긴 고백을 담고 있는 시편 106편의 중심 주제다. 이 시편은 실제로 성경 전체에서 가장 긴 죄 고백 가운데 하나를 담고 있다. 6절부터 46절까지의 문서화된 기록은 길고 연속된 죄 고백을 담고 있다. 익명의 역사 시편인 시편 106편은 애굽의 속박(주전 1445년 전)에서 바벨론 속박(주전 605-536년)에 이르는 이스라엘 역사를 대부분에 대한 개관을 제시한 세 시편 가운데 하나다. 이 시편은 약 8백 년에 걸친 이스라엘 역사를 다루고 있다.

이 시편은 시편 105편의 자매 시편이며, 두 노래가 동일한 이야기를 매우 다른 방식으로 묘사하고 있다는 것을 유념해야 한다. 시편 105편은 하나님의 신실하심의 관점에서 이스라엘의 역사를 이야기하는 반면, 시편 106편은 이스라엘의 불성실함의 관점에서 이스라엘 역사를 말한다. 포로기 시편인 이 시편은 이스라엘이 바벨론이라는 이방 땅에서 포로 생활을 할 때 쓰였다. 이것은 시편의 제4권 중 마지막 시편이다.

본문 이해

Main Idea	시편 기자는 하나님의 백성들이 확신 가운데 미래를 바라볼 수 있도록 이스라엘의 도덕적 실패라는 길고 오랜 기간들을 돌아본다.

A. 구원을 구하는 기도(106:1-5)

Supporting Idea	시편 기자는 하나님의 선하심에 대해 감사를 드리고, 주께서 큰 어려움에서 자기 백성들을 건져달라고 구한다.

106:1-2. 이 엄숙한 시편은 할렐루야(여호와를 찬양하라)라는 시편 기자의 선포와 함께 고조된 분위기로 시작한다. 그리고 이어서 그는 하나님의 모든 백성들에게 여호와께 감사하라고 촉구한다. 그분은 늘 선하시다. 이것은 그분의 무조건적이고 변함없는 인자하심에서 흘러나오는 자비심이다. 이 사랑은 영원하여 결코 취소되거나 끝나지 않는다. 하나님은 무한하시고 너무나 위대하시므로 누가 능히 여호와의 능하신 사적을 전파할 수 있을까? 대답은 아무도 없는 것이다. 예배자들은 그분의 무한하신 영광스러움을 말로 다 표현할 수 없다.

106:3. 공의를 지키고 항상 의를 행하는 자는 모두 복이 있다. 모든 참된 예배는 의를 행하겠다는 신자의 자발적인 순종의 선택을 요구한다. 이 내면적 순결은 또다시 내적 기쁨과 행복을 선사한다.

106:4-5. 시편 기자는 자신이 하나님께 잊혀졌음을 암시하며 나를 기억하시며라고 간구한다. 하나님은 더 이상 이전처럼 그를 사용하시지 않고 그를 버리신 것 같다. 그는 하나님이 베푸시는 은혜로 백성들을 속박에서 건져달라고 구한다. 미래의 그 건지심에 자신도 포함되기를 바라는 그는 주의 구원으로 나를 권고하사라고 기도한다. 그는 하나님이 자신을 건져주시고(바벨론 유수를 가리킴) 예루살렘으로 귀환하게 해달라고 구한다. 하나님의 회복의 결과는 택하신 자의 형통의 회복일 것이다.

B. 고백의 기도(106:6-46)

Supporting Idea	시편 기자는 하나님에 대한 이스라엘의 오랜 반역의 역사를 고백한다.

106:6. 시편 기자는 이스라엘 민족 전체로 이동해 그들의 열조가 했던 것처럼 그들도 범죄했음을 인정한다. 이 고백과 더불어 그는 이스라엘의 긴 불순종의 기간을 되돌아보기 시작한다. 이것이 하나님이 그들을 망각하신 것처럼 보인 이유다. 하나님은 죄에 복 주시지 않기 때문이다.

106:7. 애굽의 속박에서 하나님의 백성들은 여호와를 공경하지 못했다. 그들은 하나님이 애굽 사람들에게 내리신 열 가지 재앙의 교훈을 깨닫지 못했다. 오히려 그들은 바다에서 거역했다. 이 재앙을 보고 그들은 마땅히 믿고 순종함으로써 하나님께 나아가야 했다. 그런데 홍해 사건과 같이 그들은 초기에 노골적으로 하나님을 거부했다.

106:8-12. 그러나 그들의 죄악에도 불구하고 하나님은 일차적으로 그분의 큰 권능을 알게 하시려고 은혜로 저희를 구원하셨다. 그분은 홍해를 꾸짖어 자기 백성들이 마른 땅으로 건너가게 하시는 기적을 베푸셨다(출 14:21-22). 그분은 그들을 미워하는 자, 즉 애굽의 손에서 구속하셨다. 이 신적 구원은 확실히 그들에게 그럴 만한 자격이 있었기 때문이 아니라 오직 하나님의 자비하심 때문이었다. 홍해에서 이 놀라운 능력이 나타나자 저희가 하나님의 말씀을 믿고 그 찬송을 불렀다(출 15장).

106:13-15. 그러나 이 극적인 구원에도 불구하고 이스라엘은 미구에 홍해가 갈라지는 이 하나님의 기적을 잊어버렸다. 그들은 그 가르침을 기다리지 않고, 하나님께 복종하기를 거부하며, 그들 자신의 길로 갔다. 그들은 조바심을 내며 하나님이 그들의 필요를 채워주시기를 기다리지 않았다. 그들은 애굽에서 더 나은 음식을 먹었다고 불평하며, 애굽에서의 삶이 광야에서 굶어죽는 것보다 더 낫다고 모세와 아론을 원망했다(비교. 출 16:2-3). 그러나 하나님은 은혜로우셔서 그들에게 만나를 주셨다. 그럼에도 불구하고 그들은 곧 만나에 싫증이 나서 고기를 먹지 못한다고 불평했다(민 11:4-6). 하나님은 그들의 불평에 은혜로 응답하셨다. 여호와께서 저희가 요구한 것을 주셨다. 그분은 그들의 진 중에 메추라기를 보내셨다. 하지만 원망은 심각한 죄였다. 그래서 하나님은 그 영혼을 파리하게 하는 병(소모성 질병)으로 그들을 치셨다. 이것은 반드시 필요한 징계였다.

106:16-18. 그후 고라와 그를 따르는 250명의 무리가 모세와 아론에 대해 반기를 들고 반역을 일으켰다(민 16:1-3). 그들은 모세와 아론이 스스로 너무 많은 권위를 유지한다고 비난했다. 그들은 이들이 하나님이 선택하신 지도자임을 깨닫지 못했다. 그래서 하나님이 그 사람들을 심판하심으로 땅이 갈라져 그들을 삼켰다. 성막에서 화염이 나와 고라의 공범인 악인을 살랐다(민 16:32, 35).

106:19-23. 이 다음 사건은 이스라엘이 황금 송아지를 만들고 우상을 숭배한 것과 관련이 있다(출 32:1-14, 신 9:7-21). 시내산 아래에서 그들은 그들에게 계시된 하나님에 대한 진리인 자기 영광을 소의 형상으로 바꾸었다(비교. 롬 1:20, 23). 그들은 홍해를 통해 애굽에서 자신들을 건져내신 하나님을 잊었다. 이 죄 때문에 하나님은 저희를 멸하시고 모세와 더불어 새 나라를 시작하겠다고 말씀하셨다. 하지만 모세는 자기 백성들을 위해 그 결렬된 중에서 그 앞에 섰고, 하나님은 그들을 용서해주셨다(출 32:11-14, 신 9:25-29).

106:24-27. 이스라엘이 광야에서 유랑할 때 그들의 불신앙은 기회가 주어졌음에도 낙토(즉 약속의 땅)에 들어가기를 거부한 데서 나타났다(비교. 민 13-14장). 그들은 하나님의 약속을 믿지 아니하고 하나님의 확실한 말씀보다는 불신앙적인 정탐꾼들의 말을 듣고 원망했다. 그들의 불신 때문에 하나님은 이 세대가 약속의 땅에 들어가지 못할 것이라고 맹세하셨다(시 95:11, 히 3:11). 그분은 저희로 광야에서 엎드러지게 하실 작정이었다. 나아가 하나님은 그 후손을 각지에 흩어지게 하겠다고 말씀하셨다. 이것은 이스라엘이 앗수르와 바벨론의 포로가 될 것이라는 예언이다(시 44:11).

106:28-31. 아직 광야에서 유리하던 이스라엘은 더 깊은 죄에 빠져 배교의 죄를 짓고, 여호와를 배신했다. 이스라엘 사람들이 모압 여인들과 성적 부도덕의 죄악을 탐닉하며 죽은 자, 즉 생명이 없는 신들에게 희생 제물을 바치며 바알브올과 연합했다(민 25:1-3). 이것은 주님을 격노케 했고, 그분은 그들 중에 재앙을 보내셨다. 그러나 비느하스가 가장 노골적인 범죄자들 중 둘을 죽임으로 이 사태에 개입하자 재앙이 그쳤다. 그래서 하나님은 비느하스와 그 가족에게 보상하셨고, 이 일을 저에게 의로 정하였으니 대대로 무궁할 것이다(민 25:4-13).

106:32-33. 므리바 물가에서 이스라엘은 여호와를 노하시게 했다. 그러나 이스라엘은 광야에서 또 다른 죄를 지었다. 그들은 가데스에서 반역의 죄를 범했다. 그들에게 먹을 물이 없었던 것이다(민 20:1-13). 백성들이 이런 죄를 짓자 얼이 모세에게 미쳤다. 모세

가 그 입술로 망령되이 말하였고, 하나님은 그가 약속의 땅에 들어갈 자격을 박탈하셨다.

106:34-39. 그들은 약속의 땅에 들어갔지만 그 불성실함이 그치지 않았고, 불순종 또한 계속되었다. 그들은 그 땅의 거민들을 멸하라는 하나님의 명령을 받았지만 명을 좇지 않았다(삿 1:21, 27-36). 오히려 그들은 열방과 섞여서 이방인들, 즉 그 땅의 경건치 않은 거민들과 타협했다(삿 3:5-6). 이러한 공존은 그들에게 너무나 엄청난 유혹임이 드러났고, 그들은 곧 그 행위를 배우며 그들의 우상을 섬겼다(삿 2:12). 사실, 이 우상들 뒤에는 사신이 있어서 그들의 예배를 받았다. 그들의 예배 의식은 그 자녀를 죽여 그들을 이 우상들에게 희생 제물로 바치는 의식이었다. 저희는 그 행위로 더러워지며 거짓 신들과 하나 됨으로 간음죄를 지었다(겔 23:3, 5-8, 호 5:3, 6:10).

106:40-43. 하나님은 자기 백성들에게 맹렬히 노하셔서 그들을 앗수르인들과 바벨론인들과 같은 이방 압제자들의 손에 붙이셨다(삿 2:14). 이 이방의 세력들은 저희를 치리하고, 포로로 끌고 갔다. 그들의 죄로 인해 이스라엘의 국가 안보가 큰 위험에 처했다. 저희가 원수들의 압박을 받고 그 수하에 복종케 되었다(삿 4:3, 10:12). 그러나 그들의 반역에도 불구하고 하나님은 여러 번 죄의 결과에서 저희를 건지셨다(삿 2:16-18). 그럼에도 불구하고 저희가 꾀로 거역하고 계속 범죄를 저질렀다.

106:44-46. 이국의 유배 생활 속에서의 저희의 부르짖음을 들으실 때에 하나님은 그 고통을 권고하셨다(삿 3:9, 6:7, 10:10). 그가 그렇게 하신 이유는 그 언약을 기억하셨기 때문이다(시 105:8, 42). 하나님은 자신의 말씀을 부정하실 수 없다. 하나님은 그분의 인자하심으로 뜻을 돌이키사 다시 한번 그들을 구원하려 일어나셨다. 그렇게 해서 저희로 사로잡은 모든 자에게서 긍휼히 여김을 받게 하셔서(겔 9:9-10, 렘 42:12) 그들을 해방시키셨다.

C. 회복을 구하는 기도(106:47-48)

Supporting Idea	시편 기자는 포로 상태로 이국에 흩어져 있는 이스라엘 백성을 회복시켜달라고 기도한다.

106:47. 죄의 반복으로 점철된 이스라엘의 긴 역사를 돌이켜본 시편 기자는 바벨론 포로 생활 속에서 이스라엘의 미래를 위한 소망을 견지한다. 과거에 용서하셨던 하나

님이 분명히 다시 그렇게 하실 것이다. 그는 **우리를 구원하소서**라고 기도한다. '우리' 라는 단어 사용은 시편 기자 자신이 포로로 잡혀 있으며, 그가 전 민족을 대신해 이 기도를 드렸음을 암시한다. 그는 **열방 중에서 모으시고**라고 간구하며, 다시 한번 유대의 약속의 땅으로 돌아갈 수 있도록 열국 중에서 그들이 다시 모이게 해달라고 구한다. **우리로 주의 성호를 감사하며 주의 영예를 찬양하게 하소서.** 성전이 있었고, 다시 성전이 재건될 확실한 장소인 예루살렘에서 그들은 하나님을 찬양하고 경배할 것이다.

106:48. 마지막 **찬양**이 하나님께 드려진다. 이것은 후대의 편집자들에 의해 추가되었을 가능성이 있다(시 41:13, 72:18, 89:52). 이 찬양은 시편의 제4권(시 90-106편)을 마무리하는 절의 역할을 한다. 이 찬양은 또한 하나님께 드리는 찬양과 함께 시작할 때와 같은 내용(1절)으로 이 시편을 마무리한다. 하나님의 사랑이 영원하듯이 그분의 백성들이 드리는 찬양도 그러해야 한다. 구원과 형통함에 대한 소망 속에서(4-5, 47절) 하나님의 백성들은 **아멘 할렐루야**로 반응해야 한다.

Main Idea 복 습	시편 기자는 하나님의 백성들이 확신 가운데 미래를 바라볼 수 있도록 이스라엘의 도덕적 실패라는 길고 오랜 기간들을 돌아본다.

결론

하나님이 인간에게 주신 가장 인상적인 사역 가운데 하나는 중보 기도 사역이다. 한 개인이 그토록 많은 사람들을 위해 기도하고 그들에게 긍정적인 영향을 미칠 수 있다는 것이 얼마나 놀라운가. 성경은 "의인의 간구는 역사하는 힘이 많으니라"(약 5:16)고 가르친다. 시편 106편에서 우리가 발견하는 것이 바로 이것이다. 중보 기도는 참으로 강력해서 한 개인에 불과한 시편 기자가 전 민족을 대신해 기도하고 그들로 영적 유익을 누리게 한다. 하나님이 들으시는 중보 기도는 죄를 인정하는 기도다. 하나님이 모든 신자들에게 복을 주실 것이라는 간절함을 갖고 죄를 고백해야 한다. 하나님이 자기 백성들에게 이전의 영광을 회복하게 해주시기 위해서는 먼저 집단적인 죄 고백이 있어야 한다. 오직 회개할 때만 하나님은 그들에게 다시 복을 주실 것이다. 하나님이 이 시대에 하나님의 백성들을 대신해 간절히 기도하여 하나님의 복이 쏟아부어지게 할 수많은 중보 기도자들을 일으켜주시기를 소망한다.

삶의 적용

이 시편을 통해 우리는 죄를 고백할 때 다음과 같이 해야 한다는 사실을 깨닫는다.

첫째, 죄를 죄로 고백해야 한다. 죄는 반드시 있는 그대로 정직하게 고백되어야 한다. 하나님께 죄를 고백할 때 그럴듯하게 포장해서는 절대 안 된다. 모든 죄는 하나님께 대한 불법적인 반역이다. 그것은 하나님의 거룩에 위배되는 것이다. 그로 인해 그리스도께서 십자가에 못 박히셨다. 그러므로 개인의 죄든, 공동체의 죄든, 하나님께 죄를 고할 때 항상 있는 그대로 철저하게 그 죄를 자백하도록 신중해야 한다.

둘째, 받을 자격이 없다는 태도로 용서를 구해야 한다. 겸손한 영혼은 빵을 구걸하는 거지처럼 하나님께 나아가야 한다. 용서는 우리 자신의 선함 때문에 하나님이 우리에게 진 빚과 같은 것이 아니다. 오히려 그것은 항상 주 예수 그리스도의 완전한 의를 통해서만 허락되는, 무자격자에게 허락되는 것이다. 죄를 고백하는 모든 자들은 그들에게 필요한 용서를 받을 자격이 없다. 그러므로 겸손함과 상한 마음으로 용서를 구하며 나아가도록 하자.

셋째, 하나님을 구세주로 찬양해야 한다. 용서받은 인생에게 하나님을 찬양하는 일에는 한계가 없다. 예수님은 "사함을 받은 일이 적은 자는 적게 사랑하느니라"(눅 7:47)고 말씀하셨다. 죄 용서를 깊이 자각하는 사람은 하나님의 풍성하신 은혜를 찬양하는 일에 아주 열정적일 것이다. 하나님이 허락하신 용서에 반응해 그분께 끝없는 찬양을 돌려드려야 하지 않겠는가?

기도

하나님 아버지, 당신에 대한 범죄가 횡행하는 이 시대에 우리에게 자비를 베풀어주십시오. 교회에서의 우리 죄를 자백합니다. 우리의 죄와 우리 민족의 죄악을 고백합니다! 당신의 말씀에 대해 반역하고 우리의 길로 가기로 선택한 우리를 용서해주십시오. 예수님의 이름으로 기도합니다. 아멘.

심층 연구

A. 기억하다(106:4)

다윗은 시편 25편에서 자신을 기억해(히. 자카르, zakar) 달라고 세 번에 걸쳐 구했다. 이 히브리어 단어는 '응시하다, 회상하다, 과거 사건에 대해 사용될 경우 기억하다'란 뜻을 가진 동사다. 하지만 하나님이 실제로 어떤 것을 망각하시고 이제 그것을 떠올릴 수 있다는 의미는 아니다. 오히려 그것은 하나님이 자기 종에 대한 자신의 과거 약속에 근거해 행동하시겠다고 스스로에게 환기시킨다는 개념을 전달하는 데 사용된다. 이 단어는 하나님이 자기 백성들에 대한 언약적 약속들을 기억하시거나 이행하심을 가리키기 위해 구약 전반에서 사용되고 있다(비교. 창 8:1, 9:15, 19:29, 출 2:24, 6:5-6, 시 98:3, 105:8, 42, 106:45, 렘 31:34).

B. 은혜(106:4)

'은혜(히. 라손, rason)' 란 단어에는 '기쁨, 갈망, 선의 혹은 친절' 이란 뜻이 있고, 이는 종종 상급자가 하급자에게 베푸는 것이다(신 33:16, 시 5:12, 사 49:8, 60:10, 61:2). 예를 들어, 잠언에서 '라손' 은 왕이 그의 신하들에게 베푸는 것의 의미로 사용된다(잠 14:35, 16:13, 15). 하지만 이 단어는 또한 '용납될 수 있는 것' 이란 의미로 일반적으로 한 사람이 다른 사람에게 베푸는 것의 경우에도 사용된다(잠 10:32, 11:27).

C. 바다(depths, 깊음, 106:9)

'바다' 라는 히브리어 '테홈(tehom)' 은 지중해(욘 2:5)와 같은 거대한 수역(시 77:16, 사 51:10, 63:13)이나 심지어 지하수(신 8:7, 시 78:15)와 같은 물을 가리켜 여러 방식으로 사용되고 있다. 이 단어는 종종 신적 진노의 거대한 홍수처럼 파멸과 심판의 이미지로 사용되기도 한다. 또한 다윗이 "저가 위에서 보내사 나를 취하심이여 많은 물에서 나를 건져내셨도다"(시 18:16)라고 고백할 때처럼 인생의 무거운 환난을 가리켜 사용되기도 한다. 이 단어는 노아의 악한 세대를 심판하시기 위해 하나님이 사용하신 물을 가리켜 사용되었다(창 7:11, 8:2). 또한 하나님이 두로 성을 심판하시려고 바다의 깊은 물들이 그것을 삼키게 하신 것(겔 26:19)과 열방들에 대한 신적 파멸의 시행(합 3:10)과 관련해서 사용되었다.

D. 거룩한(106:47)

'거룩한' 이란 히브리어 '코데쉬(qodesh)' 는 일차적으로 '신성하게 된, 거룩한, 구별된, 봉헌된' 이라는 뜻을 지닌다. 레위기 10장 10절과 에스겔 22장 26절에서 '코데쉬' 는 '속된(히. 촐, chol)' 것과 반대되는 의미로 사용되었다. 지성소(출 26:33-34, 대하 3:8, 10), 성전(시 20:2, 단 8:14), 성막(출 28:43, 29:30, 35:19, 39:1)과 같이 성산(holy hill)은 하나님의 내재적 거룩하심 때문에 거룩하다(비교. 사 6:3). 하나님의 임재는 그분 근처의 물건들을 거룩하게 한다(비교. 출 3:5). 하나님이 거룩하시므로 그분의 백성들은 거룩해야 한다(비교. 레 11:44, 19:2, 벧전 1:16). 이것이 바로 이 시편의 핵심이다.

고안

A. 구원을 구하는 기도(106:1-5)

여호와를 찬양하라(1a)

1. 여호와께 감사하라(1b, c)
    - a. 그분은 선하시다(1b)
    - b. 그분은 인자하시다(1c)
2. 여호와께 찬양을 드리라(2-3절)

a. 그분이 능하신 사적을 행하신다(2절)

b. 그분이 공의를 축복하신다(3절)

3. 여호와께 간구하라(4-5절)

a. 구원하실 때 나를 기억하소서(4절)

b. 형통함에 나를 포함시키소서(5절)

B. 고백의 기도(106:6-46)

우리가 열조와 함께 범죄하였나이다(6절)

1. 반역의 죄(7-12절)

a. 그들이 하나님의 능력을 무시했다(7a)

b. 그들이 하나님의 사랑을 무시했다(7b)

c. 그들이 하나님의 말씀에 불순종했다(7c)

d. 그러나 하나님은 그들을 건져주셨다(8-10절)

e. 하나님은 그들의 원수들을 수장시키셨다(11-12절)

2. 원망의 죄(13-15절)

a. 그들이 하나님의 구원을 잊었다(13절)

b. 그들이 하나님의 인내를 시험했다(14절)

c. 그들이 하나님의 징계를 받았다(15절)

3. 질투의 죄(16-18절)

a. 그들이 모세에 대해 시기했다(16절)

b. 그들이 땅에 삼킴을 당했다(17절)

c. 그들이 불로 사름을 당했다(18절)

4. 우상 숭배의 죄(19-23절)

a. 그들이 쇠붙이로 만든 송아지를 경배했다(19절)

b. 그들이 영광을 거짓과 바꾸었다(20절)

c. 그들이 그들을 구원하신 하나님을 잊었다(21-22절)

d. 그들이 모세의 기도로 살아남았다(23절)

5. 불신앙의 죄(24-27절)

a. 그들이 약속의 땅을 업신여겼다(24a)

b. 그들이 주의 약속들을 경시했다(24b)

c. 그들이 주의 말씀에 불순종했다(25절)

d. 그들이 하나님의 손 아래서 고통을 당했다(26-27절)

6. 배교의 죄(28-31절)

a. 그들이 바알과 연합했다(28절)

b. 그들이 하나님을 격노케 했다(29절)

c. 그들이 더 이상 고통당하지 않게 면제되었다(30-31절)

7. 교만의 죄(32-33절)

a. 그들이 하나님을 노하시게 했다(32절)

b. 그들이 성령을 거스려 반역했다(33a)

c. 모세가 망령된 말을 했다(33b)

8. 타협의 죄(34-46절)

a. 그들이 가나안인들을 멸망시키지 않았다(34절)

b. 그들이 가나안 족속들을 닮아가게 되었다(35절)

c. 그들이 가나안 족속들처럼 섬겼다(36-38절)

d. 그들이 가나안 족속들처럼 더러워졌다(39절)

e. 그들이 하나님의 경멸하심을 받았다(40절)

f. 그들이 하나님의 치심을 받았다(41-42절)

g. 그들이 하나님으로 인해 구원을 받았다(43a)

h. 그들이 하나님께 불순종했다(43b)

i. 하나님이 그들을 기억하셨다(44-46절)

C. 회복을 구하는 기도(106:47-48)

1. 구원의 간구(47절)

a. 우리를 구원하소서(47a)

b. 우리를 다시 모으소서(47b, c)

2. 하나님에 대한 찬양(48절)

a. 모든 이스라엘로 하나님을 찬양하게 하라(48a)

b. 모든 백성으로 하나님을 찬양하게 하라(48b)

여호와를 찬양하라(48c)

시편 107편

선하신 하나님!

"나를 향한 하나님의 선하심에 대해 내가 원하는 대로 쓸 수 있다면 내 펜의 잉크가 끓어오를 것이다."

- 프란시스 해버갈(Francis Havergal)

들어가는 글

하나님은 신적 완전성과 속성에 있어서 무한히 선한 분이시다. 이것은 하나님에 대한 모든 신자의 이해에 근본적으로 중요한 진리다. 한 개인의 삶에 주어지는 모든 좋은 것은 위에 계신 하나님께로부터 내려온다. 그분은 완벽하게 선한 분이시다. 그분의 선하심이 영적으로 표현되든 혹은 물질적이거나 정서적으로 표현되든 이것은 선하신 하나님이 자기 백성에게 주시는 직접적인 선물이다. 영혼이 무너져내리는 어려움과 생명이 위협당하는 위험에 에워싸일 때 신자들은 하나님의 선하심에 초점을 맞추어야 한다. 모든 성도들은 주님께 감사를 드려야 한다. 그분은 전혀 변함없이 선하신 분이기 때문이다. 고통스러운 환경과 힘든 시간에도 하나님의 선하심을 선포하도록 하라.

시편 107편은 자기 백성들을 향한 하나님의 변함없는 선하심에 대해 그분을 찬양하라는 감동적인 권면이다. 하나님의 이 선하심은 그분의 영원한 자애와 자기 백성에 대한 성실한 언약적 사랑에서 흘러나온다. 자주 반복되는 합창인 "여호와의 인자하심에 대해 그를 찬양하라"는 합창은 이 시편의 지배적인 주제다(1, 8, 15, 21, 31절). 시작 구절인 "여호와께 감사하라"는 이 시편을 이전의 두 시편과 하나로 연결시켜서 3부작을 만들어내고(시 105-107편), 제4권(시 90-106편)과 제5권(시 107-150편)을 연결시키는 역할을 한다. 제4권이 "여호와께 감사하라"고 요청하며 마무리되듯이 제5권은 동일한 열정적 호소를 반복함으로 시작한다. 한없이 선하신 하나님께 모두 감사하도록 하자.

본문 이해

Main Idea	시편 기자는 모든 사람들에게 하나님의 수많은 섭리적 구원에 대해 그분을 찬양하도록 요청한다.

A. 하나님의 선하심에 대한 찬양(107:1-3)

107:1. 여기에 찬양에 대한 첫 부름이 있다. 하나님은 선하시므로 감사를 받으셔야 한다. 하나님의 선하심은 하나님에 대한 가장 근본적인 진리 가운데 하나다(시 25:8, 86:5, 106:1, 118:1). 자기 백성에 대한 그분의 변함없는 사랑은 영원하며 결코 축소되지 않는다.

107:2-3. 구속받은 자는 항상 하나님의 선하심을 이야기해야 한다. '구속받다' 란 말은 위험에서 건짐을 받거나 구조를 받는 것과 동의어다. 대적은 아마 이스라엘의 원수들로서 포로 생활을 하는 그들이 있는 바벨론을 가리킨 표현일 것이다. 지나간 세기에도 하나님은 포로로 잡혀 노예 생활을 하던 이방 땅에서 자기 백성들을 구원하셨다.

B. 하나님의 선하심에 대한 묘사(107:4-32)

107:4-5. 이스라엘은 광야에서 40년 동안 거할 곳을 찾지 못했다. 그들은 40년 동안 광야 사막 길에서 방황하며 그들 자신의 죄의 노예가 되었다. 그들은 거할 성을 찾지 못했다. 그곳은 그들을 충족시키고 지탱해 줄 식량과 물을 공급받을 수 있는 곳이었다. 그들은 주리고 목말랐다.

107:6-9. 그들은 결국 너무나 절망해서 여호와께 부르짖었다. 그분은 그들을 건지셨다. 그들에게는 그럴 만한 자격이 없었지만 하나님은 은혜로 그들을 건지셨다. 그것은 그분의 선하심의 표현이었다. 하나님이 그들을 바른 길로 인도하셨다. 그곳은 위험하고, 힘든 장애가 없으며, 그들의 필요를 제공해주는 곧은 길이었다. 그들은 그분의 선하심과 사랑으로 인해 그분을 찬송해야 한다(후렴, 비교. 15, 21, 31절). 그분은 그들에게 선을 베푸셔서 사모하는 자를 만족시키시고 주린 영혼을 먹여주셨다.

107:10-12. 어떤 사람들은 흑암에 앉았다. 이것은 괴로움, 절망, 희망 없음에 대한 생생한 심상이다. 사망의 그늘이 그들의 것이었고, 그것은 거의 죽음과 같은 시련이었다. 그들은 이방의 속박과 쇠사슬에 매인 죄수들이었다. 이 속박은 하나님의 말씀을 거역한 이스라엘의 반역의 결과로 주님이 주신 징계였다. 그들의 죄로 인해 하나님은 수고로 저희 마음을 낮추셨다. 그들의 감옥 생활은 사슬에 묶인 노예가 되고, 끝이 없는 가혹한 노역에 시달리는 잔인한 것이었다(비교. 10절). 기운이 다해서 그들은 엎드러지고, 그들의 몸은 그들을 지탱할 수 없었다.

107:13-14. 마침내 그들은 여호와께 부르짖었다. 마음이 낮아진 그들은 자신들의 죄를 고백하고 악한 길을 회개했다. 하나님은 도움을 구하는 그들의 부르짖음을 들으시고, 고통에서 구원하시려고 개입하셨다. 하나님은 그들을 인도하여내시고 건져주셨다. 그분은 노예 생활과 갇힌 생활의 그 얽은 줄을 끊으셔서 고역에서 그들을 해방시켜주셨다.

107:15-16. 이에 대한 반응으로 시편 기자는 사람들에게 여호와의 인자하심으로 인해 그를 찬송하라고 촉구한다. 하나님은 이스라엘을 압제하는 대적의 성문을 깨뜨리신다. 이것은 70년 동안 이스라엘을 노예로 억압했던 곳인 바벨론을 말한다.

107:17. 그러한 끔찍한 환난 속에서 이스라엘 가운데 일부는 미련한 자가 되었다. 다시 말해서 도덕적으로 하나님의 교훈을 받아들일 수 없는 상태가 되었다. 그들은 범과와 죄악을 행했다. 이스라엘은 놀랍게도 홍해를 통해 애굽인들의 속박에서 자기 백성들을 구원하시고 메추라기와 만나로 먹이셨음에도 불구하고 주님께 반역했다.

107:18-19. 그들은 각종 식물을 싫어했다. 그들은 마음으로 하나님의 뜻이나 하나님의 때를 좋아하지 않았다. 그들은 현재보다 더 나은 양식을 원했고, 그것을 받지 못하자 조급해졌다. 사망의 문에 가깝다는 것은 그들이 죽어가고 있고 거의 죽음 직전임을 의미한다. 또다시 그들이 절박하게 도움을 구하고 부르짖으매 하나님은 그들을 구원해주셨다.

107:20-22. 하나님은 그 말씀을 보내어 그 백성들을 구원하셨다. 그분은 구원의 메시지를 보내어 저희를 고치셨다. 하나님은 그들을 위경에서 건지셨다. '위경(히브리어 샤카[shachah]의 파생어, 환난으로 넘어짐, 절망으로 완전히 침체됨, 엎드림)' 은 시련과 고통으로 추락한다는 뜻이다. 또다시 그들의 환난에서 구원과 건지심을 받았으므로 그들의 마음은 인생에게 행하신 기이한 일에 대해 하나님께 찬양과 감사를 드려야 마땅하다. 그들은 구원의 행사로 인해 하나님께 감사제를 드리며 기쁨으로 노래해야 한다.

107:23-27. 무역을 하는 상인으로 보이는 하나님의 백성들이 선척을 바다에 띄우고 항해하다가 큰 물에서 주의 행사를 목격했다. 이것은 대해에서의 하나님이 보내신 공포스러운 폭풍을 말한다. 그분은 이스라엘의 죄로 인해 광풍이 일어나 바다 물결을 일으켜 폭풍이 불게 하셨다. 이 큰 물결로 배가 곤두박질치자 두려움과 비참함 가운데 그들의 영혼이 녹았다. 지각이 혼돈하여 그들의 모든 지혜가 물속에 완전히 삼킴을 당했다. 그들

은 도무지 항해를 할 수 없었다.

107:28-29. 마침내 마음이 낮아지고 자신들의 반역의 길을 후회하게 된 그들은 여호와께 부르짖었다. 또다시 그분은 그 고통에서 그들을 인도해내셨다. 폭풍을 보내신 하나님은 광풍을 평정하시고 자기 백성들을 건져주신 분이다.

107:30-32. 성난 파도가 평온해지자 하나님의 백성들은 기뻐했다. 그러고 나서 하나님은 저희를 소원의 항구, 즉 안전하게 피할 수 있는 항구로 인도하셨다. 하나님은 그들에게 필요한 장소로 그들을 인도하셨다. 그러므로 그들은 감사를 드려야 한다(이 시편의 후렴, 비교. 1, 8-9, 15, 21-22, 31-32). 이 감사는 회와 장로들의 자리에서 공개적으로 드려져서 다른 사람들이 듣고 기뻐해야 한다.

C. 하나님의 선하심의 원리(107:33-43)

107:33-34. 주님은 때로 강(물 공급원)이 사막(가뭄)이 되게 하시거나 옥토를 황무지로 변하게 하시는 방법으로 자기 백성들을 징계하셨다. 이러한 고통은 그들 악의 직접적인 결과였다.

107:35-40. 이제 하나님은 광야를 변하여 못이 되게 하셨다. 이것은 33-34절의 반대결과다. 하나님의 징계는 오직 잠시 동안만 지속될 뿐이다. 그분은 죄를 회개하는 자기 자녀들을 회복시켜주시는 것을 기뻐하신다. 그러나 하나님의 복을 받는 그들이 이 교만한 대적들로 인해 압박과 곤란과 우환을 겪으며 불행해한다면 어떻게 되겠는가? 그러한 경우 하나님은 압제자들에게 책임을 물으실 것이다. 하나님은 그들의 압제자들에게서 그 능력과 영향력을 박탈하시고 그 권좌에서 제거하여 결코 다시는 하나님의 백성들을 해하지 못하게 하실 것이다.

107:41-42. 그러나 이 교만한 방백들에 대한 태도와는 달리 하나님은 자신에게 도움을 구하는 궁핍한 자들의 보호자가 되어주실 것이다. 정직한 자는 하나님의 보호와 구원을 보고 기뻐할 것이다.

107:43. 이 시편은 교훈적 호소로 끝난다. 이 노래는 여호와의 인자하심을 깨닫고 궁구하며 묵상하라는 부름과 함께 시작할 때처럼 마무리한다.

결론

아메리카로 배를 타고 항해했던 영국 청교도들이 좋아하는 시편 107편은 '순례자들의 시편' 으로 알려지게 되었다. 윌리엄 브래드포드(William Bradford)의 지도 아래 청교도들은 신세계의 종교적 자유를 찾아 용감하게 대서양을 건너갔고, 아메리카에 도착해 그 땅을 발견했다. 전날 그들이 타고 온 메이플라워호에서 하나님을 예배하며 보냈던 순례자들은 1620년 12월 11일 월요일에 플리머스 락의 해변에 첫발을 내디뎠다. 주지사 윌리엄 브래드포드는 플리머스 플랜테이션에 대한 자신의 이야기에서 시편 107편을 언급했다. 그들의 성취에 대한 그의 유명한 기록은 말 그대로 시편 107편에 근거했다. 하나님을 예배하기 위한 새로운 땅을 찾아서 미국으로 간 청교도들은 분명히 이 시편을 마음에 깊이 간직했다. 자기 백성들에 대한 하나님의 선하심을 연대기적으로 기록한 이 시편은 그들의 등대였다. 그러므로 오늘날 신자들에게도 이것은 마찬가지가 되어야 한다. 하나님은 자기 백성들을 인도하시고, 인도한 곳에서는 필요한 것을 공급하신다. 그분을 의지하는 모든 자들은 그분의 섭리적 돌보심과 선하심에 대해 감사드려야 한다.

티칭 가이드

교안

A. 하나님의 선하심에 대한 찬양(107:1-3)

1. 여호와께 감사하라(1절)
    a. 그분은 선하시다(1a)
    b. 그분은 인자하시다(1b)
2. 구속받은 자들로 말하게 하라(2-3절)
    a. 그분이 이방 땅에서 그들을 구속하셨도다(2b)
    b. 그분이 사방 땅에서 그들을 구속하셨도다(3절)

B. 하나님의 선하심에 대한 묘사(107:4-32)

1. 그분이 황무한 사막에서 그들을 건져주셨다(4-9절)
    a. 그들이 음식과 물도 없이 방황했다(4-5절)
    b. 그들이 주를 불렀다(6절)
    c. 그들이 하나님의 구원을 받았다(6b-7절)
    d. 그들이 감사를 드려야 한다(8-9절)
2. 그분이 이방의 속박에서 저들을 건지셨다(10-16절)
    a. 그들이 사슬에 매인 채 갇혔다(10절)
    b. 그들이 불순종으로 고난을 당했다(11-12절)
    c. 그들이 여호와를 불렀다(13절)
    d. 그들이 하나님의 구원을 받았다(13b-14절)
    e. 그들은 감사를 드려야 한다(15-16절)
3. 그분이 치명적인 질병에서 그들을 구원하셨다(17-22절)

a. 그들이 죄로 인해 고통을 당했다(17-18절)

b. 그들이 여호와를 불렀다(19a)

c. 그들이 하나님의 구원을 받았다(19b-20절)

d. 그들은 감사를 드려야 한다(21-22절)

4. 그분이 위험한 바다에서 그들을 건져주셨다(23-32절)

a. 그들이 대해에서 고통을 당했다(23-27절)

b. 그들이 주께 부르짖었다(28a)

c. 그들이 하나님의 구원을 받았다(28b-30절)

d. 그들은 감사를 드려야 한다(31-32절)

C. 하나님의 선하심의 원리(107:33-43)

1. 하나님은 불순종하는 자들을 징계하신다(33-34절)

a. 그분이 강을 광야로 변하게 하신다(33절)

b. 그분이 옥토를 황무지로 변하게 하신다(34절)

2. 하나님이 겸손한 자들을 회복시키신다(35-38절)

a. 그분이 사막을 못으로 바꾸신다(35절)

b. 그분이 굶주린 자들을 먹이신다(36절)

c. 그분이 그들의 수고에 복 주신다(37절)

d. 그분이 그들의 수를 많게 하신다(38절)

3. 하나님은 교만한 자들을 낮추신다(39-40절)

a. 그분이 그들의 수를 감소시키신다(39절)

b. 그분이 그들을 광야로 내모신다(40절)

4. 하나님이 정직한 자를 회복시키신다(41-42절)

a. 그분이 궁핍한 자들을 건지신다(41절)

b. 그분이 순종하는 자들을 기뻐하신다(42a)

c. 그분이 악인들을 잠잠케 하신다(42b)

5. 하나님이 자기 백성들을 교훈하신다(43절)

a. 그분이 그들을 지혜로 가르치신다(43a)

b. 그분이 그들을 크게 사랑하신다(43b)

시편 108편

침몰하지 않는 믿음

"이성으로는 건너갈 수 없는 곳에서 믿음은 헤엄쳐 건너갈 수 있다."

- 토마스 왓슨(Thomas Watson)

들어가는 글

계속 더해가는 어려움과 위험 속에서, 불 같은 시련의 도가니 속에서 하나님이 심어 주신 참된 믿음은 끝까지 강하고 변치 않는 믿음이다. 이것은 하나님 안에 닻을 내린 믿음의 흔들림 없는 본질이다. 주님을 의지한다고 해서 개인적인 어려움을 벗어날 수 있다거나 그 어려움이 실제보다 더 가벼워지는 것은 아니다. 믿음은 그 어려움들을 부정하거나 그 어려움이 존재하지 않는 척하는 것이 아니다. 오히려 믿음은 긍정적이면서 승리를 확신하는 시각으로 정면으로 문제들과 맞서는 것이다. 믿음은 하나님이 자기 영광을 위해 반드시 우리에게 선하게 일하실 것이라고 믿는 것이다.

온갖 어려움 속에서 믿음은 항상 하나님이 일하실 기회를 보게 한다. 믿음은 항상 하향적인 것이 아니라 상향적인 것이다. 낙담하는 것이 아니라 격려를 받는 것이다. 뒤로 물러서지 않고 항상 앞으로 나아가는 것이며, 굴복하는 것이 아니라 극복하는 것이다. 믿음은 항상 어려움의 더미 위로 올라가는 것이지 그 무게에 눌려 쇠약해지는 것이 아니다. 인생의 폭풍 속에서 큰 물이 엄습한다 하더라도 믿음은 침몰하지 않는다.

이것이 시편 108편의 다윗의 인생에 나타난 믿음이다. 그것은 하나님에 대한 신뢰의 찬송이며, 하나님의 원수들에 대한 승리의 노래다. 이 시편은 앞의 두 시편의 반복으로, 여기서 하나로 통합되었다. 다윗이나 후대의 익명의 편집자가 이 시편에서 시편 57편과 60편의 부분들을 조합해 이 하나의 시편을 완성했다. 이 두 시편을 연결시킬 때 앞의 두 시편의 탄식 내용은 생략되고, 하나님에 대한 다윗의 찬양과 확신만이 하나로 녹아 있다. 그러므로 이것은 하나님에 대한 승리의 믿음을 이중적으로 기록하고 있다. 이 강력한 시편은 하나님을 의지하는 영혼에게 격려가 된다.

본문 이해

Main Idea 다윗은 자신를 향한 하나님의 위대한 사랑을 찬양하며, 원수들에 대항하여 그분의 도우심을 간구한다.

A. 다윗의 믿음(108:1-6)

108:1. 역경 속에서 다윗은 하나님께 자신의 마음을 정했다고 선언한다. 그의 영혼은 이리저리 흔들리지 않고 고정되며 굳건하게 안정되어 있다. 그는 만물의 주권자 되신 하나님에 대한 확고한 신뢰로 인해 마음이 정해져 있다. 그렇게 정해진 마음은 찬양하는 마음이다. 하나님에 대한 확신으로 다윗은 노래할 것이 있다. 전쟁과 무서운 대적들과 대면한 상태에서도 다윗은 단순히 입술로만이 아니라 그분의 존재의 심연 바로 그곳, 심령으로 여호와께 찬양의 노래를 부른다.

108:2-4. 다윗은 악기들에게 깰지어다라고 요청한다. 이것은 이 시편이 전투가 있기 전날 부르던 기상 음악일 가능성을 암시한다. 찬양의 노래는 비파와 수금의 즐거운 악기로 연주될 것이다. 만민과 열방 중에 있는 그의 원수들조차 하나님에 대한 그의 찬양을 들을 것이다. 자기 백성을 향한 하나님의 무조건적이면서도 한결같은 사랑이 영원하기 때문에 다윗은 그토록 확신에 찬 노래를 부를 수 있다. 나아가 그가 찬양할 이유는 하나님이 진실하시기 때문이다. 하나님은 자신의 말씀을 지키시며 결코 자기 백성들을 버리지 않으신다.

108:5-6. 다윗의 위급한 상황과 상관없이 하나님은 하늘 위에서 높임을 받으시는 분이다. 민족들이 아무리 그분을 대적해서 일어난다 해도 그분의 영광은 온 세계 위에 높다. 이 특별한 역경 속에서 하나님이 만물을 주관하심이 명백히 증명될 것이다. 하나님은 이 위기 가운데서 사랑하는 자들을 건져주심으로 자신이 얼마나 존귀한 분인지를 보이실 것이다.

B. 다윗의 기초(108:7-9)

108:7. 다윗은 하나님이 그 거룩하심으로(성소에서) 말씀하신다고 선포한다. 하나님의 모든 말씀은 거룩하고, 초월적이며, 참되어 어떤 오류도 없다. 이 거룩한 계시가 바로 다윗의 믿음의 근거였다. 하나님은 요단강 동쪽 땅인 세겜을 나누어 택한 백성에게 소유와 유업으로 주시겠다고 말씀하신다. 하나님은 자기 백성들에게 원수가 있음에도 불구하고 요단강 서쪽 땅인 숙곳 골짜기를 할당하겠다고 약속하시고 맹세하신다.

108:8. 길르앗과 므낫세, 이 두 장소는 여호수아가 가나안을 정복하던 시기에 이스라엘이 점령한 요단강 동쪽의 넓은 지역을 대표하는 약속의 땅이다. 에브라임과 유다는 요단강 서쪽의 가장 유력한 두 지파였다. 유다는 하나님의 홀이 될 것이다. 이것은 유다 지파에서 태어나실 메시아에 대한 예언이다(창 49:10, 미 5:2).

108:9. 모압은 하나님의 목욕통이 될 것이다. 즉 그 앞에서 굴욕적이고 비천한 지위를 할당받을 것이다. 에돔은 주님 앞에 절하지 않은 또 다른 교만한 민족이었다. 그가 교만하여 높이 들림을 받더라도 하나님은 그를 굴복시키실 것이다. 하나님은 블레셋과 블레셋인(즉 가스의 골리앗) 위에서 외치실 것이다. 이들은 하나님이 약속의 땅을 자기 백성에게 주실 때 멸하기로 약속한 이스라엘의 적이다.

C. 다윗의 싸움(108:10-13)

108:10-11. 다윗은 주변 민족들에게 위협받는 이 위기의 시간에 직면하여 연속 질문을 한다. 누가 나를 이끌어 견고한 성에 들이며 누가 나를 에돔에 인도할꼬? 이것은 누가 그에게 승리를 주며, 그가 어디서 도움을 구하겠는가라는 물음이다. 하나님의 백성들이 당하고 있는 고통을 보면 하나님이 그들을 버리신 것 같거나 그들을 위해 능력을 사용하지 않으시는 것 같은 인상을 주었다. 싸움에서 다윗에게 승리를 주실 수 있는 분은 오직 하나님 한 분이셨다.

108:12-13. 승리는 궁극적으로 주님께 속한 것이다. 그래서 다윗은 하나님이 우리를 도와 대적을 치게 해달라는 간구를 드린다. 다윗은 올바른 대상을 믿고 있었다. 그가 의지하고 용감히 행할 수 있게 하시는 이는 오직 하나님이시다.

결론

위기에 처하자 다윗은 하나님의 약속의 말씀을 상기하며 힘을 얻는다. 그는 하나님이 맹세하신 대로 약속의 땅을 자기 백성에게 유업으로 주셨음을 기억하며 굳건히 서 있다. 다윗은 하나님의 말씀 안에서 흔들림 없는 약속들을 붙들어 담대함을 얻는다. 시편 기자는 하나님이 약속의 땅을 자기 백성들에게 주기로 이미 약속하셨기 때문에 승리가 자신의 것임을 믿는다. 그가 그를 에워싼 원수들과 싸울 때 하나님은 확실히 그에게 승리를 주실 것이다. 다윗은 이 위기 속에서 하나님이 자신의 약속을 지키실 것이라는 사실을 믿고 있다.

그러므로 모든 신자들도 말씀에 기록된 하나님의 약속 위에 서야 한다. "풀은 마르고 꽃은 시드나 우리 하나님의 말씀은 영영히 서리라"(사 40:8). 하나님의 무오한 말씀이 하나님의 백성들이 발을 딛고 설 굳건한 기초가 되어야 한다.

teaching guide

티칭 가이드

고안

A. 다윗의 믿음(108:1-6)

1. 내 마음이 정해졌다(1a)
2. 내 마음이 노래한다(1절 b-4절)
    a. 내가 노래할 것이다(1b)
    b. 내가 새벽을 깨울 것이다(2절)
    c. 내가 하나님을 찬양할 것이다(3절)
    d. 주의 인자하심과 진실함으로 인해(4절)
3. 내 마음이 기쁨으로 (5-6절)

B. 다윗의 기초(108:7-9)

1. 하나님의 오른손이 강하시다(6절)
    a. 우리를 구원하실 수 있다(6a)
    b. 우리를 건지실 수 있다(6b)
2. 하나님의 입으로 하신 말씀이 확실하다(7-9절)
    a. 내가 세겜을 나누어줄 것이다(7b)
    b. 내가 숙곳을 측량할 것이다(7c)
    c. 길르앗과 므낫세가 하나님의 소유다(8a)
    d. 에브라임은 내 머리의 보호자다(8b)
    e. 유다는 나의 홀이다(8c)
    f. 모압은 내 목욕통이다(9a)
    g. 에돔은 내 발 아래 있다(9b)

h. 내가 블레셋 위에서 외칠 것이다(9c)

C. 다윗의 싸움(108:10-13)

1. 통렬한 질문(10절)
    a. 누가 나를 구원할까?(10a)
    b. 누가 나를 인도할까?(10b)
2. 확인을 위한 대답(11절)
    a. 우리를 버리신 하나님(11a)
    b. 우리를 떠나신 하나님(11b)
3. 확인을 위한 질문(12-13절)
    a. 싸울 때 우리 도움이 되소서(12절)
    b. 전쟁의 승리를 주소서(13절)

시편 109편

인신 공격

"명성에 상처를 입히는 것보다 인간이 받을 수 있는 더 큰 상처는 없다."

- 존 칼빈(John Calvin)

들어가는 글

누군가가 당신의 믿음 때문에 당신을 악의적으로 비방한 적이 있었는가? 그리스도에 대한 당신의 충성 때문에 당신의 명성에 큰 위해를 가하려고 했던 사람이 있었는가? 당신이 그리스도인이라는 이유로 악독한 험담을 퍼뜨린 사람이 있었는가? 예수님은 그러한 공격을 예상해야 한다고 말씀하셨다. "나를 인하여 너희를 욕하고 핍박하고 거짓으로 너희를 거스려 모든 악한 말을 할 때에는 너희에게 복이 있나니"(마 5:11). 아마 그 사람이 직장 동료일 수도 있다. 어쩌면 가족 가운데 한 사람일 수도 있다. 혹은 주 안에서 소위 형제나 자매일 수도 있다. 그들이 누구든 그들은 당신에 대해 거짓을 말하고 당신에게 해를 가했다. 그런데 불행하게도 당신은 그 현장에 있지 않았다. 당신이 할 수 있는 것은 고작 그 부당함을 견디는 것뿐이었다.

이런저런 방식으로 우리는 이런 모든 일을 당할 수 있다. 사람들은 우리를 거부하고 해를 가하려고 할 것이다. 특별히 우리가 믿는 것과 삶의 방식을 전혀 이해하지 못할 때 그렇다. 그들은 우리를 공격하는 방식으로 우리를 대한다. 그리고 그러한 인신 공격은 항상 고통스럽다.

이것이 바로 다윗이 시편 109편을 쓸 때 겪고 있던 일이었다. 그는 무자비한 사람들에 의해 인신 공격을 당하고 있었다. 특별히 잔인한 어떤 사람은 핍박의 주동자로 다윗을 너무나 고통스럽고 힘들게 했다. 이 익명의 적은 그에게 심각한 해를 가하고자 한 사울 왕이었을 수도 있다. 아니면 사울의 장교 가운데 한 사람이 핵심 인물로 활동하며 다윗에게 가혹한 인신 공격을 했을 수도 있다. 어느 경우든 다윗은 자신에 대한 무자비한 공격으로 인해 괴로워하며 명성이 무참히 짓밟히는 고통을 당하고 있었다. 그는 마음에 깊은 상처를 받았는데 그것을 바로잡을 방법이 전혀 없었다. 다윗은 이 문제를 기도 가운데 하나님께 가져가는 것으로 대응했다.

원수를 제거하는 가장 최선의 방법은 그를 주님께 내어드리는 것이다. 다윗과 비슷한 곤경에 처해 있다면 우리 역시 그가 했던 대로 기도해야 한다. 궁극적으로 오직 하나님만이 그것을 해결하실 수 있다.

본문 이해

Main Idea	다윗은 고통스러운 비방 때문에 괴로워하며 하나님의 보호하심을 호소한다.

A. 다윗의 탄식(109:1-5)

109:1-2. 다윗은 이 고통스러운 때에도 하나님을 찬양받기에 합당하신 분으로 여기며 나의 찬송하는 하나님이여라는 내용으로 시작한다. 그는 이 고통스러운 시련에서 하나님이 자신에게 대답해주실 것을 간구하며 잠잠하지 마옵소서라고 호소한다. 악하고 궤사한 자들이 일어나 그를 거짓으로 정죄하였다. 다윗을 정죄하는 그들의 입은 왜곡되고 악하다. 다윗에 대한 이 거짓 고발은 거짓된 혀로 이루어지며, 그를 인격적으로 살해하고, 그의 동기를 비난하며, 그의 인생을 비방한다.

109:3. 사방에서 다윗은 자신을 미워하는 말과 마주쳤다. 자기에 대한 이 언어 공격은 무고한(이유가 없는) 것이었고, 전혀 정당화될 수 없는 것이었다. 다윗은 결백하고 무흠했지만 유죄 판결을 받은 죄인처럼 부당하게 비난받고 있다.

109:4-5. 다윗은 자신의 대적들을 사랑으로 대하지만 그들은 악과 미움을 그에게 보여주었다. 이 고통스러운 시련 가운데 다윗은 기도하며 이 문제를 하나님께 맡겼다. 문자적으로 '그러나 나는 기도라' 는 말은 즉 '나는 기도할 뿐이라' 는 말이다. 다윗의 원수들은 그에 대해 거짓을 내뿜고 있지만 그는 하나님께 기도한다. 다윗은 그들에게 선을 행하며 우정을 표현했지만 그들은 그에게 악과 증오로 반응했다.

B. 다윗의 저주(109:6-20)

109:6. 다윗의 원수들에 대한 언급이 처음에는 복수인 '저희' (2-5절)에서 이제 단수인 '저' (6-19절)로 바뀐다. 20절이 되어서야 이 단수형은 다시 복수형으로 되돌아간다('대적들'). 이러한 단수 대명사들은 다윗에 대한 핍박의 주동자를 가리킨다. 그는 하나님께 이 한 사람, 그의 악한 대적이 동일하게 참소를 당하는 것을 자신이 보게 해달라

고 간구한다. 다윗은 하나님이 악인으로 저를 제어하며 대적(사단)이 되게 해달라고 간구한다. 피고가 법정에 서는 그 오른편에서 그가 대적과 마주보게 해주시기를 구한다.

109:7-8. 다윗은 자신에 대한 이 비방의 주모자가 죄를 지고 나오게 되기를 간절히 원한다. 그는 또한 그의 대적이 악한 인격의 소유자라는 진실이 알려지게 해달라고 기도한다. 그는 대적의 기도가 거꾸로 죄로 변케 하소서, 그 년수를 단촉케 하소서라고 기도한다. 그래서 주의 사역이 더 이상 해를 입지 않게 해달라는 것이다. 다른 이가 그 직분을 취하게 하시기를 간구하는 것이다. 이 절은 후에 열두 제자 가운데 자신의 지위를 박탈당한 유다에 대해 베드로가 인용한 것이다(행 1:20).

109:9-11. 그 자녀는 고아가 되고라는 구절은 '그의 날이 단축되게 하고 그를 곧 죽게 해달라' 는 생각을 표현한 것이다. 다윗은 대적의 자녀들이 아니라 그 자녀들의 아버지가 죽임을 당케 해달라고 구한다. 이 대적이 죽으면 부양해줄 아버지가 없어 그의 자식들은 유리 구걸하는 거지 신세가 될 것이다. 다윗은 이 대적이 곧 죽음으로 인해 고리대금하는 자로 그들의 모든 재산을 취하게 해달라고 구한다. 예기치 않게 그가 지금 죽어서 그의 모든 재산을 외인이 탈취하게 되기를 바란다.

109:12-15. 이 대적의 죄가 심히 커서 하나님의 심판이 곧 그에게 임해야 한다. 살아남은 그의 자식들은 그가 죽은 후 연휼을 입지 않게 되기를 바란다. 그 아버지의 악한 영향력을 퍼뜨리지 않도록 그 후사가 끊어지기를 바란다. 자식들은 종종 그 부모를 닮기 때문에 그들의 이름이 도말되어야 한다. 다윗은 심지어 살아남은 자식들을 통해 이 악인의 삶의 영향력이 절대 미치지 않게 중단되기를 기도한다. 이 대적의 열조의 죄악이 기억되어야 한다. 그는 그의 모친의 죄를 절대 도말하지 말아달라고 구한다. 그들의 죄악이 항상 여호와 앞에 있어야 한다. 그들이 회개하지 않는다면 더 이상 의인들에게 해를 가하지 않도록 죽음에 처해지기를 바란다.

109:16-20. 저가 긍휼히 여길 일을 생각지 아니하기 때문에 그 악인은 하나님의 심판을 받아야 한다. 그는 경건한 자들을 심히 미워하고 압제하며 핍박했다. 그는 의인을 핍박하고 먹이처럼 그를 죽이려 했다. 거짓된 대적은 저주하기를 좋아했다. 그가 타인들에게 한 저주가 그에게 되돌아가야 한다. 의인들에 대한 저주는 그의 일상생활이 될 정도여서 옷 입듯 하여 늘 함께하는 가리개와 동반자가 되었다. 그는 물처럼 그것을 마셨다. 그의 인생은 기름처럼 이 저주들로 포화 상태가 되어 내면 깊은 곳까지 스며들어 그의

뼈까지 침투했다. 다윗은 나를 악담하는 자들의 지도자인 이 악인에 대해 하나님의 공의와 심판이 시행되기를 간구한다.

C. 다윗의 절망(109:21-25)

109:21. 이 절망적인 고통 속에서 다윗은 자신의 거짓된 대적에게서 건짐받기 위해 주 여호와를 의지한다. 다윗은 이 악인의 무자비한 공격에서 벗어남과 동시에 하나님의 보호를 구하면서 나를 선대하시라고 호소한다. 다윗의 호소는 주의 이름을 위한 것이었다. 그래서 하나님이 그에게 베푸신 자비로 영광을 받으시게 하기 위한 것이었다. 그는 하나님이 놀라운 일을 행하셔서 이것이 하나님의 손의 일임이 명백히 드러나기를 원한다. 다윗은 하나님이 이 공격에서 자신을 구해주심으로 하나님의 인자하심을 보여주시기를 간절히 바란다.

10:22-23. 다윗은 상하고 깨어진 중심으로 인해 가난하고 궁핍하다고 하나님께 말한다. 원수들로 인한 이 시련은 깊은 상처를 입혔다. 날아가듯 흐르는 저녁 그림자의 사라짐처럼 그의 삶의 기력이 그에게서 빠져나가고 있었다. 그는 농부의 적인 끔찍한 메뚜기 같다. 농부들은 나무나 관목에서 메뚜기를 떨어트려 죽이려고 한다. 이것이 다윗이 느끼는 심정이었다. 그는 메뚜기처럼 떨어내어 땅에 떨어진 사람처럼 낙담하고 쇠약해져 있다.

109:24-25. 다윗의 무릎은 금식(기도와 관련이 있다)으로 인해 약해져 있다. 그는 모든 기도와 금식으로 인해 육신이 쇠약해질 정도로 하나님의 힘과 도움을 간구해왔다. 그는 그들의 수많은 거짓말로 명예가 손상되고 훼방거리가 되었다. 그들은 조롱의 표시로 그에게 머리를 흔들었다.

D. 다윗의 간구(109:26-29)

109:26-27. 다윗은 하나님의 손으로 자신을 무자비한 공격에서 구해달라는 열정적 기도로 마무리한다. 오직 하나님만이 자신을 지키실 수 있다. 그래서 다윗은 원수들로부터 보호하심을 받고, 구원을 얻기 위해 하나님을 부른다. 그는 그의 원수들조차 그토록 결정적인 행동으로 그를 건져주신 이가 하나님이심을 인정할 수밖에 없도록 강력히 개입해주시기를 간구한다.

109:28. 다윗은 저들로 나를 계속 저주하게 하라고 말한다. 그것은 오히려 그를 복주시고자 하나님이 행동하시는 결과를 낳을 뿐이다. 그들이 그를 저주할수록 하나님의 손은 그에게 은혜를 베풀 수밖에 없을 것이다. 그들은 자신들이 하나님의 종을 대적함으로써 하나님을 대적한 것을 깨닫고, 그들의 악한 음모를 수치스러워하게 될 것이다. 다윗은 자신이 하나님과 한 편임을 깨닫고 즐거워할 것이다.

109:29. 하나님이 행동하시면 그의 대적들은 사람들 앞에서 욕을 옷 입듯 할 것이다. 그의 대적들이 다윗에게 안겨주고자 한 수치와 불명예가 오히려 그들 자신의 머리로 되돌아갈 것이다.

E. 다윗의 찬양(109:30-31)

109:30. 다윗은 이제 입으로 하나님의 위대하심을 찬양한다. 그는 하나님이 그의 기도를 들으시고 도우신다는 사실에 대해 감사할 것이다. 무리 중에서 공개적으로 찬송할 것이다.

109:31. 앞에서 다윗은 그를 악하다고 공격하기 위하여 악을 행하는 사람의 적군이 오른편에 서게 해달라고 요청하였다(6절). 여기서 적군은 하나님으로 대체된다. 그분은 사랑하는 자의 우편에 서셔서 그들을 지키시고 구원하실 것이다.

결론

신자들이 인격을 비난당하고 명성을 비방하는 자들의 공격을 받는다면 다윗이 했던 것처럼 반응해야 한다. 박해를 당할 때 하나님의 백성들은 다음과 같이 해야 한다.

기도해야 한다. 억울함을 하나님께 맡기라. 하나님이 악인을 다루어주시도록 구하라. 주님이 신원해주시도록 간구하라. 개인적으로 잘못을 바로잡으려고 시도하지 말라.

인내해야 한다. 하나님이 행동할 시간을 드리라. 하나님은 죄인들에 대해 오래 참으시는 분임을 기억하라. 그러므로 모든 신자는 부당한 일을 당할 때 인내해야 한다. 기다리는 동안 다른 뺨도 돌려대라.

찬양해야 한다. 다윗은 하나님에 대한 찬양으로 이 시편을 시작하고 마무리했다. 그분을 믿는 모든 자들도 이런 태도를 지녀야 한다. 하나님을 향한 당신의 뜨거운 사랑의 불꽃에 타인이 찬물을 끼얹도록 두지 말라. 그 모든 것을 통해 하나님께 영광을 돌리라. 그분은 당신의 우편에 계시면서 당신을 지켜주실 것이다. 전쟁은 여호와께 속한 것이다.

teaching guide
티칭 가이드

고안

A. 다윗의 탄식(109:1-5)

1. 하나님이여 잠잠치 마소서(1절)
2. 하나님이여, 내 고통을 돌아보소서(2-5절)
    a. 악인들이 나를 비방하나이다(2절)
    b. 증오의 말로 나를 공격하나이다(3절)

B. 다윗의 저주(109:6-20)

1. 악인이 저를 대적하게 하소서(6-7절)
    a. 그를 정죄하도록(6절)
    b. 그를 기소하도록(7절)
2. 그의 미래가 고통스럽게 하소서(8-15절)
    a. 그의 날이 단축되게 하소서(8a)
    b. 그가 지도력을 잃게 하소서(8b)
    c. 그의 자식들이 고아가 되게 하소서(9a)
    d. 그의 아내가 과부가 되게 하소서(9b)
    e. 그의 자식들이 거지가 되게 하소서(10a)
    f. 그의 후손들이 집이 없이 떠돌게 하소서(10b)
    g. 그의 재산이 다른 이들에게 빼앗기게 하소서(11절)
    h. 그의 자식들이 아무 동정도 받지 못하게 하소서(12절)
    i. 그의 후손들이 끊어지게 하소서(13절)
    j. 그 열조의 죄악을 기억하소서(14a)

k. 그 어미가 불명예를 당하게 하소서(14b-15절)

l. 그의 죄가 사람들에게 알려지게 하소서(16-18절)

m. 그의 죄가 보응을 받게 하소서(19-20절)

C. 다윗의 절망(109:21-25)

1. 나를 건져주소서(21절)

a. 당신의 이름을 위하여(21a)

b. 당신의 선하심으로(21b)

2. 나를 살펴주소서(22-25절)

a. 내 마음이 상하나이다(22절)

b. 내 목숨이 쇠약해지고 있나이다(23절)

c. 내 무릎이 약해지나이다(24a)

d. 내 몸이 수척하나이다(24b)

e. 내 대적들이 조롱하나이다(25절)

D. 다윗의 간구(109:26-29)

1. 나를 구원하소서(26절)

2. 저들로 수치스럽게 하소서(27절)

a. 저들로 당신이 이 일을 한 줄 알게 하소서(27절)

b. 저들로 내가 기뻐하는 것을 듣게 하소서(28절)

c. 저들로 수치를 당케 하소서(29절)

E. 다윗의 찬양(109:30-31)

1. 찬양으로 기뻐함(30절)

a. 내 입으로(30a)

b. 큰 무리 중에서(30b)

2. 그의 찬양의 이유(31절)

a. 궁핍한 자와 같은 편에 서신다(31a)

b. 하나님이 정죄받은 자를 구해주신다(31b)

시편 110편

주권자 되신 구세주

"주권은 하나님의 전 존재를 특징짓는 것이다. 그분은 자신의 모든 속성에 있어서 주권자시다."

- A. W. 핑크(A. W. Pink)

들어가는 글

미국인들은 공화국 출범 때부터 하나님의 섭리와 주권에 대한 강렬한 의식을 가지고 있었다. 50개 주의 헌법 전문이 모두 삶과 자유의 근거로 하나님과 그분의 섭리를 인정하고 있다.

조지 워싱턴은 토마스 넬슨(Thomas Nelson)에게 보내는 편지(1778년 8월 20일)에서 이렇게 썼다. "이 모든 일을 통해 하나님의 섭리의 손길이 너무나 명확히 나타났으므로 믿음이 결여된 자는 이교도보다 더 나쁘고 자신의 의를 인정할 정도로 충분히 감사치 않는 자는 악인보다 더 악하다고 할 수밖에 없소."

미국의 43대 대통령인 조지 부시(George W. Bush)가 처음으로 대통령 후보 수락 연설을 할 때 그는 "모든 인간의 계획을 폐하는 신의 계획"을 믿는다고 말했다. 그는 역사와 민족들의 움직임 속에서 하나님의 보이지 않는 손이 그 자신이 계획한 목적을 수행한다는 것을 인정했다. 2004년 2월 6일 국가 조찬 기도회에서 부시 대통령은 "우리는 섭리의 방식들을 확신할 수 있습니다. 모든 삶과 역사의 이면에는 정의롭고 신실한 하나님의 손이 제시한 섭리와 목적이 있습니다"라고 말했다. 그는 이 진술을 통해 존 칼빈이 한때 저술한 대로 '전세계의 광대한 조직을 통치하시는' 하나님에 대한 자신의 기본적인 믿음을 재확인했다.

정확히 이와 같이 믿는 또 다른 세계 지도자가 있었다. 그 역시 민족들에 대한 하나님의 주권적 손에 대한 믿음을 고백했다. 이 왕의 이름은 시편 110편의 저자 다윗이다. 만물에 대한 하나님의 권위는 정확히 제왕 시편에 드러나는 하나님 중심적 신학이다. 이것은 하나님을 온 땅의 왕으로, 인간 역사를 위해 자기 계획을 실행하시는 하나님으로 묘사하는 노래다. 이 시편은 인간의 모든 영역에 대한 하나님과 그분의 아들 예수 그리스도의 절대적 통치를 선언하는 노래다.

본문 이해

Main Idea	다윗은 오실 메시아의 주권적 왕권을 그의 제사장직과 연합된 불가분의 관계로 묘사한다.

A. 그리스도의 섭리적 통치(110:1-3)

Supporting Idea	다윗은 인간의 반대에도 불구하고 만물을 다스리는 왕으로 자신의 기름 부으신 자를 세우시는 하나님의 명령을 기록한다.

110:1. 이 시편은 제1위 하나님과 제2위 하나님 간의 대화로 시작한다. 성부 하나님이신 여호와께서 성자 하나님이신 내 주에게 말씀하시는 것이 아주 놀랍다. 다윗의 주이신 예수 그리스도는 가장 높은 권위와, 특권과, 명예의 자리인 하나님 우편에 앉으시라는 지시를 받는다. 하나님과 동등한 지위를 가지신 아들은 아버지의 우주적 통치에 동참할 것이다. 그리스도는 정복자 왕으로 세상에 재림하실 때까지 그곳에 앉아 계실 것이다. 고대의 왕은 종종 패배한 적들을 발로 밟는 모습으로 자신을 묘사했다. 이것은 그들에 대한 자신의 지배를 상징했다(수 10:24). 그리스도의 원수들은 그분에게 정복당하고 진압되어 그분의 발등상이 될 것이다.

110:2. 그리스도의 미래 통치가 실현될 것을 확고히 하신 성부 하나님 여호와는 그의 아들의 홀을 내어보내셔서 그의 통치를 반대할 자가 한 명도 남지 않게 하실 것이다. 그리스도께 주어진 이 권능의 홀은 그가 부여받은 주권을 상징한다. 성부 하나님은 일단 보좌에 앉으신 아들에게 원수들을 누르고, 왕국을 다스리며, 세우라고 명하신다. 이 원수들은 복음을 반대하고, 그의 왕국을 배척하는 모든 불신자들이다.

110:3. 아버지는 아들에게 그리스도의 군대 병적부에 등록된 참된 그분의 백성들(군대)이 즐거이 그분의 왕국에 동참하며 지원할 것임을 확신시키신다. 특정한 어느 날에 하나님이 능력을 발휘하실 것이며, 선택된 자들이 기꺼이 자원해서 그분의 대의에 동참할 것이다. 그리스도는 어떤 죄도 없이 거룩한 옷을 입으실 것이다. 주 예수 그리스도는

여기서 늘 기운이 왕성한 청년처럼 강하고 강력한 존재, 강인하고 기운이 넘치며 공격적인 존재로 묘사되어 있다.

B. 그리스도의 제사장적 구속(110:4)

Supporting Idea	다윗은 하나님이 그리스도를 제사장으로 임명하실 것이라고 선포한다.

110:4a. 성부 하나님이신 여호와는 스스로에게 맹세하시기를 이 세상에 자기 아들을 보내어 제사장으로 삼겠다고 하신다. 이것은 한 개인이 제사장인 동시에 왕으로 섬기는 최초의 사건이 될 것이다. 제사장은 하나님 앞에서 백성들을 대표한 자였다. 그러나 백성들은 그들 스스로 대표를 뽑지 않았다. 반대로 성부 하나님이 자신이 선택한 지도자들로 제사장직에 임명하셨다. 마찬가지로 그리스도는 성부를 통해 이 구속 사역을 감당하도록 지명받으신다. 그리스도의 구속 사역에 대한 이 임명과 관련해 하나님은 자기 마음을 변치 아니하실 것이다. 그분의 영원한 뜻은 불변하며 변하지 않는다(행 2:23, 벧전 1:20, 계 13:8, 17:8).

110:4b. 하나님의 창조 이전의 계획에서 성부 하나님은 아들에게 너는 영원한 제사장이라고 선언하셨다. 예수님은 최종적이고 완전한 대제사장이시며, 그분을 이어받을 제사장은 결코 없다. 그분의 신성의 완전성과 모든 것을 충족시킨 십자가상의 사역에 근거해 그분의 주권적 지위는 영원히 계속될 것이다. 다른 누군가가 다시 죄의 희생 제물이 되어야 할 필요성이 전혀 없다. 그분의 속죄 사역은 완성되었다. 그분은 아버지의 우편에 앉으셔서 단번에 모든 것을 이룬 죽음 안에서 영원히 안식하며 영원한 제사장이 되신다(히 1:3, 10:12, 14). 그분의 대속적 희생 제사의 구속적 효력은 영원히 취소되지 않는다(히 10:17-18).

110:4c. 제사장으로서 그분을 임명하실 때 성부 하나님은 멜기세덱의 반차를 좇아 그리스도를 보내셨다. 예수님이 아론의 계열이라면 그분의 제사장직이 영원할 수 없다. 멜기세덱은 실제 인물이었고, 살렘의 제사장이며 왕이었다(창 14:17-20). 그는 왕과 제사장을 모두 겸하시는 그리스도의 제사장직에 대한 그림이다(히 5:6, 7:17, 21). 그러므로 그분의 제사장직은 아론과 그분의 자손들보다 더 높은 서열이며, 그분으로 인해 구

원의 완전한 사역이 가능하다.

C. 그리스도의 재림에 대한 예언(110:5-7)

Supporting Idea	다윗은 메시아가 재림하셔서 원수들을 멸하실 미래를 내다본다.

110:5. 성부 하나님이신 여호와께서 이제 그리스도의 재림을 둘러싼 전쟁을 지원하시고자 그분 가까운 곳인 아들의 우편에 서 계신다(계 19:11-21). 여기서 성부 하나님은 아들의 마지막 사명의 성공을 확보하실 준비를 하고 서 계신다. 이것은 이 세대 마지막에 있을 대환난을 예고한다. 그때 아들은 그분을 대적하는 모든 왕들을 치시고, 그들을 죽음에 처하게 하시며, 파멸의 형벌에 처하실 것이다. 그때는 그 노하시는 날(계 6:16-17)일 것이며, 땅 위에 임할 마지막 7년간의 심판 때일 것이다.

110:6. 성자 그리스도는 열방 중에 판단하여 양과 염소들을 분리하시고(마 25:31-46), 모든 사람들을 판결하실 것이다. 대학살의 날에 시체로 가득하게 하실 그리스도의 모습을 볼 것이다. 이것은 전쟁에 대한 심상으로 그분을 대적하는 모든 자들의 파멸을 알린다. 그리스도의 승리는 전 지구적이며, 여러 나라(온 땅)의 머리(통치자)를 쳐서 파하실 것이다. 그분을 대적한 자는 한 명도 살아남지 못할 것이다.

110:7. 이 승리의 재림 후 그리스도는 길가의 시냇물을 마실 것이다. 이것은 힘을 새롭게 회복하시며, 사역과 통치를 재회복하신 재림의 그리스도를 묘사한다. 그 머리를 드시리로다. 이것은 그를 거룩한 대담성과 용기와 결단력의 소유자로 묘사한 것이다.

Main Idea 복습	다윗은 오실 메시아의 주권적 왕권을 그의 제사장직과 연합된 불가분의 관계로 묘사한다.

결론

19세기의 영국 신학자인 프레드릭 파라(Fredric Farrar)는 빅토리아 여왕이 자신의 궁정 목사에게 그리스도의 재림에 대한 설교를 들은 후 자신과 했던 대화를 들려주었다. 그녀는 "오, 파라 박사, 주님이 내 살아 생전에 재림하시길 얼마나 원하는지 모른다오"라고 말했다. 그가 그 이유를 묻자 여왕은 "경외심으로 그의 찬양받으신 발 아래 내 왕관을 내려놓길 간절히 원하기 때문이오"라고 대답했다.

주 예수 그리스도에 대해 듣는 사람들은 모두 이렇게 반응해야 한다. 그분은 하늘 보좌에 앉으신 주시며, 죄인들의 유일한 구세주시다. 백성들의 대제사장으로서 그분은 죄에 대한 완전한 제사를 드리셨다. 모든 것을 완전히 만족시킨 제사이므로 다시 반복할 필요가 전혀 없다. 이 죄를 대속하실 때 예수님은 모든 믿는 자들을 위해 단번에 십자가에서 자신을 드리셨다. 이 주권자 되신 구세주는 그분을 거부하는 모든 자들을 심판하시려 곧 다시 오실 것이다. 우리의 폐부를 찌르는 질문이 있다. "당신은 그분을 아는가?" "당신은 자기 죄를 회개하고 그분을 믿었는가?" 그렇지 않다면 바로 지금 그렇게 하라.

삶의 적용

이 시편은 예수 그리스도를 만물의 주권자 되신 주와 모든 믿는 자들의 구세주로 제시한다. 우리는 그분의 영접을 받기 위해서 모든 삶 속에서 올바르게 반응해야 한다. 우리는 우리 자신의 조건이 아니라 그분이 원하시는 조건으로 그리스도께 나아가야 한다. 이것은 우리의 회개와 믿음을 요구한다. 이 둘은 참된 회심에 있어서 불가분의 관계로 묶여져 있다.

우리는 죄를 회개해야 한다. 회개는 세례 요한(마 83:2-3, 8)과, 예수님(마 4:17)과, 제자들(눅 24:47), 베드로(행 2:38), 바울(행 22:21)의 복음 선포의 핵심이다. 구원받기 원하는 모든 죄인은 회개해야 한다. 이것은 자신의 죄에 대한 깊고 경건한 슬픔과, 죄를 버리고 그리스도께로 돌아서야 한다는 의미다. 그것은 죄인이 자기 죄에 대한 상함과 애통함의 결정적 위기 순간까지 가는, 생각과 마음과 뜻의 변화와 관련이 있다(마 5:3-4). 죄의 생활과 이기적인 추구에서 돌아서서 구원을 위해 오직 그리스도만을 의지해야 하는 것이다.

우리는 그리스도를 믿어야 한다. 구원 얻는 믿음은 죄로부터 돌아서서 예수 그리스도께 전적으로 헌신하는 것이다. 그것은 죄인이 자신의 한계를 철저히 바라보며, 자신을 부인하고(마 16:24), 구원을 위해 오직 그리스도만을 의지하는 것이다(엡 2:8-9). 구원 얻는 믿음은 죄인이 그리스도의 권위에 자신을 복종시키고 그분께 굴복하는 것이다(눅 14:31-33). 그것은 죽음의 형틀인 십자가를 지고 자아를 죽이며 그리스도를 따르기로 결정하는 것이다(눅 9:23-25). 구원을 위한 그분의 대속적 죽음을 믿고, 자신의 인생을 그리스도께 위탁하는 것이다(고전 15:3-4). 이것은 그리스도께 대한 믿음이며, 자신의 구세주와 주로 오직 그분만을 의지하겠다는 의지적 선택이다(롬 10:9-10).

기도

하나님 아버지, 죄에서 구원받기 위해 주 예수 그리스도의 은총을 볼 수 있도록 어둔 눈을 열어주십시오. 회심하지 않은 귀를 여셔서 아무 자격이 없는 죄인들을 위한 그리스도의 희생적 죽음의 좋은 소식을 듣게 해주십시오. 죄로 인해 오랫동안 닫혀졌던 마음을 여셔서 그리스도를 주와 구세주로 받아들이게 해주십시오. 죄인들이 그리스도께 나아가 그분을 믿음으로 당신이 영광받기를 원합니다. 죄인들이 당신이 권능을 베푸실 때 자발적이게 해주십시오. 예수님의 이름으로 기도합니다. 아멘.

심층 연구

A. 여호와(110:1)

'여호와(LORD)' 라는 단어는 히브리어의 '여호와(yehovah)' 를 번역하고 이스라엘에게 주신 하나님의 개인적인 이름임을 알리기 위해 작은 대문자를 사용한다. 이스라엘은 '영화롭고 두려운 이름' (신 28:58)으로 그 이름을 인식했다. 야훼의 네 자음(YHWH)에서 파생된 여호와는 히브리어 성경에서 5, 321번 사용되었고, 성경에서 가장 많이 사용된 하나님의 이름이다. 그들은 하나님이 너무나 거룩한 분이시므로 절대로 여호와라는 이름을 큰 소리로 발음해서는 안 된다고 생각했다. 그래서 성경 독자들에게 여호와 대신 '아도나이' 라고 발음하도록 지시하기 위해 아도나이에 해당하는 모음 기호가 삽입되었다. 여호와의 의미를 둘러싸고 해석이 분분하지만 하나님의 스스로 존재하심을 가리킨다고 추론하는 것이 안전하다. 하나님이 모세에게 "나는 스스로 있는 자니라" (출 3:14)라고 말씀하신 경우처럼, 고대 히브리어는 이 단어를 '존재하다' 라는 의미의 '하바(hava)' 와 함께 사용했다. 이 용례에서 하나님의 이름은 하나님의 영원성, 자율성, 독립성, 불변성을 암시한다.

이 신적 명칭은 이스라엘에 대한 하나님의 언약과 관련해 종종 사용되었다(창 15:18, 출 3:15, 6:2, 4-5, 신 7:9, 왕하 17:34-35, 사 26:4). 이 이름은 또한 자기 백성들과 하나님의 인격적인 관계와 친밀성을 의미했다. "너희로 내 백성을 삼고 나는 너희 하나님이 되리니" (출 6:7, 비교. 호 1:9). 이스라엘은 바로 이 이름을 향해 예배를 드려야 한다(신 4:32-40, 32:9, 암 3:2).

B. 멜기세덱(110:4)

이 이름은 '의의 왕' 이란 뜻이다. 멜기세덱은 살렘(아마 예루살렘)의 왕이며, 지극히 높으신 하나님의 제사장이었다. 그는 그돌라오멜과 그의 연합군을 격퇴하고 돌아오는 아브라함을 영접하고 그에게서 전리품의 십분의 일을 받았다(창 14:18-20). 시편 110편 4절에서 다윗 계열의 한 왕이 '멜기세덱의 반차를 좇은 영원한 제사장' 으로 추대된다. 궁극적으로 이것은 다윗의 더 위대한 아들, 주 예수 그리스도를 예고한다. 그는 자기 백성들의 제사장인 동시에 왕이셨다(히 5:6-11, 6:20-7:28).

교안

A. 그리스도의 섭리적 통치(110:1-3)

1. 그리스도는 하나님에 의해 통치자로 세워진다(1절)
    a. 여호와의 우편에서(1a)
    b. 주의 원수들을 통치하도록(1b)
2. 그리스도는 통치자가 되라는 하나님의 명령을 받는다(2절)
    a. 주의 능력을 받아(2a)
    b. 주의 명령으로(2b)
3. 그리스도는 하나님에 의해 통치자로서 의복을 차려입는다(3절)
    a. 자기 백성들의 섬김을 받으며(3a)
    b. 청년처럼 강건한 상태로(3b)

B. 그리스도의 제사장적 구속(110:4)

1. 그리스도는 하나님에 의해 제사장으로 세움을 입는다(4a)
2. 그리스도는 위가 영원할 것이다(4b)

C. 그리스도의 재림에 대한 예언(110:5-7)

1. 그리스도가 왕들을 파하실 것이다(5절)
2. 그리스도가 열방들을 심판하실 것이다(6a)
3. 그리스도가 시체를 묻으실 것이다(6b)
4. 그리스도가 왕들을 멸하실 것이다(6c)
5. 그리스도가 능력을 입으실 것이다(7절)

시편 111편

두려운 행적

"우리 하나님께 무한한 신뢰를 드리라."

- 로버트 머레이 맥체인(Robert Murray M'Cheyne)

들어가는 글

선한 의도를 가졌지만 잘못된 지식을 가진 사람들은 종종 이렇게 말한다. “주님, 당신이 하신 일 때문이 아니라 당신의 성품으로 인해 당신을 찬양합니다.” 이 진술에는 진실의 한 요소가 있다. 다시 말해서 하나님의 속성은 너무나 영광스럽다는 것이다. 그럼에도 불구하고 이 진술이 완전히 옳은 것은 아니다. 성경에서는 분명히 우리에게 하나님이 행하신 일을 찬양하라고 말한다. 하나님의 성품과 하나님의 사역은 절대 분리될 수 없는 하나이다. 하나님의 속성과 그분의 행하심은 불가분의 관계로 연결되어 있으며, 후자는 전자의 확장이다. 그러므로 신자들은 하나님의 능하신 행적으로 인해 그분을 찬양해야 한다. 그것은 그분의 신적 존재성에서 직접적으로 기인하기 때문이다.

시편 111편은 능하신 모든 행위에 나타난 그분의 영광에 감동되어 하나님을 찬양하도록 모든 사람을 권면하는 찬송이다. 이 시편은 22행의 이합체의 시편으로, 각 행은 22개의 히브리 알파벳 순서대로 첫 글자가 시작된다. 나아가 시편 111편은 시편 112편과 연결되어 있다. 두 시편 모두 이러한 형식을 따른 아크로스틱 시편이다. 시편 111편은 하나님의 행적을 찬양한다. 시편 112편은 하나님에 대한 경외심을 강조한다. 이 두 시편은 쌍둥이 시편으로서 아마 한 묶음으로 부를 의도로 동일 저자가 연구하여 쓴 것으로 보인다. 두 시편은 포로기 후기 시편일 가능성이 매우 높다. 하나님이 찬양받기에 합당하신 이유는, 하나님이 자기 백성들을 회복시키셨기 때문이다. 하나님이 바벨론 포로 생활 이후 그들을 그들의 땅으로 귀환하게 하신 것이다.

본문 이해

Main Idea 시편 기자는 하나님의 능하신 사역으로 인해 그분을 찬양한다.

A. 찬양의 선언(111:1)

111:1a-b. 시편 기자는 할렐루야(여호와를 찬양하라)라는 익숙한 선언을 한다. 그는 열정과 열의와 마음을 다해 찬양을 드린다. 여기서는 하나님을 찬양하겠다는 결의와 결심이 나타난다. 그의 기분이 어떻든, 그가 어떤 상황에 처해 있든, 궂은 때든, 형통한 때든, 다윗은 주를 찬양할 것이다. 하나님께 대한 깊은 감사로 인해 그는 전심으로 이 찬양을 드린다. 우리가 마음으로 하나님을 알면 그분은 찬양을 받기에 가장 합당한 분이시다.

111:1c. 개인적 예배는 정직한 자의 회에서 공개적으로 표현되어야 한다. 정직한 자는 성도들 가운데 가장 경건한 자들을 가리킨다. 정직한 자는 공동체적 예배를 위해 모이는 참으로 경건한 자들이다. 나아가 시편 기자는 성도들의 공회(성전에서 모일 대규모의 회중을 가리킴)에서 하나님을 찬양할 것이다. 개인적으로 헌신할 때도 있지만 그것이 공적 예배를 대체해서는 안 된다. 믿음의 생활은 다른 성도들과 교제 가운데 영위되는 공동체적 경험이 되어야 하며, 그중 예배가 중요한 부분을 차지한다.

B. 찬양의 동기(111:2-9)

111:2-3. 하나님은 무엇보다도 자기 백성들을 위해 행하신 그분의 행사로 인해 찬양받으신다. 그 행사는 규모와 중요성이 큰(히. 가돌, gadol) 것이다. 창조와 섭리와 계시에 나타난 그의 행사(ma' aism)는 거대하고 광대하다. 이 행사는 이를 즐거워하는 자가 다 연구한다. 그로 인해 그들은 하나님을 찬양하게 된다. 그것들은 측량할 수 없는 것이다. 인간이 상상할 수 있는 정도를 뛰어넘는 것이다. 하나님의 위대하심은 또한 그분의 행사에서 나타난다. 그분은 섭리적인 행위로 모든 환경과 사건들을 통제하신다. 하나

님은 창조하신 것을 붙드시고, 지탱하시며, 인도하시고, 통치하신다. 이 모든 신적 행위는 존귀하여 왕으로서의 하나님의 영광을 드러낸다. 또한 그 행위는 엄위하여 그분의 장엄하심을 나타내며, 또한 의로우셔서 그분의 거룩하심을 보여준다. 하나님의 의는 온전하고 의로운 그분의 행위를 통해 나타난다.

111:4. 하나님의 사역은 기이한(히. 팔라, pala) 일로 밝혀진다. 통상적인 일이지만 일상적인 사건의 과정을 초월한다. 이것은 하나님의 사역이 그것을 지켜보는 이들의 영혼에 충격스러울 정도로 영향을 미치며, 그들로 엄청난 기이함에 가득 차게 한다는 것이다. 그것은 하나님의 극적인 개입의 때를 가리키며, 하나님이 은혜 가운데 개입하셔서 자기 백성들을 시련과 고통에서 건져내시는 구원의 행동을 가리킬 때가 가장 많다. 그것들은 하나님의 은혜로우시고 자비로우신 속성의 결과이며, 참으로 기이해서 잊을 수 없으므로 기억되어야 한다.

111:5. 하나님은 자기 백성을 위해 양식을 주신다. 이것은 이스라엘이 광야에서 방황할 때 하나님이 주신 만나와 메추라기를 가리키는 것이 분명하다. 은혜로우신 하나님은 시내산에서 맺은 그 언약을 기억하시고 그들의 필요를 채워주신다(시 78:23-24).

111:6. 하나님은 수많은 행사들을 통해 그 행사의 능을 보이셨다. 이스라엘이 약속의 땅에 들어가자 그분은 가나안에 살고 있는 그들의 원수들을 무너뜨리셨다. 나아가 하나님은 요단강을 멈추게 하시고, 여리고 성을 무너뜨리시며, 가나안 족속들을 쫓아내셨다. 그렇게 하심으로써 하나님은 이스라엘에게 다른 열방이 차지하던 땅을 주셨다.

111:7. 하나님의 행사는 신실하여 그분의 말씀에 기록된 수많은 약속들을 완전하게 성취하신다. 하나님의 행위는 공정하시다. 이는 항상 옳고 정당하다는 의미다. 나아가 그 법도는 다 확실하며(절대 무오하며 의지할 만한 것이라는 의미) 확실히 다 이루어질 것이다. 그 율법에서 일점일획도 떨어지지 않을 것이다.

111:8. 모든 하나님의 일은 영원 무궁히 정하신 것이다. 그것들은 항상 영원히 서 있고, 흔들림 없이 고정되어 있으며, 영원히 실현되어 결코 되돌릴 수 없을 것이다. 하나님의 일은 영구적이고, 영원하며, 되돌릴 수 없다. 인간이 결코 그것을 무효화하거나 해체시킬 수 없을 것이다.

111:9. 여기에 하나님의 가장 위대하신 일, 즉 구속이 있다. 이스라엘이 애굽의 속박과 바벨론의 포로된 상태에서 얻은 구원이 있다. 하나님은 자기 백성들을 시련과 고난

에서 건져주시기를 기뻐하시는 구원자시다. 창조 사역은 위대하다(2절). 하지만 자기 백성을 구원하시는 사역은 훨씬 더 위대하다(9절).

C. 찬양의 조건(111:10)

111:10. 여호와를 경외함은 모든 지혜의 필수적 전제 조건이다. 이 시편에서 인간이 할 수 있는 가장 지혜로운 일은 여호와를 찬양하는 것이다(1, 10절). 하나님에 대한 경외심이 지혜의 근본(히. 레쉬트, reshith)이다. 그것은 지혜의 출발점이며 일차적 원리다. 하나님에 대한 두려움은 지혜, 좋은 지각, 순종, 찬송으로 이어진다. 이 시편은 이제 시작할 때처럼 하나님에 대한 찬송으로 마무리된다. 하나님을 찬양함에는 절대 끝이 있을 수 없다. 그것은 성도들이 일차적으로 할 일이다.

결론

믿음의 눈으로 하나님이 행하신 일을 보면 모든 하나님의 백성들은 하나님을 찬양할 수밖에 없다. 하나님의 행사는 주변 도처에서 보인다. 하지만 분명하게 그것들을 보기 위해서는 믿음의 눈으로 보는 마음이 필요하다. 믿지 않는 마음은 하나님이 그들 주위에서 행하시는 일을 식별하고 분별할 수 없다. 우리가 세상에서 그분이 행하시는 일을 보는 데 필요한 영적 통찰력을 갖기 위해서는 주님을 경외하고, 그분의 규례를 따라야 한다. 섭리는 '인간들의 사건이라는 장갑 안에 있는 하나님의 보이지 않는 손' 이라고 불린다. 우리는 믿음으로 세상 가운데서 하나님의 주권적인 손길을 깨닫게 된다. 모든 신자들이 그들의 선과 하나님의 영광을 위해 하나님이 계획하신 하나님의 전능하신 사역을 보며 기뻐할 수 있기를 기도한다.

teaching guide

티칭 가이드

고안

A. 찬양의 선언(111:1)

1. 여호와를 찬양하라(1a)
2. 여호와께 감사하라(1b, c)
    - a. 온전한 마음으로(1b)
    - b. 정직한 공회 중에서(1c)
    - c. 공적인 회 중에서(1c)

B. 찬양의 동기(111:2-9)

1. 하나님의 행사가 크다(2절)
    - a. 많은 이들이 연구한다(2b)
    - b. 많은 이들이 기뻐한다(2b)
2. 하나님의 행사는 영화롭다(3절)
    - a. 그 행사의 위엄이 장대하다(3a)
    - b. 그 행사의 성격이 의롭다(3b)
    - c. 그 행사가 영원하다(3b)
3. 하나님의 행사는 기억되어야 할 것이다(4절)
    - a. 마음의 경이로움을 일으킨다(4a)
    - b. 하나님의 본성을 드러낸다(4b)
4. 하나님의 행사는 자비하시다(5절)
    - a. 자기 백성들에게 양식을 공급하신다(5a)
    - b. 그분의 영원한 언약을 성취하신다(5b)

5. 하나님의 행사는 강력하다(6절)
    a. 신자들에게 하나님의 권능을 드러낸다(6a)
    b. 약속의 땅이 열방들에게서 이스라엘에게로 이동되게 하신다(6b)
6. 하나님의 행사는 신실하다(7절)
    a. 성격상 의롭다(7a)
    b. 그분의 법도를 성취한다(7b)
7. 하나님의 행사는 변함이 없다(8절)
    a. 영원히 계속된다(8a)
    b. 하나님의 신실하심을 드러낸다(8b)
    c. 하나님의 정직하심을 드러낸다(8b)
8. 하나님의 행사는 구속 사역이다(9절)
    a. 자기 백성들에게 구원을 가져다준다(9a)
    b. 그분의 영원한 언약을 실행한다(9b)
    c. 그분의 거룩한 이름을 드러낸다(9c)

C. 찬양의 조건(111:10)

1. 하나님에 대한 경외심은 지혜로 이끈다(10a, b)
    a. 그분의 계명에 대한 순종을 낳는다(10b)
    b. 인생을 이해할 수 있게 해준다(10c)
2. 하나님에 대한 경외심은 찬양으로 이끈다(10c)

시편 112편

하나님 중심의 삶

"경건한 영혼은 여호와를 경외한다."

- 찰스 스펄전(Charles H. Spurgeon)

들어가는 글

우리는 다 삶의 중심에 무엇인가를 품고 있다. 자기 존재의 핵심에 충동적인 힘과 자신을 불사를 열정이 없는 사람은 아무도 없다. 어떤 이들의 삶은 자녀들이나 경력, 부모 혹은 심지어 사역과 같은 선한 것들을 중심으로 이루어진다. 또 어떤 사람들의 삶은 좋아하는 스포츠 팀, 그들의 뜰 혹은 취미와 같이 가벼운 것들에 집중된다. 그리고 또 어떤 이들의 삶은 모든 것들 가운데 가장 가벼운 것, 바로 자기 중심으로 영위된다. 그러나 그리스도인들에게 있어 인생의 모든 것은 그 열정과 추구하는 것이 바로 하나님 중심으로 이루어진다. 하나님이 모든 삶의 중심에 계셔야 한다. 그렇지 않으면 그 삶은 궤도를 이탈하고 말 것이다. 하나님 외의 사람이나 대상은 이차적이어야 한다. 하나님이 일차적이어야 한다. 이것이 하나님 중심의 삶의 핵심이자 시편 112편의 중심 주제다.

이것은 신자가 하나님 중심의 삶, 즉 하나님이 인생의 총체며 실체인 삶을 사는 것이 무엇인지 말하는 시편이다. 이것은 경건한 자의 길을 보여주기 위한 지혜 시편이다. 이 노래에서 발견되는 지혜 시편의 특징은 (1) 다른 지혜 시편들처럼(1절, 비교. 시 1:1, 119:1-2, 128:1) "… 하는 자는 복이 있도다"로 시작한다는 것이다. (2) 여호와를 두려워할 것을 요청한다(1절, 비교. 잠 28:28, 시 111:10, 잠 1:7, 9:10, 전 12:13). (3) 잠언과 같은 표현을 사용한다(3절). (4) 생명의 길들을 강하게 대조시킨다(10절, 비교. 시 1:1-3, 4-6). (5) 메타포(4절: '빛', '어둠', 9절: '뿔')를 사용한다. 또한 이것은 이합체의 시편으로 이합체 시편은 22개의 히브리시 행이 22개의 히브리 알파벳으로 시작하는 것이다.

본문 이해

Main Idea	시편 기자는 하나님을 위해 사는 자의 하나님께 대한 경외심과 순종과 복에 우선순위를 둔다.

A. 하나님 중심의 삶의 특징(112:1)

112:1. 이 시편은 하나님에 대한 찬양의 선언으로 시작한다. 복이 있도다는 '행복한, 만족한, 온전한, 충만한' 의 뜻을 지닌다. 그것은 또한 복수 형태로 사용되어 그 복의 풍성함을 강조한다. 시편 기자의 마음은 여호와를 경외하는 자의 마음에 임하는 거대한 복 때문에 하나님을 향한 찬양이 넘친다. 주를 경외하지 않으면 우리 인생에 영적인 복은 전혀 있을 수 없다. 여호와를 경외한다는 것은 그분을 숭배하거나 존경한다는 뜻이다. 그것은 그분께 우리 인생의 첫 자리를 내어드리고 그분을 매우 진지하게 받아들이는 것이다. 그분의 속성, 즉 무한히 거룩하시고 그 거룩한 존재됨에 있어서 절대적인 주권자이신 분에 대한 경외감을 갖는 것이다. 주를 경외하는 사람은 그 계명을 크게 즐거워할 것이다. 그분의 말씀을 기뻐하지 않으면 하나님을 경외할 수 없다. 둘은 불가분의 관계로 연결되어 있다.

B. 하나님 중심의 삶의 결과(112:2-9)

112:2. 하나님을 경외하는 사람은 자기 후손과 그가 만나는 사람들에게 영적 유산을 남긴다. 정직자의 후대는 하나님을 경외하는 사람들의 주변에 사는 이들을 가리킨다. 즉 그의 동료나 동시대인, 직장 동료나 이웃 등을 말한다. 하나님을 경외하는 사람의 강력한 영향력이 그의 세대 사람들에게 감지된다.

112:3. 종종 부요와 재물이 의인들의 삶에 함께한다. 이것이, 경건이 항상 재정적 형통함으로 이어진다는 잘못된 주장인 '번영 신학' 을 가르치는 것은 아니다. 그러나 하나님을 경외하는 사람이 종종 물질적으로나 영적으로 하나님의 복을 받을 것임은 인정한다. 그러므로 물질적 부요와 영적 의가 모두 여기에 암시되고 있다.

112:4. 이 빛은 하나님을 경외하는 사람의 눈과 마음을 비추는 깨달음과 조명하심의 영적 빛이다. 빛이 그에게 비취기 때문에 그가 흑암 속에서도 볼 수 있다. 하나님을 경외하는 자는 다른 사람들이 볼 수 없는 것을 볼 수 있다. 그는 영적인 눈으로 본다. 신적인 시각과 분별력을 가지고 본다. 그는 어질다. 그의 행동뿐 아니라 말도 자애롭다. 즉 친절하고, 인내하며 따스하고, 기분을 북돋우어준다. 그는 또한 자비하다. 어려움 가운데 있는 이들과 공감함으로 그들과 마음을 깊이 나눈다. 사람들에 대해 무감각하거나 무관심하지 않고, 다른 사람들에 대한 연민이 가득하다. 그는 또한 의롭거나 기준에 부합한다(그 기준은 은혜롭고 자비하신 하나님이시다, 시 111:4).

112:5-6. 하나님을 경외하는 사람은 자신이 가진 소유에 집착하지 않고 다른 이들에게 마음껏 꾸어준다. 그는 자기 영혼의 닻을 가진 사람이다. 그는 하나님과 그분의 말씀에 깊이 뿌리내려서 영영히 요동하지 않는다. 하나님을 두려워하는 사람은 유혹에도 동요하지 않는다. 사단도 그를 움직이게 하지 못한다. 시련도 그를 흔들지 못한다. 그는 역경을 만날 때 공포에 굴복하거나 과도한 반응을 하지 않는다. 오히려 그는 마음의 안정과 강건함을 견고히 유지한다.

112:7-8. 하나님을 경외하는 사람은 흉한 소식이나 위협적인 소식을 두려워하지 않는다. 요동치 않으시는 하나님께 닻을 내리고 그 마음을 굳게 정하였기 때문에 그는 요동하지 않는다. 역경 중에도 흔들림이 없다. 하나님을 경외하는 사람의 마음은 하나님의 붙드심으로 견고하다. 그는 하나님이 그의 대적을 처리하실 것을 안다. 그는 보복하고자 애쓸 필요가 없다.

112:9. 하나님을 경외하는 사람은 악인들에게 무시받는 사람들, 즉 빈궁한 자들을 돌아본다. 대적들(8b)이 그에 대해 무슨 말을 하거나 무슨 행동을 하더라도 그는 하나님의 인정을 받을 것이다. 최종적인 결정을 할 이가 하나님이신 것이다. 하나님을 경외하는 사람은 하나님 앞에서 자신을 겸허히 낮추기 때문에 때가 되면 하나님이 그를 높이실 것이다.

C. 하나님 중심의 삶과 대조되는 삶(112:10)

112:10. 하나님을 경외하지 않는 악인은 경건한 자들이 복 받는 것을 보고 한하여 괴롭고 분할 것이다. 분노와 시기심이 가득해서 그는 이를 갈면서 소멸할 것이다. 악인의

소욕은 망할 것이다. 이것은 악인이 자기 목적을 성취하지 못하고, 자신의 목표에 도달하지 못하거나 자신의 꿈을 이루지 못할 것을 의미한다. 그는 낙심한 채 죽을 것이다. 의인은 영원히 견디지만 불경건한 자들은 쇠락하여 지상에서 자취도 남지 않을 것이다.

결론

이 시편은 개개의 독자에게 '내 삶의 중심은 무엇인가?'라는 질문을 하도록 요구한다. '나는 하나님의 말씀을 기뻐하는가? 성경을 공부하고 그대로 살 수 있기를 간절히 바라는가?' 모든 신자가 하나님 중심의 삶을 살고자 한다면 하나님에 대한 경외심 가운데 자라가야만 한다. 따라서 각 성도는 하나님의 속성, 즉 그분의 거룩하심, 주권, 의로우심, 불변하심, 무소부재하심, 전지하심, 전능하심, 진노하심에 초점을 맞추어야 한다.

티칭 가이드

교안

A. 하나님 중심의 삶의 특징(112:1)

여호와를 찬양하라(1a)

1. 그는 하나님을 경외한다(1b)
2. 그는 말씀을 기뻐한다(1c)

B. 하나님 중심의 삶의 결과(112:2-9)

1. 영향(2절)
   a. 그의 자녀들이 강성할 것이다(2a)
   b. 그의 후대가 축복을 받을 것이다(2b)
2. 유익(3절)
   a. 물질적 풍요가 그의 것이다(3a)
   b. 영적 의가 그의 것이다(3b)
3. 통찰력(4a)
   a. 흑암 중에 빛이 일어난다(4a)
   b. 깨달음을 얻는다(4a)
4. 성실성(4b-5절)
   a. 그는 은혜를 베푼다(4b)
   b. 그는 자비하다(4b)
   c. 그는 의롭다(4b)
   d. 그는 탐욕스럽지 않다(5절)
5. 요동치 않음(6-9절)

a. 그가 결코 요동함이 없을 것이다(6a)

b. 그가 사람들에게 기억될 것이다(6b)

c. 그가 재앙을 두려워하지 않을 것이다(7절)

d. 그가 원수들을 두려워하지 않을 것이다(8절)

e. 그가 높임을 받을 것이다(9절)

C. 하나님 중심의 삶과 대조되는 삶(112:10)

1. 악인들은 큰 혼란에 싸일 것이다(10a)
2. 악인들이 소멸될 것이다(10b)
3. 악인들이 멸망할 것이다(10c)

시편 113편

열정적인 찬양

"인간의 주된 일은 하나님을 찬양하는 것이다."

- 어거스틴(Augustine)

들어가는 글

모든 성도는 가장 중요한 일과 가장 주된 관심사를 하나님으로 삼아야 한다. 이것은 이 세상에서 각 성도의 가장 포괄적인 관심의 초점이 되어야 한다. 그것은 분명히 다가올 세대에도 신자에게 가장 중요한 소명이 될 것이다. 하나님의 사람들은 지금부터 영원토록 그분을 기쁘시게 하기 위해 구속함을 입었다. 이것이 인간의 주된 목적이며, 비길 바 없는 하나님의 이름에 대한 찬양이다. 우리의 삶을 에워싸는 것이 무엇이든 형통할 때나, 어려울 때나, 복의 때나, 힘들 때나 항상 주님을 찬양하는 것이 신자의 의무며 기쁨이다. 이것이 우리의 가장 지고한 목적이다.

시편 113편은 모든 성도들에게 여호와를 찬양하라고 부른다. 이 예배 찬송은 "할렐루야"(여호와를 찬양하라, 1절)라는 익숙한 선언으로 시작하며 "할렐루야"(9절)라는 동일한 선언으로 마무리한다. 영혼을 감동시키는 진정어린 찬양은 이 시편의 알파와 오메가이며, 이 노래 구조를 형성한다. 여호와를 찬양하라(할렐루야)! 시편 113편은 이른바 '애굽 할렐'(시 113-118편)로 알려진 것의 첫 시편이며, '할렐'은 히브리어로 '찬양'을 의미한다. 이 여섯 개의 시편은 구약 시대 종교적 대축제 때 불렀던 것이다. 그중 이 시편이 첫 시편이다. 유월절에 시편 113편과 114편은 만찬 전에 불렀고, 시편 115-118편은 만찬 후에 사용되었다. 시편 113편은 두 가지 중요한 이유로 하나님께 찬양을 드릴 것을 요구한다. (1) 그분은 높이 계신 분이시지만 (2) 비천한 자를 높이시기 위해 낮은 곳을 내려다보신다.

본문 이해

Main Idea	시편 기자는 하나님의 백성들에게 주를 찬양하라고 초청한다. 그분은 높은 위치에 앉아 계시지만 자신을 낮추어 낮은 자를 살피신다.

A. 찬양의 요청(113:1-3)

113:1. 첫 절에 세 번에 걸쳐 하나님을 찬양하라고 요청한다. 세 번 모두 그 정도가 최상인 찬양을 요구한다. '찬양(히. 할렐, hallel)'은 '밝다, 빛나다, 화려하다, 자랑하다'라는 뜻을 갖고 있다. 이것은 '풍성함, 환호, 축하'라는 개념을 갖고 있다. 이것은 하나님 때문에 밝아지며, 하나님 때문에 빛나며, 그 안에서 자랑하고, 그분을 자랑한다는 의미가 있다. 여호와의 이름은 신적 속성, 그의 성품의 총체다. 하나님의 이름은 그분의 성품 전부를 상징한다. 그러므로 여호와의 이름을 찬양한다는 것은 한 개인의 생각을 집중하고 하나님의 비길 바 없는 거룩한 속성을 경배하는 것이다.

113:2. 하나님은 찬송(히. 바락, barak)을 받으셔야 한다. 여기서는 다른 단어가 사용되어 있다. 찬양에 해당하는 이 단어는 '무릎을 구부리다, 무릎을 꿇다, 축복하다'라는 의미를 갖고 있다. 하나님을 찬양하는 것은 무한히 높으신 하나님에 대한 복종을 나타내기 위해 그분 앞에 무릎을 꿇는 것을 포함한다. 무릎을 꿇는다는 것은 무한히 높으신 하나님께 경의를 표한다는 개념을 전달한다. 시편 기자는 이 순간부터, 이제부터 영원까지 이 일이 있어야 한다고 말한다. 모든 신자로 항상 주님을 찬양하게 하라.

113:3. 하나님은 하루종일, 해 돋는 데서부터 해 지는 데까지 찬양을 받으셔야 한다. 그것은 하나님을 찬양하며 하루종일 보내야 한다는 것이다. 아침에 깨어 의식이 있는 첫 순간부터 잠이 들기 전 깨어 있는 마지막 순간까지 하나님이 영광을 받으셔야 한다. 먹기 위해 자리에 앉고, 일터로 가며, 휴식을 위해 집으로 올 때 하나님이 찬양을 받으셔야 한다.

B. 찬양의 이유(113:4-9b)

113:4. 특정 부족이나 영토에 국한된 고대 근동의 인간이 만든 신들과는 달리 여호와는 모든 나라 위에 높으시다. 말하지 못하는 이 우상들은 지역적인 신들이었다. 하지만 참되고 살아 계신 한 분 하나님은 모든 나라 위에 높으시다. 그분의 통치가 미치지 않는 장소는 한 곳도 없다. 그분은 만물 위에 높으신, 지극히 높으신 하나님이시다. 그분의 영광은 하나님의 우월성에 대한 총체이며, 절대적으로 완전하신 하나님의 존재됨의 실체와 계시다. 그분의 영광은 하늘 위에 높으시며, 우주보다 높고, 인간의 언어로는 표현할 수도 없다.

113:5. 시편 기자는 여호와 우리 하나님과 같은 자 누구리요?라고 묻는다. 이것은 부정적 대답을 함축한다. 하나님과 같은 자는 아무도 없다. 그러므로 그분은 찬양받기에 유일한 분이시다. 그분은 우주 위의 높은 위에 앉아 계신 분이다. 하나님보다 높은 자도 없고, 하나님만큼 높은 자도 없으며, 하나님보다 약간 더 낮은 이도 없다. 그분은 자신의 피조물보다 무한히 높은 초월자시며 그 영광이 뛰어난 분이시다.

113:6. 그러나 이 높이 계신 하나님이 스스로 낮추사 땅의 것들을 살피신다. 그분은 이 세상을 살피시고, 인생의 웅덩이 속에 갇힌 인간을 만나려고 내려오신다. 이 높고 거룩하신 하나님이 스스로 낮추사 타락한 인간에게로 다가오신다.

113:7. 그렇게 하심으로 하나님은 영적으로도 가난한 자를 일으키신다. 하나님은 자기 몸을 낮추셔서 극심한 고통이라는 진토에서 가난한 자를 올리신다. 하나님이 낮은 데로 다가오셔서 궁핍한 자를 거름 무더기(비천한 상태에 대한 상징, 창 18:27, 왕상 16:2)에서 들어올리신다. 가난한 자는 성 밖의 쓰레기더미를 뒤지고, 타고 남은 쓰레기재를 뒤져 굶주린 배를 채운다. 하나님이 그들을 찾아오시는 곳이 바로 그런 곳이다.

113:8. 하나님은 비천한 자를 완전히 높이 올리셔서 방백들과 함께 세우신다. 하나님은 주권적 은혜로 그들을 구덩이에서 가장 높은 곳으로 들어올리신다(삼상 2:8).

113:9a-b. 고대에 잉태하지 못하던 여자는 가치도 없고, 기쁨도 없고, 절망적인 상황에 갇힌 존재로 인식되었다. 그러나 하나님은 그녀로 하여금 집에 거하게 하신다. 이는 그분이 그녀를 위로하셔서 자녀를 주심으로 그 마음에 기쁨을 주신다는 의미다.

C. 찬양의 크레센도(113:9c)

113:9c. 이 시편은 이 마지막 크레센도에 이른다. 할렐루야. 온 세상의 모든 성도는 하나님께 영광을 돌림으로 반응해야 한다.

결론

모든 민족들과 나라와 사건과 환경 위로 높이 솟아 있는 하나님의 거룩한 초월성은 신자들이 쉬지 않고 찬양할 이유가 되어야 한다. 하나님은 인간의 문제보다 위에 계시고, 인생의 환경들보다 높이 계시면서 자신의 영원한 계획에 따라 모든 것을 다스리신다. 하나님보다 더 높은 것은 없다. 그분은 자기 자신의 영광을 위해 만물을 통제하시고, 사용하신다. 그러므로 하나님의 백성들은 아무리 어려운 때라도 주를 찬양하기를 결코 잊지 말아야 한다. 신자들은 하나님의 주권을 배제한 채 인생의 폭풍우에 관심을 집중해서는 안 된다. 성도들은 시련이 닥쳐오면 주님을 바라보지 않을 때가 너무나 많다. 시련의 때가 오면 더 큰 소리로 찬양을 부르라. 하나님을 신뢰하는 자는 문제와 환경을 보지 않고 주님께만 시야를 고정시켜야 한다. 그렇게 할 때 그들의 마음이 하나님에 대한 찬양으로 가득할 것이다.

teaching guide

티칭 가이드

고안

A. 찬양의 요청(113:1-3)

여호와를 찬양하라(1a)

1. 여호와의 이름을 찬양하라(1b)
    a. 시편 기자에 의해(1a)
    b. 모든 종들에 의해(1b)
2. 그분의 이름이 찬양을 받으실지라(2-3절)
    a. 지금부터 영원까지(2절)
    b. 해돋는 때부터(3a)
    c. 해지는 때까지(3b)

B. 찬양의 이유(113:4-9c)

1. 여호와가 높이 계신다(4-6절)
    a. 모든 나라 위에(4a)
    b. 하늘 위에(4b)
    c. 보좌에 앉아 계신다(5절)
    d. 모든 것을 내려다보신다(6절)
2. 여호와께서 스스로 낮추신다(7-9b)
    a. 가난한 자를 일으키신다(7a)
    b. 궁핍한 자를 높이 들어올리신다(7b)
    c. 비천한 자를 높이신다(8절)
    d. 잉태치 못하는 여인에게 복 주신다(9a, b)

C. 찬양의 크레센도(113:9c)

여호와를 찬양하라(9c)

시편 114편

신적 구원

"암울한 시간은 예수님을 밝게 드러낸다."

- 로버트 머레이 맥체인(Robert Murray M' Cheyne)

들어가는 글

자기 백성의 구원자이신 하나님은 신자들을 위험에서 구원하시기 위해 이 세상사에 개입하시길 기뻐하신다. 그분은 자신의 뜻이라면 자신의 완전한 때에 그 백성들을 도우신다. 그분은 그들을 대신해 행하시며 인간적인 면에서 빠져나갈 길이 전혀 없을 때 길을 열어주신다. 자기 백성을 구하시는 하나님은 아무도 닫을 수 없는 문을 여시고, 그들을 곤궁에서 끌어내신다. 그러고 나서 그분은 그들보다 앞서 가시면서 그들을 안전한 뜻 가운데로 이끌어가신다. 하나님께는 너무나 거대해서 극복되지 않을 장애란 없다. 아무리 강해도 못 이길 적이 없다. 그분은 새로운 시작의 하나님이시며, 자기 백성을 포로된 상태에서 해방시키시는 하나님이시다. 죄악에서든, 부당한 고통에서든 하나님은 신자들을 속박하는 모든 것에서 해방시켜주시길 간절히 원하신다.

신적 구원의 이 메시지는 시편 114편에서 크고 분명한 목소리로 울리고 있다. 이것은 먼저 하나님이 홍해를 가르시고(출 14장), 두 번째로 요단강을 가르신(수 3장) 두 번의 대탈출 경험을 기리는 찬송시다. 이 찬양의 노래는 이스라엘을 애굽의 종살이의 속박에서 해방시키시고, 이스라엘의 모든 장애물을 제거하신 하나님의 전능하신 역사를 기념하고 있다. 출애굽 이야기는 여기서 매우 시적인 언어로 다시 들려지고 있다. 홍해와 요단강의 물이 갈라지는 것이 하나님의 면전에서 도망가는 것처럼 의인화되어 있다. 여기에 하나님이 자기 백성들을 죄와 고통에서 구원하신다는 사실을 기억하라는 모든 신자들을 향한 격려가 있다. 피할 길이 전혀 없어 보이는 상황에서 그분은 빠져나갈 길을 열어주신다.

본문 이해

Main Idea	시편 기자는 홍해와 요단강이 갈라진 사건을 회고하면서 하나님의 백성들에게 주님이 어려울 때에 그들의 선을 위해 일하실 것을 확인시킨다.

A. 하나님의 개입(114:1-2)

114:1. 여기에 400여 년 동안 애굽에서 노예 생활을 한 하나님의 백성들이 하나님의 이끄심으로 탈출하는 출애굽에 대한 묘사가 있다. 애굽의 공사 감독들의 압제로 고된 노예 생활을 한 4세기 동안의 끔찍한 세월이 끝나고, 그들은 마침내 하나님의 인도하심 가운데 약속의 땅을 향해 여행을 시작했다.

114:2. 이스라엘의 한 지파인 유다는 남왕국의 모든 하나님의 백성들을 가리킨다. 이스라엘은 북왕국의 열 지파를 가리킨다. 하나님의 백성들은 집단적으로 하나님의 성소와 영토가 되었다. 성소는 하나님이 자신의 목적을 위해 특별히 구분하신 장소, 즉 거룩한 장소다. 그곳은 하나님의 영광이 나타나는 곳이며, 하나님의 위대하심이 드러나는 곳이다. 이곳은 하나님의 백성들의 출애굽으로 특별한 장소가 되었다. 하나님의 성소가 있는 곳마다 그분의 영토(dominion, 그분이 권세를 행사하시는 장소)도 있다. 하나님의 백성들은 하나님의 통치와 권위가 가장 분명하게 행사되는 곳이었고, 하나님은 그들 안에서, 그들을 통해 그리고 그들 앞에서 일하셨다. 그들 자신이 하나님의 통치가 가장 분명히 나타나는 거룩한 성소였다.

B. 하나님으로 인한 위협(114:3-4)

114:3. 하나님이 광야에서 자기 백성들을 인도하실 때 바다(즉 홍해)가 이를 보고 도망했다. 이것은 이스라엘이 약속의 땅으로 여행할 때 하나님이 위협적으로 물을 가르신 사건을 시적으로 표현한 것이다. 이 일은 40년간의 여행이 시작되던 시기에 일어난 사건이다. 두 번째 기적은 40년의 여행 마지막에 요단강이 갈라진 사건과 관련이 있다. 40

년이라는 시간이 이 두 기적적인 사건들을 구분해준다.

114:4. 요단강을 건너자 산들과 작은 산들이 뛰놀았다. 이것은 약속의 땅이 고지대에 위치한 것과 관련된 표현이다. 한때 가나안인들로 가득했던 이 고지대들이 그들 앞에서 춤추듯 뛰면서 그들에게 큰 기쁨을 주었다. 하나님은 자기 백성에게 승리와 그 땅과 그들의 기업을 주셨다.

C. 하나님 앞에서의 취조(114:5-6)

114:5-6. 시편 기자는 이미 대답을 알고 있으면서도 놀리는 듯한 네 가지 질문을 제시한다. 이 질문은 단지 강조를 위한 질문일 뿐이다. 약속의 땅의 바다, 요단강, 산, 작은 산들이 그들의 창조주의 권능을 인정할 수밖에 없도록 직접적인 질문을 받고 있다.

D. 하나님께로의 초청(114:7-8)

114:7. 온 땅이 하나님의 권세를 두려운 마음으로 인식하며 그 앞에서 떨어야 한다. 하나님을 두려워하는 것은 전능하신 하나님에 대한 자연과 인간의 유일하게 올바른 반응이다. 땅은 애굽(1절), 홍해와 요단강과 같은 거대한 물(3, 5절)에서부터 산과 언덕에 이르기까지(4, 6절) 앞에서 언급된 모든 것을 대표한다. 하나님 자신이 이스라엘을 애굽에서 인도해낸 분이시며, 홍해가 도망하고, 요단강이 물러서며, 산들이 뛰놀고, 언덕이 뛰놀게 하신 분이시다. 하나님이 전능하신 손으로 개입하셨다. 그러므로 사람들은 하나님 앞에서 떨어야 한다.

114:8. 이스라엘 백성이 광야 생활을 할 때 모세의 명령으로 반석에서 하나님이 물이 나오게 하신 두 사건이 있었다(출 17:5-6, 민 20:8-11). 자기 백성들의 필요를 채워주신 분은 하나님이셨다. 그때 그의 백성들을 새롭게 하시고, 다시 힘을 주시며 붙들어주신 하나님이 오늘날도 동일하게 자기 백성을 돌보실 것이다.

결론

오늘날 복음주의 교회에 이상하게 결여된 것이 있다. 그것은 섭리의 교리에 대한 굳건한 믿음이 사라진 것이다. 신자들은 자기 자신의 영광을 위해 만물을 다스리시며, 인간의 모든 일에 관여하시는 하나님의 보이지 않는 손을 보지 못하고 있다. 그러나 성경은 하나님이 손으로 만드신 모든 것을 다스리시며, 모든 행사와 사건들을 통치하심을 분명히 말하고 있다. R. C. 스프라울(R. C. Sproul)이 지적한 대로 우주에 독립적인 분자는 결코 존재하지 않는다. 웨스트민스터 신앙 고백서는 하나님의 섭리에 대해 아래와 같이 정의한다. "모든 만물의 창조주 되신 하나님은 자신의 지혜와, 권세와, 공의와, 선하심과, 자기의 영광을 찬양하게 하시기 위해 가장 큰 것에서부터 가장 작은 것에 이르기까지 모든 피조물과, 행위들과, 사물들을 가장 지혜롭고 거룩한 섭리에 의해 무오한 선지식과 자유롭고 불변하는 그 뜻의 경륜으로 유지하시고, 지시하시며, 처리하시고, 다스리신다."

성경에 기초한, 시공간을 초월하는 이 신학적 정의는 하나님이 인간의 모든 일과 환경을 자기 자신의 뜻에 따라 다스리신다는 진리에 대한 정확한 진술이다. 섭리의 교리는 하나님이 모든 피조물과 사물과 행위를 자신의 영원한 뜻에 따라 지탱하시고, 인도하시며, 처리하시고, 다스리신다고 분명히 가르친다. 모든 피조 세계는 하나님의 섭리가 상연되는 무대다. 섭리는 인간 삶의 세부적인 부분까지 하나님이 자신의 영원한 목적을 은혜롭게 이루시는 것이다. 세상은 맹목적 우연이나 비인격적 숙명이 아니라 하나님에 의해 통치되고 있다. 거룩한 계획에 따라 대소사를 모두 지휘하시고, 모든 것을 수행하시는 하나님이시다. 하나님은 심지어 어둡고 고통스러운 시간에도 이 일을 하고 계신다.

티칭 가이드

교안

A. 하나님의 개입(114:1-2)

1. 하나님이 개입하신 때(1절)
    - a. 이스라엘이 애굽에서 나올 때(1a)
    - b. 야곱이 이방 땅에서 나올 때(1b)
2. 하나님이 개입하신 방법(2절)
    - a. 유다가 하나님의 성소가 되었다(2a)
    - b. 유다가 하나님의 영토가 되었다(2b)

B. 하나님으로 인한 위협(114:3-4)

1. 바다가 도망갔다(3a)
2. 요단이 물러갔다(3b)
3. 산들이 뛰놀았다(4a)
4. 작은 산들이 뛰놀았다(4b)

C. 하나님 앞에서의 취조(114:5-6)

1. 바다야, 네가 도망함은 어찜인가?(5a)
2. 요단아, 네가 물러감은 어찜인가?(5b)
3. 산들아, 너희가 뛰놂이 어찜인가?(6a)
4. 작은 산들아, 너희가 뛰놂이 어찜인가?(6b)

D. 하나님께로의 초청(114:7-8)

1. 땅이여, 떨지어다(7절)
    a. 여호와의 면전에서(7a)
    b. 야곱의 하나님의 면전에서(7b)
2. 하나님을 보고 떨지어다(8절)
    a. 저가 반석을 변하여 물이 되게 하셨다(8a)
    b. 저가 차돌을 변하여 샘물이 되게 하셨다(8b)

시편 115편

보이지 않는 불멸의 존재

"하나님이 계심은 알 수 있지만 정확히 그분이 어떤 분인지는 알 수 없다."

- 스테판 차르녹(Stephen Charnock)

들어가는 글

세계에서 가장 부유한 사람인 크로에수스(Croesus)가 한번은 세계에서 가장 지혜로운 테일즈(Thales)에게 "하나님은 어떤 분입니까?" 라고 질문을 던졌다. 유명한 그 철학자는 이 심오한 질문을 생각해볼 수 있는 하루의 시간을 달라고 부탁했다. 명확한 대답을 찾을 수 없었던 테일즈는 이 질문의 깊이를 가늠해보기 위해 또다시 하루를 더 달라고 했다. 여전히 대답을 찾지 못한 그는 또다시 하루를 요구했고, 또다시 하루를 요구한 후 또다시 하루를 요구했다. 그리고 마침내 테일즈는 슬프게도 자신은 알지 못하겠노라고 고백했다.

초대 교부인 터툴리안(Tertullian)이 후에 이 이야기를 전해 듣고, 뜨거운 마음으로 이 가르침의 기회를 포착했다. 그 질문에 대답할 수 없었던 테일즈에 대해 그는 그것이 하나님에 대한 세상의 무지를 보여주는 명백한 예 가운데 하나라고 선언했다. 터툴리안은 "세상에서 가장 지혜로운 사람이 있지만 하나님이 누구신지 말할 수가 없다" 라고 외쳤다. 그러고 나서 그는 '그러나 그리스도인은 가장 무지하고 교육받지 못한 노예라 해도 하나님을 알며 다른 이들에게 그분을 알릴 수 있다' 라고 생각했다.

시편 115편은 하나님에 대한 세상의 무지를 증언한다. 이것은 가장 기본적인 질문인 "하나님은 누구신가?" 와 "하나님은 어디에 계신가?" 에 대한 답이다. 이 시편이 선언하는 진리는 주님만이 하나님이시고, 하늘에 계시며, 만물을 다스리시고 영원히 사시며, 자기 백성들을 보호하시고 번영케 하시는 하나님이시라는 것이다. 시편 기자는 하나님이 그런 분이시라고 말한다. 하나님의 참된 정체성에 대한 이 진술은 무가치하고 말 못하는 우상에 불과한 이방 민족들의 거짓 신들과 대조를 이룬다. 시편 기자는 오직 한 하나님, 이스라엘의 하나님, 하늘과 땅을 지으신 창조주가 계시다고 찬양한다. 저자는 하나님의 존재에 대한 철학적 변증을 하지 않고 단순히 하나님에 대한 사실을 선언할 뿐이다. 이것을 통해 그는 모든 거짓 신들을 거부한다. 인간이 만든 우상에 충성을 바친다는 것은 터무니없고 비정상적인 생각이다. 유일하신 하나님, 참되신 하나님, 피조 세계와 역사와 성경에 계시된 하나님, 모든 민족의 주시며, 이스라엘의 구속자이신 하나님이 계신다.

이 시편은 두 번째 성전 봉헌식 때 성전에서 하나님을 경배하도록 하기 위해 시편의 이 위치에 배치되었다(비교. 스 6:16). 중심 주제는 하늘의 주권자 되신 하나님과 열방의 무능한 우상들에 대한 대조를 강조한다. 이 노래를 통해 시편 기자는 모든 이들에게 참되신 하나님을 신뢰하고 예배하라고 요청한다. 이 시편은 이스라엘의 원수들이 그들을 조롱하고 멸시하던 시기(2절), 이스라엘이 괴멸적인 패배를 당하고 하나님이 어디에도 계신 것같이 보이지 않던 때에 기록되었다. 바로 이러한 때에 그들은 주를 신뢰하도록 명령받고 있다(9-11절). 이것은 애굽 할렐(시 113-118편)의 세 번째 시편이다.

본문 이해

Main Idea	시편 기자는 열방의 이방 우상들과 비교도 할 수 없는 참되고 유일하신 한 하나님의 우월성을 선언한다.

A. 하나님의 영광에 대한 선언(115:1)

Supporting Idea	인간이 아닌 참되신 하나님은 자신의 사랑과 신실하심에 대해 모든 영광을 받으셔야 한다.

115:1a. 이 시편은 모든 신자들의 현재적 상태와 사역이 그들 자신의 유익을 위한 것이 아니라는 담대한 선언으로 시작한다. 오히려 만물이 영광을 돌려야 할 대상은 하나님의 이름이다. 인생은 인간이 아니라 하나님을 중심으로 이루어진다. 이 신 중심적(theocentric) 서두는 모든 찬양과 영광을 올바른 초점의 대상인 주님께 돌리고 있다.

115:1b. 인자하심과 진실하심이라는 두 신적 속성은 일반적으로 자기 백성들을 향한 하나님의 언약적 복과 동일시된다. 찬양은 하나님, 특히 하나님의 성품을 향해야 한다. 하나님을 찬양해야 할 이유는 자기 백성을 향한 그분의 영원하고 무조건적 사랑 때문이

다. 그분의 신실한 사랑은 결코 없어지지 않고 영원토록 강력하다.

B. 하나님의 위대하심에 대한 변증(115:2-3)

Supporting Idea	참되신 하나님은 그 기쁘신 뜻대로 행하시며 하늘에 계신다.

115:2. 주변의 이방 열방들은 자연 재해로 심각한 피해를 입거나 이방 적군에게 공격 당하는 이스라엘을 조롱했다. 이스라엘의 패배와 시련을 목격한 그들은 저희 하나님이 이제 어디 있으냐?라고 말하며 하나님의 백성들을 조롱했다. 유대인들은 이 이방인의 조롱이 매우 싫었다.

115:3. 시편 기자는 하나님이 하늘에 살아 계시며, 그분의 보좌에서 모든 만물을 다스리신다고 말하며, 이 이방인들의 조롱에 반응한다. 수많은 시련이 있다 해도 위의 보좌에 앉으신 하나님의 주권은 조금도 훼손되지 않는다. 하나님은 원하시는 모든 것을 행하신다. 이것은 그분과 같은 주권을 가진 자가 아무도 없고, 그 주권에 대적할 자도 없다는 뜻이다(시 103:19). 이스라엘이 패배했다 해도 그것은 하나님의 실패가 아니라 하나님의 행하신 일이다. 이스라엘이 승리를 얻는 것 역시 하나님이 하신 일이다. 소위 신이나 우상을 숭배하는 나라는 절대 하나님을 대적할 능력이 없다.

C. 하나님처럼 대우를 받는 우상들에 대한 비판(115:4-8)

Supporting Idea	무능한 우상들은 연약한 인간의 손으로 만들어진 것이므로 아무 능력도 없다.

115:4. 반대로 열방의 무능한 우상들은 아무것도 할 수 없다. 그 우상들이 값비싼 은과 금으로 만들어져도 사람의 수공물인 것은 여전하다. 그것들은 타락한 인간 상상력의 산물에 불과하다. 그러므로 아무 능력도 발휘할 수 없다. 철저히 무가치하다.

115:5-6. 이 우상들은 입이 있어도 말하지 못하는 벙어리다. 눈이 있어도 보지 못하는 장님이다. 또한 귀가 있어도 듣지 못하며, 코가 있어도 냄새를 맡지 못한다. 아무런 생명이 없는 죽은 것이다(비교. 사 44:9-20).

115:7. 또한 그들은 손이 있어도 만지지 못하며 발이 있어도 걷지 못한다. 이른바 이 이방의 신들은 약하고 불쌍하다. 이 우상들은 심지어 목구멍으로 소리도 낼 수 없다. 썩고 부패하는 것 외에 아무것도 할 수 없다.

115:8. 이 우상들을 조각해 만들고 그것들을 의지하면서 이스라엘을 조롱하는 열방들은 다 그와 같을 것이다. 즉 죽은 존재가 되는 것이다. 우상을 예배하면 그 우상을 닮게 된다. 영적으로 무능력하고 생명이 없으며 무가치하게 된다.

D. 하나님의 은혜를 의지함(115:9-11)

Supporting Idea	모든 사람들은 주를 의지하고 두려워해야 한다.

115:9-11. 시편 기자는 하나님의 백성들에게 여호와를 의지할 것을 요구한다. 하나님을 의지하라는 이 긴박한 호소의 삼중적 반복은 그것이 얼마나 중요하고 필수적인지를 강조한다. 그들은 이 우상들이 아니라 하나님을 의지해야 한다. 그분이 자기 백성들에게 필요한 것들을 공급하시기 때문이다. '의지(히. 바타치, batach)' 는 '애착을 갖다, 확신을 갖다, 의존하다' 의 뜻이다. 기본적인 의미는 견고함과 단단함을 연상시킨다. 모든 신자들은 하나님께 의존하고 무엇이든 자신의 기쁘신 뜻대로 하시는 하나님 안에서 완전히 안식하도록 부르심을 받는다. 그는 너희 도움이시요 너희 방패시다(자기를 의지하는 사람들에 대한 하나님의 섭리적 돌보심을 선언하는 삼중적으로 반복된 후렴이다). 방패는 원수들로부터 하나님의 보호하심을 상징한다.

E. 하나님의 복에 대한 기쁨(115:12-13)

Supporting Idea	참되신 하나님은 자기 백성들을 기억하시고 복을 주신다.

115:12-13. 여호와께서 자기 백성들을 기억하시며 그들의 필요를 생각하신다. 그분은 그들을 잊지 않으신다. 시편 기자는 하나님이 그분을 의지하는 자들에게 복을 주실 것을 네 번에 걸쳐 강조하여 말한다. 그분은 그들을 향해 분명히 더 큰 은혜를 베푸실

것이다. 하나님은 큰 두려움으로 여호와를 경외하는 모든 자에게 복을 주실 것이다. 이것은 구원 얻는 믿음을 암시한다. 그분은 대소 무론하고 모든 자들을 위하신다. 하나님은 사람을 차별하지 않으시고, 그분을 두려워하는 모든 자들에게 공평하게 자신의 선을 베푸신다.

F. 하나님이 번창하게 해주실 것을 소원함(115:14-15)

Supporting Idea	시편 기자는 하나님이 자기 백성들을 번창케 해주시도록 기도한다.

115:14-15. 시편 기자는 이 신적 복이 하나님의 모든 백성에게 임하게 해달라고 요청한다. 그는 하나님이 그들의 재산과 자식과 힘을 번창케 해주시기를 구한다. 또다시 그는 그들이 여호와께 복을 받게 해주시기를 구한다. 이 요청은 하나님이 천지를 지으신 창조주시라는 사실에 근거한다. 만물을 창조하신 하나님만이 모든 이에게 복을 주실 수 있다.

G. 하나님의 우월성에 대한 송가(115:16-18)

Supporting Idea	하나님이 찬양을 받으셔야 한다.

115:16-18. 하늘(즉 하나님의 거처)은 오직 여호와만의 것이다. 그분만이 영광 가운데 모든 피조물에 대한 주권적 주로서 위에서 통치하신다. 그러나 인간의 주된 거처인 땅은 인생에게 주셔서 청지기로서 그것을 가꾸고 감독하도록 하셨다. 죽은 자는 이땅을 떠나면 더 이상 여기서 하나님을 찬양할 수 없다. 그들은 무덤 속으로 내려가서 적막한 데로 간다. 땅에서 여호와를 찬양할 수 있는 이는 살아 있는 자들뿐이다. 그들은 이 생에서 이제 그리고 하늘에서 영원토록 이 찬양을 해야 한다. 그러므로 그는 자신의 마음을 주체치 못하고 여호와를 송축하리로다 할렐루야라고 선언한다. 시편 기자는 자신이 살아서 기회가 있을 때 하나님의 이름을 높일 것이다. 모든 신자들도 그렇게 해야 한다.

Main Idea 복습	시편 기자는 열방의 이방 우상들과 비교도 할 수 없는 참되고 유일하신 한 하나님의 우월성을 선언한다.

결론

유명한 영국 정치가인 윌리엄 윌버포스(William Wilberforce, 1759-1833년)는 역사상 위대한 기독교 정치가 가운데 한 사람이다. 그는 오랫동안 노예 제도라는 악과 대항해 싸웠고, 영연방에서 그것을 폐지하기 위해 애썼다. 윌버포스는 또한 시편을 사랑하고 열심히 공부한 학생이기도 했다. 그는 노예제 폐지를 위해 싸우면서 종종 시편 115편의 첫 구절을 묵상했다. 1807년 3월 25일 의회는 영국 국기가 게양되는 모든 나라에서 노예 무역을 폐지하는 법안을 통과시켰다. 이 승리에 대한 윌버포스의 반응은 어떠했을까? 그 자신의 증언에 따르면 그가 즐겨 읽던 시편 115편 1절을 묵상하고 하나님께 영광을 돌린 것이 그가 가장 먼저 한 행동이었다. "여호와여 영광을 우리에게 돌리지 마옵소서. 우리에게 돌리지 마옵소서. 오직 주의 인자하심과 진실하심을 인하여 주의 이름에 돌리소서." 하나님이 우리를 통해 이루시기로 작정하신 모든 일에 대해서도 이와 같은 고백이 우리의 가장 일차적인 반응이 되어야 한다.

삶의 적용

정신적 우상을 경계하라. 모든 그리스도인은 우상으로부터 자신의 생각을 지켜야 한다. 사도 요한은 "자녀들아 너희 자신을 지켜 우상에서 멀리하라"(요 5:21)고 경고했다. 우상이 반드시 나무나 돌로 만들어진 것은 아니다. 하나님의 영광을 왜곡시키는 한 분 '참 하나님'(요일 5:20)에 대한 모든 거짓 가르침이 우상이 될 수 있다. 사도 요한 당시에 독자들이 일차적으로 스스로를 지키도록 하라는 명령을 받은 우상은 하나님에 대한 왜곡된 교리들이었다. 성경과 반대되는 잘못된 관점들은 하나님의 영광을 가로막는 신성모독적 우상이다. 그러므로 모든 신자는 신중하게 '영'으로 뿐 아니라 '진리'(요 4:24)로 하나님을 예배해야 한다. A. W. 토저는 "당신에게 가장 중요한 일은 하나님을 생각할 때 무엇이 가장 먼저 떠오르는가 하는 점이다"라고 경고했다. 하나님에 대한 비성경적 생각들은 그분께 무가치한 우상이므로 우리 생각에서 반드시 제거되고 분쇄되어야 한다.

마음의 우상을 경계하라. 나아가 우리가 하나님보다 더 사랑하고 두려워하며 섬기는 모든 것은 우상이다. 하나님과 우리 사이를 가로막는 모든 것이 우상이다. 런던 웨스트민스터 채플의 목회자로 섬긴 적이 있는 마틴 로이드 존스는 이렇게 썼다. "인간의 우상은 그 사람이 인생의 목적으로 삼는 것, 그의 시간과 에너지와 돈을 투자하고자 준비된 것, 그를 자극하고, 열광하게 하며, 흥분시키고 열정을 내도록 하는 것이다." 우리가 우리 자신을 경계해야 할 우상이 바로 그런 우상이다. 어떤 이들에게 하나님을 대체하고자 하는 이 우상들은 직장, 취미, 주택 혹은 자동차일 수도 있다. 그것이 무엇이든 하나님에 대한 우리의 지고한 헌신을 가로막아서는 안 된다. 우리는 마음에서 모든 우상을 내던지고 하나님만을 예배해야 한다.

기도

하나님 아버지, 우리 삶에서 오직 당신만이 영광을 받아주십시오. 우리는 당신을 향한 거룩한 한 가지 열망으로 살기 원합니다. 우리 마음속에 당신에 대한 우리 비전이 확대되게 해주십시오. 어떤 것보다도 당신의 영광을 더 소중히 여기기를 원합니다. 당신에 대한 우리의 온전한 헌신에 도전하며 당신보다 더 사랑해주길 원하는 모든 것에서 우리 마음을 지켜주십시오. 예수님의 이름으로 기도합니다. 아멘.

심층 연구

A. 열방(115:2)

'열방(히. 고이, goy)'은 부족이나 민족을 구성하는 사람들의 집단을 가리킨다. 이 단어는 종종 이스라엘 민족을 에워싼 이방 민족들인 비이스라엘 민족들을 가리켜 사용되었고(신 4:38, 수 23:13), 정치적이거나 영토로 인한 동맹이나 민족성에 의해 결정되었다. 이 단어는 또한 아브라함의 후손들인 이스라엘 민족에게도 사용되었다(창 12:1, 17:20). 다른 민족이나 사람들의 집단에 대해 이 단어가 사용되면 주로 이방인들을 가리켰고, 악하고(신 9:4-5), 명철이 없으며(신 32:21), 가증스러운(신 18:9, 왕상 14:24, 왕하 16:3, 대하 28:3) 우상 숭배자들(왕하 17:29), 무자비하며(사 25:3), 할례받지 않은 자들(렘 9:26)로 묘사되었다. 주님은 열방을 비웃으시지만(시 59:8) 약속된 메시아가 구속할 이는 열방이다(사 2:2, 11:10, 42:6, 60:10).

B. 우상(115:4)

'우상(히. 아솝, asob)'이란 단어는 숭배의 목적으로 만들어진 형상이나 물체를 가리킨다. 그러한 행위는 두 번째 계명에 대한 직접적인 부정이다(출 20:4). 이 단어는 시편에서 모두 네 번 사용되었다.

교안

A. 하나님의 영광에 대한 선언(115:1)

1. 인간이 영광을 받아서는 절대 안 된다(1a)
2. 항상 하나님께 영광을 돌려야 한다(1b, c)
    a. 그분의 인자함으로 인해(1b)
    b. 그분의 진실하심으로 인해(1c)

B. 하나님의 위대하심에 대한 변증(115:2-3)

1. 열방이 이스라엘을 조롱한다(2절)
    a. 저희 하나님이 어디 있느냐?
    b. 그들의 하나님이 누구냐?
2. 이스라엘이 이에 대한 반응으로 증언한다(3절)
    a. 하나님은 하늘에 계신다(3a)
    b. 하나님은 하늘에서 통치하신다(3b)

C. 하나님처럼 대우를 받는 우상들에 대한 비판(115:4-8)

1. 우상은 인간이 만든 것이다(4절)
    a. 은으로 만들어졌다(4절)
    b. 금으로 만들어졌다(4절)
2. 우상은 전혀 무가치하다(5-7절)
    a. 말할 수 없다(5a)
    b. 볼 수 없다(5b)
    c. 들을 수 없다(6a)
    d. 냄새를 맡을 수 없다(6b)
    e. 느낄 수 없다(7a)

f. 걸을 수 없다(7b)

g. 소리를 낼 수 없다(7c)

3. 우상은 영원히 저주받을 운명이다(8절)

a. 우상을 만든 자들이 그들과 같아질 것이다(8a)

b. 우상을 섬기는 자들이 그들과 같아질 것이다(8b)

D. 하나님의 은혜를 의지함(115:9-11)

1. 이스라엘아, 여호와를 의지하라(9-10절)

a. 그분은 너희를 도우신다(9a, 10a)

b. 그분은 너희의 방패가 되신다(9b, 10b)

2. 하나님을 두려워하는 자들아, 여호와를 의지하라(11절)

a. 그분은 그들의 도움이시다(11a)

b. 그분은 그들의 방패시다(11b)

E. 하나님의 복에 대한 기쁨(115:12-13)

1. 여호와께서 우리를 기억하신다(12a)

2. 여호와께서 우리를 축복하신다(12-13절)

a. 이스라엘의 집에(12b)

b. 아론의 집에(12c)

c. 하나님을 경외하는 자에게(13a)

d. 대소를 막론하고(13b)

F. 하나님이 번창하게 해주실 것을 소원함(115:14-15)

1. 여호와께서 너희로 번창케 하시기를(14절)

2. 여호와께서 너희에게 복 주시기를(15절)

G. 하나님의 우월성에 대한 송가(115:16-18)

1. 하나님은 위에 보좌에 앉아 계신다(16절)

a. 하늘이 하나님의 통치를 받는다(16a)

b. 땅은 인간에게 위탁되었다(16b)

2. 하나님은 아래서 찬양을 받으신다(17-18절)

a. 죽은 자는 하나님을 찬양할 수 없다(17절)

b. 산 자는 하나님을 찬양해야 한다(18절)

시편 116편

차고 넘치는 은혜

"은혜는 모든 환경보다 더 강하다."

- J. C. 라일(J. C. Ryle)

들어가는 글

종종 성경에 있다고 오해를 받는 오래된 표현 가운데 하나는 "신은 스스로 돕는 자를 돕는다"라는 말이다. 하지만 불행하게도 이 말에는 두 가지 잘못된 문제가 있다. 첫 번째 문제는 이 진술이 성경에 없다는 것이다. 두 번째 문제는 이 문구의 신학 역시 성경에 없다는 것이다. 사실 성경은 정반대로 가르친다. 실제로 하나님은 스스로를 도울 수 없는 자들을 도우신다. 우리가 스스로를 도울 수 있다면 하나님의 도움이 필요없을 것이다. 반대로 우리는 무기력하고 연약해서 은혜가 필요하다.

예수님은 "나를 떠나서는 너희가 아무것도 할 수 없느니라"(요 15:5)고 말씀하셨다. '아무것도' 라는 말은 영원한 가치와 영적인 가치가 있는 그 어떤 것도 할 수 없다는 것이다. 하나님은 자기 백성들이 자신을 낮추며 자신의 이름을 부를 때 그들을 반드시 도우실 것이다. 이것이 하나님의 모든 것을 충족하는 은혜다. 하나님은 자기 의존적인 자가 아니라 연약한 자를 강하게 하신다. 너무 약해서 하나님이 도울 수 없는 사람은 한 사람도 없고 오히려 너무 강해서 하나님이 도우실 수 없는 사람만 있을 뿐이다. 사실 자신감이 강한 사람들은 자기 스스로 평가하기에 강할 뿐 실제로 강한 사람이 아니다. 신자들은 자신의 약함을 고백할 때 진정으로 강하다.

시편 116편의 중심 주제는 연약함 중에 있는 신자들을 도우시는 하나님의 은혜다. 이 시편은 시편 기자가 스스로를 구원할 힘이 전혀 없을 때 나타난 하나님의 능력을 증거한다. 시편 기자는 심각한 질병에 걸려 자신이 곧 죽을 것이라고 생각했다. 자신의 생명을 구하기 위해 그가 할 수 있는 일은 아무것도 없었다. 실제로 그를 돕기 위해 사람이 할 수 있는 일은 아무것도 없었다. 오직 그가 받을 수 있는 도움은 하나님이 주시는 도움뿐이었다. 1847년 헨리 F. 라이트가 쓴 "나와 함께하소서"라는 제목의 오래된 찬송은 "때 저물어 날 이미 어두우니 구주여 나와 함께하소서 내 친구 나를 위로 못할 때 날 돕는 주여 함께하소서." 그것이 하나님이 하시는 일이다. 무기력한 자의 도움이 되시는 것이다.

본문 이해

Main Idea	시편 기자는 하나님이 자신의 기도를 들으셔서 죽음에서 건져주신 것을 증거하며 항상 하나님께 감사하고 하나님을 섬기겠다고 맹세한다.

A. 시편 기자의 간구(116:1-4)

116:1. 시편 기자는 매우 흥분되고 감정이 고조된 상태에서 내가 저를 사랑하는도다라고 선언한다. 하나님을 향한 헌신으로 그의 속사람이 감격으로 두근거리며 하나님을 열정적으로 찬양한다. 여호와께서 내 음성과 내 간구를 들으셨기 때문에 이 사랑이 더욱 강하다(시 6:8, 66:19). 하나님은 이방 신들처럼 들을 수 없는 귀머거리 우상이 아니다. 오히려 하나님은 자기 백성들의 기도를 들으시는 살아 계신 하나님이시다.

116:2. 그 귀를 내게 기울이셨으므로 시편 기자는 주를 부를 것이다(시 17:6, 31:2, 40:1). 이러한 말은 하나님이 고통 가운데 부르짖는 자기 백성들의 음성을 듣기 위해서 높은 데서 굽어보신다는 의미를 내포한다. 하나님이 지금 그의 기도를 들으시므로 시편 기자는 평생에 하나님을 부를 이유가 충분하다.

116:3. 시편 기자로 기도하게 한 고통스러운 환경은 그의 심각한 병으로 목숨이 위경에 달할 정도의 중병을 가리킨다. 그는 밧줄처럼 사망의 줄이 나를 두른다고 말한다. 그 줄이 그를 놓아주려 하지 않을 것이다. 음부의 공포가 그를 짓누르며 환난과 슬픔이 찾아온다. 그의 죽음이 임박한 것 같다.

116:4. 이 시련 속에서 시편 기자는 구원을 위해 여호와의 이름을 부른다. 그는 여호와여 주께 구하오니 내 영혼을 건지소서라고 외친다(시 17:13, 22:20-21). 하나님이 그의 유일한 소망이시다.

B. 시편 기자의 구원(116:5-9)

116:5. 시편 기자는 하나님의 세 가지 속성에 초점을 맞춘다. 그분은 은혜로우시며

(channuwn, '숙이다, 열등한 자에게 사랑으로 몸을 구부리다, 호의를 베풀다, 자비를 베풀다'), 자기 백성들에게 호의를 베풀기를 원하신다(시 86:15, 103:8). 주님은 또한 의로우시며(tsadiyq, '공정한, 합법적인, 정직한, 옳은') 자기 백성들에게 의로운 일을 행하신다(시 119:137, 145:17). 하나님은 신뢰할 수 있는 분이시다. 또한 주님은 자기 백성들에 대해 자비하시며 긍휼을 베푸시는 따스한 분이시다.

116:6. 여호와께서는 자기 백성들이 해를 당하지 않도록 보호하신다(shamar, '가시와 같은 것으로 울타리를 두르다, 목자가 양 떼를 보호하는 것처럼 보호하다, 지키다'). 주님은 또한 어리석은 자를 지키신다. 다시 말해서 하나님은 어린 아이처럼 그분을 의지하는 사람을 보호하신다. 시편 기자가 살 가능성이 불확실하여 낮게 되었을 때 하나님은 죽을 것 같은 상황에서 그를 구원하셨다.

116:7-8. 시편 기자는 자신에게 네 평안함에 돌아갈지어다라고 훈계한다. 이것은 아무 위협도 받지 않는 안정된 상태를 가리킨다. 여호와께서 그를 후대하시기 때문에 그렇게 할 이유가 충분하다. 여호와께서 내 영혼을 사망에서 건져내셨다(시 49:15, 56:13, 86:13). 하나님은 또한 죽음 직전에 건져주심으로 그의 눈을 눈물에서 그리고 그의 발을 넘어짐에서 건지셨다. 하나님은 이렇게 그를 풍성한 은혜로 대하셨다.

116:9. 목숨을 건진 시편 기자는 정직함 가운데 여호와 앞에서 행하겠다고 결심한다. 이것은 주님에 대한 순종의 맹세다. 그는 자기 마음대로 인생을 탕진하라고 하나님이 그의 생명을 구해주신 것이 아님을 알고 있다. 그는 하나님께 영광을 돌리는 길을 가겠다고 맹세한다.

C. 시편 기자의 내어드림(116:10-14)

116:10. 시편 기자는 자신의 믿음을 묘사한다. 그는 믿음으로 주를 불렀다. 내가 믿는다는 것은 이 곤경 속에서 하나님을 온전히 신뢰한다는 것을 의미한다. 하나님에 대한 완전한 믿음으로 그는 큰 곤란을 당했을 때 하나님께 자기 인생을 새롭게 맡겨드렸다. 그는 기도하면 하나님이 그의 선을 이루시기 위해 일하실 것을 믿는다.

116:11. 그러나 사람은 의지할 대상이 아니다. 모든 사람이 거짓말쟁이기 때문이다. 이것은 시편 기자가 불의한 사람들에게 거짓된 고소를 당하고 있음을 암시할 수도 있다. 나아가 이것은 시편 기자의 죽음을 예견한 그 모든 사람들이 얼마나 거짓된지를 고

발하는 대담한 진술이다. 확실한 것은 사람들은 모두 구원에 대해 거짓된 희망만을 제시한다는 것이다(시 60:11, 118:8-9). 오직 하나님만이 구원하실 수 있다.

116:12-14. 저자는 여호와께 무엇으로 보답할 수 있는지 묻는다. 하나님은 아무것도 필요하지 않으시다. 그분은 모든 것을 가진 분이시다. 시편 기자는 자신이 은혜에 얼마나 빚진 자인지를 인정한다. 이로 인해 그는 내가 구원의 잔을 들 것이라고 맹세한다. 이것은 하나님의 구원에 대한 감사로 드리는 관제를 가리킨다(레 23:10-14). 시편 기자는 찬양 가운데 여호와의 이름을 부를 것이다. 그는 그의 서원을 여호와께 갚을 것이다. 이 서원은 그가 고통 중에 있을 때 한 약속을 가리킨다(시 116:18). 이 맹세는 순종하겠다는 맹세였다(시 116:9). 하나님의 백성들 앞에서 공개적으로 이 서약을 지켜야 한다.

D. 시편 기자의 제사(116:15-19)

116:15. 모든 성도는 하나님께 귀하다. 죽음이 가까웠다 해도 하나님이 그들을 더 이상 사랑하시지 않아서가 아니다. 하나님은 그들을 매우 귀중하게 여기시며 특히 임종할 때 더욱 그러하다. 하나님은 가장 캄캄한 시간을 보내는 성도들을 극진히 돌아보신다. 성도가 죽을 때든, 구원하심을 받을 때든 하나님은 영광을 받으실 것이다.

116:16. 시편 기자는 나는 진실로 주의 종이요라고 말하며 하나님께 자신을 다시 헌신한다. 시편 기자는 하나님에 대한 자신의 헌신을 재확인한다. 그는 자신이 주의 여종의 아들임을 고백한다. 그는 경건한 모친의 모범을 따른다. 하나님은 그의 결박을 푸셨고 혹은 죽음의 사슬에서 건져주셔서 마음껏 주를 섬기게 하셨다.

116:17-19. 앞의 말을 재확인하며 시편 기자는 내가 주께 감사제를 드릴 것이라고 선언한다. 이것은 '구원의 잔'(13절)과 평행을 이룬다. 시편 기자는 기도로 뿐 아니라 더 중요하게는 찬양으로 여호와의 이름을 부를 것이다. 이 서원은 다른 신자들이 있는 여호와의 전 정에서 공개적으로 이루어질 것이다. 그는 할렐루야로 마감한다.

결론

하나님의 붙드심의 은혜가 필요한 상태에 있는가? 모든 신자들은 그러한 도움을 늘 필요로 한다. 하나님은 자기 백성들이 자신의 연약함을 인정하고, 그분의 은혜를 의지할 때 그들을 도우실 준비가 되어 있다. 당신은 삶의 어떤 영역에서 하나님의 도우심의 필요를 느끼는가? 당신이 약할 때 당신은 강하다. 우리의 약함 가운데 그분의 은혜가 완전해지기 때문이다(고후 12:9-10). 당신이 자신의 연약함을 깨달을 그때가 얼마나 축복된 시간인지 모른다. 그리스도 안에 거하면서 그분의 은혜에 의지할 때가 바로 그때인 것이다. 하나님이 요구하시는 것을 감당할 능력이 없음을 깨달을 때 당신은 그분을 바라보고 그분의 은혜를 의지하는 법을 배운다. 그곳에서 당신은 그토록 절실히 필요한 하나님의 붙드시는 은혜를 발견할 것이다.

고안

A. 시편 기자의 간구(116:1-4)

1. 내가 주를 사랑한다(1-2a)
    a. 그분이 내 음성을 들으셨으므로(1b)
    b. 그분이 귀를 기울으셨으므로(2a)
2. 내가 여호와를 부를 것이다(2b)
3. 내가 거의 죽을 뻔했다(3절)
    a. 사망의 줄이 나를 둘렀다(3a)
    b. 음부의 고통이 내게 미쳤다(3b)
    c. 환난과 슬픔을 만났다(3c)
4. 내가 여호와를 불렀다(4절)

오 주여, 나를 구하소서(4b)

B. 시편 기자의 구원(116:5-9)

1. 여호와는 나의 구세주(5-6절)
    a. 그분은 은혜로우시다(5a)
    b. 그분은 의로우시다(5a)
    c. 그분은 자비하시다(5b)
    d. 그분이 나를 보호하신다(6a)
    e. 그분이 나를 구원하셨다(6b)
2. 여호와는 나의 구원자(7-9절)
    a. 그분이 내 인생에 복을 주셨다(7절)

b. 그분이 내 생명을 건지셨다(8절)

c. 그분이 내 수명을 연장하셨다(9절)

C. 시편 기자의 내어드림(116:10-14)

1. 여호와를 의지하였다(10-11절)
    a. 하나님은 의지할 수 있는 분이시다(10절)
    b. 인간을 의지할 수 없다(11절)
2. 여호와께 감사했다(12-14절)
    a. 하나님께 어떻게 보답할꼬?(12절)
    b. 하나님께 감사할 것이다(13a)
    c. 하나님을 부를 것이다(13b)
    d. 하나님을 찬양할 것이다(14절)

D. 시편 기자의 제사(116:15-19)

1. 하나님께는 모든 성도가 소중하다(15절)
    a. 그분 보시기에(15a)
    b. 그들이 임종할 때에(15b)
2. 나는 하나님의 종이다(16절)
3. 내가 하나님께 제사를 드릴 것이다(17절)
4. 하나님께 한 맹세를 이룰 것이다(18-19절)
    a. 하나님의 백성들 중에서(18b)
    b. 하나님의 집에서(19a)
    c. 하나님의 성에서(19b)

여호와를 찬양하라(19c)

시편 117편

궁극적인 우선순위

"선교는 교회의 궁극적 목표가 아니다. 예배가 궁극적 목표다. 예배가 없으므로 선교가 존재한다. 인간이 아니라 하나님이 궁극적이시기 때문에 선교가 아닌 예배가 궁극적이다."

- 존 파이퍼(John Piper)

들어가는 글

복음 전도라는 신자의 의무를 수행하는 가장 강력한 동기는 하나님의 영광을 높이는 것이어야 한다. 세계 선교의 가장 강력한 동기는 놀라운 하나님의 위엄을 예배하는 자들이 더 많아지기를 원하는 간절함이어야 한다. 이것이 지상 명령을 성취하고자 하는 가장 주된 힘이어야 한다. 하나님을 예배하는 자들이 부르는 할렐루야 합창에 더 많은 목소리들이 동참해야 한다. 세계 선교의 궁극적 목표는 예배다.

그러나 슬프게도, 종종 복음 전도의 주된 동력이 더 천박한 동기로 퇴보할 때가 많다. 종종 과도하게 저당잡힌 교회 건물의 텅빈 교인석을 채우기 위해서 사람들에게 전도하는 것처럼 사람 중심적일 때가 있다. 복음을 전하는 추진력이 교회 성장 수치를 더 부풀리기 위한 것이어서는 절대 안 된다. 복음 전도와 선교를 불붙이는 가장 위대한 열정은 하나님의 영광을 널리 알리는 데 있어야 한다.

시편 117편은 우리 하나님의 뛰어난 이름을 찬양할 더 많은 예배자들이 생기도록 다가가야 한다는 메시지를 강조한다. 이 시편은 시편에서 가장 짧은 시편이지만 진리는 짧지 않다. 한 시편을 한 장으로 인정한다고 할 때 이 노래는 성경에서 가장 짧은 장이 된다. 그래서 이 시편은 시편의 엄지 공주라고 불렸다. 그럼에도 불구하고 이 짧은 노래는 거대한 규모의 우뚝 솟은 진리를 담고 있기 때문에 장조로 연주되어야 한다. 이 짧은 시편은 전체 시편에서 가장 힘찬 시편 가운데 하나다. 이 작은 위대한 시편이 미치는 범위는 거대하다. 짧지만 처음 눈으로 볼 때보다 더 많은 내용이 들어 있다. 저자는 익명이며 배경도 알려져 있지 않지만 메시지는 크고 분명하다. 모든 열방으로 하여금 하나님을 찬양하라는 것이다.

본문 이해

Main Idea 시편 기자는 모든 인간이 여호와를 찬양해야 함을 강조한다.

A. 찬양에 대한 요청(117:1)

117:1. 시편 기자는 너희 모든 나라들아 여호와를 찬양하라는 내용으로 시작하고 있다. 이제 익숙해진 이 찬양의 선언은 실상 온 세상을 향해 하나님의 위대하심을 선언하라는 초청이다. 이것은 모든 살아 있는 자에게 살아 계신 하나님을 찬양하라고 부른다. 이것은 세상의 모든 백성이 거짓 종교를 떠나고, 거짓 신들을 버리며, 회개와 구원 얻는 믿음으로 참되신 하나님을 칭송해야 함을 의미한다. 오직 주님만이 하나님이시고, 그분만이 찬양을 받기에 합당하시다. 이 절은 이방인들의 구원이, 하나님이 나중에 생각해 낸 것이 아니라 하나님의 영원한 목적의 전략적인 한 부분임을 증명하는 증언으로 바울이 인용한 구절이다(롬 15:11).

B. 찬양의 이유(117:2a, b)

117:2a. 이어지는 내용은 하나님이 찬양을 받으셔야 할 이유에 대한 설명이다. 그 이유는 우리에게 향하신 여호와의 인자하심이 크시기 때문이다. '크다' 라는 단어는 크고, 남다르게 훌륭하며, 구별되거나 우월한 것을 가리킨다. 히브리어 단어는 그것의 광대하고 뛰어난 특성으로 인해 다른 것보다 더 우월한 사람이나 물건이라는 의미를 내포하고 있다. 이 장엄한 사랑이 하나님의 택한 자들인 우리를 향한다. 이것은 하나님이 자기의 택한 자들을 향해 가지신 절대적이고 특별한 사랑이다. 그것은 세상에 대한 그분의 일반적 사랑보다 더 깊고 더 강하다. 그것은 모든 '나라' (1절)와 '너희 모든 백성' (1절)인 우리와의 차이다.

일반적으로 하나님은 구속과 상관없이 일반 은총으로 모든 사람들을 사랑하신다(마 5:45, 행 14:17). 그러나 그분은 자기 백성들에 대해서는 영원히 중단되지 않을 선택적이고 특별한 사랑을 갖고 계신다(롬 9:13, 엡 1:4). 이 신적인 사랑은 사랑받는 자 속에 본유적으로 내재된 사랑스러움에 근거하지 않는다. 하나님은 자기 백성을 사랑하기로 결정하셨으므로 사랑하실 뿐이다.

117:2b. 이 사랑은 영원하다. 인자하심과 진실하심은 하나님의 두 속성으로 하나님의 백성들은 그로 인해 항상 마음으로 그분을 찬양하고 싶은 충동이 일어나야 한다. 이 두 속성은 종종 한 짝을 이루며 나타난다(시 36:5, 57:3, 61:7, 85:10, 89:14, 96:15, 115:1, 138:2). 자기의 택한 백성을 향한 하나님의 신실한 사랑은 결코 그침이 없을 것이다(롬 8:38-39).

C. 찬양의 크레센도(117:2c)

117:2c. 시편 기자는 하나님에 대한 터질 듯한 찬양과 함께 고조된 어조로 노래를 마무리한다. 주님의 사랑과 신실하심을 생각할 때 시편 기자는 자신을 억제할 수가 없다. 그는 할렐루야라고 외친다. 그의 찬양은 개인적이고, 열정적이며, 힘이 있다.

결론

존 파이퍼가 지적한 대로 "예배는 선교의 연료와 목표다. 예배가 선교의 목표인 이유는 우리가 선교를 통해 열방들이 하나님의 영광에 뜨겁게 동참하는 것을 목표로 하기 때문이다." 이것이 모든 민족들에게 하나님을 예배하도록 부르는 열정적 호소인 이 시편의 주제다. 선교의 원동력은 유일한 구원의 길이신 예수 그리스도의 복음을 가지고 세상으로 나아가는 것이다. 타락한 죄인들이 하나님을 경배하는 예배의 자리 가운데 들어오기 위해서는 땅 끝까지 복음이 전해져야 한다. 모든 그리스도인들이 삶과 기도와 노력을 예수 그리스도를 위해 세상에 나아가는 이 위대한 사명에 쏟기를 바란다. 그러나 그들이 그런 노력을 하는 것은 이 시편에 제시된 이유 때문이어야 한다. 교회로 예수 그리스도의 구원의 복음을 가지고 세상에 나아가서 하나님이 민족들의 영원한 찬양을 받으시게 하라. '솔리 데오 글로리아(Soli Deo Gloria)'. 오직 하나님께만 영광을.

teaching guide

티칭 가이드

교안

A. 찬양에 대한 요청(117:1)

1. 이 찬양의 내용(1절)
    a. 여호와를 찬양하라(1a)
    b. 여호와를 칭송하라(1b)
2. 찬양의 주체(1절)
    a. 모든 나라(1a)
    b. 모든 백성(1b)

B. 찬양의 이유(117:2a, b)

1. 하나님의 사랑이 크시다(2a)
2. 하나님의 진실하심이 크시다(2b)
    a. 그것이 완전하다(2b)
    b. 그것이 영원하다(2b)

C. 찬양의 크레센도(117:2c)

시편 118편

승리의 감사

"감사는 좋은 것이다. 하지만 감사의 삶은 더 좋은 것이다."

- 매튜 헨리(Matthew Henry)

들어가는 글

한 시편의 중요성이 신약에 인용된 횟수에 의해 결정된다면 시편 118편은 시편 가운데 가장 중요한 시편으로 인식될 것이다. 시편 118편은 단일 시편으로는 신약에서 가장 많이 인용되는 시편이다. 4복음서 저자가 모두 인용한 시편은 유일하게 이 시편이다. 마태복음에서 3번, 마가복음에서 3번, 누가복음에서 3번, 요한복음에서 1번 인용된다.

예수께서 예루살렘을 보고 처음으로 우시며 이스라엘이 자기에게 나아오지 않는 것을 탄식하실 때 인용한 것이 이 시편이었다(눅 13:35). 예수님이 후에 종려 주일에 예루살렘에 입성하셨을 때 무리들이 의도적으로 시편 118편을 인용해 소리쳤다(마 21:9). 며칠 후 예수님은 이스라엘의 불신앙적인 지도자들에게 포도원 농부 비유를 들려주실 때 시편 118편을 인용하셨다(마 21:42). 그가 두 번째로 예루살렘을 보고 우셨을 때 다시 한번 이 시편을 인용하셨다(마 23:39). 베드로가 유대인의 산헤드린 법정에 서서 두려움 없이 예수님에 대한 살인죄로 그들을 책망할 때도 이 시편을 인용했다(행 4:11). 이 시편은 그외에도 수없이 신약 기자들에 의해 인용되거나 참조되었다(엡 2:20, 히 13:6, 벧전 2:7). 분명히 이것은 가장 전략적인 시편이다.

시편 118편은 감사 시편으로 분류된다. 저자는 하나님의 능하신 행적에 대한 감사를 기록하고 있다. 저자는 알려져 있지 않지만 아마 이스라엘의 군사 지도자였던 이스라엘의 다윗 계보에 속한 왕으로 추정된다. 그는 이스라엘 민족이 수많은 적들에게 에워싸여 큰 국가적 위기를 겪은 후 이 시편을 썼다. 시편 기자는 이 고통의 시간에 일찍이 하나님을 불렀고, 하나님은 이 위험에서 이스라엘을 건져주셨다. 그래서 이 시편은 모든 백성들에게 그들을 위해 극적으로 전쟁을 이기게 하신 여호와를 경배하도록 요청하기 위해 쓰였다. 게다가 이 시편은 예수 그리스도 안에서 궁극적으로 성취되는 예언자적 기대를 담고 쓰인 메시아 시편이다. 특히 이 시편은 주님의 승리의 예루살렘 입성, 그들에 의해 배척당하심, 십자가에 못박히심, 그의 죽으심을 통한 교회 설립을 예고한다.

본문 이해

Main Idea 시편 기자는 하나님의 모든 백성들에게 그들을 건져주신 하나님의 선하심에 감사하라고 요청한다.

A. 감사에 대한 요청(118:1-4)

118:1. 시편 기자의 긴급한 요청이 제시된다. 여호와께 감사하라. 모든 신자들은 하나님이 베푸신 수많은 복에 대해 최대한 깊은 감사를 드리라는 요청을 받는다. 이러한 감사를 드려야 할 이유가 두 가지로 제시된다. 첫째, 하나님은 선하시므로 그분이 자기 백성들에게 베푸시는 모든 것은 철저히 그들에게 맞춰진 것이다. 그분의 뜻, 은사 그리고 공급하심은 모두 선하다(롬 12:2). 둘째, 하나님의 인자하심이 영원하다. 그분이 자기 백성들에게 베푸시는 무한한 자비는 결코 끝이 없다.

118:2-4. 하나님의 영원한 사랑을 찬양하라는 삼중적 초청이 모든 신자에게 주어진다. 하나님을 경배하기 위해 그분의 집에 나아오는 그분의 택함받은 백성인 이스라엘은 하나님을 찬양해야 한다. 또한 하나님의 집에서 예배를 인도하는 자들인 아론의 집도 여호와를 찬양해야 한다. 나아가 여호와를 경외하는 자(하나님을 예배하는 나머지 모든 사람들, 즉 이방인들을 가리킴)는 하나님을 경배해야 한다. 모든 예배자들과 예배 인도자들은 하나님을 경외하며 그 인자하심이 영원하다고 말해야 한다.

B. 신뢰에 대한 요청(118:5-9)

118:5. 시편 기자는 하나님이 큰 은혜를 베푸셨던 특정한 시련을 묘사하며, 그로 인해 감사의 찬양이 터져나온다. 그 문제는 고통(꼼짝할 수 없는 장소, 한정된 장소, 공간의 부족)을 낳았고, 그는 그것을 벗어날 수 없었다. 그는 사방에서 그를 짓누르며 죄어 오는 도무지 감당할 수 없는 환경에 에워싸여 있었다(10-12절). 하나님은 그를 해방시키시며, 문자적으로 광활한 장소, 즉 사방이 트이고 아무 제한도 없어 더 이상 위협적이지 않은 곳에 그를 두심으로 개입하셨다.

118:6-7. 그 결과 시편 기자는 확신 가운데 여호와는 내 편이시라고 선언한다. 주님은 그의 원수가 아니라 그의 편이 되어 주시며 그와 함께하셨다. 그래서 그는 두려움이 없을 것이다. 완전한 평화가 그의 마음과 영혼에 홍수처럼 밀려와 모든 두려움을 몰아냈다. 하나님이 그를 위하신다면 인간이 무슨 행동을 해도 절대 하나님의 목적을 좌절시킬 수 없을 것이다. 하나님은 인간보다 무한히 위대하시다. 시편 기자는 그를 미워하는 자에게 보응하시는 것을 볼 것이다. 하나님이 그들을 철저히 무너뜨리실 것이기 때문이다. 저자는 인생의 모든 환경 속에서, 심지어 고통과 점점 심해지는 어려움 속에서도 하나님이 그와 함께하실 것을 안다.

118:8-9. 영혼이 부서지는 이 시련의 도가니 속에서 시편 기자는 선택해야 한다. 하나님을 신뢰할 것인지 혹은 인간을 의지할 것인지를 결정해야 한다. 그는 방백들을 의지함으로 이방 지도자들과 동맹하여 그들이 그를 지키게 할 수도 있었고, 아니면 여호와를 의지할 수도 있었다. 그는 인간 연맹을 의지하든지 혹은 하늘을 의지할 수 있었다. 그는 아주 분명하게 여호와께 피함이 방백들을 신뢰함보다 낫다고 증언한다.

C. 승리에 대한 요청(118:10-14)

118:10-12. 이 국제적 위기를 회상하며 시편 기자는 열방이 자신을 에워쌌던 것을 생각한다. 이 세 개의 절에서는 이 강조점을 네 번이나 부각시키며, 이 고통스러운 시련 가운데 가중되는 어려움을 강조한다. 그러나 여호와의 이름으로 하나님의 주권적 권세와 초자연적 능력을 의지해 내가 저희를 끊을 것이다라고 말한다. 문자적으로 그는 '내가 그들을 할례했다' 혹은 그들을 철저히 무너뜨리고 멸망시켰다고 말한다. 그는 이것을 세 번이나 반복하여 하나님이 그에게 주신 승리를 강조한다. 그는 행동할 책임이 있지만 그의 승리는 오직 하나님의 능력에 의해 얻게 된다.

118:13. 위협적인 군대로 그를 에워싼 이 열방들은 맹렬한 공격으로 진격해왔다. 이것은 절대 공허한 위협이 아니라 그가 넘어져 파멸하고 다시는 회복하지 못할 정도로 위력이 대단한 침공이었다. 그는 보좌에서 쫓겨나 지위를 상실하고 전 국가의 붕괴를 초래할 찰나에 있었다. 그러나 여호와께서 그를 도우셔서 그 외침을 들으시고, 그 간구에 응답하셨다. 하나님만이 그에게 승리를 주실 수 있었다. 여기서 하나님의 도우심의 절대적 충족성을 볼 수 있다.

118:14. 더욱 맹렬해지는 이 공격 속에서 하나님이 직접 시편 기자의 능력이 되셔서 그로 그의 대적들을 이길 수 있게 하셨다. 하나님은 그로 자신의 내면적 불안들을 극복할 힘을 주시는 그의 찬송이시다. 하나님은 그를 적에게서 건지시는 그의 구원이시다.

D. 증언에 대한 요청(118:15-18)

118:15-16. 시편 기자는 여기서 자기 백성들을 위한 하나님의 능력의 역사를 회고한다. 여호와께서 개입하셨기 때문에 그들은 기쁜 소리, 구원의 소리로 가득했다. 그들은 여호와의 오른손이 권능을 베푸시는도다라고 노래 불렀다. 하나님의 '오른손'은 그의 전능하심, 불가능하게 보이는 모든 상황 속에서 승리하실 신적 능력을 가리킨다. 하나님은 자기 백성들을 에워싼 열방들에게서 구원하시기 위해 무한한 능력을 마음껏 사용하셨다. 이것이 그들의 증언이었다.

118:17-18. 시편 기자는 자신이 원수들의 손에 죽지 않고 살 것이라고 말한다. 이 연장된 생명은 하나님의 놀라운 목적을 이루기 위해 사용될 것이다. 그는 만민에게 하나님의 위대하심을 선포하기 위해 죽음에서 면제되었다. 그러나 그는 이 싸움에 또 다른 목적이 있음을 겸허하게 깨닫는다. 그는 여호와께서 나를 심히 경책하셨다고 고백한다. 하나님은 그를 가혹하게 징계하고, 성장시키며, 깊이 있는 자가 되게 하기 위한 선한 목적으로 이 시련을 사용하셨다. 그러나 이 단련 과정 속에서도 하나님은 그 한계를 정하신다. 하나님은 바로 죽기 직전의 적절한 시간에 이 시련을 돌이키셨다.

E. 초월성에 대한 요청(118:19-21)

118:19-20. 이에 반응해 시편 기자는 하나님의 모든 백성들을 하나님의 집으로 인도해서 하나님의 위대하심을 선포하게 해야 한다. 그는 내게 의의 문을 열지어다라고 선언한다. 이 문은 예루살렘 문을 가리키거나 성전 문을 가리킨다. 그가 이 문을 들어가는 목적은 하나님께 공개적으로 감사하기 위한 것이다. 여호와의 문이라는 이 문은 의인을 여호와의 집 안으로 인도하기 때문에 붙은 칭호이다.

118:21. 다시 한번 시편 기자는 환난의 날에 그의 기도에 응답해주시고 원수들에게서 건져주신 데 대해 하나님께 감사한다. 하나님 자신이 그의 구원이시다.

F. 진리에 대한 요청(118:22-27)

118:22. 건축자의 버린 이 돌은 원래 시편 기자 자신인 이스라엘의 왕이었다. 그는 그 나라를 위해 여호와를 불렀다. 세계 제국의 건축자로서 이스라엘을 침략한 주변 왕들은 그를 경멸하며 멸시했다. 사람들은 시편 기자를 배척하지만 하나님은 그를 선택하셔서 땅에서 하나님이 짓고자 노력하시는 건물의 모퉁이 머릿돌로 사용하셨다. 이것은 인간 역사에 대한 하나님의 목적에 있어서 이스라엘과 이스라엘 왕이 차지하는 중심 역할을 드러낸다. 그러나 이 돌은 인간들에게 배척당하지만 교회의 가장 중요한 머릿돌로 하나님께 선택된 예수 그리스도를 예고한다(행 4:11, 엡 2:20, 벧전 2:7).

118:23-24. 주변 국가들에 대한 이 승리는 그 누구도 아닌 하나님에 의해 성취되었다. 신적 섭리가 인간의 계획들을 파기한다는 것은 우리 눈에 기이한 바다. 그들은 측량할 수 없는 하나님의 영원한 계획을 즐거워한다. 이날은 여호와의 정하신 것이라. 이것은 이스라엘 왕과 이스라엘 백성들이 이스라엘의 적들의 위협에서 건짐을 받은 날을 의미한다. 궁극적으로 이것은 그리스도의 십자가상의 죽음을 예언적으로 바라보며 시간이 시작되기 전에 하나님의 영원한 계획이었던 날을 예고한다(행 2:23, 벧전 1:20).

118:25. 이제 구원함을 받은 하나님의 백성들은 계속해서 여호와여 이제 구원하소서 그리고 형통케 하소서라고 기도한다. 이것은 하나님께 주변 민족들에게서 그들을 계속 구원하시고 그들에게 승리를 주시라는 요청이다.

118:26. 여호와의 이름으로 오는 자인 이스라엘 왕에게 신적인 승리의 복이 있음이여. 하나님은 하나님의 능력과 채우심을 의지하는 지상의 통치자와 함께하신다. 이스라엘 백성인 우리는 그들의 왕을 위해 기도하며 그에게 하나님의 복이 임하시기를 구한다. 이스라엘은 그리스도께서 종려 주일에 예루살렘으로 나귀를 타고 들어오실 때 바로 이 구절을 큰 소리로 외쳤다(마 21:9, 눅 19:38, 요 12:13).

118:27. 하나님의 백성들은 하나님의 집에서 여호와는 하나님이시라고 말한다. 이방의 우상은 하나님이 아니다. 이스라엘의 여호와만이 하나님이시다. 이 한 분, 참된 하나님이 자기 백성에게 빛을 비춰주신다. 영적인 복과 은혜가 그들의 것이다(비교. 민 6:25). 그들은 손에 줄을 가지고 하나님께 감사 제사를 드려야 할 것이다(레 7:11-21).

G. 감사에 대한 요청(118:28-29)

118:28-29. 저자가 내가 주께 감사하리이다라고 말하며, 이 시편은 시작할 때와 같은 내용으로 마무리한다. 시편 기자는 모든 신자들에게 여호와께 감사하라고 부른다. 궁극적으로 그러한 찬양의 이유는 하나님의 인자하심이 영원하기 때문이다. 그러므로 찬양 또한 영원해야 한다.

결론

모든 신자에게 감사는 일상적인 생활 양식이 되어야 한다. 이런 의미에서 감사는 말과 행위뿐 아니라 한 개인의 태도와 행동을 아우르는 생활 방식이 되어야 한다. 신자들은 모든 일에서 하나님께 감사해야 한다. 그리스도인들은 하나님이 베푸신 풍성한 선하심으로 인해 감사해야 할 이유가 가득하다. 가장 중요한 것은, 하나님이 그들을 시련에서 건져주시므로 감사가 넘쳐야 한다는 것이다. 이 세상에서든, 오는 세상에서든 하나님은 분명히 모든 대적들에게서 그들을 건져주실 것이다. 그러나 무엇보다도 하나님은 모든 신자들을 그 아들 예수 그리스도의 피로써 그 자신의 진노에서 구원해주실 것이다. 여기에 무엇보다 가장 위대한 구원, 자격이 없는 죄인이 최후의 심판과 영원한 저주에서 하나님의 건져내심을 받는다. 그들로 십자가를 통한 그분의 놀라운 구원에 대해 주를 찬양하게 하라. 그의 영광을 위해, 또한 그들로 성장하게 하시고 성숙하게 하시는 그분께 감사를 돌리게 하라.

teaching guide

티칭 가이드

교안

A. 감사에 대한 요청(118:1-4)

1. 여호와께 감사하라(1절)
    - a. 그분은 선하시다(1a)
    - b. 그분의 사랑은 영원하시다(1b)
2. 모든 백성으로 하나님을 찬양하게 하라(2-4절)
    - a. 이스라엘 백성들(2절)
    - b. 아론의 집(3절)
    - c. 하나님을 경외하는 자들(4절)

B. 신뢰에 대한 요청(118:5-9)

1. 여호와께 부르짖었다(5a)
    - a. 그분이 나를 건지셨다(5a)
2. 여호와께서 내게 응답하셨다(5b-7절)
    - a. 그분은 나와 함께하신다(6a)
    - b. 그분이 두려움을 없게 하신다(6a, b)
    - c. 그분이 나를 도우신다(7a)
    - d. 그분이 나를 위해 싸우신다(7b)
3. 내가 여호와를 신뢰하였다(8-9절)
    - a. 사람도 신뢰하지 않는다(8b)
    - b. 방백도 신뢰하지 않는다(9b)
    - c. 여호와를 신뢰한다(9a)

C. 승리에 대한 요청(118:10-14)

1. 열방들이 나를 에워쌌다(10-11절)
   a. 그들이 사방에 나를 에워싸고 있다(10a, 11a)
   b. 그러나 내가 그들을 끊어버린다(10b, 11b)
2. 열방이 떼지어 나를 에워쌌다(12절)
   a. 그들이 벌과 같다(12a)
   b. 그들이 불타는 가시덤불처럼 진멸했다(12b)
   c. 내가 그들을 끊었다(12c)
3. 열방들이 나를 밀쳐 넘어뜨렸다(13-14절)
   a. 그들이 나를 향해 진격해온다(13a)
   b. 그러나 여호와께서 나를 도우셨다(13b)
   c. 여호와는 나의 힘이시다(14a)
   d. 여호와는 나의 찬송이시다(14b)
   e. 여호와는 나의 구원이시다(14b)

D. 증언에 대한 요청(118:15-18)

1. 신자들이 기쁨의 소리를 외친다(15-16절)
   a. 여호와의 팔이 권능을 베푸셨다(15b)
   b. 여호와의 팔이 높이 들렸다(16절)
2. 신자들이 증언한다(17-18절)
   a. 내가 죽지 않고 살 것이다(17a)
   b. 내가 여호와의 행사를 선포할 것이다(17b)

E. 초월성에 대한 요청(118:19-21)

1. 내가 하나님께 감사하리라(19-20절)
   a. 의의 문을 열라(19a)
   b. 내가 문으로 들어갈 것이다(19b-20절)
2. 내가 주께 감사할 것이다(21절)

a. 그분이 나의 간구에 응답하셨다(21a)

b. 그분이 내 구원이 되셨다(21b)

F. 진리에 대한 요청(118:22-27)

1. 하나님이 구원을 허락하셨다(22-24절)
    a. 버림받은 돌이 머릿돌이 되었다(22절)
    b. 이것은 여호와께서 행하신 일이다(23a)
    c. 이것은 경이로운 것이다(23b)
    d. 이날은 하나님의 날이다(24a)
    e. 이날은 우리가 기뻐할 날이다(24b)
2. 하나님, 우리에게 구원을 허락하소서(25-27절)
    a. 오, 주님 우리를 구원하소서(25절)
    b. 오, 주님 당신을 찬양하나이다(26절)
    c. 오, 주님 우리에게 비추소서(27a)
    d. 오, 주님 우리가 당신께 감사를 드립니다(27b)

G. 감사에 대한 요청(118:28-29)

1. 내가 주께 감사를 돌릴 것이다(28절)
2. 너희는 하나님께 감사하라(29절)
    a. 그는 선하시다(29a)
    b. 그는 사랑이 많으시다(29b)

시편 119편 1-8절

오직 성경으로(1)

"나는 환상이나 꿈도 심지어 천사도 보내주지 마시도록 하나님과 언약을 맺었다. 나는 성경이라는 선물로 깊이 만족한다. 성경은 풍성한 교훈과 이 세상과 오는 세상에서 내가 알 필요가 있는 모든 것을 주고 있다."

- 마틴 루터(Martin Luther)

들어가는 글

프로테스탄트 개혁이라는 극적인 시기에 개혁주의자들의 전투 구호는 '오직 성경으로(Scripture only)' 에 해당하는 라틴어 '솔라 스크립투라(sola Scriptura)' 였다. 이 대담한 선언으로 개혁주의자들은 모든 교회 전통과 교회 공의회보다 더 우월한 성경의 절대적이고 하나뿐인 권위에 흔들림 없이 자신들을 헌신하였다. 인간이 무슨 말을 하든 하나님이 말씀으로 선언하시는 것만이 구속력이 있다. 이것은 규제 원리(regulatory principle)로 알려지게 되었다. 교회와 신앙 생활의 모든 것은 성경에 의해, 다시 말해서 오직 성경에 의해서만 규정되어야 한다.

1521년 독일 보름스에서 마틴 루터가 재판정에 섰을 때보다 16세기에 이 담대한 선언이 더 영웅적으로 확인된 때는 없었다. 비텐베르크에서 99개조 반박문을 붙인 사건과 이후의 성경에 기초한 저술 활동으로 루터는 보름스 회의의 교회 당국자들 앞으로 출두하라는 소환 명령을 받았다. 신성 로마 제국의 찰스 5세가 주재하는 가운데 공의회 앞의 탁자에는 루터의 신학 저작물과 서적들이 놓여져 있었다. 그 개혁주의자는 두 가지 단순한 질문을 들었다. "이것들이 자네가 쓴 것인가? 그것을 철회할 수 있는가?" 루터는 자기가 쓴 글을 부정할 수 없음을 알았다. 그것은 성경에 기록된 내용을 담은 것이기 때문이었다. 그의 글을 부정한다는 것은 성경을 부인하는 것이었다.

그래서 1521년 4월 18일 루터는 말씀 위에 담대하게 서서 오늘날 너무나 유명해진 연설을 하였다. 루터는 이렇게 선언했다. "존경하는 폐하, 제후 여러분들께서 간명한 대답을 원하고 계시므로 장황하게 말씀드리지 않겠습니다. 성경의 증거나 명확한 이유로 인한 확신이 없다면 그렇게 하지 않을 것입니다. 나는 교황이나 교회 회의를 신뢰하지 않습니다. 그들이 종종 실수를 저지르고, 스스로를 부정하고 있는 것이 잘 알려져 있기 때문입니다. 나는 내가 인용해온 성경에 매여 있고, 하나님의 말씀에 포로된 자입니다. 나는 어떤 것도 취소할 수 없고, 취소하지 않을 것입니다. 양심에 어긋나는 일을 한다는 것은 안전하지도 않고, 현명하지도 않기 때문입니다. 내가 여기 서 있나이다. 나는 달리 어찌할 수 없습니다. 신이여, 이 몸을 도우소서!"

이 대담한 선언으로 역사의 흐름이 뒤집어졌다. 횃불이 타오르고 종교 개혁의 불길이 등불처럼 번져갔다. 어떤 교회 전통도 하나님의 무오한 말씀보다 우선될 수 없었다. 모든 것이 성경에 무릎을 꿇어야 한다. 교회의 모든 생활은 성경의 신적 권위 아래 속해야 한다. 나아가 종교 개혁가들은 하나님의 말씀이 살아 있고, 능력이 있으며, 하나님이 구원과 경건에 있어서 한 개인의 삶에 원하시는 모든 것을 이룰 수 있다고 믿고 성경의 충분성(sufficiency)을 고수했다. 교회사에서 개혁과 부흥의 모든 계절들은 항상 하나님의 말씀에 대한 헌신의 회복과 더불어 시작되었다.

여기에 시편의 에베레스트 산이 있다. 이것은 하나님의 말씀을 기뻐하는 사람인 시편 1편의 복 있는 사람에 대한 확대판이다. 여기에 시편 기자의 훌륭한 모범으로 경건에 대한 모델이 제시됨과 더불어 하나님의 말씀의 다면적인 완전성이 소개되어 있다. 성경의 30개의 전체 책보다 더 긴 이 한 편의 시편은 각기 8개의 절로 된 22개의 연으로 구성되어 있으며, 전체 176개의 절로 되어 있다. 첫 연의 8개 절은 모두 히브리 알파벳의 첫 글자로 시작한다. 두 번째 연의 각 행은 히브리 알파벳의 두 번째 글자로 시작하여 전체 22개의 알파벳이 순서대로 각 연마다 사용되어 이합체의 시편을 이루고 있다.

본문 이해

Main Idea	시편 기자는 하나님의 말씀을 사랑하고 순종하는 신자의 삶에 하나님의 말씀이 온전한 충족성을 지님을 선언한다.

A. 하나님의 말씀에 대한 내면적 기쁨(119:1-2)

Supporting Idea	시편 기자는 하나님의 말씀대로 행하는 자가 복이 있다고 말한다.

119:1. 매일 하나님의 말씀이 신중하게 인도하는 길로 행하는 모든 신자는 복이 있다. '복이 있다' (히. 아쉐르, asher)는 넘치는 기쁨, 깊은 곳에 자리한 기쁨, 말씀을 따르는 모든 자들이 경험하는 놀라운 만족을 나타낸다. 그들은 풍성한 은혜를 누릴 것이다. 하나님의 큰 은혜를 받은 이 신자들은 하나님의 권위 있는 법에 매일 순종하는 삶을 추구하는 습관적 생활 방식으로 행한다.

119:2. 두 번째 절의 시작은 극적인 강조 효과를 위해서 첫 절을 반복하여 성경을 지키는 모든 자가 얼마나 은혜를 받은 자인지 강조한다. 말씀을 지키며 개인적인 순종을 통해 그것을 그들 자신의 소유로 삼는 모든 자들에게 복이 있다. 말씀의 명칭인 증거(히. 에도트, edot)는 하나님의 증언이 거리낌이 없고, 솔직하고, 분명하게 말하고 있음을 강조한다. 하나님의 말씀은 직설적으로 말해 있는 그대로의 삶에 대해 말한다. 전심으로, 다시 말해서 전인격적으로 하나님을 구하는 자는 영혼의 깊은 만족을 누린다.

B. 하나님의 말씀의 도덕적 인도(119:3)

Supporting Idea	성경 말씀은 신자들을 하나님의 길로 인도하며, 그들이 악을 행하지 않도록 막아준다.

119:3. 하나님의 말씀은 신자들의 걸음을 하나님의 뜻 한가운데로 완벽하게 인도해 준다. 말씀에 순종하는 사람들(1-2절)은 모든 악과 잘못을 떠나도록 인도하심을 받고 불의를 행치 않는다. 말씀의 정확한 안내로 그들은 하나님의 도를 행한다. 도(ways)라는 이 표현은 말씀에 대한 또 다른 동의어로 매일 말씀을 따르는 삶의 적용성을 암시한다. 모든 삶은 하나님의 말씀이 분명하게 가리키는 길에서 영위되어야 한다. 행하다(walk)라는 표현의 심상은 습관적 생활 방식이나 하나님의 뜻에 대한 분명한 길을 암시한다.

C. 하나님의 말씀의 영원한 요구(119:4-6)

Supporting Idea	하나님의 말씀은 권위가 있으므로 온전히 순종해야 한다.

119:4. 시편 기자는 여호와께 직접적으로 말하며 주께서 주의 법도로 명하사라는 말

로 성경 저자가 하나님이심을 분명하게 확인한다. 사람이 아닌 하나님만이 그것을 주셨다. 여기에 말씀에 대한 또 다른 동의어인 '법도(히. 피큐딤, piqqudim)' 가 소개되어 있다. 이 명칭은 성경이 철저한 정확성을 갖고 말하고 있음을 암시한다. 따라서 우리는 그 말씀을 근실히 지켜야 한다. 하나님의 모든 명령은 지켜져야 하는데, 절반의 순종은 전혀 순종이 아니다.

119:5. 시편 기자는 내 길(즉 명령에 의한 걸음)을 굳이 정하사, 다시 말해서 주의 율례를 지키는 일을 장기적으로 감당하기를 간절히 바란다. 그는 동일한 명령에 대해 장기적 순종을 추구하기를 갈망한다. 그러나 하나님의 말씀의 또 다른 동의어인 '율례(huggim)' 는 말씀의 불변성, 구속력, 불변하는 영구성을 강조한다. 하나님의 말씀은 영원하며(사 40:8), 결코 없어지지 않는다. 영원한 말씀은 단순히 이성적 지식이나 공허한 감정이 아니라 의지적인 순종을 요구한다.

119:6. 시편 기자는 말씀에 순종할 때 원수들의 면전에서 공개적으로 순종하였다. 내가 부끄럽지 아니하리이다. 그는 내가 주의 모든 계명에 순종할 때에 원수들 앞에서 수치를 당하지 않을 것이라고 말한다. 하나님의 말씀에 순종하면 말씀은 결코 그로 수치를 당하게 두지 않는다. 그는 외부 세계가 보기에 옹색한 요구로 보이는 것도 부끄러워하지 않는다. 말씀의 동의어인 '계명(히. 미스워트, miswot)' 은 지위나 신분이 우월한 사람이 내린 권위 있는 명령을 의미한다. 이것은 신자의 삶에 대한 성경의 주권성이다. 하나님의 말씀은 단순한 제안이나 선택 사항을 담은 것이 아니라 순종해야 할 명령으로 가득하다.

D. 하나님의 말씀의 영적 역동성(119:7-8)

Supporting Idea	하나님의 말씀은 경건한 생활을 가능하게 하는 초자연적 능력을 소유하고 있다.

119:7. 하나님의 말씀은 정직한 마음속에 감사를 불러일으킨다. 성경은 주님에 대한 찬양과 기쁨을 준다. 시편 기자는 하나님의 의로운 판단을 배우고자 애쓴다. 성경의 또 다른 동의어는 '의로운 판단(히. 미쉬파트, mispat)' 이다. 이것은 순종한 자에게는 상급을 주고, 불순종한 자에게는 벌을 내리며, 절대적인 공평으로 인간을 대함을 암시한다.

119:8. 시편 기자는 내가 주의 율례를 지키겠다고 결심하는 것으로 이 연을 마무리한다. 여기에 말씀을 지키고자 하는 그의 굳은 의지가 나타나 있다. 그는 말씀을 지킬 때 자신의 마음대로 하거나 미온적이지 않을 것이다. 박해하며 괴롭히는 원수들에게 에워싸인 어려운 환경 속에서도 그는 하나님께 나를 아주 버리지 마옵소서라고 호소한다. 역경 속에서 그가 말씀을 지키기 위해서는 하나님의 도우심이 절실하다. 너무나 약한 육신의 의지력만으로는 말씀에 순종할 수 없고, 오직 하나님의 은혜로만 가능하다(빌 2:12-13, 히 12:2). 그러나 수많은 이 개인적 어려움이 말씀에 대한 그의 순종을 가로막지 않을 것이다. 시련에도 불구하고 그는 수많은 환난의 고통을 뛰어넘는 넘치는 기쁨으로 하나님을 향해 찬양한다(시 119:7).

Main Idea 복 습	시편 기자는 하나님의 말씀을 사랑하고 순종하는 신자의 삶에 하나님의 말씀이 온전한 충족성을 지님을 선언한다.

결론

'종교 개혁의 샛별' 인 존 위클리프(John Wycliffe, 1329-1384년)는 성경을 영어로 번역한 최초의 사람으로 오랫동안 기억되고 있다. 그는 영국의 옥스퍼드 대학에서 학생들을 가르친 뛰어난 학자였다. 그는 또한 재능있는 설교자로서 여러 강단에서 말씀을 전했으며, 많은 글을 써서 작가로서의 면모를 드러내기도 했다. 하나님의 말씀의 씨를 뿌리기 위한 노력으로 그는 영국 각지에 롤라드(Lollards)라 불리는 순회 설교단을 파송해서 예수 그리스도의 복음을 선포하게 했다. 그러나 영어권의 사람들이 그에게 오랫동안 빚을 지게 될 그의 업적은 그가 성경을 일반 백성들의 언어로 번역한 일이다. 위클리프가 이 일을 위해 쉬지 않고 노력할 수 있었던 것은 성경의 진실성과 충족성에 대한 그의 헌신 때문이었다.

성경의 초자연적 능력에 대해 위클리프는 다음과 같은 글을 썼다. "하나님의 말씀은 쾌락을 추구하는 다른 모든 말들과는 비교도 할 수 없는 새로운 생명을 사람들에게 줄 것이다. 오, 무장한 강자들을 제압하고, 완고한 마음을 부드럽게 만들며, 죄로 짐승처럼 포학했고, 하나님을 완전히 떠났던 사람들을 거룩한 사람으로 새롭게 하고 변화시키는 거룩한 씨(Divine Seed)의 경이로운 능력이여. 무엇보다도 생명의 성령과 영원한 말씀이 함께 일하시지 않는다면 한 사제의 노력으로 그러한 기적적인 능력은 결코 일어날 수 없다."

이것이 진실이라면 이 거룩한 책 성경을 연구하고 따르는 일에 우리 자신을 헌신하도록 하자. 말씀만이 우리 인생을 근본적으로 변화시킬 수 있기 때문이다. 성경은 실제로 초자연적인 책이다. 그 책만이 한 개인의 삶에 초자연적 변화를 가져다줄 수 있다. 그 말씀의 메시지를 듣고 귀 기울이도록 하자.

삶의 적용

모든 그리스도인은 풍성한 하나님의 뜻으로 인도함을 받기 위해 하나님의 말씀의 사역에 크게 의존한다. 우리는 성경에 어떻게 접근해야 하는가? 성경을 어떻게 읽고 적용해야 하는가? 모든 신자의 생활은 아래 제시된 단계에 따라 이루어져야 한다.

성경을 읽으라. 성경은 행마다 교훈마다 하나도 빠짐없이 철저하게 읽어야 한다. 모든 뉘앙스와 세부적인 내용에 신중하게 관심을 기울여야 한다. 모든 그리스도인은 성경 읽기를 위한 체계적 계획을 세워야 한다.

성경을 연구하라. 성경을 읽을 때 손에 펜과 종이를 준비하라. 핵심 단어들과 진리에 밑줄을 그어라. 중요한 용어와 구절은 동그라미로 표시하라. 화살표를 사용해 원인과 결과를 표시하라. 하단부에 각주가 달린 성경을 구입하는 것을 고려해보라.

성경을 해석하라. 항상 성경 구절의 의미가 무엇인지 이해하려고 노력하라. 영적으로만 보려고 하는 피상적인 해석을 피하라. 대신 항상 본문을 일반적이고, 문자적이며, 역사적이고, 문법적인 의미에서 이해하라.

성경을 적용하라. 성경은 당신의 생활에 실제적으로 적용되어야 한다. 성경을 삶으로 실천하라. 그러면 그것이 당신의 삶을 변화시켜줄 것이다.

기도

하나님 아버지, 당신의 기록된 말씀을 통해 우리에게 맡기신 값으로 따질 수 없는 보배를 주셔서 감사합니다. 우리는 성경에서 본 우리에게 힘과 용기를 주는 수많은 약속들을 기뻐합니다. 우리가 말씀 안으로 들어가고, 그 말씀이 우리 안으로 들어와 삶의 변화가 일어나게 해주십시오. 예수님의 이름으로 기도합니다. 아멘.

심층 연구

시편 119편은 말씀을 지칭하는 다양한 명칭을 담고 있다. 각 명칭은 하나님의 모든 뜻을 행하는 말씀의 포괄적 능력에 대한 다양한 뉘앙스를 강조한다.

A. 법(119:1)

여호와의 '법(히. 토라, tora)'은 '쏘다(project)' 혹은 '가르치다'라는 의미를 지닌 어근에서 파생한 것으로 하나님의 말씀에서 나온 모든 교훈이나 명령을 가리키며, 인간에게 하나님의 뜻을 드러내거나 가르쳐준다. 이것은 도덕법, 시민법 혹은 의식법뿐 아니라 성경의 전체 가르침, 교훈 혹은 교리도 포함된다.

B. 증거(119:2)

여호와의 '증거(히. 에두트, edut)'는 '증언하다'라는 어근에서 파생한 것이다. 따라서 하나님이 말씀의 저자이심을 증거한다. 이것은 하나님의 뜻에 대한 엄숙한 증언이고, 선언이며, 행실에 대한 하나님의 기준이 되었던 규례다. 그러므로 이것은 율법을 요약한 두 돌판, 즉 하나님의 거룩한 속성에 대한 증거로 언약궤 속에 보관된 십계명을 가리켜 사용되었다.

C. 법도(119:4)

여호와의 '법도(히. 피큐딤, piqqudim)'는 오직 시편에서만 사용된 단어로 명령을 시적으로 표현한 것이다. 이 단어는 오직 복수로만 사용된다. 이것은 문자적으로 수용자에게 구속력을 지니는 권위적 명령을 가리킨다. 이 경우 이 단어는 모든 사람을 다스리시고, 지시하시는 우주의 주권자이신 주께서 주시는 명령을 가리킨다.

D. 계명(119:6)

여호와의 '계명(히. 미스와, miswa)' 은 분명하고 권위 있는 명령이나 하나님이 제정하신 모든 것을 의미한다. 이것은 하나님의 율법에 포함된 일반적인 명령을 가리킨다.

E. 판단(119:7)

여호와의 '판단(히. 미쉬파트, mishpat)' 은 전례, 구속력 있는 법으로 구성된 사법적 결정을 의미한다. 이것은 율법의 증거, 법도, 계명을 특정 상황에 적용한 일종의 판례법으로 온갖 종류의 문제에 대해 하나님이 명하신 결정이라는 의미를 함축한다. 오경에서 이 단어는 십계명 이후의 율법을 가리켰다. 이 단어는 또한 악인들에 대한 하나님의 심판을 의미한다.

고안

A. 하나님의 말씀에 대한 내면적 기쁨(119:1-2)

B. 하나님의 말씀의 도덕적 인도(119:3)

C. 하나님의 말씀의 영원한 요구(119:4-6)

D. 하나님의 말씀의 영적 역동성(119:7-8)

시편 119편 9-48절

오직 성경으로(2)

"거룩한 성경에는 얕은 개울도 있고 깊은 강도 있다. 얕은 곳은 어린 양이 건너가게 하기 위함이며, 깊은 곳은 코끼리가 헤엄치게 하기 위함이다."

- 존 오웬(John Owen)

들어가는 글

이제까지 쓰인 다른 책들과 달리 성경은 하나님이 저자인 참으로 초자연적인 책이다. 성경은 하나님의 음성에 대한 영감된 기록이며, 모든 신자의 삶을 향해 이야기하는 바로 그 하나님의 말씀이다. 그리스도인이 영적인 아기든, 성숙한 성도든 하나님의 말씀은 마치 그들만을 위해 기록된 것처럼 모든 인생을 향해 이야기한다. 다이아몬드의 수많은 단면들처럼 성경은 수많은 단면을 지닌 돈으로 살 수 없는 보석이며, 각 면은 마음의 모든 곳을 찌르는 심오함과 인생을 변화시키는 능력을 지니고 신적 진리의 순결한 빛을 완벽하게 굴절시킨다.

찰스 스펄전은 이렇게 말했다. "나는 하나님의 말씀 중에서 전 세대의 학식 있는 자들이 발견한 모든 것보다 훨씬 더 확실하고 능력 있는 단 한 가지 문장을 품고 있다." 거룩한 성경의 초자연적 능력과 비교될 수 있는 책은 없다. 성경만이 생명을 주는 살아 있는 책이다. 성경만이 경건으로 자랄 수 있도록 하나님에 대한 참된 지식을 계시한다.

시편 119편의 이 두 번째 연구에서는 둘째 연에서 여섯 번째 연까지(9-48절) 살펴보게 될 것이다. 메시지는 동일하다. 신자의 삶에서 하나님의 말씀이 지니는 온전한 충족성이다.

본문 이해

Main Idea	시편 기자는 하나님의 말씀의 완전성을 칭송하며, 그의 인생에 놀라운 일이 일어나도록 하는 말씀의 충족적 능력을 증거한다.

A. 하나님의 말씀은 마음을 깨끗게 한다(119:9-16)

119:9-11. 하나님의 말씀의 성결케 하는 능력이 이 두 번째 연(9-16절)의 주제다. 시편 기자는 아주 중요한 질문을 던지고 있다. 청년이 무엇으로 그 행실을 깨끗케 하리이까? 그는, 개인적 성결은 하나님의 말씀에 순종함으로, 그 말씀에 따라 살아감으로 실현된다고 대답한다. 이 외적 순종은 여호와를 구하는 그의 내면에서 이루어져야 한다. 성경만이 우리로 죄에 빠지지 않도록 지켜줄 성결의 능력이 있다. 시편 기자는 자신의 마음에 하나님의 말씀을 두었다고(숨겼다고), 다시 말해서 귀중한 보물인 것처럼 자신의 영혼 깊은 곳에 파묻었다고 고백한다. 성경의 능력을 통해 그는 자신이 하나님께 범죄하지 않을 것이라는 확신을 얻는다.

119:12-13. 성경의 성결케 하는 능력을 인정한 그는 하나님이 자신에게 거룩한 율례를 가르치셔서 자신이 순종할 수 있게 해달라고 구한다. 성경의 진정한 저자이신 하나님 자신이 시편 기자의 마음에 대한 가장 중요한 선생님이 되신다(비교. 18, 26, 33, 64, 66, 68, 108, 124, 135절). 정확한 의미뿐 아니라 실제적 적용에 있어서 하나님의 말씀을 이해하기 위해서는 절대적으로 성령의 깨닫게 하심이 필요하다. 하나님의 말씀을 배우고, 그 말씀대로 사는 것은 모두 자신이 그 말씀을 마음으로 반복해 입으로 선포할 때 가능하다.

119:14-16. 시편 기자는 큰 재물을 발견한 사람처럼 하나님의 말씀에 순종하기를 열광적으로 즐거워할 것이다(72, 111, 162절). 그는 성경을 묵상하고(즉 끊임없이 마음으로 회상하고), 자주 주의하며 큰 기쁨으로 즐거워할 것이다. 단조롭고 지겨운 태도가 아니라 기쁨으로 전심을 다해 하나님의 말씀을 즐거워할 것이다(24, 35, 47, 70, 77, 92, 143, 174절).

B. 하나님의 말씀은 영혼을 위로한다(119:17-24)

119:17. 이 세 번째 연(17-24절)에서 시편 기자는 흔들림 없는 결의로 주의 말씀을 지키리이다라고 다짐한다. 이 순종은 하나님의 후대하심과 복으로 인해 감사하는 마음에서 이루어진다. 큰 박해로 인한 죽음이 눈앞에 있다. 하지만 하나님이 그의 생명을 살려주시면 그는 그의 말씀을 지키겠다고 맹세한다.

119:18. 그는 하나님께서 그의 눈을 여셔서 신적 조명으로(고전 2:12-13) 성경의 깊고 심오한 진리들을 보게 해달라고 구한다. 하나님이 말씀에 대한 신적 이해를 허락하셔야

한다. 그렇지 않으면 하나님의 기이한 말씀을 이해할 수 없다.

119:19-21. 일단 성경을 깨달으면 개인적 순종을 통해 그 말씀을 지켜야 한다. 그러한 삶은 큰 대가를 치러야 한다. 의로 인한 박해가 그 말씀을 지키고자 헌신한 사람을 기다리고 있다(딤후 3:12). 시편 기자는 이 박해로 인해 이 세상에서 결코 온전하게 영접받지 못하는 객이 되었다. 반대로 그의 친숙한 거처는 말씀이다. 하나님은 말씀을 거역하고, 그를 해치고자 하는 교만한 자들을 책망하실 것이다.

119:22-23. 하나님의 말씀으로 인해 그가 받고 있는 박해는 불신자들의 인격적인 훼방과 멸시다. 이 영적인 박해에는 세상 지혜를 따르는 방백들의 훼방이 포함된다. 이 어려움 속에서도 그는 끊임없이 하나님의 율례를 묵상할 것이다.

119:24. 개인적으로 당하는 이 공격에도 불구하고 시편 기자는 하나님의 증거 안에서 영혼의 위로가 되는 즐거움을 얻는다. 그는 그의 대적들의 조롱에 귀 기울이지 않고, 하나님의 증거를 그의 모사로 삼는다. 그가 공격당할수록 하나님의 말씀이 그의 영혼에 더욱 달콤하다.

C. 하나님의 말씀은 심령을 위로한다(119:25-32)

119:25. 이 네 번째 연(25-32절)에서 시편 기자는 자신이 어떤 환경에 처하든 말씀을 '붙들겠다' 고 맹세한다. 그가 하나님의 말씀을 붙듦으로 인해 그 영혼이 진토에 붙었다. 그는 하나님의 말씀의 능력으로 그를 소성케 해달라고 기도한다.

119:26-27. 그는 다시 한번 당신의 말씀을 내게 가르쳐달라고 기도한다(12, 18절). 그는 겸손하게 성경의 끝없는 깊이를 헤아리는 데 한계가 있음을 인정한다. 그는 하나님의 율례를 더 배워야 할 자신의 필요를 고백한다. 하나님의 말씀으로 소생함을 얻기 위해(25절) 그는 하나님께 말씀의 영원한 메시지의 심오함을 더 잘 깨닫게 해달라고 구한다. 그럴 때 그가 하나님에 대한 경외심을 불러일으키는 놀라운 기사를 더 잘 묵상할 수 있다.

119:28-29. 그러나 그는 하나님의 말씀에 충성하기 위해 비싼 대가를 지불한다. 하나님의 법을 지키는 그를 반대하는 자들의 직접적 공격으로 그의 영혼이 눌림으로 인해 녹는다. 그는 그러한 고통에서 면제되지 않는다. 그래서 그는 하나님께 주의 말씀대로 나를 세우소서라고 기도한다. 그가 말씀을 지킬 때만 거짓 행위, 즉 처음에는 옳은 길처

럼 보이지만 궁극적으로는 파멸로 인도하는(잠 14:12) 길에서 보호를 받을 수 있다.

119:30-32. 그는 박해에 직면해 있음에도 불구하고 약하게 헌신하지 않는다. 그는 하나님의 규례를 택하고 그것을 그의 앞에 두었다고 맹세한다. 나아가 그는 말씀에 밀접하였다는 말을 덧붙인다. 이것은 굳은 결의와 전심을 다한 헌신을 암시한다. 모든 열심을 다해 내가 하나님의 계명을 좇아 달려갈 것이다. 열정적이고 인격적인 순종을 통해 그것을 좇을 것이다. 어떤 희생을 치르더라도 심지어 더욱 거세지는 박해 앞에서도 그는 말씀에 계속 충성할 것이다.

D. 하나님의 말씀은 마음에 지혜를 준다(119:33-40)

119:33-34. 다섯 번째 연(33-40절)에서 시편 기자는 하나님의 말씀을 더욱더 깊이 배우고 싶다는 소원을 표현한다. 그는 말씀을 읽고 연구할 때 개인적으로 순종함을 통해 내게 가르치소서라고 기도한다(비교. 12절). 하나님의 말씀의 의미와 그것을 적용하는 법에 대한 하나님의 조명하심을 받을 때만 그가 그것을 지킬 수 있다. 그는 이해한 것만 순종할 수 있다. 그래서 그는 나로 깨닫게 하소서라고 기도한다. 하나님이 그를 깨닫게 하시면 그는 하나님의 법을 더욱 잘 준행하며 지킬 수 있다. 이 순종은 그의 전 존재를 포함한 전심에서 우러나와야 한다.

119:35-37. 시편 기자는 하나님의 말씀대로 살기 위해 하나님의 인도하심을 구한다. 그는 하나님이 순종의 첩경으로 행케 해달라고 구한다. 오직 계명을 지킬 때에야 즐거움을 알 것이다. 그러나 반대로 불순종은 수많은 슬픔을 가져다준다. 그러므로 그는 하나님이 그의 마음을 돌이켜 그의 증거로 향하게 해주시고, 반대로 그의 눈을 돌이켜 이 세상의 허탄한 것을 보지 않게 해달라고 구한다. 말씀만이 성결케 하는 능력이 있다.

119:38-39. 하나님의 말씀에 대한 반대가 거세지자 그는 하나님이 그 약속을 지키셔서 그를 건져주시기를 혹은 보호해주시기를 구한다. 그러한 신적 개입은 그의 마음에 하나님에 대한 두려움을 불러일으킬 것이다. 오직 하나님의 보호하심으로만 그는 훼방에서 벗어날 것이다.

119:40. 하나님의 말씀에 대한 충성 때문에 그렇게 비싼 대가를 지불함에도 불구하고 그는 주의 말씀을 사모한다. 하나님은 이 고통스러운 시련 속에서 그로 소성케 해주셔야 한다. 말씀을 순종하는 일에 그가 약해져서는 안 된다.

E. 하나님의 말씀은 모든 두려움을 정복한다(119:41-48)

119:41-42. 박해에서 구원을 바라는 기도가 이 여섯 번째 연(41-48절)의 주제다. 시편 기자는 하나님께 신적 구원을, 말씀에 대한 그의 충성으로 인해 찾아온 이 불 같은 시련에서 건져달라고 호소한다. 이 확실한 구원이 말씀 안에 있는 주의 말씀(약속)대로 올 것이라고 그는 말한다. 그 이면에 하나님의 인자하심이 있다. 그의 원수들이 그를 조롱할 때 그는 하나님의 말씀으로 그들에게 대답할 것이다. 하나님의 말씀에 대한 그의 의뢰는 변함이 없고 확실하다.

119:43. 그는 하나님의 구원을 기다리며 낙심으로 인해 하나님이 그의 입에서 조금도 떠나는 일이 없게 해달라고 구한다. 그는 모든 사람들 앞에서 하나님의 말씀에 대한 충성을 공개적으로 고백한다. 그러나 하나님이 지체하시면 하나님의 규례에 대한 그의 바람을 증거하는 일이 힘을 잃을 것이다.

119:44-47. 그는 4중적인 확인을 통해 그가 하나님의 말씀을 항상 지키고, 그 말씀 안에서 행보할 것이며, 그것을 공개적으로 말하고, 그 안에서 즐거워하며, 그것을 사랑할 것이라고 결심한다. 여기서 그가 하나님의 말씀 때문에 고난을 당할 정도로 하나님의 말씀에 전심으로 헌신되어 있음을 볼 수 있다.

119:48. 이 박해 속에서 그는 하나님의 계명에 그의 손을 들겠다고 결심한다. 이것은 이 진리로 인해 하나님께 찬양을 돌려드리는 행위다. 그는 그러한 찬양이 나의 사랑하는 바 하나님의 말씀 때문이라고 말한다. 고난의 풀무 속에서 그는 하나님의 율례를 묵상하고, 그 신실하심을 묵상하기로 선택한다.

결론

이 다섯 개의 연에서 우리는 시편 기자의 삶에 나타난 성경의 강력한 사역의 일부를 읽게 된다. 이 동일한 능력이 오늘날 모든 신자들의 삶에도 작용하고 있다. 하나님의 말씀은 그분의 백성들의 마음속에서 강력하게 역사하기 때문에 그들이 수많은 유혹과 고난을 당한다 해도 거룩한 순수성과 평강으로 보호를 받을 수 있다. 성경의 초자연적 능력은 경이롭다. 하나님의 말씀으로 무장한 성도는 영혼에 아무리 무서운 공격이 가해져도 이길 온전한 준비가 갖추어져 있다. 성도가 성경을 묵상하고 그대로 따를 때 이 영감된 책은 하나님의 이름의 영광을 위해 모든 유혹과 시련에서 그를 건져준다.

티칭 가이드

교안

A. 하나님의 말씀은 마음을 깨끗케 한다(119:9-16)

B. 하나님의 말씀은 영혼을 위로한다(119:17-24)

C. 하나님의 말씀은 심령을 위로한다(119:25-32)

D. 하나님의 말씀은 마음을 지혜롭게 한다(119:33-40)

E. 하나님의 말씀은 모든 두려움을 정복한다(119:41-48)

시편 119편 49-88절

오직 성경으로(3)

"성경은 살아 있어서 내게 말을 건다. 성경은 발이 있어서 내 뒤를 쫓아온다. 성경은 손이 있어서 나를 꼭 붙든다."

- 마틴 루터(Martin Luther)

들어가는 글

성경은 생명의 책이며, 생명을 살리는 하나님의 능력으로 충만하다. 성경만이 그 거룩한 지면 안에 하나님이 인간의 영혼 속에 의도하신 모든 효력을 발휘할 수 있는 초자연적인 능력을 담고 있다. 성경의 충분성으로 알려진 이 진리가 함축한 의미는 우리에게 엄청난 격려가 된다. 하나님의 성령의 주권적 역사가 동반되면 그것은 신자의 삶 속에서 하나님의 뜻을 성취하는 데 조금도 부족함이 없다. 이 주장이 성경 안에 모든 종류의 진리가 포함되어 있음을 의미하지는 않는다. 선지자와 예수님과 사도들이 가르친 모든 내용이 성경 안에 다 담겨 있다는 의미도 아니다. 대신 성경의 충족성은 죄인들의 구원과, 성도의 성화와, 사역의 영적 지도에 필요한 모든 것이 하나님의 말씀으로 공급됨을 확인해준다. "여호와의 율법은 완전하다"(시 19:7). '완전하다' 라는 단어는 '온전한, 완성된, 아무것도 모자람이 없는, 진리의 포괄적인 처리' 라는 의미를 갖는다. 성경은 신자로 하여금 "모든 선한 일을 행하기에 온전케 해준다"(딤후 3:17). 성경은 그 자체로 초자연적 능력이 있음을 주장하며, 그리스도인 안에서 하나님의 일을 이루기에 충분히 적절하다. 이로 인해 시편 119편에 대한 이 연구는 7연부터 11연까지 이어진다. 49-88절에서 시편 기자는 하나님의 말씀에 대한 확신을 계속 견지한다. 그것은 하나님의 법이 그의 인생의 극히 어려운 시기를 감당하기에 더할 나위 없이 적절하다는 내적 확신이다.

본문 이해

Main Idea	시편 기자는 하나님의 말씀이 그의 삶의 위로와 힘이라고 증언한다.

A. 하나님의 말씀은 마음에 격려를 준다(119:49-56)

119:49-50. 이 일곱 번째 연(49-55절)에서 시편 기자는 말씀이 그의 삶의 위로와 안내자가 된다고 증언한다. 고통 속에서 그는 하나님이 그에게 하신 말씀을 기억하시기를 구한다. 즉 하나님께서 하나님의 종인 그를 돕고 붙들어주시겠다고 약속하신 것을 이루어주시기를 바란다. 하나님은 절망적인 상황에서도 말씀을 통해 그에게 소망을 주셨다. 그는 고통의 순간에도 그를 지키시겠다는 하나님의 약속에서 위로를 얻는다. 그에게 견딜 수 있는 힘을 주는 것은 말씀이다.

119:51-53. 하나님의 율법의 원수들인 교만한 자가 그를 조롱하기 때문에 그는 고통스럽다. 그럼에도 불구하고 그는 하나님의 법을 떠나지 않고 끝까지 헌신할 것이다. 하나님의 법을 묵상할 때 고통스러운 그의 영혼에 참된 위로가 찾아온다. 하나님의 약속처럼 상한 마음을 치유해주는 것은 없다. 악인들, 하나님의 율법을 버린 자들이 그를 공격한다. 하지만 주의 영광을 위한 거룩한 노와 경건한 열심이 그를 삼킨다.

119:54-55. 이 시련 속에서 실제적인 유일한 위로는 하나님의 율례 안에서 발견된다. 그가 나그네 된 집에서 어디에 머물든 하나님의 말씀은 그의 영원한 노래가 될 정도로 능력이 강하다. 이것은 또다시 그가 세상과 어울리지 않고 세상에서 이방인과 객으로 살고 있음을 암시한다(19절). 잠이 오지 않는 밤에 그는 자신이 당한 고난으로 인해 마음이 어두워진다. 하지만 그때에 그는 하나님의 이름과 법을 기억하고 참된 위로를 얻는다.

119:56. 시편 기자는 시련으로 인해 좌절하기보다 오히려 하나님의 법도를 따라서 사는 삶으로 더욱 심오해진다.

B. 하나님의 말씀은 삶을 풍요롭게 한다(119:57-64)

119:57. 여덟 번째 연(57-64절)의 주제는 하나님의 말씀을 떠나서는 하나님을 알 길이 없다는 사실이다. 시편 기자는 하나님이 그의 분깃, 다시 말해서 그가 가장 소중히 여기는 유업과 재산이라고 선언한다. 하나님보다 더 나은 것을 그가 어떻게 소유할 수 있겠는가? 그러므로 그는 은혜로 하나님의 말씀을 지키겠다고 약속한다.

119:58-60. 그는 전심으로 하나님의 얼굴을 구한다. 그리고 그는 하나님의 말씀을 지키겠다고 약속한다. 그는 하나님께서 자신을 긍휼히 여겨 주실 것을 호소한다. 시편

기자는 하나님의 말씀을 신중하게 생각하고, 그 말씀으로 그의 발을 돌이켰다. 지체된 순종은 결코 순종이 아니라 불순종이다.

119:61-62. 악인들의 박해에도 불구하고 그는 하나님의 법을 잊지 않을 것이다. 그들은 줄(압제에 대한 비유적 표현)로 그를 묶는다(두루 얽는다). 밤중에 그가 고통으로 인해 잠이 깰 때 그는 의로운 규례로 인해 하나님께 감사한다. 그는 언젠가 하나님께서 악인들을 심판하시고 그에게 보상하실 것을 믿는다.

119:63. 그는 하나님의 원수들에게 버림을 당했지만 그의 마음은 특별히 하나님을 경외하고, 그의 법도를 따르는 모든 사람들에게 끌린다. 그는 불 같은 시련을 겪으면서 그들의 친구가 되었다. 박해로 인해 우정이 그에게 훨씬 더 소중한 의미를 지니게 된다.

119:64. 하나님의 광대한 인자하심에 반응해 그는 다시 한번 주께서 그에게 거룩한 율례를 더 깊이 가르쳐주시기를 구한다(비교. 12절).

C. 하나님의 말씀은 마음을 밝혀준다(119:65-72)

119:65. 이 아홉 번째 연(65-72절)에서 시편 기자는 주의 말씀의 약속에 따라 자신을 선대하시라고 기도한다. 그는 겸손한 태도로 자신을 하나님의 율법의 지배를 받는 하나님의 종이라고 밝힌다.

119:66. 그는 하나님의 말씀 안에 있는 더 큰 진리들에 대한 명철(knowledge)을 가르쳐달라고 기도한다. 선한 판단은 이 명철에서 직접적으로 흘러나온다. 곤경으로 인해 하나님의 계명을 따르겠다는 그의 확신은 그만큼 더 깊어졌다. 고난을 통해 그는 말씀에 대한 순종을 배웠다.

119:67-68. 이 시련을 당하기 전, 그는 순종의 길을 떠나 그릇 행하였다. 하지만 이제는 말씀을 지키기로 결심한다. 그러므로 그의 고난이 그에게 유익이다. 겸손히 감사하는 가운데 그는 하나님의 모든 길이 선하다고 인정한다. 온유한 마음으로 그는 교훈을 받게 해달라고 구한다.

119:69-70. 말씀에 복종하기를 거부하는 교만한 자가 그를 치고 비방한다. 그러나 악한 공격은 사실 그가 전심으로 하나님의 법도를 지키게 되는 계기가 된다. 말씀의 원수들은 주의 법에 대해 굳은 기름덩어리와 같다. 하지만 그는 그들과 완전히 반대로 그 말씀을 기뻐한다. 겸손하지 않은 교만한 자들과 달리 그는 하나님의 법에 기쁘게 복종한다.

119:71-72. 그러므로 그는 말씀을 위해 고난당하는 것이 유익이라고 결론을 내린다. 그러한 고난은 실제로 하나님의 율례를 더 깊이 연구하게 하여 더 심오한 통찰에 이르게 한다. 하나님의 법에 대한 충성으로 인해 엄청난 대가를 치른 그는 그것이 자신에게 금은보다 더 소중하고 가치있다고 생각한다. 그는 고통으로 인해 그가 치른 것보다 훨씬 더 많은 것을 성경에서 얻었다.

D. 하나님의 말씀은 영을 담대하게 한다(119:73-80)

119:73. 열 번째 연(73-80절)에서 시편 기자는 하나님의 계명을 배울 수 있도록 하나님이 더 큰 깨달음을 주시기를 구한다. 그를 만드시고 세우신 주님만이 그의 영적 눈을 열어 성경의 거룩한 진리를 보게 하실 수 있다.

119:74. 그는 하나님을 경외하는 다른 신자들이 자신 안에서 일어나는 이 성결케 하는 사역을 보고 기뻐하게 해달라고 구한다. 그가 하나님의 말씀에 소망을 두는 것을 보게 될 것이기 때문이다.

119:75-77. 시편 기자는 하나님의 판단이 의로워서 그가 징계를 당할 때라도 그의 삶에 선한 결과를 이루게 하실 것이라는 확신을 확고히한다. 하나님의 성실하심에 따라 수많은 시련이 그를 괴롭게 했지만 그것은 그를 성숙시키는 긍정적인 결과로 나타났다. 이 시련 속에서 하나님의 인자하심과 말씀의 약속이 그의 위로가 되었다. 오직 하나님의 긍휼히 여기심으로만 이 시련을 견딜 수 있을 것이다. 우리를 붙드시는 이 은혜는 그가 하나님의 법에서 즐거움을 얻을 때 실제적으로 경험하게 될 것이다.

119:78-80. 시편 기자는 하나님께서 이유 없이 그에게 해를 가한 교만한 자를 처리해주시기를 구한다. 그동안 그는 하나님의 법도를 더 열정적으로 묵상할 것이다. 그는 하나님을 경외하고 말씀을 아는 자들이 그에게 돌아와서 그를 지지하며 그와 더불어 교제하게 해달라고 구한다. 이 위기 속에서 그는 하나님의 율례에 대한 순종이 완전케 해달라고 기도한다.

E. 하나님의 말씀은 영혼에 능력을 준다(119:81-88)

119:81-82. 열한 번째 연(81-88절)의 주된 주제는, 하나님께서 그로 하여금 이 어려운 시기를 감당하도록 붙들어주시는 것이다. 자신의 연약해진 상태를 자각한 시편 기

자는 이 현재적 고난으로 인해 구원을 사모하기에도 피곤하다. 하지만 그는 하나님의 말씀에 소망을 두기 때문에 이것을 견딜 수 있다. 그는 하나님의 약속이 그를 안위해주시기를 간절히 바라고 있다. 하지만 언제나 그 일이 이루어지겠는가?

119:83-87. 그는 무서운 시련의 연기를 견뎌야 하지만 하나님의 율례를 잊지 않을 것이다. 그가 하나님의 말씀을 대적하며 그를 핍박하는 자를 국문하실 신적 보응을 얼마나 더 오래 기다려야 하는가? 하나님의 법을 좇지 아니하는 이 원수들은 시편 기자를 해치려고 웅덩이를 판다. 그는 웅덩이에 빠지지 않도록 하나님의 보호하심을 위해 하나님께 간구한다. 그들이 그를 세상에서 거의 멸하였지만 그는 하나님의 법도를 버리지 않았다. 말씀이 그를 강하고 안전하게 지켜준다.

119:88. 하나님께서 이 시점까지 말씀으로 그를 지키셨음에도 불구하고 시편 기자는 더 강해져야 할 필요가 있다. 그래서 그는 "나를 다른 길로 나아가게 하려는 원수들의 시도에서 내 생명을 소성케 하소서"라고 기도한다. 그들이 무슨 짓을 해도 주의 증거를 지킬 것이라고 그는 선언한다. 말씀에 대한 순종이 그를 지켜줄 것이다.

결론

81-88절은 길지만 이 시편의 전반부를 마무리해주고 있다. 이것은 하나님의 백성들의 삶 속에서 역사하는 성경의 신적 능력에 대해 너무나 놀라운 증언을 제공한다. 신자의 영적 필요가 무엇이든 말씀에 대한 생생한 소망이 그 해결책이다. 이 시편은 모든 것을 충족하는 성경의 능력에 대해 최고의 증언을 제시하며, 삶의 모든 영역에서 성도를 거룩하게 하는 능력을 입증해준다. 모든 신자들이 이 거룩한 책의 영감받은 페이지에 푹 잠기기를 바란다. 이 거룩한 책, 성경의 메시지를 읽고 주의를 기울일 때 생각의 깨달음을 얻고, 마음이 죄를 깨달으며, 영혼이 위로를 얻고, 용기를 회복하며, 발이 나아갈 곳을 알고, 뜻이 세워지기를 바란다. 여기에 하나님의 백성들을 위한 참된 행복과, 거룩함과, 도움이 있다.

교안

A. 하나님의 말씀은 마음에 격려를 준다(119:49-56)

B. 하나님의 말씀은 삶을 풍요롭게 한다(119:57-64)

C. 하나님의 말씀은 마음을 밝혀준다(119:65-72)

D. 하나님의 말씀은 영을 담대하게 한다(119:73-80)

E. 하나님의 말씀은 영혼에 능력을 준다(119:81-88)

시편 119편 89-128절

오직 성경으로(4)

"성경과 같은 책은 없다. 그것은 문학의 기적이며, 영원한 지혜의 샘이며, 놀라운 일들을 담은 경이로운 책이자 신비의 계시이며, 행실에 대한 무오한 안내자이며, 말로 다할 수 없는 위로의 원천이다."

- 사무엘 채드윅(Samuel Chadwick)

들어가는 글

전 세대를 통해 볼 때 하나님의 말씀을 가장 소중히 하는 자들이 하나님께 가장 강력하게 사용되었다. 그의 말씀에 대한 열정적인 헌신과 하나님을 위한 강력한 도구가 되는 것은 불가분의 관계이다. 전자가 후자를 부양한다. 전자가 뿌리라면 후자는 열매이다. 하나님의 말씀을 사랑하는 것이 그 원인이라면 하나님의 도구로 사용되는 것은 그 결과이다. 사실 그 누구도 하나님의 말씀을 사랑하지 않고는 하나님을 사랑할 수 없다. 신자가 아들 예수 그리스도의 위격을 통해 궁극적으로 계시된 하나님의 헤아릴 수 없는 영광에 대해 배우는 것은 하나님의 말씀 안에서다. 말씀을 더 깊이 알아갈수록 주님을 더 깊이 알기를 원할 것이다.

하나님이 열린 심령들에게 친밀하게 계시되는 것은 하나님의 말씀을 통해서다. 말씀에서 하나님에 대해 배우지 않으면 하나님을 알 수 없다. 이러한 이유로 성도들은 이 책, 즉 성경을 소중히 여겨야 한다. 성경은 인간에게 주신 하나님의 영감된 계시이기 때문이다. 말씀에 대한 뜨거운 열정이 있는 심령은 곧 하나님을 향한 열정이 불일 듯 타오를 것이다.

시편 119편의 이 연구는 12연부터 16연까지 계속된다. 초점은 동일하다. 하나님의 나라에서 신자를 성숙시킬 수 있는 신자의 삶에 대한 하나님의 말씀의 충족성이다.

본문 이해

Main Idea	시편 기자는 하나님의 말씀의 완전성을 찬양하며, 자신의 전 존재를 다해 그 말씀을 추구하고 실천한다.

A. 하나님의 말씀은 영영히 서 있다(119:89-96)

119:89-90. 열두 번째 연(89-96절)에서 초점은 하나님의 말씀의 영원성과 무한성에 있다. 시편 기자는 하나님의 말씀이 영원하고, 하늘에 굳게 서 있으며, 영원히 불변하고, 항상 유의미하며 영원토록 생명을 살린다고 증언한다. 하나님의 성실하심은 성경과 동의어로 하나님이 대대에 이르도록 그분의 약속을 지키시는 일에 영원히 헌신되어 계심을 의미한다. 하나님께서 입의 말씀으로 땅을 세우시고 그로 인해 그 땅이 굳게 서 있듯이 하나님의 기록된 말씀 역시 이루어질 것이다.

119:91. 하나님의 옛 규례가 결코 수정이나 변경이 필요치 않은 채 오늘날까지 있다. 그분의 말씀도 그분의 종이 되기 위해 존재한다.

119:92-93. 변치 않는 이 하나님의 말씀은 심지어 고난 중에 있는 상황임에도 시편 기자에게 즐거움을 준다. 하나님의 법은 그로 하여금 수많은 어려움을 견디게 하는 능력을 주며 그를 강하게 한다. 그는 하나님의 법도를 기억한다. 그것은 심각한 어려움 가운데서도 그로 하여금 살게 해주었다.

119:94-95. 수많은 박해자들에게 에워싸인 그는 하나님께 "나를 구원하소서"라고 외친다. 그가 하나님의 법도를 좇았기 때문이다. 그는 이 시련에서 하나님의 건져주심을 구한다. 악인은 그를 해하려고 하지만 그는 하나님의 증거를 생각하고 묵상하여 힘을 얻겠다고 결심한다.

119:96. 시편 기자는 하나님의 말씀을 묵상하다가 말씀의 무한하고도 끝없는(문자적으로 '매우 넓은, 다함이 없는') 완전성을 더 깊이 깨닫는다. 세상 모든 것은 유한하지만 하나님의 말씀은 무한하고 완전하다.

B. 하나님의 말씀은 참 만족을 준다(119:97-104)

119:97. 이 열세 번째 연(97-104절)의 핵심 사상은 하나님의 말씀에 대한 묵상이 시편 기자로 하여금 지혜롭게 한다는 것이다. 시편 기자는 하나님께 더욱 헌신하며 내가 주의 법을 어찌 그리 사랑하는지요라고 고백한다(47-48, 127, 163, 165절). 그가 종일 하나님의 말씀을 묵상할 때 그것은 더욱더 소중해지고 큰 기쁨이 된다.

119:98-100. 하나님의 말씀을 묵상하면 그를 에워싸고 해치려고 하는 원수들보다 더 지혜로워진다. 말씀은 그에게 그의 스승보다 더 깊은 명철을 준다. 하나님의 말씀을

묵상할수록 하나님이 주시는 분별력을 갖게 되는 것이다. 따라서 하나님의 말씀은 노인보다 더 승한 명철을 그에게 허락한다. 이는 그가 그 말씀의 진리에 순종하기 때문이다.

119:101-102. 하나님이 주신 이 지혜를 적용한 시편 기자는 순종을 통해 하나님의 길에서 그의 발이 떠나지 않게 했다고 고백한다. 하나님이 직접 그에게 말씀을 가르치셨기 때문에 그는 하나님의 규례에서 떠나지 않았다. 하나님의 깨닫게 하심으로 그는 하나님의 말씀에 순종하지 않을 수 없다.

119:103-104. 그는 하나님의 말씀이 그에게 꿀보다 더 달고 그에게 명철을 준다고 증거한다. 그러므로 그는 죄악으로 이끄는 세상적인 모든 거짓 행위가 혐오스럽다.

C. 하나님의 말씀은 빛을 비춘다(119:105-112)

119:105-106. 하나님의 말씀에서 인생의 나아갈 바를 구하는 시편 기자는 그것이 그의 인생 길에 빛을 비춰주는 발에 등이라고 선언한다. 하나님이 비춰주신 길을 보면서 그는 하나님의 의로운 규례를 따르겠다고 맹세하였다.

119:107. 하나님의 말씀을 따르면 필연적으로 박해가 따른다. 시편 기자는 의로 인한 고난이 극심했기 때문에 말씀에 따라 그를 소성케 해달라고 하나님께 구한다.

119:108-109. 이 고통스러운 박해 속에서도 그는 하나님을 공개적으로 찬양한다(낙헌제). 그는 적개심에 부딪히더라도 하나님의 말씀에서 물러나지 않을 것이다. 오히려 그는 하나님께서 가르쳐주시기를 구한다. 이 공개적 찬양은 그가 그 자신의 생명을 거두기라도 하는 것처럼 그의 생명을 위태롭게 한다. 그럼에도 불구하고 그는 그를 지탱해주는 하나님의 법을 잊지 않을 것이다.

119:110. 그 결과 악인이 그를 해치기 위해 올무를 놓는다. 하지만 그는 하나님의 법도를 계속 따를 것이다. 하나님이 정해놓으신 이 길에서 떠나지 않을 것이다.

119:111-112. 박해 속에서도 하나님의 말씀은 그의 영원한 기업이며, 그의 마음에 즐거움이 되는 보배이다. 어떤 대가를 치르더라도 그는 말씀을 끝까지 행하고자 그 마음을 기울였다.

D. 하나님의 말씀은 굳게 붙들어준다(119:113-120)

119:113-114. 이 열다섯 번째 연(113-120절)에서 시편 기자는 자신이 하나님의 말씀

을 사랑한다고 말한다. 그는 두 마음을 품는 자, 하나님의 말씀을 거부하는 자들을 미워한다고 말한다. 그러나 하나님의 법은 사랑한다고 선언한다. 하나님의 법을 거부하는 자들 속에서 하나님은 그의 은신처시며, 그의 영혼의 피할 곳이 되신다. 그는 의도적으로 주의 말씀을 바란다.

119:115. 그를 해치려고 하는 박해자들을 앞에 두고 말하는 것처럼 그는 이 악행자들에게 내가 주의 계명에 헌신하도록 나를 떠날지어다라고 명령한다.

119:116-117. 그는 하나님께 그의 말씀으로 자신을 붙들어주시기를 구한다. 그래야만 그는 살 수 있을 것이다. 하나님이 구원에 대한 그의 소망을 붙들어주셔야 한다. 그렇지 않으면 그의 확신은 절망과 패배감으로 부끄럽게 될 것이다. 그는 자신이 구원을 얻도록 하나님이 붙들어주셔야 한다고 간구한다. 그는 구원을 기다리면서 하나님의 율례에 주의하겠다고 맹세한다.

119:118-119. 하나님은 그의 율례를 거부하는 모든 자들을 멸시하실 것이다. 그들의 궤사가 허무하게 무너질 것이다. 하나님은 악인들을 찌끼처럼, 용해된 금속에서 분리된 찌끼처럼 버리실 것이다. 이 신적 심판은 그로 하여금 하나님의 증거를 더욱 사랑하게 할 뿐이다.

119:120. 그 결과 시편 기자의 육체는 말씀을 거부하는 모든 자들을 심판하시는 하나님에 대한 두려움으로 떤다. 그래서 그는 하나님의 기록된 말씀에 대한 깊은 경외심으로 떨며 하나님의 판단을 두려워한다.

E. 하나님의 말씀은 신실함으로 강건하게 한다(119:121-128)

119:121. 열여섯 번째 연(121-128절)은 시편 기자가 자신의 압박자들로부터 하나님의 건져주심을 구하며 드린 기도에 집중되어 있다. 그는 자신이 공과 의(하나님의 법과 동의어)를 행하였다고 말한다. 하나님의 법은 그 선포와 판단에 있어서 완벽하게 의롭다. 그렇다면 그가 부당한 고통을 당하는 것은 하나님의 말씀에 순종하기 때문이다.

119:122-123. 그는 교만한 자에게서 자신의 안전을 보증하시라고 간구한다. 122절은 시편 119편에서 직접적이든, 간접적이든 하나님의 말씀에 대한 언급이 없는 유일한 절이다(간접적으로 언급된 구절에 대해서는 90, 121, 132절을 참조). 그는 악한 자들에게서 구원을 얻게 해달라고 기도한다. 이는 그가 하나님의 의로우신 말씀(의로운 약속, 하

나님의 말씀의 신실성에 대한 또 다른 동의어)을 의지하기 때문이다.

119:124-125. 그는 박해자들에게 미움을 당하기 때문에 하나님께서 인자하심으로 그에게 행하시기를 구한다. 이것은 하나님께서 그분의 말씀을 그에게 더욱더 가르쳐주실 것이라는 의미를 갖고 있다. 그는 고난을 당할수록 하나님께 더 배우기를 원한다. 이 시련의 도가니에서 그는 하나님의 증거를 통해 더 큰 깨달음과 이해를 얻기를 기도한다.

119:126. 지금은 하나님께서 주의 법을 폐한 자들을 심판하시기 위해 일하실 때이다. 시편 기자는 하나님의 말씀이 폐해지는 것을 두고 볼 수가 없다. 그래서 그는 하나님께서 심판으로 일하실 때라고 호소한다.

119:127-128. 그는 하나님의 법을 폐하는 자들을 스스로 멀리하며 내가 주의 계명을 금 곧 정금보다 더 사랑하나이다라고 증언한다(14, 72, 111, 162절). 하나님의 말씀은 그의 인생의 가장 소중한 보물이다. 하나님의 법도를 생각할수록 그는 인간의 거짓말로 도배된 세속적인 지혜의 모든 거짓 행위를 더 미워한다. 그는 하나님의 법도가 절대적으로 옳다고 생각한다.

결론

이 연에서 시편 기자는 하나님의 뜻대로 살 수 있게 하는, 그의 삶에 대한 하나님의 말씀의 충족성을 다시 표현한다. 그는 말씀의 완전성을 칭송하며 말씀에 대해 경외심을 갖는다. 하나님의 거룩한 속성이 그분의 말씀 속에 드러나 있으므로 그 진리를 배우고, 사랑하며, 삶으로 실행할 때 그 속성이 그에게 계시된다. 그가 그 말씀의 가르침을 먹고, 그것을 따를 때 그의 인생은 말할 수 없을 정도로 풍성해진다. 말씀은 그로 하여금 죄를 멀리하고, 경건함 가운데 자라가며 의를 추구하게 한다. 하나님을 알지 못하는 어둔 세상 속에서 하나님에 대한 영적 헌신의 길을 가도록 그의 발을 비추어주는 말씀 속에서 그는 확실한 등불과 순결한 빛을 본다. 말씀은 하나님의 뜻의 풍성함으로 그를 인도해주기에 더할 나위 없이 충분하다.

teaching guide

티칭 가이드

고안

A. 하나님의 말씀은 영영히 서 있다(119:89-96)

B. 하나님의 말씀은 참 만족을 준다(119:97-104)

C. 하나님의 말씀은 빛을 비춘다(119:105-112)

D. 하나님의 말씀은 굳게 붙들어준다(119:113-120)

E. 하나님의 말씀은 신실함으로 강건하게 한다(119:121-128)

시편 119편 129-176절

오직 성경으로(5)

"성경은 다이아몬드 보석이고, 진주 목걸이이며, 성령의 검이다. 또한 그리스도인이 영원을 향해 항해할 때 보는 항해도이고, 매일의 삶을 살 때 필요한 지도이며, 그의 인생을 비추어보는 해시계이며, 그의 행동을 평가하는 저울이다."

- 토마스 왓슨(Thomas Watson)

들어가는 글

예수 그리스도의 교회는 21세기에 접어들면서 위험한 기로에 서 있음을 본다. 그 앞에는 두 가지 길이 있다. 두 길 모두 '진리'라는 팻말이 있다. 한 길은 사단의 치명적인 거짓말로 포장된 길이고, 다른 한 길은 생명을 살리는 성경의 진리로 포장된 길이다. 이 두 가지 선택에 직면한 교회의 수많은 분파들은 성경의 권위에 대한 그들의 헌신을 저버렸고, 그 결과는 참담했다. 세속적인 지혜를 따르기로 결정한 수많은 이들이 이전에는 생각도 할 수 없었던 목적지에 도달했다. 포괄적 보편론, 근본주의적 페미니즘, 동성애 결혼, 멸절설, 더 최악으로는 무신론이 있다.

그러나 광포하게 날뛰는 이 배교의 와중에서도 놀라운 현상이 일어나고 있다. 성경의 무오성에 대한 새로운 결의가 교회 곳곳에서 나타나고 있는 것이다. 보수주의의 부활은 하나님의 영감으로 된 무오한 말씀에 대한 근본적인 헌신의 회복을 알리고 있다. 그러한 개혁에 대한 전망은 실제로 고무적이다.

그러나 이 기로와 안전하게 타협한 후 이제 두 번째 기로가 복음주의의 지평에 모습을 드러내고 있다. 이 역시 동일하게 위협적이다. 제임스 몽고메리 보이스(James Montgomery Boice)는 수많은 교회들이 이제 성경의 권위를 주장하지만 성경의 충분성에 대해서는 애매한 목소리를 낸다고 지적했다. 보이스는 이렇게 쓰고 있다. "우리의 어려움은 성경이 교회 생활과 사역에 충분한 것인지 결정하는 데 있다. 우리는 성경의 권위를 고백하지만 불신자들을 그리스도께로 인도하고, 우리의 경건이 성장하도록 하며, 우리 삶의 방향을 제시하고, 사회를 변화시키고 되살리기에 필요한 것을 행할 능력에 대해서는 인정하길 꺼린다."

하나님의 말씀을 올바로 가르치고 치밀하게 따를 때 그 말씀이 교회 안에서 하나님의 뜻을 성취하기에 필요한 모든 것을 행할 수 있는가? 이것이 이 시대의 질문이다. 시편 기자는 17연에서 22연까지의 시편 119편 마지막 여섯 연에서 시편의 걸작품인 이 핵심 진리를 재진술한다. 하나님의 말씀은 모든 신자의 삶에서 선한 기쁨을 줄 정도로 충족적이다.

본문 이해

Main Idea	시편 기자는 하나님의 말씀의 능력을 찬양한다. 그것은 그로 하여금 당면한 어려움을 견딜 수 있는 힘을 제공한다.

A. 하나님의 말씀은 마음으로 깨닫게 해준다(119:129-136)

119:129. 시편 기자는 하나님께서 그로 하여금 말씀 안에 서게 해주시기를 기도한다. 그는 하나님의 증거가 기이하여 그의 마음속에 경외심과 놀라움이 일어난다고 선언한다. 이로 인해 그는 그 말씀에 대한 순종을 맹세한다. 그는 그것을 지킬 것이다.

119:130-131. 시편 기자가 하나님의 말씀을 들여다보자 진리의 빛, 깨달음, 분별력이 그에게 계시된다. 성경의 이 신적 조명으로 하나님의 말씀을 사모함으로 헐떡이는 그의 마음이 더욱 강렬해진다.

119:132-133. 하나님의 말씀을 추구하던 시편 기자는 하나님의 이름을 사랑하는 자에게 긍휼을 베푸시기를 요청한다. 하나님의 '이름'은 하나님의 말씀을 가리키며, 그 말씀은 그의 신적 영광과 속성을 계시한다. 시편 기자는 하나님이 그의 행보를 굳게 세우셔서 그의 말씀에 순종하게 해달라고 구한다. 오직 하나님의 인도하심과 능력 주시는 은혜만이 아무 죄악도 그를 주장치 못하게 할 것이다.

119:134-135. 그는 그의 순종을 약화시키기 위해 그를 대적하고 위협하는 사람의 압박에서 그를 구속해주시기를 간구한다. 이 개인적 고난 속에서도 그는 사람의 계획이 아니라 하나님의 말씀을 지키는 길을 택한다. 그는 하나님께서 거룩한 복과 은혜와 구원으로 그의 얼굴을 비추어주실 것을 겸손하게 구한다. 그로 인해 그는 박해를 받음에도 불구하고 그에게 말씀의 진리를 더 가르쳐주시기를 구한다.

119:136. 그의 원수들이 하나님의 말씀을 업신여기므로 그의 눈에서 눈물이 시냇물같이 흐른다. 하나님의 말씀이 다른 이들에게 그토록 증오의 대상이 되고 있는데 그가 어떻게 슬퍼하지 않을 수 있겠는가?

B. 하나님의 말씀은 열정을 부추긴다(119:137-144)

119:137-138. 시편 기자는 하나님이 의로우시며, 그분의 말씀도 의롭다고 선언한다. 그는 그분의 판단(laws)에 완벽하게 계시된 하나님의 의로우심을 확인하는 것으로 시작한다. 이 판단은 완벽하게 의롭다, 즉 공정하고 진실하다. 그분의 증거는 의롭다. 혹은 공평하고 공정하여 지극히 성실하다. 다시 말해서 절대적으로 신뢰할 수 있고 신실하다. 하나님의 속성은 거룩하시며, 그분의 말씀은 모든 면에서 정확하다.

119:139-140. 여호와의 말씀이 너무나 완벽해서 큰 헌신의 반응이 나타난다. 사람들이 하나님의 말씀을 잊어버리는 것을 볼 때 하나님의 말씀에 대한 열정이 그를 소멸시킨다. 그러나 그들과 달리 시편 기자는 하나님의 말씀을 사랑한다. 여호와의 약속은 테스트되었다. 이것은 불로 정제되어 완벽하게 순결함이 증명되었다는 뜻이다. 그 말씀은 무가치한 것은 전혀 포함되어 있지 않고 오직 순전한 진리만을 담고 있다.

119:141. 이 시련을 통해 시편 기자는 하나님의 말씀에 대한 충성 때문에 자신이 비천하게 되었고, 대적들과 비교할 때 보잘것없고 심지어 멸시를 당하는 것처럼 느낀다. 그럼에도 불구하고 그는 하나님의 법도를 잊지 않을 것이다.

119:142. 그는 하나님의 의에 대한 앞의 초점을 다시 강조하며, 하나님의 기록된 법이 절대적으로 진리라고 다시 확인한다(140절).

119:143-144. 그러므로 하나님의 말씀을 붙잡음으로 인해 환난이 그에게 미친다 해도 그는 하나님의 계명을 여전히 즐거워한다. 사람들이 아무리 비방해도 하나님의 증거는 영원히 의롭다.

C. 하나님의 말씀은 소망을 불러일으킨다(119:145-152)

119:145-146. 환난의 와중에서 시편 기자는 하나님의 말씀을 지키는 데 계속 전념하겠다고 맹세한다. 그는 무슨 희생을 치르더라도 하나님의 율례를 지키겠다고 맹세한다. 그는 하나님의 구원을 얻기 위해 부르짖을 것이며, 하나님의 증거를 지키겠다는 자신의 헌신을 재확인함으로써 그렇게 할 것이다.

119:147-149. 그는 하나님의 영감된 기록인 성경을 신뢰하고 순종하겠다는 헌신에 추호도 흔들림이 없다. 그는 아침에 일찍 일어나 하나님의 말씀을 바라며 도우심을 구한다. 야경에도 그는 하나님의 말씀을 묵상하며 그렇게 한다. 그는 밤낮으로 기도하면서

하나님의 인자하심에 호소하며, 하나님의 규례에 대한 그의 신뢰를 보시고 그를 살리시기를 하나님께 요청한다.

119:150-151. 악을 좇는 자들이 시편 기자를 해할 준비를 하고 가까이 왔다. 그러나 그들은 하나님의 법에서 멀다. 그럼에도 불구하고 그는 하나님이 가까이 계심을 안다. 그는 하나님의 계명이 진리라는 것을 확신한다.

119:152. 그가 전부터 하나님의 말씀을 통해 주께서 그의 증거를 영원히 세우신 것을 알았다. 그 증거는 결코 사라지거나 폐지되지 않을 것이다.

D. 하나님의 말씀은 믿음을 성장시킨다(119:153-160)

119:153-154. 시편 기자는 다시 하나님의 구원을 위해 기도한다. 이 기도가 계속될수록 그의 간구도 더 간절해진다. 그는 하나님께 자신이 하나님의 법을 잊지 않고 얼마나 충성하는지 보시라고 기도한다. 그는 자신이 하나님의 말씀을 지키므로 그의 원한을 펴시고, 구속하시며, 소성케 해달라고 하나님께 구한다. 분명히 하나님도 그분의 약속을 지키실 것이다.

119:155-156. 반대로 악인들은 구원을 받지 못할 것이다. 그들은 하나님의 율례를 구하지 않는다. 그러나 시편 기자는 그렇지 않다. 시편 기자가 그분의 규례를 지키기 때문에 하나님은 긍휼하심으로 반드시 그의 생명을 소성케 하실 것이다.

119:157-158. 자신을 박해하는 수많은 대적들에도 불구하고 시편 기자는 하나님의 증거를 버리지 않을 것이다. 그는 하나님의 말씀을 거부하는 궤사한 자를 미워한다.

119:159. 반대로 그는 그에 대한 하나님의 구원의 기초인 하나님의 법도를 사랑한다. 그는 그의 원수들로 인한 죽음의 위협에서 자신을 소성케 해달라고 구한다.

119:160. 시편 기자는 하나님의 말씀의 위대하심을 칭송하는 것으로 이 연을 마무리한다. 그는 주의 말씀의 강령은 진리이므로 어떤 오류도 없고, 완전한 공의를 실행하므로 의로우며, 결코 폐기될 수 없기에 영원하다고 선언한다.

E. 하나님의 말씀은 평강을 불어넣는다(119:161-168)

119:161. 시편 기자는 자신이 하나님의 말씀을 지켰으므로 건져주실 것을 간절히 부르짖는다. 큰 권세를 가진 방백들이 무고히 그를 핍박한다. 그럼에도 불구하고 시편 기

자의 마음은 주의 말씀을 경외한다.

119:162-164. 올바른 동기에서 비롯된 이 경외심은 사람이 큰 보물을 얻은 것처럼 그로 하여금 하나님의 말씀을 즐거워하게 한다. 그는 성경을 부정하는 악인들의 거짓은 미워하지만 하나님의 법은 사랑한다. 그는 하루에 일곱 번씩 하나님의 의로운 규례로 인해 그분을 찬양한다.

119:165. 하나님의 법을 사랑하는 자들에게 큰 평안과 축복이 임한다. 그들은 넘어짐이 없이 안정되어 있다.

119:166-168. 결국 시편 기자는 이 시련에서 구원을 받을 것이다. 하지만 하나님의 완전한 때에 그 일이 이루어질 것이다. 그동안에 그는 하나님의 계명을 따르기로 굳게 결심하고 있다. 말씀으로 인해 박해를 받음에도 불구하고 그는 더 큰 결의로 하나님의 증거를 지키겠다고 결심한다. 이 순종은 단순히 기계적이고 율법적인 의무감이 아니라 말씀에 대한 사랑의 마음에서 흘러나온다. 그는 하나님께서 그의 모든 길을 완벽하게 보고 계심을 알고, 하나님의 증거를 지키겠다는 헌신을 반복하며 재확인한다. 하나님 앞에서는 어떤 것도 숨길 수 없다.

F. 하나님의 말씀은 결단하게 한다(119:169-176)

119:169-170. 마지막 연에서 시편 기자는, 말씀이 그의 삶 가운데서 어떤 영향을 미치는지를 선언한다. 전적으로 주를 의지하는 그는 하나님께서 그분의 말씀대로 그로 깨닫게 해주시기를 구한다. 그는 하나님께서 주의 말씀대로 이 박해에서 그를 건져주시기를 구한다. 하나님의 말씀으로 인해 그의 기도 속에 조금도 흔들림이 없는 이 결심이 드러나 있다.

119:171-172. 시편 기자는 하나님의 말씀을 열정적으로 찬양한다. 그의 입술은 그가 배운 진리로 인해 찬송을 발한다. 하나님의 모든 계명이 의롭기 때문에 그는 말씀으로 인해 찬송을 부른다.

119:173. 그는 자신이 하나님의 법도를 즐거워하고 따르기로 택하였다는 사실에 근거해 이 곤경에서 자신을 도와주시기를 하나님께 구한다.

119:174-175. 더욱 간절해진 열망으로 시편 기자는 자신의 대적들에게서 하나님의 구원을 간절히 바란다. 그동안 그는 하나님의 법을 깊이 즐거워한다. 그는 하나님께서

그로 죽음을 피해 살게 하심으로 땅에서 하나님을 더 오래 찬송할 수 있게 해달라고 구한다. 그것을 기다리는 동안 그의 규례가 그를 붙든다.

119:176. 겸손한 고백인 이 마지막 진술에서 시편 기자는 하나님의 말씀을 떠나 잃은 양같이 내가 유리하오니라고 고백한다. 말씀에 가까이 갈수록 그는 자기 자신의 불완전함을 더욱 명확히 보게 된다. 그는 마땅히 해야 할 만큼 하나님의 계명을 진심으로 온전히 받아들이고 있음을 알고 주의 종을 찾으소서라고 간구한다. 이 종은 그 계명을 잊지 않고 소중히 여긴다.

결론

모든 그리스도인은 신앙 생활을 할 때 성경의 충분성에 대한 확신이 있어야 한다. 수많은 사람들이 성경의 무오성에 대한 새로운 믿음을 확인하고 있지만 성경의 능력과 효력에 대해서도 동일한 확신을 가져야 한다. 이것이 '오직 성경으로(sola Scriptura)' 가 개혁주의자의 전투 구호가 되었던 종교 개혁 시대에 일어난 일이었다. 절대 무너지지 않을 말씀으로만 무장한 마틴 루터는 그 당시의 종교 개혁의 현상을 이렇게 설명했다. "나는 단순히 하나님의 말씀을 가르치고, 설교하고, 기록했을 뿐이었다. 그 외에 나는 아무것도 하지 않았다. 잠자리에 들고 잠을 자고 있을 때, … 말씀이 교황의 지위를 심각하게 약화시켰다. 어떤 왕이나 황제도 그 정도로 큰 타격을 입힌 적이 없었다. 나는 아무것도 하지 않았다. 오직 말씀이 그 모든 일을 다 해내셨다."

'오직 성경(솔라 스크립투라)' 에 대한 흔들림 없는 헌신, 즉 하나님의 뜻을 수행할 수 있는 말씀의 초자연적 능력은 이 세대를 사는 모든 그리스도인의 흔들림 없는 확신이 되어야 한다. 신자들은 그 어느 때보다 성령의 능력으로 말씀의 온전한 뜻을 삶으로 살고 순종해야 한다. 하나님께서 우리 시대에 하나님이 뜻하신 모든 것을 행할 수 있는 성경의 충분성을 더욱 확신하며 말씀을 따를 새로운 세대를 일으켜 세워주시기를 기도한다. 루터가 오래 전에 목격한 것, 즉 말씀이 그 모든 일을 다 해내셨다는 것을 이 시대에 목격할 수 있기를 원한다.

교안

A. 하나님의 말씀은 마음으로 깨닫게 해준다(119:129-136)

B. 하나님의 말씀은 열정을 부추긴다(119:137-144)

C. 하나님의 말씀은 소망을 불러일으킨다(119:145-152)

D. 하나님의 말씀은 믿음을 성장시킨다(119:153-160)

E. 하나님의 말씀은 평강을 불어넣는다(119:161-168)

F. 하나님의 말씀은 결단하게 한다(119:169-176)

시편 120편

위를 향해

"우리는 우리의 전심을 하나님의 집으로 가져가 낭독되는 유언장에 귀 기울이는 사람들처럼 예배해야 한다."

- J. C. 라일(J. C. Ryle)

들어가는 글

하나님의 백성들이 하나님의 말씀을 들으려고 하나님의 집에 갈 때마다 형언할 수 없는 축복이 기다리고 있다. 신자들은 참된 영적 성장을 위해서 성도들의 모임에 정기적으로 출석하여 그곳에서 가르쳐지는 성경의 발 아래 앉아야만 한다. 하나님의 말씀이 선포될 때마다 하나님의 영광이 나타나고, 성도들의 마음은 하나님의 은혜를 찬양한다. 하나님의 말씀을 받기 위해서 얼마나 먼 거리를 가야 하든, 그 노력엔 항상 영원한 보상이 보장되어 있다. 같은 마음을 가지고 성도들이 하나님께 찬양을 돌려드리는 것은 그러한 가치가 있다. 개인의 영적 생활에서 하나님의 말씀을 듣고 그대로 사는 것보다 더 중요한 것은 없다.

시편 120편은 이 기본적 진리를 강조한다. 성전에 올라가는 노래(시 120-134편)로 알려진 15편의 연속적 시편의 첫 시편인 이 찬송은 성도들이 하나님을 예배하기 위해 예루살렘의 하나님의 집으로 함께 순례 여행을 할 때 불렀던 것이다. 이 열 다섯 시편은 각기 "성전에 올라가는 노래"라는 표제나 약간 내용이 변경된 표제가 붙어 있다. 이 성전에 올라가는 시편은 원래 독립된 하나의 찬송가집이었지만 결국 시편 제4권에 추가되었다. 이 짧은 찬송가집인 성전에 올라가는 노래는 예배자들이 유대 전역에서 예루살렘으로 일 년에 세 번 연례 절기(유월절, 오순절, 초막절)를 지키기 위해 여행할 때 쓰인 것이다.

이 노래들이 올라가는 노래로 명명된 것은 예루살렘으로 가는 순례자들이 지형적으로 위로 올라가야 했기 때문이다. 예루살렘은 2,700피트 높이의 시온산에 지어졌기 때문에 여행자들이 높은 곳으로 올라가야 했다. 이 순례객들은 북쪽으로는 메섹과 남쪽으로는 게달처럼 먼 곳에서 거룩한 성으로 여행했다. 그들은 여행을 하면서 성전에 도착할 때까지 이 시편들을 불렀다(시 134:1-2). 이 예배자들은 고향에서 불신자들의 비난 속에 살았다. 그들은 큰 기대를 갖고 하나님의 집의 이 정기 절기를 위해 다른 신자들과 함께 여행했다.

본문 이해

Main Idea 시편 기자는 수많은 원수들에게서 하나님의 건져주심을 기도한다.

A. 고통 가운데서의 부르짖음(120:1)

120:1. 시편 기자는 인신공격과 영혼의 고통과 환난 가운데서 여호와를 부른다. 이 창자를 쥐어짜는 듯한 시련은 악인들의 거짓 고소와 부당한 비방을 포함한다(2절). 이 시련 속에서 하나님은 그의 간구를 들으시고, 그를 고통에서 건져주시거나 그것을 감당할 은혜를 주심으로 그에게 응답하셨다. 어떤 식이든 하나님이 그에게 응답해주신 것은 분명하다.

B. 구원을 위한 부르짖음(120:2)

120:2. 시편 기자는 내 생명을 건지소서라고 기도한다. 이것은 '나를 내 어려움에서 건지소서' 라는 뜻이다. 생명의 위급함은 아니더라도 그의 명성과 심적 평안이 큰 위협을 받고 있다. 거짓된 입술과 궤사한 혀의 공격으로 고통당하는 그를 비방하고자 온갖 기회를 엿보는 불의한 자들에게 그는 인격적 살인을 당하고 있다.

C. 도전의 부르짖음(120:3-4)

120:3. 그는 원수들의 면전에 대고 말하는 것처럼 무엇으로 네게 주며 무엇으로 네게 더할꼬?라고 묻는다. 저자는 하나님께서 그들을 심판하실 것을 확신한다. 시편 기자는 문제를 자기 손으로 해결하거나 스스로 보복하고자 하지 않고 하나님의 진노하심에 맡긴다(롬 12:17-19). 그는 그의 원수들이 회개하지 않으면 하나님께서 그들을 처리하시기를 바란다(시 94:1). 더하다라는 단어는 하나님께서 이미 그들에게 어느 정도 보복하셨음을 암시한다. 그러나 이 불경건한 자들은 완악하여 그를 공격하기를 포기하지 않는다.

120:4. 그는 하나님께서 날카로운 살로 그의 대적들을 벌하실 것을 확신한다. 의로운 심판을 행하시는 하나님은 그들이 그분을 대한 것처럼 그들을 대하실 것이다. 주님은 그들에게 무서운 심판을 행하시며 유사한 방법으로 반응하실 것이다(시 7:11-13, 45:5). 나아가 하나님은 그들을 로뎀나무의 숯불로 심판하실 것이다. 로뎀나무는 약 15피트 길이로 자라는 사막의 관목이다. 이것은 하나님께서 맹렬한 심판으로 시편 기자의 원수들을 불살라버리실 것임을 의미한다(시 140:10).

D. 낙담 가운데서의 부르짖음(120:5-7)

120:5. 그러나 주님이 그들을 심판하실 때까지 시편 기자는 괴로운 고통을 당한다. 그는 이 언어적 공격으로 심각한 심적 고통 속에서 내게 화로다라고 탄식한다. 그가 중앙아시아의 메섹(창 10:2)과 아라비아의 게달(사 21:16)에 살고 있기라도 한 것처럼 그들의 화살이 그의 영혼에 깊이 박혔다. 두 지역은 모두 예루살렘에서 멀리 떨어진 곳으로 야만인들과 이방인들이 사는 곳이다. 그들은 그가 불의한 악당들 속에서 사는 것처럼 그를 비방하고 무시한다.

120:6. 시편 기자는 사람들 사이의 화평을 미워하는 불경건한 자들과 교제하는 것을 오래 견뎌왔다. 그는 최악의 인간들에게 약점이 노출되고 취약한 상태다. 그는 매일 이 쓰라린 현실을 맛본다.

120:7. 시편 기자는 그가 화평을 원한다고, 즉 자신이 사람들에게 공격당한 것처럼 다른 이들을 공격하기를 원치 않는다고 고백한다. 그러나 그가 하나님의 말씀의 진리를 이야기하면 그들은 그를 대적하며 싸우려 한다. 하나님이 주시는 그의 말은 그들의 적대감만 부추기며 그들의 부패함만을 드러낼 뿐이다.

결론

모든 신자들은 이 세상에서 고난을 당할 것이다(딤후 3:12). 이것은 신앙 생활의 냉혹한 현실이다. 이땅에서 사는 동안 모든 그리스도인들은 빛과 어두움, 심지어 천국과 지옥 그 자체의 영적 전쟁에 자신이 휘말려 있음을 보게 될 것이다. 그러나 이 악한 세상에서 반대가 거셀수록 하나님의 집에 예배하러 모일 때 나누는 그들의 교제는 더 달콤할 것이다. 세상의 박해는 형제들을 향한 사랑이 더 깊어지도록 한다. 불신자들의 배척은 그리스도인들 간의 사랑이 더 풍성해지도록 한다. 그리스도를 배척하는 세상이 내뿜는 증오의 열기 아래 하나님의 집에서 선포되는 성경의 진리들은 상처입은 신자의 영혼에 그만큼 더 소중하게 보일 것이다. 우리도 시편 기자처럼 고통 중에 하나님께 부르짖도록 하자. 더 나아가 하나님의 집에 모이기를 힘쓰자.

teaching guide

티칭 가이드

고안

A. 고통 가운데서의 부르짖음(120:1)

B. 구원을 위한 부르짖음(120:2)

C. 도전의 부르짖음(120:3-4)

D. 낙담 가운데서의 부르짖음(120:5-7)

시편 121편

힘을 얻다

"하나님께서 인간에게 얼마나 큰 능력을 부어주실 수 있는지는 말로 다 표현할 수 없다."

- 찰스 스펄전(Charles H. Spurgeon)

들어가는 글

19세기의 유명한 스코틀랜드 선교사인 데이비드 리빙스턴은 아프리카 오지의 탐험가였다. 그가 선교지로 향하기 위해 스코틀랜드의 블랜타이어를 떠나던 날 아침, 그는 가족들과 한 자리에 모여 시편 121편을 읽고, 앞에 놓인 길고 고된 여행에 필요한 힘을 공급해주시기를 기도했다. 그리고 시편 135편을 읽은 후에는 그의 아버지와 누이와 함께 기도를 드리고 아프리카를 향해 떠났다. 역사는 리빙스턴의 노력으로 아프리카 대륙이 예수 그리스도의 복음에 문을 열었다고 기록한다. 대체적으로, 복음이 이땅의 깜깜한 오지까지 이르게 된 것은 바로 이 사람의 개척자적 노력 때문이었다.

리빙스턴의 장모인 모펫 여사는 한 작별 편지에서 그를 위해 기도할 때 항상 시편 121편을 펼쳐놓을 것이라고 썼다. "자네를 위해 쉬지 않고 기도를 드린다네. 자네를 생각하면 내 마음이 하늘로 향해 올라가네. '당신의 눈동자처럼 그를 지켜주십시오. 당신의 손으로 그를 붙들어주십시오' 라고 마음으로 기도한다네."

그 이후 주님은 모팻 여사의 반복된 기도를 들어주셔서 리빙스턴이 수많은 도전과 고난을 감당할 수 있도록 능력을 허락하셨다. 아무리 힘든 요구라 해도 모든 것을 충족할 수 있는 하나님의 능력은 그의 종이 이 벅찬 사명을 감당케 하셨다.

마찬가지로 모든 신자는 그리스도를 위해 다른 대륙으로 선교를 떠나든, 단순히 국내에서 주님을 위해 신실한 삶을 살든 신앙 생활을 감당할 하나님의 능력이 절대적으로 필요하다. 가장 큰 도전 가운데 하나는 자기 자신의 힘이 아니라 하나님이 주시는 능력으로 신앙 생활을 하는 것이다(요 15:5). 이것이 예루살렘까지의 순례 여정을 끝까지 감당하기 위해 하나님의 힘을 의지한 것을 증언하는 시편 121편의 교훈이다. 시편의 표제는 "성전에 올라가는 노래"로 원래 구약의 예배자들이 성전에서 예배하기 위해 예루살렘으로 여행하면서 불렀던 노래임을 의미한다. 그들은 일 년에 세 번 순례 여행을 했다.

예루살렘 여행은 절기에 참석하기 위해서 높은 지대로 올라가서 거룩한 성으로 들어가야 하는 것이었다. 포장 도로는 전혀 없었다. 대부분의 경우 사람들이 밟아서 난 길로, 골짜기를 가로지르고 강을 따라 난 길과 산길이 고작이었다. 이 시편은 고된 여정과 그 여정을 마무리하기 위해 주님 안에서 발견하는 풍성한 힘을 열거한다. 하나님 자신이 그들의 힘이시며, 붙드시는 분이시며, 지지자시고, 모든 해악에서 건지실 구세주시다.

본문 이해

Main Idea	시편 기자는 그 앞에 놓인 하나님의 뜻을 이루기 위해 주님의 초자연적인 능력을 의지한다.

A. 하나님은 나의 힘이시다(121:1-2)

Supporting Idea	시편 기자는 하나님을 의지함으로 예루살렘을 여행하는 데 도움을 얻는다고 고백한다.

121:1. 시편 기자는 오직 하나님께만 초점을 맞춘 채 내가 산을 향하여 눈을 들리라고 고백한다. 이 신뢰의 고백은 그가 시내산 꼭대기에 자리한 예루살렘을 향해 여행하면서 드리는 고백이다. 그 앞에 우뚝 솟아 있는 '산'은 거룩한 도시가 자리하고 있는 곳이다. 길고 힘에 부치는 여행으로 지친 시편 기자가 여행을 마무리하기 위해서는 신적인 도우심이 필사적으로 필요하다. 실제로 그는 인생의 모든 문제에서 하나님의 힘을 필요로 한다.

121:2. 그는 나의 도움이 천지를 지으신 여호와에게서로다라고 강력하게 증거한다. 시편 기자는 그가 필요한 도움의 모든 차원(육체적, 심적, 영적 필요)을 인정한다. 그는 도움을 얻기 위해 산을 의지하거나 산 위에 거주하는 어떤 것이나 사람을 바라보지 않는다. 오히려 그는 도움을 위해 산을 지으신 창조주, 즉 하나님을 의지한다. 천지를 지으실 정도로 능력이 무한하신 분만이 그가 승리의 삶을 살도록 도와줄 능력이 있으시다.

B. 하나님은 나를 지지하신다(121:3-4)

Supporting Idea	시편 기자는 늘 깨어 계시는 주님께서 그에게 필요한 안정을 제공하실 것이라고 확신한다.

121:3. 하나님은 너로 실족지 않게 하시며, 신자들이 여행 중에 넘어지지 않도록 적극적으로 지키실 것이다. 지키시다에 해당하는 히브리어 '샤마르(shamar)'는 이 시편에서 여섯 번 사용되고 있고, 하나님 자신이 순례 여행 중인 자기 백성들의 보호자이심을 나타낸다.

121:4. 이 주권적 보호는 항상 이스라엘을 지키시는 하나님께서 밤낮으로 주시는 지속적 도움이다. 인간이 밤에 눈을 감는다 해도 주님은 졸지도 아니하시고 주무시지도 아니하실 것이다. 하나님은 항상 깨어 계시며, 항상 자기 백성의 필요에 초점을 맞추신 채 방심하지 않으신다. 그들이 미끄러져 어려움에 빠질 경우 그분은 그들을 붙드실 준비를 하고 계신다.

C. 하나님은 나의 그늘이 되신다(121:5-6)

Supporting Idea	시편 기자는 어려울 때 하나님의 변함없는 위로를 확신한다.

121:5. 시편 기자에게 그늘은 이글거리는 햇볕을 피할 수 있는 쉼을 제공한다. 이 지역의 일사병은 실제적인 위험이다. 피곤에 지친 여행자들에게 해가 뜨겁게 내리쬐여 그들을 괴롭게 함으로 기진하게 만든다. 그늘은 폭압적인 환경에서 위안을 주고, 맹렬히 타오르는 때에 휴식을 준다. 하나님은 모든 신자에게 바로 이런 것, 즉 위로와 쉼을 제공하신다.

121:6. 해와 달이 그분의 백성들을 해치 않을 것이다. 이 두 천구는 낮과 밤에 닥치는 위험을 상징한다. 그러나 이러한 어려움에도 불구하고 하나님의 보호는 지속적이고, 항구적이다.

D. 하나님은 나의 구세주시다(121:7-8)

Supporting Idea	시편 기자는 자신의 모든 삶에서 하나님이 구원자시라고 증언한다.

121:7. 예루살렘으로 가는 순례자들은 수많은 위험을 만난다. 그들이 가는 길에 도적과 강도들이 숨어 있다가 그들을 덮칠 것이다. 영적 위험이 그들을 기다리며, 낙심과 의심이 그들의 영혼을 위협한다. 하지만 주님이 그들을 육신적이고 영적인 모든 환난에서 보호하실 것이다.

121:8. 주님은 그들이 예루살렘으로 오는 것을 지키시며 집으로 돌아가는 것(출입)도 지키실 것이다. 예배자들이 예루살렘에서 절기를 마치고 일상의 요구들과 직면하기 위해 집으로 돌아갈 준비를 할 때도 그들은 그들의 귀에서 울리는 하나님의 약속을 간직할 것이다. 하나님이 그들의 모든 길에서 그들을 보호하시고 지키실 것이다.

Main Idea 복습	시편 기자는 그 앞에 놓인 하나님의 뜻을 이루기 위해 주님의 초자연적인 능력을 의지한다.

! 결론

모든 신자들은 이 세상에서 영적 순례를 하고 있다. 그들은 순례자로서 하늘에 있는 참된 고향을 향해 이 세상을 여행하고 있다. 하나님의 백성들은 이땅에서 이방인이며, 나그네로서 영광 가운데 있는 마지막 목적지로 가는 도중에 잠시 이 세상을 지나가고 있는 것이다. 그러나 그들이 이땅에 있을 동안 그들에게 부여된 요구가 거대하기 때문에 하나님께 끝까지 신실하기 위해서는 특별한 능력을 필요로 한다. 이 행성을 걸어가고 있는 성도들은 수많은 영적 장애와 대적을 만난다. 분명히 그리스도인의 삶은 높은 산으로 오르는 힘든 길이며, 더 높은 고지로 올라가는 여정이다. 오직 하나님의 은혜로만 위에 있는 상을 향해 끝까지 신실하게 달려갈 수 있는 힘을 얻는다. 하나님의 능력으로 신자들은 그들을 막아서는 모든 것들을 극복하고 승리의 삶을 살 수 있다. 하나님의 백성들은 오직 주님 안에서만 인생의 여정길에 필요한 힘을 얻는다.

삶의 적용

우리는 우리의 인생 여정에서 필요한 하나님의 초자연적인 능력을 어떻게 얻을 수 있는가? 우리가 하나님의 뜻 안에서 승리의 진군을 하기 위해서는 몇 가지 조치가 필요하다.

오직 주님만을 의지하라. 이것이 바로 시편 기자가 했던 일이다. 그가 "내가 산을 향하여 눈을 들리라"(1절)고 말했을 때, 그는 그의 도움이 되시며, 천지를 만드신 하나님만을 바라보고 있었다. 하나님만을 바라볼 때, 우리는 힘을 얻으려고 우리 자신과 다른 모든 이들을 바라보지 않게 된다. 그때 우리는 신앙 생활의 영적 능력의 자원으로 하나님만을 철저히 의지해야 한다. 믿음은 사람이 아니라 하나님을 의지하는 것이다.

주님께 집중적으로 귀를 기울이라. 하나님의 말씀은 인생 여정에 있는 순례자들에게 신적 은혜의 모든 것을 충족시키는 원천이다. 하나님의 말씀은 그분의 진리를 받을 모든 자들에게 부정할 수 없는 무한한 영적 에너지의 보고가 된다. 오직 말씀을 들여다볼 때만 우리는 성경으로 우리에게 말씀하시는 주님을 진정으로 의지할 수 있다. 하나님의 힘을 경험하고자 한다면 그분의 말씀에 귀 기울여야 한다.

주님께 전적으로 의지하라. 우리는 인생의 모든 요구에서 넘치도록 풍성한 하나님의 성령의 은혜를 의지해야 한다. 오직 우리 자신의 연약함을 깨달을 때만 하나님의 능력이 우리 영혼을 채우고 넘쳐흐르게 된다. 우리 자신을 믿을 때 우리는 아무것도 할 수 없다. 그러나 하나님을 바라볼 때 우리는 놀라운 힘을 얻는다. 우리의 짐을 그분께 내어던지고, 그분께 기대는 법을 배우도록 하자.

기도

하나님 아버지, 우리의 초점을 당신께로 집중합니다. 우리가 세상의 수많은 유혹과 부추김 가운데 우리 마음을 빼앗겨 우리의 관심을 당신께로 향하지 못함을 고백합니다. 우리가 당신을 향해 눈을 들지 못하는 것을 용서해주십시오. 우리가 연약함 가운데 믿음의 눈을 들어 당신만을 바라보게 해주십시오. 성령으로 우리 안에 역사하셔서 오직 당신만을 의지하게 해주십시오. 예수님의 이름으로 기도합니다. 아멘.

심층 연구

A. 도움(121:1-2)

'도움' 으로 번역된 히브리어 '에제르(ezer)' 는 어근인 '아자르(azar)' 의 파생어로 '돕다, 지지하다' 라는 뜻을 갖는다. '아자르(azar)' 는 보통 국가들 간의 군사적 도움을 가리켜 사용되었다. 이 단어는 시편에서 적군으로부터의 하나님의 도우심을 가리켜 사용되고 있다(시 46:5, 79:9). '에제르(ezer)' 는 시편에서 하나님이나 하나님의 신적 개입을 가리켜 사용되고 있다(시 20:2, 33:20, 70:5, 115:9-11, 124:8, 146:5).

B. 지키시다(121:4)

'지키시다' 라는 표현은 한 사람이나 물건을 지키거나 보호할 때와 같이 '울타리로 두르다' 라는 의미를 지닌 히브리어 '샤마르(shamar)' 를 번역한 것이다. 이 단어는 해에서 보호하거나 구하기 위해 지켜보고 경계한다는 의미를 전달한다. 이 단어는 정원을 돌보는 정원지기(창 2:15), 양 떼를 돌보는 목자(창 30:31), 집을 지키는 사람(전 12:3)을 가리켜 사용되었다.

고안

A. 하나님은 나의 힘이시다(121:1-2)

B. 하나님은 나를 지지하신다(121:3-4)

C. 하나님은 나의 그늘이 되신다(121:5-6)

D. 하나님은 나의 구세주시다(121:7-8)

시편 122편

즐거운 도착

"참으로 거룩하게 된 자들의 눈에 성소가 얼마나 사랑스러운가!"

- 매튜 헨리(Matthew Henry)

들어가는 글

하나님의 집에 들어가는 하나님의 백성들의 마음은 항상 열정적인 기쁨이 가득해야 한다. 굶주린 그들의 영혼은 같은 마음을 가진 예배자들과의 교제를 통해, 강해되는 성경 말씀 아래 앉아 만족을 얻는다. 하나님이 영광을 받으실 때는 그들의 영혼이 들어올림을 받지만 인간을 기쁘게 하고자 하면 결코 그런 일은 일어나지 않는다. 하나님의 집에 모여 하나님의 말씀을 들으며 하나님의 백성들과 함께한다는 것이 얼마나 소중한 특권인가. 말씀으로 영감된 예배는 결코 지루한 일이 아니라 기쁨이며, 부담이 아니라 축복이다. 신자들은 이런 마음을 가지고 하나님의 거룩한 것들에 대한 큰 기대와, 열정과, 열심을 갖고 함께 모여야 한다. 그러한 공동체적 예배는 천국에서 구속된 자들을 기다리고 있는 것의 예고편이며, 하늘의 영광에 대한 맛보기이다. 성도들은 하나님의 집에 모일 때마다 이런 기쁨을 가져야 한다.

이것이 시편 122편에서 거룩한 성 예루살렘에 도착해 하나님의 집에 들어가고자 하는 시편 기자가 표현한 기쁨이다. 그는 여호와의 집에서 성도들과 한 자리에 모인다는 오래도록 사모한 일을 생각하며 기쁨에 넘친다. 시편 122편은 종교 절기를 위해 하나님의 성으로 순례하는 예배자들의 행렬을 담은 열 다섯 편의 작은 모음집인, 성전으로 올라가는 노래(120-134편) 중 세 번째 노래이다. 표제에 다윗으로 지명되어 있는 시편 기자는 하나님을 예배하기 위해 예루살렘으로 올라가던 자신의 기쁨을 회상한다. 후대에 편찬되어 시편의 이 부분에 전략적으로 배치된 이 시편은 신자들이 이스라엘의 영적 중심지인 예루살렘으로 순례 여행을 하며 부르던 예배 찬송이다.

시편 120편에서는 노래를 부르는 자들이 이국 땅에 있으면서 하나님의 성을 향해 여행을 시작한다. 시편 121편에서는 그 성이 그들의 눈앞에 보인 것으로 나타난다. 시편 122편에서는 그들의 발이 하나님의 집에 들어갈 준비를 한 채 성문 안에 실제로 서 있다(2절).

본문 이해

Main Idea	다윗은 하나님의 집에 들어가기 위해 예루살렘에 도착한 기쁨을 표현하며, 모든 이들에게 평강을 위해 기도하라고 요청한다.

A. 예루살렘으로 향하는 행렬(122:1-2)

122:1. 시편 기자는 말할 수 없는 기쁨으로 예배를 드리기 위해 마침내 예루살렘의 하나님의 집에 도착한다. 그는 웃음과 즐거움으로 가득 차 기뻐한다. 그에게 여호와의 집에 올라가자라고 말하는 사람들은 예루살렘을 찾은 다른 순례자들이다. 아직 성전이 지어지지 않았기 때문에 다윗이 이 글을 처음으로 썼을 때의 하나님의 집은 성막을 가리켰다. 이 시편이 후대에 편찬되어 이 부분에 삽입되었을 때는 포로기 이후의 성전을 가리켰다.

122:2. 예루살렘 성문 안에 서 있는 시편 기자와 다른 순례자들은 흥분을 이기지 못한다. 하나님의 말씀과 영광이 모셔진 곳에 있다는 사실이 그들을 흥분시켰다. 시편 기자는 예루살렘의 웅장한 건물뿐 아니라 하나님을 예배하는 곳에서 일어나는 일로 인해 압도당한다. 풍성한 축복이 임하기를 고대하며 그곳에 서 있는 것은 기쁜 일이었다(시 84:10). 분명히 하나님의 집으로의 이 순례 여행은 그만한 가치가 있었다.

B. 예루살렘에 대한 찬양(122:3-5)

122:3-4. 거룩한 성인 예루살렘은 조밀하게 지어져서 사람들이 서로 부딪힐 정도였다. 그곳에서 그들은 하나님을 찬양하며 감사를 드린다. 그들은 또한 여호와의 이름을 공개적으로 선언할 것이다. 그들은 개인적으로나 공동체적으로 자기 백성들을 위해 행하신 하나님의 구원의 행적을 감사해야 한다.

122:5. 예루살렘은 공의와, 공평과, 정의를 시행하기 위한 중심지였다. 그곳은 판단의 보좌가 서 있는 곳이며, 선이 보상받고, 악이 심판을 받는 장소였다. 무고한 자들이 변호를 받고, 유죄자들이 법의 심판을 받는 곳이었다. 예루살렘은 다윗의 집이라고 불

렸다. 다윗이 보좌에 앉아 백성들을 다스리며 정의를 시행하는 이스라엘의 수도였기 때문이다. 그러므로 예루살렘은 예배의 중심지일 뿐 아니라 민사 판결과 사법 재판이 이루어지는 곳이기도 했다. 그곳은 이스라엘 왕이 주재하는 통치의 장소였다. 하나님의 말씀이 여기서 가르쳐질 뿐 아니라 시행되기도 했다.

C. 예루살렘의 평화(122:6-9)

122:6. 거룩한 성의 전략적 중요성 때문에 다윗은 예루살렘을 위하여 평화를 구하라고 촉구한다. 이 평화는 이스라엘 내부의 국내적 평화뿐 아니라 주변국과의 국제적 평화를 포함한다. 그는 예루살렘에 와서 불화, 불일치, 분열, 파당을 목격하지 않고, 평화와, 사랑과, 일치를 볼 수 있게 하라고 촉구한다. 그들이 하나님의 백성들 간의 평화를 추구하면 하나님께서 그들을 형통하게 하실 것이다.

122:7-9. 시편 기자는 네 성 안에는 평강이 있고 네 궁중에는 형통이 있게 해달라고 기도할 것을 선포한다. 이것은 적대국들로부터 하나님의 보호하심을 가리킨다. 그들은 오직 하나님만이 주실 수 있는 하나 된 일치와 난공불락의 안전이 필요하다. 하나님은 하나 됨을 보실 때 그곳에 축복을 명하신다(시 133:1-3). 모든 이의 공통의 선을 위해 그는 국내적으로나 국제적으로 예루살렘에 평강이 있기를 바란다. 평강을 추구하는 것은 하나님의 백성들의 선과 하나님의 집의 축복을 추구하는 것이다. 하나님의 거처에 있는 예배자들을 위해 다윗은 그곳의 복(형통함)을 위해 기도하겠다고 맹세한다.

결론

모든 그리스도인들은 공적 예배를 드리기 위해 하나님의 집에 정기적으로 출석하는 일을 무엇보다도 중요시해야 한다. 존 웨슬리는 이렇게 지적한 바 있다. "외로운 그리스도인보다 비기독교적인 것은 없다." 어떤 신자든 다른 성도들과 함께 모이기를 포기하는 것은 영적으로 건강하지 않고 심지어 파멸을 초래할 수 있다(히 10:25). 어떤 신자도 교회에 성실하게 나와 영적 훈련에 동참하지 않으면 성공적인 영적 삶을 영위할 수 없다. 성도들의 회중에서 같은 마음을 가진 형제 자매들과 예배하는 것은 너무나 중요하다. 그것은 우리의 정기적인 습관과 즐거운 경험이 되어야 한다.

teaching guide
티칭 가이드

교안

A. 예루살렘으로 향하는 행렬(122:1-2)

B. 예루살렘에 대한 찬양(122:3-5)

C. 예루살렘의 평화(122:6-9)

시편 123편

위를 바라보는 믿음

"믿음은 내면의 눈이 보는 것이다."

- 알렉산더 맥라렌(Alexander MacLaren)

들어가는 글

믿음은 항상 하나님을 올려다본다. 그것은 보이는 것을 넘어서 보이지 않는 것을 보는 것이며, 일시적인 것 너머의 영원한 것을 응시하는 것이며, 육적인 것 너머의 영적인 것을 보고자 애쓰는 것이다. 믿음은 믿는 영혼이 위를 향한 시선으로 인생의 환경을 넘어서서 주님만을 바라보는 것이다. 주님은 그 사건들 뒤에 서 계시면서 그분의 영광을 위해 그것들을 다스리고 계신다. 믿음은 하나님이 만물에 영원한 목적을 갖고 계시며 그 모든 일에 지혜로 충만한 계획이 있음을 본다. 믿음의 눈은 자기와 이 세상에서 눈을 돌려 위에서 통치하시는 하나님께 초점을 맞춘다. 믿음은 이 현실 세계를 뛰어넘어 보이지 않는 위의 영역을 보고 보좌에서 왕으로 통치하시는 하나님을 뵙는다.

시편 123편은 믿음의 시야의 본질을 포착하고 있다. 예루살렘으로 올라가던 시편 기자는 지금 거룩한 성을 넘어 천상의 성 시온에 좌정하신 주권자 되신 주를 바라보고 있다. 그는 예루살렘의 지상의 성전(중요하기는 하지만)을 넘어서 위의 영원한 보좌를 바라본다. 그는 그 마음의 눈을 하나님께 고정시키고 있다. 성전에 올라가는 이 노래는 하나님을 예배하기 위해 예루살렘으로 가는 신자들의 여정을 시간대로 기록한 열 다섯 편의 모음집(시 120-134편)에서 네 번째 시편이다. 그러나 그들은 절기를 지키기 위해 예루살렘에 도착하자 세상의 성전 너머 천상의 보좌를 바라보며 하늘에 계신 하나님을 우러러본다. 오늘날 신자들도 교회에서 함께 모일 때 항상 위를 바라보는 예배자의 시야를 가져야 한다.

본문 이해

Main Idea	시편 기자는 너무나 괴로워서 오직 하나님의 자비하심만을 의지한다.

A. 믿음의 눈(123:1)

123:1. 시편 기자는 믿음의 눈을 가지고 내가 눈을 들어 주께 향하나이다라고 고백한다. 그는 오직 하나님만을 바라보며 그의 마음의 눈을 하나님께 고정시킨다. 고통스럽고 괴로운 환경에도 불구하고 그는 오직 하나님만을 바라볼 것이다. 위협적인 도전과 수많은 낙심에도 불구하고 그는 하나님만을 의지할 것이다. 그는 그의 필요를 채워주시고, 그의 인생을 이끌어주시며, 그의 영혼을 강건하게 하실 하나님만을 의지할 것이다. 하나님이 하늘 보좌에 앉아 계시므로 시편 기자는 그를 바라보며 그 앞에 절해야 한다.

B. 믿음의 예(123:2)

123:2. 믿음으로 하나님을 바라보는 것과 관련된 두 가지 예가 소개된다. 첫째, 믿음은 그 상전의 손을 바라보는 종의 눈과 같다. 종은 음식과, 쉴 곳과, 옷과, 보호를 받기 위해 그 주인을 의지한다. 그는 모든 것을 주인에게 의지한다. 둘째, 믿음은 그 주모의 손을 바라보는 여종의 눈과 같다. 비천한 여종은 여주인이 그녀의 필요를 채워주기만을 기대한다. 마찬가지로 모든 신자들의 마음의 눈은 여호와 우리 하나님을 바라보아야 한다. 하나님께서 그들에게 필요한 긍휼을 베푸실 때까지 안정과, 견딤과, 보호를 위해 끊임없이 그분을 의지해야 한다.

C. 믿음의 원수(123:3-4)

123:3. 시편 기자는 자신이 어려운 상황에 있으므로 하나님의 긍휼히 여기심이 필사적으로 필요함을 본다. 그는 심한 멸시가 우리에게 넘치나이다라고 말한다. 그는 맹렬한 증오심과 박해와 더러운 비방의 대상이다.

123:4. 성도들은 하나님을 의지하지 않는 안일한 자에게서 언어적인 조롱과 악랄한 비방의 형태로 된 조소를 오랫동안 당해왔다. 그는 자신을 의지하는 교만한 자들에게서도 멸시를 당해왔다. 그러한 박해에도 불구하고 시편 기자는 주님만을 바라본다. 그는 원수들을 보지 않고 하나님께만 집중하기로 결정한다.

결론

여기서는 모든 신자들에게 필요한 격려를 발견할 수 있다. 이 시편은 현재의 모든 환경을 넘어서서 주님만을 바라보아야 할 그 이유와 필요성을 보여주고 있다. 모든 그리스도인들은 교만한 상사, 죽어가는 부모, 불성실한 친구를 넘어서서 주님만을 바라보아야 한다. 예기치 못한 비용, 반항적인 자녀, 침체에 빠진 사역, 그리고 다른 사람에게 넘어가버린 승진의 기회를 넘어서서 주님을 바라보아야 한다. 이것은 우리의 모든 필요를 위해 하나님께 초점을 맞추는 위를 바라보는 믿음이다. 믿음의 눈은 항상 생명과, 인도하심과, 보호하심과, 공급하심을 위해 위의 하나님을 바라본다. 그런 위를 향한 시선은 하나님 앞에서 겸손한 복종과 그분에 대한 겸손한 의존, 그리고 그분의 말씀을 지키겠다는 준비된 순종을 요구한다.

티칭 가이드

고안

A. 믿음의 눈(123:1)

B. 믿음의 예(123:2)

C. 믿음의 원수(123:3-4)

시편 124편

하나님이 주시는 변화

"모든 하나님의 사람은 하나님의 전능하심을 그의 보호자로 두고 있으며, 하나님은 아무 방비도 없이 성도를 버려두지 않으시고 지체 없이 하늘에서 천사들을 보내실 것이다."

- 찰스 스펄전(Charles H. Spurgeon)

들어가는 글

주님께서는 성도의 삶에 놀라운 변화를 가져다주신다. 주님이 그의 편이면 아무리 반대가 거세도 항상 그의 승리가 확실하다. 그러나 주님이 함께하시지 않으면 인간이 아무리 노력해도 그 모든 노력은 실패로 돌아가고 말 것이다. 하나님이 우리를 위하시면 누가 우리를 대적할 수 있겠는가? 하나님께서 우리를 보호하신다면 누가 우리와 함께하고, 함께하지 않고는 중요하지 않다. 하나 더하기 하나님은 항상 다수가 된다. 온 세상이 가장 연약한 성도를 대적하지만 주께서 그를 위하시면 그는 승리할 것이다. 반대로 온 세상이 가장 강한 자와 한 편이라고 해도 하나님이 그와 함께하시지 않으면 반드시 비틀거리고 넘어져서 실패하고 말 것이다.

이것이 시편 124편의 메시지다. 이것은 주님께서 신자의 편이 되어주실 때 어떤 일이 일어나는지 증언한 예배 노래이다. 이 찬송시는 하나님께서 함께하실 때 나타나는 결과의 차이에 관한 다윗의 확신에 찬 증언이다. 역사적 배경은 다윗이 그를 무너뜨리고자 위협하는 큰 대적, 아마 블레셋 족속과 맞섰을 때이다. 블레셋 족속은 사울과 그 군대를 패배시키고, 사울과 그 아들 요나단을 죽였다. 이제 그들은 다윗을 사로잡고자 시도한다. 그들은 다윗을 사냥감처럼 사로잡기 위해 르바임 골짜기에 큰 진을 쳤다(삼하 5:17-25). 그들이 그를 사로잡는다면 다윗과 그 무리를 큰 위험에 빠뜨리고 확실하게 그를 무너뜨릴 것이다. 그러나 하나님이 다윗과 함께하셨다. 그러므로 블레셋 군대의 규모가 얼마나 크고 강한지는 중요하지 않았다. 하나님은 블레셋 군대보다 무한히 크신 분이었다. 그러므로 승리는 다윗의 것이었다. 이것은 다섯 번째 성전에 올라가는 노래다.

본문 이해

Main Idea	시편 기자는 하나님이 그의 도움이 되셨고, 모든 해악에서 구원자가 되셨다고 증거한다.

A. 하나님 없는 삶(124:1-5)

124:1. 시편 기자는 여호와께서 우리 편에 계시지 아니하신다면이라는 가정적이고 도발적인 표현에 대해 생각해본다. 그는 하나님께서 자기 백성들과 함께하시지 않으면 어떤 일이 생길 것인지 생각해본다. 하나님께서 그들을 지켜주시지 않는다면, 그들을 구원하시지 않는다면 어떻게 될지 그 시나리오를 깊이 생각한다. 그들만의 힘으로 싸우도록 방치된다면 어떻게 될 것인가? 결과는 엄청나게 달라질 것이다. 시편 기자는 그로 인해 일어날 차이를 선언하는 일에 자신과 함께하자고 백성들을 초청한다.

124:2. 그는 강조하기 위해 1절을 반복하고 그것을 확장시킨다. 그들이 하나님 없이 적들과 대적한다면 하나님의 백성들을 치는 이 사람들은 그들을 완전히 무너뜨렸을 것이다. 이스라엘의 생존을 위협하는 주변 민족들이 그들에게 승리하였을 것이다.

124:3. 그 대적들의 불 같은 분노를 묘사하면서 그는 저희의 노가 우리를 대하여 맹렬하다고 말한다. 이 이방 나라들이 맹렬하고 광포한 분노로 타오르고 있을 때 이스라엘은 그들에게 패해 멸망했을 것이 분명하다. 그는 맹수가 먹이를 집어삼키는 심상을 차용하여 우리를 산 채로 삼켰을 것이라고 말한다. 하나님께서 개입하시지 않았다면 하나님의 백성들은 원수들에게 산 채로, 그리고 통째로 삼켜졌을 것이다(렘 51:34).

124:4-5. 그는 반대의 물이 우리를 휩쓸었을 것이라고 인정한다. 대적들의 이 엄청난 홍수 아래 그들의 영혼은 질식했을 것이다. 그들의 소망은 물에 휩쓸려 사라지고 그들의 행복도 삼켜졌을 것이다. 다윗에게 넘치는 물은 블레셋 족속이었다.

B. 하나님이 함께하시는 삶(124:6-8)

124:6. 이제 갑자기 어조가 달라진다. 분위기는 밝고, 유쾌하며, 흥겨운 방향으로 바

뀐다. 여호와를 찬송할지로다. 다윗은 이제 그에 대한 신뢰를 새롭게 회복해주신 하나님을 찬양한다. 그는 주님께서 그들로 사체를 씹어삼키는 짐승 같은 원수의 이빨에 씹히지 않게 해주실 것임을 안다. 그분은 자기 백성들을 원수에게 내어주지 않으실 것이다. 또한 주를 신뢰하는 자들에게는 이런 일이 일어나지 않을 것이다. 하나님은 원수들에게서 그들을 지키시고, 건져주실 것이다.

124:7. 우리 혼이 새가 사냥꾼의 올무에서 벗어남같이 되었나니는 시편 기자가 그를 에워싼 원수의 공격에서 풀려났음을 가리키는 말이다. 올무에 걸린 새는 아무리 버둥거려도 줄을 끊고 도망칠 수 없다. 그러나 죽을 운명에 처한 새가 도망치려고 버둥거리고 있을 때 갑자기 줄이 느슨해지면 새는 자유가 되어 날아갈 수 있다.

124:8. 그들은 큰 소리로 우리의 도움은 천지를 지으신 여호와의 이름에 있도다라고 고백한다. 인간은 그 자신의 힘만으로는 무기력하다. 그러나 하나님은 너무나 강하시다. 특히 가장 연약한 자들에게 그러하시다. 그분은 고통의 시련 속에 있는 가장 연약한 신자들도 도우신다. 하나님이 개입하셔서 그들을 구해주셨다. 천지를 지으신 주님만이 연약한 그들의 적절한 도움이시다.

결론

우리 인생 가운데 하나님을 모시면 우리가 직면하는 모든 환경에서 완전한 변화가 일어난다. 한 개인의 결혼 생활, 교육, 직장, 관계에서의 결정적인 요소는 주님을 자기 편으로 모시는 것이다. 그러나 진정한 문제는 당신이 주님 편에 있는가 하는 것이다. 하나님이 당신을 위하시면 누가 당신을 대적하겠는가? 당신이 하나님 편에 있기 위해 필요한 것은 무엇인가?

당신은 그리스도 안에서 인격적으로 믿음의 회심을 체험해야 한다. 이것은 당신이 당신 자신을 부인하고, 회개와 믿음을 통해 그리스도께 나아와야 함을 의미한다(눅 9:23). 당신은 주의 편에 있기 위해서 당신의 죄에서 돌이켜 전적으로 그분께 헌신해야 한다.

그리스도의 주재권에 복종하며 매일 성결한 삶을 살아야 한다. 다시 말해서, 그분의 말씀에 겸손하게 복종하며, 그분이 원하시는 곳이라면 어디든 가며, 무엇이든 하고, 어떤 대가든 기꺼이 치르며, 끊임없이 그리스도께 복종해야 한다(마 19:21).

그리스도와의 친밀하고 인격적인 교제를 추구해야 한다. 그분을 알고 그분과 가까이 걷겠다는 뜨거운 열정을 가져야 한다.

당신은 진정으로 주님의 편인가?

티칭 가이드

고안

A. 하나님 없는 삶(124:1-5)

B. 하나님이 함께하시는 삶(124:6-8)

시편 125편

든든한 반석

"믿음은 우리와 우리 환경 사이에 하나님을 모시게 한다."

- 다니엘 웹스터(Daniel Webster)

들어가는 글

아무리 연약한 성도라도 하나님에 대한 가장 단순한 믿음을 행사하면 요동치 않는 안정적인 산에 닻을 내리게 된다. 어떤 곤경이 그를 공격하더라도 하나님을 의지하는 그의 영혼은 결코 흔들리지 않는 강력한 산성, 즉 여호와의 강력한 이름에 굳게 뿌리내리게 된다. 주를 의지하는 자는 지진이 일어날 때 단단한 산 위에 서 있는 사람과 같다. 온 땅이 흔들린다 해도 그는 흔들리지 않을 것이다. 그는 하나님과 그 말씀 안에 서서 절대 요동하지 않는다. 그의 발 아래 확실한 기초가 흔들림 없이 받쳐주기 때문이다. 온 세상이 대격변을 일으킨다 해도 그의 영혼은 요동치 않으시는 하나님 안에 단단히 고정되어 자리잡고 있다. 하나님은 단단하고 흔들리지 않는 닻이시므로 그가 견고하고 안정될 수 있다.

시편 125편은 위대한 희망의 메시지를 선언한다. 이것은 불변하시고, 흔들림이 없으시며, 그 안에서 안식하는 모든 사람들에게 안전을 제공하시는 하나님에 대한 신뢰의 노래다. 시편 기자는 여기서 신자를 시온산과 비교하며 그들이 위험할 때에도 하나님 안에서 안전하다는 것을 보여준다. 이것은 거룩한 성이 자리한 유대 고지대의 예루살렘으로 올라가는 순례자들을 위해 쓴 여섯 번째 노래이다. 시편 기자가 하나님의 성 시온산에 서서 하나님을 우러러볼 때 그는 그의 믿음이, 자신이 발을 딛고 있는 바위와 같이 단단한 산처럼 그를 강하게 해준다고 믿는다. 새로운 확신으로 주님을 의지할 때 그의 믿음은 크게 성장한다.

본문 이해

Main Idea	시편 기자는 자신의 삶에 안정성을 제공하는 주의 능력에 대한 확신으로 충만하다.

A. 주 안에서의 안정성(125:1)

125:1. 여호와를 의뢰하는 자는 참된 신자이다. 하나님께 그들의 삶을 전적으로 의탁한 자들이다. '의뢰하다(batoch, 애착을 갖다, 신뢰하다, 안전감을 느끼다, 의지하다)'란 말은 흔들리지 않고 주님께 자신을 확고히 맡기는 것을 의미한다. 그렇게 하는 자는 시온산과 같을 것이다. 예루살렘 성은 산의 꼭대기에 지어졌기 때문에 단단한 기초 위에 세워진 난공불락의 요새와 같았다. 그 거룩한 성은 요동치 않고 영원히 있다. 하나님을 의뢰하는 자들은 아무리 심한 지진이 덮쳐도 요동하지 않고 안전하다.

B. 주 안에서의 안전함(125:2-3)

125:2. 하나님 자신이 예루살렘을 두른 산들에 비유된다. 거룩한 성이 그 지역의 일곱 산 봉우리 중 한 곳에 건축되었다. 그리고 나머지 여섯 산들이 침략군들로부터 보호해주고 안전을 제공했기 때문에 사실상 예루살렘은 난공불락의 산성이었다. 마찬가지로 하나님은 흔들리지 않는 강한 방비로 자기 백성을 두르신다.

125:3. 악인의 권세가 하나님의 백성들을 대적해 일어나더라도 의인에게 미치지 못하고 하나님으로 인해 좌절될 것이다. 홀(권세)은 왕이 왕권을 상징하기 위해 손에 쥐고 있던 지팡이다. 그것은 하나님의 백성들을 대적하며, 예루살렘을 침공할 이방 권력자의 상징이었다. 악한 통치자의 통치는 성공하지 못할 것이다. 약속의 땅인 의인의 땅에 거주하는 하나님의 백성들에게 심각한 위협으로 등장했던 이방 왕들이 패배할 것이다.

C. 주 안에서의 충분성(125:4-5b)

125:4. 시편 기자는 자기 백성들을 위해 중보하며, 하나님의 보호가 그들을 둘러싸기

를 간구한다. 여호와여 … 선을 행하소서 선인들은 여호와를 의지하는 사람들이다(1절). 마찬가지로 마음이 정직한 사람들도 이같이 여호와를 의지하는 자들이다. 그들의 신뢰는 실제적이고 순수하여 내적으로는 선한 인격으로, 외적으로는 정직한 행실로 나타난다.

125:5a-b. 자기의 굽은 길로 치우치는 자는 하나님을 의지하지 못하는 자들이다. 그들은 하나님께 순종하지 않고 곁길로 치우쳐 그들의 길로 간다. 그래서 그들은 죄 가운데 생활한다. 하나님은 그들을 죄악을 짓는 자와 함께 쫓아버리실 것이다. 또한 그들에게서 축복을 거두시고, 그들이 선택한 방향으로 가도록 버리실 것이다.

D. 주 안에서의 평강(125:5c)

125:5c. 그러나 하나님을 의지하는 자는 그분의 평강을 경험한다. 하나님의 강력한 평화가 마음에 넘쳐흐른다. 인간의 영혼은 주님 안에 안식할 때만 진정한 평화를 경험한다(히 4:3). 그래서 시편 기자는 하나님의 평강이 주를 견고히 의지하는 자(1절)에게 넘치기를 간구한다. 이 시편에서 첫 행과 마지막 행의 인과 관계가 이제 완성되고 있다(1a, 5c).

! 결론

당신은 어떤 어려움에 직면하고 있는가? 당신의 평강을 위협하고 있는 불안한 환경은 무엇인가? 하나님의 도우심이 필요한 감당하기 힘든 도전과 위협적인 문제 또는 임박한 위기는 무엇인가? 당신을 위협하는 것이 무엇이든 하나님이 그것보다 무한히 크심을 확신하라. 지금은 주님께 깊이 닻을 내릴 시간이다. 하나님은 그분을 믿는 모든 자들의 든든한 기초와 반석이 되신다. 아무리 땅이 뒤흔들리는 경험을 하고 있다 하더라도 주님이 붙잡아주셔서 든든하게 서게 해주실 것을 믿으라(사 40:31). 하나님 안에서 안식하며, 그분의 변치 않는 은혜를 의지하는 시간이 되기를 바란다. 오직 그럴 때만 든든한 반석 같은 성도가 될 것이다.

티칭 가이드

고안

A. 주 안에서의 안정성(125:1)

B. 주 안에서의 안전함(125:2-3)

C. 주 안에서의 충분성(125:4-5b)

D. 주 안에서의 평강(125:5c)

시편 126편

중대한 시간

"부흥은 지상에서 경험하는 천국의 시간을 의미한다."

- 마틴 로이드 존스(Martyn Lloyd-Jones)

들어가는 글

런던 웨스트민스터 채플의 유명한 설교자인 마틴 로이드 존스가 부흥을 주제로 하여 연속적으로 설교했던 적이 있다. 그 메시지에서 로이드 존스는 "종교의 역사는 부흥의 역사입니다"라고 말했다. 그가 의도했던 것은 구속사가 자기 백성들 가운데서 하나님의 사역이 더 높은 차원으로 승화되게 하는 성령의 역사가 절정에 도달하는 시기로 특징지어진다는 것이다. 그러나 결국 성령은 자기 능력을 거두어들이시고, 하나님의 백성은 더 저급한 상태로 퇴보한다. 부흥의 시간은 하나님 왕국의 전성기로 하나님이 역사 속의 사건들에 개입하셔서 자기 사역을 부흥시키시고, 회복시키시는 하나님이 정하신 때이다. 역사상 하나님께서, 진리의 순결한 빛이 가장 빛을 발하도록 하신 때는 가장 암울했던 시기 이후였다. 수적으로 비교적 드물고 지속 기간도 짧지만 그럼에도 불구하고 하나님의 백성들 속의 이 부흥의 계절은 하나님께서 자기 나라를 극적으로 진전시키시는 '천지'의 중요한 시기이다.

그러한 부흥의 계절과 관련해 마틴 로이드 존스는 "인간이 이전 10년간 한 일보다 하나님이 현재 5분 동안 더 많은 일을 행하신다"고 말했다. 그러한 중요한 시기에 하나님은 강력하게 역사하시며, 시들어가던 그분의 사역이 회복된다. 16세기의 종교 개혁은 그러한 때였다. 중세의 유럽을 뒤덮은 영적 암흑의 천 년과 성경이 알려지지 않는 책이 되었던 시절이 끝나고 복음의 순결한 빛이 다시 강단에서 빛을 발하게 되었다. '오직 성경으로'에 해당하는 라틴어 'Sola Scriptura'가 그 시대의 표어가 되었다. 마틴 루터, 존 칼빈과 같은 사람들은 어둠을 몰아내고, 하나님의 은혜의 복음을 밝히는 빛의 전도자였다. 하나님의 온전한 경륜이 선포되고, 교회가 1세기 때처럼 다시 한번 타오르는 진리의 횃불이 되었다. 가장 어두운 시대에 성경의 빛이 갑자기 가장 밝은 빛을 비추었다.

시편 126편은 구약 시대의 하나님의 백성들의 개혁과 부흥의 극적인 시기를 기록하고 있다. 이 찬송의 역사적 배경은 이스라엘이 포로 생활(바벨론 유수일 가능성이 가장 높다)에서 돌아왔던 때를 가리킨다. 이 귀환은 세 단계로 이루어졌다. 스룹바벨 인도하의 1차 귀환(에 1-6장, 주전 538년), 에스라 지도하의 2차 귀환(에 7-10장, 주전 약 458

년), 느헤미야 지도하의 3차 귀환(느 1-2장, 주전 약 445년). 이 노래가 찬양하고 있는 사건은 두 번째 성전의 기초를 놓은 일(에 3:8-10)이나 에스라 부흥 기간에 성막절을 다시 지킨 사건(가능성이 더 높다. 느 8:13-14) 중 하나이다.

이 시편에 묘사된 내용은 하나님의 나라 연대기에 기록된 가장 놀라운 부흥의 하나이다. 백성들이 에스라에게 하나님의 말씀을 가리키는 "율법책을 가져오라"(느 8:1)고 외칠 때 수문에서 일어난 부흥인 것이다. 이 시편은 열 다섯 편의 성전에 올라가는 노래 중 일곱 번째 노래이다.

본문 이해

Main Idea	시편 기자는 자기 백성들을 그들의 땅으로 회복시키심으로 믿지 않는 열방도 놀라게 하신 하나님을 기뻐한다.

A. 포로 상태에서의 해방(126:1)

Supporting Idea	시편 기자는 하나님의 백성들의 회복이 너무 기뻐서 꿈만 같다고 묘사한다.

126:1a. 시편 기자는 여호와께서 시온의 포로를 돌리실 때에 대해 말한다. 이것은 하나님께서 자기 백성들을 옛 땅으로 돌아오게 하셨던 과거의 신적 개입을 가리킨다. 이스라엘 민족은 70여 년 동안 바벨론에서 포로 생활을 하며 고국을 떠나 있었다. 그것은 노예 생활, 유배, 좌절, 굴욕, 황폐함의 긴 70년이었다. 그러던 중 한순간에 하나님의 손이 그들을 예루살렘으로 돌아오게 하셨다. 시편 기자 자신이 이 극적인 귀환의 일원이었을 것이다.

126:1b. 바벨론 유수에서 해방된 이 사건은 너무나 기적적이어서 놀라운 꿈처럼 보

였다. 그들의 귀환은 너무나 놀라운 것이어서 백성들이 믿기가 어려울 정도였다. 그들 중 일부는 어린 시절 약속의 땅에 살던 때를 거의 기억할 수 없었다. 그들의 귀환이 얼마나 극적인지 고향으로 돌아가는 것이 환상 같고 꿈이 이루어진 것 같았다.

B. 소망 중에 기뻐함(126:2-3)

Supporting Idea	시편 기자는 고국에 돌아옴으로 백성들의 탄식이 웃음으로 바뀌었음을 서술한다.

126:2. 이스라엘이 바벨론에서 풀려나 예루살렘으로 돌아온 것에 대해 시편 기자는 우리 입에는 웃음이 가득하고라고 표현한다. 더 이상 유배 생활을 하지 않게 되자 그들은 기쁨으로 어쩔 줄을 모른다. 그들의 깊은 슬픔이 기쁨의 찬양으로 바뀌었다. 이 회복은 심히 특이해서 믿지 않는 이방의 열방도 주목해보고 여호와께서 이스라엘을 위하여 대사를 행하셨음을 인정하지 않을 수 없었다. 하나님께서 자기 백성들을 고국으로 다시 모으시는 것을 지켜보는 세상 앞에서 하나님은 큰 영광을 받으셨다.

126:3. 하나님의 백성들이 동일한 말을 한다. 여호와께서 우리를 위하여 대사를 행하셨으니. 이것은 그들 위에 나타난 하나님의 손을 인정하면서 외친 소리였다. 신자들은 이제 불신자들과 같은 말을 하고 있다. 시편 기자는 이 귀환에 참여한 하나님의 백성들 가운데 자신을 포함시킨다. 그는 하나님의 은혜, 축복, 온전히 회복된 번영이 그들에게 임하기를 구한다.

C. 번영의 회복(126:4)

Supporting Idea	시편 기자는 하나님께 그들의 번영을 온전히 회복시켜주시기를 구한다.

126:4a. 시편 기자는 우리의 포로를 돌리소서라고 간절히 기도한다. 이것은 이스라엘 민족에 대한 축복을 다시 채워주시라는 간구이다. 예루살렘에 돌아온 백성들은 새 땅에서 하나님이 주시는 번영이 필요했다. 오직 하나님만이 그들의 죄로 인해 과거에 잃어버렸던 것을 진정으로 회복시킬 수 있으시다.

126:4b. 시편 기자는 돌아온 포로들을 남방 시내에 비유한다. 남방 시내는 브엘세바 남쪽의 불모지를 가리키는 표현이다. 건조한 여름철에 이 강바닥에는 물이 전혀 없었다. 그러나 봄철, 우기에 말랐던 강바닥은 사막의 홍수로 인해 물이 흘러넘쳤다. 마찬가지로 이스라엘이 누리던 번영을 그들의 삶 속에 쏟아부어주셔서 곤경이 형통으로 빠르게 변화되게 해달라고 시편 기자는 기도한다.

D. 축복의 회복(126:5-6)

Supporting Idea	시편 기자는 하나님께서 그들 속에 강력히 역사하시면 어려울 때 뿌린 슬픔이 형통함 가운데 기쁨의 단이 될 것이라고 고백한다.

126:5. 시편 기자는 눈물을 흘리며 씨를 뿌리는 자는 기쁨으로 거두리로다라고 말한다. 70년 전 하나님의 백성들은 눈물을 흘리며 바벨론으로 끌려갔다. 그러나 그들의 슬픔은 회개로 이어졌고, 다시 그것은 거대한 보상의 수확을 거두어 새로운 기쁨을 선사한다(렘 31:12-13). 아마 이것은 약속의 땅과 관련된 내용일 수 있다. 그곳은 바벨론 포로기에 방치되어 실제로 땅을 다시 경작하기가 불가능할 정도였다. 너무 오랫동안 경작되지 않고 방치되어 있었다. 식물을 재배하기가 힘들고 파종하는 것도 쉬운 일이 아닐 것이다. 하지만 그들이 회개의 눈물을 흘리며 씨를 뿌리면 기쁨으로 거둘 것이다.

126:6. 들을 일구기 위해 나가는 회복된 신자는 죄에 대해 눈물을 흘리며 약속의 땅에서 씨를 다시 뿌린다. 회개하는 일꾼은 하나님의 복이 그의 수고에 임하실 것을 알고 기뻐하며 일할 것이다. 그는 하나님의 은혜로 그 단을 가지고 올 것이다.

Main Idea 복 습	시편 기자는 자기 백성들을 그들의 땅으로 회복시키심으로 믿지 않는 열방도 놀라게 하신 하나님을 기뻐한다.

결론

이 시편이 밝히는 대로 참된 부흥은 하나님의 백성들이 하나님의 일을 회복하게 되는 극적인 시대를 열어준다. 오랫동안 위축되어 있던 하나님 나라의 사역이 갑자기 진척을 보인다. 그러한 회복의 시간은 항상 하나님의 사역의 침체라는 영적 가뭄이 장기화된 후에 이어진다. 부흥은 성령의 능력이 전혀 존재하지 않는 것처럼 보일 때 찾아온다. 말씀이 펴지지 않는 책이 된 것 같다. 강단이 진리의 불모지가 된다. 주의 말씀에 대한 기근이 찾아온다. 교회는 세속주의의 노예가 된다. 그러나 그때 성령의 바람이 불어온다. 갑자기 심령들이 다시 살아난다. 하나님의 말씀이 회복된다. 하나님의 사역이 갱신된다. 하나님의 교회가 이전의 능력과 영광을 회복한다. 이것은 하나님이 정하신 때에 하늘에서 보내주시는 부흥의 역사다.

삶의 적용

우리 시대에 어떻게 해야 놀라운 부흥을 목격할 수 있는가? 우리는 모든 각성이 성령의 주권적 역사임을 알아야 한다. 그분은 우리가 조작하거나 우리에게 조정당하실 분이 아니시기 때문이다. 부흥은 하나님이 원하시는 때에, 원하시는 장소에, 원하시는 방법으로 사람에게만 찾아온다. 그럼에도 불구하고 하나님의 백성들이 이전의 능력을 회복하는 극적인 시간에 항상 선행하는 부흥의 확실한 전조들이 있다. 성령은 세 가지 중요한 자격 요건을 갖춘 사람들을 찾아오신다.

기도. 부흥은 항상 무릎 꿇는 신자들과 더불어 시작된다. 기도는 부흥의 가장 일차적인 전조이다. 교회는 그것이 오직 하나님의 은혜에 의존한다는 것을 겸손한 중보 가운데 인정한다. 이것은 중보 기도의 특별 시즌을 포함할 수도 있다. 혹은 한 집단의 사람들이 하나님께서 그들의 삶과 사역과 교회를 간섭하시도록 간구함으로 일어날 수도 있다. 그러나 기도는 모든 부흥의 전조이다.

말씀의 선포. 역사상 모든 성령의 역사는 하나님의 말씀에 대한 선포와 가르침에 대한 새로운 강조로 시작되었다. 말씀이 동반되지 않은 부흥은 결코 없었다. 모든 각성 운동은 항상 그리스도를 높이고, 죄를 드러내는 강력하고 성경적인 말씀 선포의 회복과 함께 일어났다. 강단에서 불이 지펴지면 그 불은 곧 교회 안의 모든 성도들에게로 번질 것이다.

성결. 부흥은 항상 죄를 고백하고 죄를 거부하는 회개의 시간을 요구한다. 성령은 결코 거룩하지 않은 사람들을 통해 역사하시지 않을 것이다. 부흥 그 자체가 집중적인 회개의 시간으로 이어진다고 할 수도 있다. 혹은 회개가 부흥에 선행될 수도 있다. 어떤 경우든 회개는 모든 각성에 없어서는 안 될 부분이다. 하나님의 백성들은 자기 겸손의 시간이 반드시 있어야 한다. 오직 하나님 앞에서 자신을 낮출 때만 하나님께서 성도들을 높여주실 것이다.

기도

하나님 아버지, 이 시대에 당신의 사역의 회복이 얼마나 필요한지 당신은 아십니다. 우리를 죄의 포로 된 상태에서 해방시켜주십시오. 우리 마음이 다시 소망 가운데 기뻐하게 해주십시오. 당신의 손의 완전한 축복을 우리에게 다시 회복해주십시오. 추수를 거두게 해주십시오. 당신 이름의 영광 가운데 우리 영혼이 다시 찬양하게 해주십시오. 옛적에 역사하신 대로 역사해주십시오. 예수님의 이름으로 기도합니다. 아멘.

teaching guide

티칭 가이드

심층 연구

돌리다(126:4)

'돌리다' 라는 히브리어 '슈브(shub)' 는 '되돌아오다, 방향을 바꾸다, 되돌리다' 라는 뜻을 지닌다. '슈브(shub)' 는 구약에서 열두 번째로 가장 많이 사용된 단어로 1,060번 사용되었고, 시편에서는 71번 사용되었다. 이 단어는 '회개, 악에서 떠나 하나님께 돌아감' 이라는 의미로 가장 잘 받아들여지고 있다. '슈브(shub)' 의 의미는 맥락에 따라 적절하게 파악해야 한다. 이 단어는 비유적인 의미와 실제적인 의미로 모두 쓰이기 때문이다. 여기서는 영적인 회복의 의미로 사용되고 있다.

고안

A. 포로 상태에서의 해방(126:1)

B. 소망 중에 기뻐함(126:2-3)

C. 번영의 회복(126:4)

D. 축복의 회복(126:5-6)

시편 127편

믿음으로 단련되는 가정

"우리가 장막을 치는 곳마다 하나님의 제단을 세워야 한다."

- 매튜 헨리(Matthew Henry)

들어가는 글

뉴욕 주의 사회학자들이 한 아버지의 인생이 그 자녀들과 그 이후 세대들에게 미치는 영구적인 영향을 평가하는 연구를 한 적이 있었다. 이 연구에서 18세기 동시대에 살았던 두 사람을 조사했다. 두 사람이 그의 후손들에게 남긴 영구적 유산은 밤과 낮처럼 상이한 것이었다.

첫 번째 사람은 불신자로서 아무 원칙도 없이 살았던 맥스 쥬크(Max Jukes)였다. 그의 아내 역시 불신앙 가운데 살다가 죽었다. 그는 가족들에게 어떤 영구적인 영향을 미쳤는가? 확인된 맥스 쥬크의 1,200명의 후손들 중 440명은 노골적으로 방탕한 삶을 살았고, 310명은 거지와 부랑자였으며, 190명은 창녀, 130명은 유죄 판결을 받은 범죄자, 100명은 알코올 중독자, 60명은 습관성 절도범, 55명은 더러운 일의 희생자, 7명은 살인자였다.

또 다른 연구 대상은 식민지 시대의 유명한 목사이자, 예리한 신학자이며, 미국이 배출한 가장 위대한 설교자와 지성인으로 인정받는 조나단 에드워즈(Jonathan Edwards)였다. 이 유명한 학자는 하나님께서 식민지였던 미국에 대각성 운동을 일으키기 위해 사용하신 가장 중요한 도구였다. 조나단 에드워즈는 경건한 가문에서 출생했고, 놀라운 믿음의 소유자인 사라 피에르폰트(Sarah Pierrepont)와 결혼했다. 그들은 마음을 같이하여 완전히 다른 종류의 유산을 남기고자 노력했다. 그의 남자 후손들 중에는 300명의 성직자, 선교사 혹은 신학 교수, 120명의 대학 교수, 110명의 변호사, 60명이 넘는 의사, 60명이 넘는 저술가, 30명의 판사, 14명의 대학 총장, 미국 산업계의 수많은 거인들, 3명의 미상원 의원, 1명의 미국 부통령이 배출되었다. 조나단 에드워즈의 후손에 의하여 촉진되지 않는 위대한 산업이 거의 없을 정도였다. 이것은 영구적인 유산이었고, 하나님을 영화롭게 하고 높이는 것이었다.

시편 127편은 하나님께서 지으신 집에 대해 강렬한 메시지를 제공한다. 이것은 믿음으로 세워지는 가정의 우선순위와 실천에 대한 지혜 시편이다. 여기엔 하나님의 나라를 세워나가는 데 하나님의 쓰임을 받는 경건한 가정이 되기 위해 자녀들과 어떻게 해야 하는지 그 교훈이 제시되고 있다. 성전에 올라가는 노래(시 120-134편) 중 여덟 번째 노래인 이 시편은 예루살렘 성전 순례자들에게 인생의 모든 축복, 특별히 가정의 모든 축복이 하나님께로부터 오는 선물임을 상기시키고 있다. 일반적으로 거룩한 성으로 순례 여행을 할 때 가족들이 함께 여행했을 것이다. 그들이 절기를 지키러 가는 그 시간은 가족의 시간이었다. 여기서 우리는 한 사람이 하나님의 복을 받는 가정을 갖고자 한다면 절대적으로 주님을 의존해야 한다는 교훈을 얻게 된다. 이것은 솔로몬의 시편이라 생각되는 유일한 두 시편 중 하나이다. 나머지 한 편은 72편이다.

본문 이해

Main Idea	솔로몬은 경건한 가정과 성공적인 일은 주님의 축복 없이 결코 이루어질 수 없다고 가르친다.

A. 가정의 건축자(127:1a)

Supporting Idea	솔로몬은 하나님께서 가정과 성을 세우시고 축복하셔야 한다고 가르친다.

127:1a. 주님 없이 시도된 모든 행동은 헛된 것이다. 이것은 특별히 가정을 세우고자 할 때 적용된다. 하나님 없이 가정을 세우고 가족을 일으키는 모든 노력은 헛되다. '헛되다('텅 빈, 쓸모없는, 의미 없는, 허망한')' 라는 단어들은 히브리 원문에서 강조를 위해 각 절에 가장 먼저 사용되어 하나님 없이 집을 세우는 행위의 어리석음과 실패를 이중으로 강조한다. 여호와께서 집을 세우지 아니하시면 가정을 세우는 것이 허망하다. 이것은 주님께서 실제로 망치와 못을 사용하신다는 문자적인 의미가 아니라 비유적인 것이다. 하나님이 모든 성공적인 가정의 건축가, 기초가 되셔야 한다.

B. 가정의 보호자(127:1b)

Supporting Idea	솔로몬은 하나님이 가정의 진정한 보호자시라고 선언한다.

127:1b. 여호와께서 성을 지키지 아니하시면 그 성을 짓는 행위도 헛되다. 건축자들은 집을 세우고 파수꾼이 그 집들을 지킨다. 성은 서로 근거리에 살고 있는 수많은 가정들로 구성된다. 그러므로 하나님이 또한 우리 가정의 보호자가 되셔야 한다. 여기서의 강조점은 주님께서 집을 방어하시기 위해 문자 그대로 칼과 방패를 드시는 것이 아니라는 것이다. 대신 그의 보이지 않는 손이 가정, 그 안에 사는 사람들을 해치려는 악한 세력으로부터 보호하심으로 그 가정을 지키신다.

C. 가정의 부양자(127:2)

Supporting Idea	솔로몬은 시간과 에너지가 적절한 균형 가운데 유지되어야 함을 조언한다.

127:2a-b. 집에서 가족들과 함께 사는 자들은 그들의 가족을 부양하기 위해 열심히 일해야 한다. 역시 개인의 삶의 중심에 하나님을 모시지 않고 일찍이 일어나고 늦게 눕는 고된 수고는 헛되다. 이것은 성경 전반에서 소중히 인식되는 덕목인 근면의 가치를 폄하하는 것이 아니다(잠 6:6-11, 10:26, 13:4, 15:19, 19:24, 22:13, 24:30, 26:13-16). 대신 자신의 가족을 무시하고 하나님을 의지하지 않은 채 정신없이 일만 하는 사람이 되지 말라고 경고하는 것이다. 수고는 해 뜨기 전에 일어나 일을 시작하고, 해가 넘어간 지 한참 지난 후까지 오랜 시간을 일한 후 집으로 늦게 돌아와 식탁의 빵을 먹는, 쉬지 못하고 일하는 모습을 가리킨다. 하나님께 내어드릴 시간도 없이 그들의 떡은 비참한 생존을 유지하는 역할만 할 뿐이다.

127:2c. 하나님께서 그 사랑하시는 자에게는 잠을 주신다. 이것은 사람이 주님께 자신을 헌신할 때 받는 안식과 평강을 상징한다. 정해진 시간 안에 열심히 일하면서 하나님을 의지하는 사람은, 하나님이 형통함을 주실 것을 믿고 잠자리에 들며 깊은 잠을 잔다. 하나님은 주님께 겸손히 순종하며 일하는 사람에게 내적 평강과 만족을 주신다.

D. 가정의 상급을 주시는 분(127:3-5)

Supporting Idea	솔로몬은 자녀들이 하나님의 선물이며, 그의 축복의 증거라고 확인한다.

127:3. 자식은 여호와의 주신 기업이요, 하나님께서 부모에게 은혜로 주신 선물이다. 부모들은 각 자녀가 신적 축복임을 인정해야 한다. 또한 그들의 아들과 딸들은 은혜의 상급이다. 자녀들은 짐이 아니라 너무나 소중한 상이다. 그들은 가정에 큰 기쁨을 선사하며 한 개인의 인생에 베푸신 하나님의 선하심의 표현이며, 그분의 사랑과 자비의 증거이다.

127:4. 나아가 자녀들은 장사의 수중의 화살과 같다. 아버지는 전쟁 중의 전사처럼 묘사되어 있고, 자녀들은 화살처럼 묘사되어 있다. 전사가 적을 무찌르는 데는 화살이 필수 항목이다. 그러므로 자녀들은 부모에게 하나님 왕국의 원수인 사단과 싸우는 데 너무나 소중하다. 자녀들은 하나님의 왕국을 위해 세상 속으로 쏴야 할 무적의 무기다.

127:5. 이것이 그 전통에 가득한 자는 복되도다(히. 아쉐르, asher, '행복한, 은혜를 받는'). 많은 자식을 둔 아비들은 의를 대적하는 악한 자들의 공격을 당할 때 수치를 당치 아니할 것이다. 그러한 경건한 아비는 아들들의 방어가 없이도 비방을 당하지 않을 것이다. 이제 영적으로 강건해진 아들들이 공개적으로 일어나 아버지의 대의에 동참하여 신실함을 옹호하며 그의 일을 뒷받침해줄 것이다. 그의 자녀들은 성문에서 그렇게 할 것이다. 성문은 성의 공식적인 출입문으로 그 지역 사회의 사업적 거래가 이루어진 장소이다.

Main Idea 복 습	솔로몬은 경건한 가정과 성공적인 일은 주님의 축복 없이 결코 이루어질 수 없다고 가르친다.

결론

자녀들과 한 지붕 아래 살고 있는 한 부모들은 경건한 영향력으로 자녀들을 양육하고 지도해야 한다. 안타까운 것은 수많은 부모들이 너무 늦을 때까지 기다린다는 것이다. 혹은 어떤 이들은 쉬지 않고 일만 하며 그 과정 내내 함께하지 않는 더 비극적인 경우도 있다. 어떤 부모들은 하나님이 그들에게 맡기신 책임을 다른 이들에게 전가해버린다. 그러나 자녀 양육은 하나님 앞에서 모든 부모의 의무이다. 하나님이 맡기신 이 사역을 학교나 교사 혹은 목사에게 떠넘겨서는 안 된다. 이 청지기직은 하나님이 모든 부모에게 부여하신 것이다. 그리고 그들은 언젠가 하나님께 그것을 회계해야 할 것이다.

우드로우 윌슨(Woodrow Wilson)은 프린스턴 대학 총장으로 재직하던 시절 부모들을 대상으로 한 강연에서 이렇게 말했다. "저는 자녀들에 대한 부모들의 수많은 편지들을 받습니다. 여러분은 여기 프린스턴 대학의 직원들이 왜 그들을 위해 더 많은 노력을 할 수 없고, 하지 않는지 궁금해합니다. 우리가 그렇게 할 수 없는 이유를 말씀드리겠습니다. 여러분에게 다소 충격적일지 모르지만 무례하게 들리지 않도록 노력하고 있습니다. 그 이유는 그들이 바로 여러분의 집에서 양육된 여러분의 아들들이며, 여러분의 피와 여러분의 뼈를 이어받은 여러분의 자식이라는 것입니다. 그들은 여러분 집의 가치를 흡수하며 성장했습니다. 여러분이 그들을 만들고 형성해왔습니다. 그들은 여러분의 아들들입니다. 그들의 인생의 가치관이 굳어지지 않았을 때 여러분은 그들에게 여러분의 흔적을 영원히 남긴 것입니다."

삶의 적용

자식들이 화살과 같다면 그리스도인은 자녀들을 양육할 때 아래 진리들을 실천해야 한다.

화살은 다듬어져야 한다. 어떤 화살도 처음부터 곧바로 펴진 모양으로 전투에 사용된 것은 아니다. 예리한 화살을 쏘려면 가지를 깎고 다듬어 훌륭한 모양의 화살로 만들기 위해 시간을 투자해야 한다. 자녀 양육도 마찬가지다. 자녀들은 어릴 때에 의를 추구할 수 있도록 훈련을 받아야 한다. 솔로몬은 "마땅히 행할 길을 아이에게 가르치라 그리하면 늙어도 그것을 떠나지 아니하리라" (잠 22:6)고 했다. 이것은 성경적인 교육, 도덕적 훈계, 단호한 징계, 사랑의 격려를 포함한다.

화살은 목표물을 겨냥해야 한다. 훌륭하게 다듬어진 화살은 또한 목표물을 신중하게 겨냥해야 한다. 옛 속담에 "아무 목표도 없으면 항상 목표를 이룰 수 있다" 고 했다. 이것은 자녀 양육에 무척 적절한 교훈이다. 자녀들은 부모의 영향력 안에 있을 때 올바른 목표물을 겨냥하도록 지도받아야 한다. 그들이 목표물을 정조준해서 맞추기 위해서는 그리스도의 복음으로 무장하여 하나님의 원수를 직접 겨냥하도록 해야 한다. 이것은 그들 앞에서 모범을 보일 뿐 아니라 하나님의 말씀을 가르치고 교훈하는 일을 포함한다.

화살은 날려야 한다. 전사가 전쟁에서 화살을 날려야 할 때가 결국 온다. 화살을 쏘아야만 그들은 성공과 승리를 거둘 것이다. 화살이 전사의 수중에 그대로 있다면 절대로 적을 무너뜨릴 수 없다. 화살은 활에서 떠나야 한다. 마찬가지로 부모들은 때가 되면 성장한 자녀들을 품에서 떠나보내야 한다. 단순히 자립하도록 하기 위해서 뿐 아니라 하나님의 나라를 위해 세상을 변화시키도록 영원한 사명 의식을 갖고 자녀들을 세상 속으로 보내야 한다. 이것은 결국 수많은 기도와 매일의 삶을 통한 모범, 그리고 지속적인 격려를 요구한다.

기도

하나님 아버지, 당신을 의지합니다. 당신만이 우리 가정을 세우실 수 있습니다. 악한 영향력과 유혹으로 가득한 이 세상에서 우리 가족의 순결을 지키시고 보호해주십시오. 세상 체계의 일부가 되어 우리 자녀에 대한 사명 의식을 잃지 않도록 우리를 보호해주십시오. 자녀들이 우리 품안에 있을 때 경건한 자로 양육하고, 당신의 영광을 위해 그들을 인도하도록 은혜를 베풀어주십시오. 예수님의 이름으로 기도합니다. 아멘.

심층 연구

헛되다(127:1-2)

'헛되다' 로 번역된 히브리어 '리그(rig)' 는 '공허함, 허망함, 무감각한' 의 의미를 갖는다. 이 경우 이 단어는 하나님의 주권을 벗어나 무엇인가를 시도하는 인간의 어리석은 계획을 가리킨다. 하나님에 대한 그런 무정부 상태는 철저히 어리석고 비이성적인 것이다.

고안

A. 가정의 건축자(127:1a)

B. 가정의 보호자(127:1b)

C. 가정의 부양자(127:2)

D. 가정의 상급을 주시는 분(127:3-5)

시편 128편

성공적인 인생

"개처럼 죽어야 하고 사후가 없다 하더라도 나는 여전히 그리스도인이길 선택할 것이다. 우리가 택할 수 있는 모든 인생 중에 이것과 비교될 수 있는 것은 단 하나도 없기 때문이다."

- 찰스 스펄전(Charles H. Spurgeon)

들어가는 글

구원받은 사람이든, 그렇지 않은 사람이든 세계 모든 사람들의 기본적인 바람은 행복해지는 것이다. 그 누구도 비참하길 원치 않는다. 모든 사람은 만족감을 누리길 원한다. 그리스도인도 전혀 다르지 않다. 신자는 거룩과 천국을 추구하고 싶은 자신의 일차적인 갈망을 이야기한다. 하지만 그렇게 함으로써 행복에 대한 갈망이 부적절한 욕망이라는 인상을 줄 수 있다. 그것은 아니다. 예수님의 설교 중 가장 처음으로 하신 산상 설교(마 5-7장)는 그를 따르는 모든 자들에게 행복과 성취를 약속하는 것으로 시작한다(마 5:3-12).

첫 시편도 동일하게 시작한다. 즉 하나님께서 그분의 말씀을 묵상하는 자들에게 기쁨과 평강을 약속해주시는 것이다(시 1:1-3). 그러므로 행복하길 바라는 것은 잘못이 아니다. 문제는 행복을 찾는 방법이 무엇인가 하는 것이다. 세상은 재물, 인기, 지위, 명성, 승진과 같은 수많은 것을 통해 행복을 약속한다. 하지만 진정한 만족은 하나님을 즐거워하는 데서 얻을 수 있다. 빌립보서 4장 4절에서 바울은 "주 안에서 기뻐하라" 고 선언했다. 하나님은 우리가 즐거워하기를 원하시는데, 그것은 그분을 사랑하는 일을 열정적으로 추구할 때 얻을 수 있다.

시편 128편은 오직 하나님만이 주실 수 있는 영혼의 기쁨을 알게 하기 위해 기록한 것이다. 행복은 개인의 물질적, 재정적 조건에 있는 것이 아니라 영적인 조건에 의해 결정된다. 어디서 일하느냐가 아니라 어디서 섬기며, 어떻게 섬기느냐에 의해 결정된다. 외적인 환경이 아니라 내적인 만족에 의해 결정된다. 부나 명성이 아니라 하나님에 대한 믿음으로 결정된다. 그리스도는 영원한 기쁨과 행복의 원천이시다.

본문 이해

Main Idea	시편 기자는 여호와를 경외하고 순종하는 자에 대한 하나님의 복을 선언한다.

A. 하나님의 복의 요건(128:1)

128:1. 이 시편은 진정으로 성취된 삶의 절대적인 요건을 언급한다. 하나님의 복을 받는 것은 시편 전체에서 가장 중요한 메시지며(시 1:1, 94:12, 112:1, 119:1-2, 128:1), 이 시편의 중심 주제다. 하나님의 복은 먼저, 여호와를 경외하는 사람의 것이다(욥 28:28, 시 111:10, 잠 1:7, 9:10, 전 12:13). 이 사람은 하나님을 경외하고, 그분을 깊이 존경하며, 그분께 큰 영광을 돌려드린다. 둘째는 그 도를 행하는 자가 되어야 한다. 이것은 매일 말씀과 하나님의 뜻에 순종하며 사는 것이다. 하나님께 불순종하며 사는 한 참된 행복을 얻을 수 없다. 오직 하나님의 길로 행할 때만 참된 만족을 얻을 수 있다.

B. 하나님의 복의 영역(128:2-4)

128:2. 하나님의 복을 받은 사람은 그의 수고의 열매를 먹을 것이다. 이것은 그가 행하는 모든 일에 하나님의 복이 임함을 가리킨다(시 58:11). 하늘의 은혜가 하나님의 은총을 입은 그의 일과 수고에 임할 것이다. 하나님을 경외하고 순종하면 그의 수고가 결실을 맺고 보상을 받지만 그것은 어디까지나 하나님께서 복 주시기로 선택하신 정도까지이다. 그것은 이 세상에서 이뤄질 수도 있고 내세에서 이뤄질 수도 있다.

128:3. 나아가 하나님의 복은 또한 한 개인의 가정 생활에도 함께할 것이다. 네 집 내실에 있는 네 아내는 결실한 포도나무 같으며. 하나님을 경외하는 사람은 자녀를 양육하는 아내를 얻을 것이다(이것은 하나님의 복에 대한 명확한 표시이다. 시 128:3). 그는 또한 어린 감람나무 같은 … 자식을 얻게 될 것이다(시 128:3). 중동에서 흔한 나무인 올리브나무는 자라서 열매를 맺기까지 시간이 걸린다. 인내심을 갖고 가꾸면 오랫동안 열매를 맺을 것이다. 오랜 시간을 두고 자녀들을 올바로 양육하면 그들이 많은 열매를 맺

을 것이다. 그들은 또한 하나님의 복을 경험할 것이다. 이것은 다시 그들의 아비들에게 복이 되는 은혜이다.

128:4. 시편 기자는 여호와를 경외하는 자는 이같이 복을 얻으리로다라고 요약한다. 강조하기 위해 반복되었지만, 하나님을 경외하는 사람은 하나님의 은혜를 받는다. 그는 은혜 위에 은혜를 경험하며 그의 삶에 갑절로 임한 하나님의 선하심을 안다.

C. 하나님의 복의 요청(128:5-6)

128:5. 시편 기자는 여호와께서 시온에서 네게 복을 주실지어다라고 간구한다. 이것은 영광 가운데 계신 하나님의 천상의 보좌일 수도 있고, 예루살렘의 지상 성전일 수도 있다. 천상의 시온은 신적 영광이 거하는 곳이며, 우리의 모든 복이 흘러나오는 중심지이다(시 20:2). 세상의 시온은 천상의 시온이 땅으로 확장된 것이다. 이미 서술된 복은 예루살렘이 군사적이고, 경제적이고, 문화적으로 뿐 아니라 영적으로 번성하는 것을 보는 것이 포함된다. 시편 기자는 이 복이 지속적인 복, 평생에 계속될 복이 되기를 기도한다.

128:6. 그는 네 자식의 자식을 볼지어다라는 말로 마무리한다. 이것은 장수의 복을 기원하는 것이다. 이것은 질병에서의 육체적 건강과, 이스라엘 원수들에게서의 군사적 승리를 구하는 요청이며, 기근에서 풍성한 작물을 바라는 간구이다. 그들을 생존하게 하셔서 미래까지 형통하게 해달라는 요청인 것이다. 그는 마지막으로 이스라엘에게 평강(히. 샬롬, shalom, '형통함')이 있을지로다라고 간구한다.

결론

어디서 살든 사람은 이 시편이 제시하는 내적 평강을 경험하길 원한다. 모든 인간의 마음에는 충족되고, 만족되기를 원하는 보편적인 갈망이 있다. 그러나 세상 사람들은 절대 이 행복을 얻지 못한다. 그러한 지복은 불신자들에게는 찾아오지 않는다. 그들이 엉뚱한 곳에서 그것을 찾고 있기 때문이다. 참된 행복은 소유가 아니라 하나님 안에서 얻을 수 있다. 진정한 만족은 하나님을 아는 데서 발견할 수 있다. 하나님을 경외하고 순종할 때만 깊은 만족을 얻을 수 있다. 성공적인 삶의 열쇠는 주님을 신뢰하고, 그분과 동행하면서 그분과 올바른 관계를 맺는 데 있다. 오직 하나님을 경외하고 따를 때만 성공적인 인생을 경험할 수 있다.

teaching guide

티칭 가이드

고안

A. 하나님의 복의 요건(128:1)

B. 하나님의 복의 영역(128:2-4)

C. 하나님의 복의 요청(128:5-6)

시편 129편

억제할 수 없는 회복력

"모든 견고함의 뿌리는 하나님에 대한 거룩함이다."

- 알렉산더 맥라렌(Alexander MacLaren)

들어가는 글

회복력은 하나님의 소명에 신실한 하나님의 백성에게 주어지는 결정적인 능력이다. 극복할 수 있는 인내로 인해 그들은 패배를 딛고 다시 일어설 수 있다. 하나님을 의지하는 사람은 넘어질 수는 있으나 완전히 쓰러지지는 않는다. "우리가 사방으로 우겨쌈을 당하여도 싸이지 아니하며 답답한 일을 당하여도 낙심하지 아니하며 핍박을 받아도 버린 바 되지 아니하며 거꾸러뜨림을 당하여도 망하지 아니하고"(고후 4:8-9). 하나님은 결코 그리스도인의 삶의 여정이 쉬울 것이라고는 약속하지 않으셨다. 사실 신자가 되면 새로운 도전에 부딪힌다. 하나님을 섬기는 것은 고난이 없는 삶이 아니다. 그러므로 하나님은 성도가 고난을 승리로 이겨나갈 것을 약속하셨다. 기독교는 모든 고난을 제거하는 것이 아니라 모든 고난을 극복할 은혜를 더하는 것이다. 하나님은 우리가 어떠한 어려움에 봉착하더라도 우리에게 승리를 약속하신다. 전쟁은 하나님께 속한 것이다.

이것이 시편 129편의 영혼을 단련시키는 메시지다. 이 기도를 통해 시편 기자는 하나님이 모든 악한 자의 공격에서 이스라엘을 구할 것이라고 말하도록 이스라엘을 격려한다. 하나님의 백성은 수많은 반대와 공격을 받았다. 하나님은 되풀이하여 개입하시고 이스라엘을 위해 싸우셨다. 패배에 직면하였을 때도 하나님은 그들에게 승리를 주셨다. 사실 하나님께서 주시는 그러한 승리는 그분의 백성 이스라엘의 전 역사의 표지가 되었다. 하나님의 백성은 범죄하였고 하나님은 그들을 구원하셨다. 이스라엘이 불순종하였을 때에도 구하셨다. 그들이 반역하였을 때에도 그들을 건져내셨다. 이것은 이스라엘에게 쏟아부으시는 하나님의 한량없으신 은혜다. 하나님의 은혜가 있는 한 결코 실패가 마지막이 아니다. 여기서 송축하는 하나님의 구원은 아마 바벨론 포로 시절에 일어났을 것이다(4절). 이 시편은 해마다 순례자들이 예루살렘으로 올라갈 때 부르던 성전에 올라가는 노래(시 120-134편) 중 열 번째 노래다.

본문 이해

Main Idea	시편 기자는 하나님의 백성들에게 하나님이 과거에 그들을 어떻게 건지셨는지 상기시킴으로 미래에 대한 소망을 준다.

A. 하나님의 백성들에 대한 박해(129:1-3)

129:1. 시편 기자는 이스라엘 민족을 대신해 말을 하면서 그들로 저희가 나의 소시부터 여러번 나를 괴롭게 하였도다라고 말하라고 청한다. 하나님의 택함을 입은 백성들은 애굽에서 처음 노예 생활을 할 때부터 경건치 않은 민족들로 인해 많은 고통을 당했다. 그들은 소시부터 큰 괴로움을 당했다(출 1:12-13). 한 민족으로 태동할 때부터 이스라엘은 곤경과 적대감만을 경험해왔다. 소시부터는 이 박해가 이스라엘 민족 초창기에 시작되었고, 이 시편이 기록될 당시까지 계속되어왔음을 암시한다.

129:2. 시편 기자는 극적인 효과를 위해 1절을 반복한다. 이스라엘은 확실히 내내 괴로움을 겪어온 끝없는 박해의 역사를 가지고 있었다. 그러나 적대적인 이 민족들은 승리를 얻지 못하였다. 그들은 한 민족으로서 이스라엘을 없애지 못했다. 오히려 이스라엘이 이방 압제자들의 끝없는 살육을 견디고 한 민족으로서의 지위를 지켰다.

129:3. 여기서 이스라엘은 쟁기로 간 밭에 난 고랑처럼 수많은 채찍질로 등에 깊은 상처가 패인 사람으로 묘사되어 있다. 지난 세월 동안 이스라엘의 원수들은 심한 박해로 이스라엘의 등에 긴 고랑을 지어놓았다.

B. 하나님의 백성들의 보호자(129:4)

129:4. 이스라엘은 오직 여호와의 의로우심으로 인해 살아남았다. 그분은 신실하셔서 자신이 한 모든 약속들, 특별히 한 민족으로서의 이스라엘을 영원히 보호해주시겠다는 약속을 이행하신다(창 12:1-3, 15:4-5, 22:17-18). 시편 기자는 하나님께서 악인의 줄을 끊으시고 이스라엘이 이방 민족들의 압제에서 해방되었다고 선언한다.

C. 하나님의 백성들의 간구(129:5-8)

129:5. 시편 기자는 하나님의 원수의 파멸을 구하며 저주의 기도를 드린다. 그는 그들이 수치를 당하여 물러가게 해달라고 구한다. 그는 그들을 압제하는 이 이방 세력들이 그들의 손에 치욕적인 패배를 당하고 격퇴되게 해달라고 구한다. 그는 그들의 군대가 패하여 본국으로 돌아가기를 바란다. 이것은 단순히 치욕만 당하는 것이 아니라 완전한 파멸과 철저히 굴욕당하기를 바라는 간구다.

129:6-7. 나아가 그는 하나님의 원수들이 지붕의 풀처럼 말라버리기를 구한다. 악한 원수들은 처음에는 푸른 풀처럼 힘차게 올라오지만 뿌리가 얕다. 그들은 곧 시들어 죽을 것이다. 저자는 베는 자가 그 손을 채우지 못할 정도로 그들이 말라 시들게 해달라고 기도한다. 그들이 단명해서 하나님의 백성들을 더 이상 해치지 못하게 해주시기를 바란다.

129:8. 보통 사람에게 인사를 할 때는 그에게 하나님의 복을 구하는 것이 정상이다(비교. 룻 2:4). 하지만 시편 기자는 하나님의 백성들이 악인들에게 이 인사를 하지 않게 해달라고 구한다. 지나가는 자(즉 들판의 추수하는 농부들 같은 하나님의 백성들)도 "여호와의 복이 너희에게 있을지어다" 하지 아니한다. 그는 압제자들의 손이 텅 비게 해달라고 구한다. 시온의 원수들이 친구들의 의례적인 인사도 듣지 못하게 해달라는 것이다.

결론

하나님을 경외하는 신자들이 그리스도를 거부하는 세상에서 직면하는 수많은 박해들을 어떻게 감당해야 하는가? 수많은 전쟁과 싸움에서 자기 백성 이스라엘과 함께하신 하나님은 오늘날에도 성도들이 영적 반대를 감당하도록 그들 곁에서 함께하실 것이다. 그러한 소란 속에서 그리스도는 결코 우리를 버리거나 우리로 실패하도록 하지 않겠다고 약속하셨다. 그러한 시련 속에서 주님은 자기 백성들에게 은혜를 주시며, 좌절에 직면할 때조차 그들이 견딜 수 있도록 하신다. "항상 우리를 그리스도 안에서 이기게 하시고 … 하나님께 감사하노라” (고후 2:14). 영적 전쟁이 아무리 맹렬해도 그리스도인들은 항상 하나님의 인도하심으로 승리한다.

teaching guide

티칭 가이드

교안

A. 하나님의 백성들에 대한 박해(129:1-3)

B. 하나님의 백성들의 보호자(129:4)

C. 하나님의 백성들의 간구(129:5-8)

시편 130편

온전한 용서

"우리의 죄를 가리는 방법은 고백으로 그 죄를 드러내는 것이다."

- 리처드 십스(Richard Sibbes)

들어가는 글

18세기의 감리교 복음주의자였던 존 웨슬리는 1728년에 사역에 입문했다. 그러나 그 자신의 고백에 의하면 그가 그리스도께 인격적인 회심을 한 때는 10년 후인 1738년이라고 한다. 꼬박 10년 동안 웨슬리는 회심하지 않은 상태에서 대서양 양쪽을 오가며 말씀을 선포하고 복음주의자와 선교사로 사역했다. 그러나 이 시기 내내 이 유명한 설교자는 참된 그리스도인이 아니었다. 그러나 1738년 5월 24일 웨슬리는 런던의 성 바울 성당에 출석해서 찬송가로 불리는 시편 130편을 듣게 되었다. "여호와여 주께서 죄악을 감찰하실진대 주여 누가 서리이까?"(3절) 그의 마음에 깊은 죄의 자각이 몰려왔다. 하나님께서 그의 수많은 죄악을 하나도 남김없이 기록하고 계신다면 어떻게 용납하심을 받을 수 있겠는가? 그날 밤 늦게 웨슬리는 한 그리스도인 소그룹을 방문했고, 그곳에서 낭독되는 마틴 루터의 로마서 서문을 들었다. 거듭난 그의 영혼이 '이상하게 뜨거워졌고' 존 웨슬리는 그리스도께 회심했다.

시편 130편은 시편 기자의 죄 고백과 하나님의 용서하시는 은혜 속에서 그가 발견한 죄사함에 대해 기록한 찬송이다. 이 회개 시편은 일차적으로 믿음으로 이미 의롭다 함을 얻고 죄의 형벌을 면제받은 예배자들을 대상으로 한 것이다. 그들이 하나님을 예배하러 나아갈 때 하나님의 용서하심을 받기 위해서는 먼저 하나님께 죄를 고백해야 한다. 이 시편에서 하나님은 또한 불신자들에게 그의 은혜, 즉 존 웨슬리가 발견했고 오늘날에도 주어지는 용서를 구하도록 요청하신다. 이것은 열한 번째 성전에 올라가는 노래이다. 저자는 알려져 있지 않다.

본문 이해

Main Idea	시편 기자는 자신의 죄를 고백하고, 하나님의 용서하심을 구하며, 다른 이들도 이와 같이 하도록 격려한다.

A. 회개의 부르짖음(130:1-2)

130:1. 고난의 깊은 데서 시편 기자는 하나님께 부르짖는다. 비유적인 의미에서, 그는 덮쳐오는 고통의 파도에 압도되어 절망의 깊은 물속에 빠져 죽어가고 있다. 이 절망은 그 주변의 수많은 대적들로 인한 것이 아니라 그 내면에서 기인한 것이다. 그의 가장 큰 적은 자기 자신 안에 있다. 그것은 바로 자기 자신의 죄다. 그 자신의 개인적 죄악에 대한 예리한 자각이 그를 짓누르고 있다. 영혼의 깊은 물속에서 그는 죄책감의 바다로 빠져들고 있다.

130:2. 그는 하나님께 내 소리를 들으소서라고 간구한다. 절망이 그의 마음에 가득하여 그는 절박하게 소리치지 않을 수 없다. 죄 고백과 회개가 진정이라면 아무렇게나 건성으로 웅얼거리듯 하지 않을 것이다. 참된 회개는 항상 상한 심령과 깨끗함을 입어야 할 죄책감을 동반한다. 그의 간구의 소리는 하나님이 주시는 용서를 구하며 드리는 죄 고백이다.

B. 용서를 구하는 부르짖음(130:3-4)

130:3. 하나님께서 죄악을 감찰하시며 절대 용서하지 않으신다면 그 누구도 그분 앞에서 용납함 가운데 서지 못할 것이다. 하나님의 죄 용서가 없다면 아무리 훌륭한 사람이라도 하나님께 나아갈 수 없다. 모든 사람이 죄를 범했고(롬 3:23), 죄의 삯은 사망이다(롬 6:23).

130:4. 그러나 하나님은 사유하심, 즉 죄라는 우리 채무를 온전하고 값없이 면제해주신다. 하나님은 우리 죄를 용서하실 수 있는 유일한 분이시다. 은혜의 복된 소식이란 그분이 기꺼이 그렇게 해주신다는 것이다. 인간의 모든 죄를 용서하시는 것은 바로 그분

의 본성 때문이다. 참된 용서의 결과는 결코 미지근한 태도가 아니라 하나님에 대한 거룩한 경외심으로 나타난다. 하나님의 용서를 올바로 이해하고 겸허히 받아들이면 언제나 하나님에 대한 깊은 경외심을 갖게 된다.

C. 인내의 부르짖음(130:5-6)

130:5. 시편 기자는 내 영혼이 여호와를 기다린다고 말한다. 구체적으로 그가 기다리는 것은 무엇인가? 이미 용서가 허락되었고 수용되었다(4절). 그가 기다리는 것은 하나님이 주실 하나님의 능력과 평강의 온전한 회복이다. 그는 기다리면서 그 말씀을 의지한다. 이것은 주님의 온전한 축복을 약속하는 하나님의 말씀을 가리킨다.

130:6. 저자는 내 영혼이 주께서 온전한 축복을 회복해주시기를 기다린다고 맹세한다. 그는 성벽의 파수꾼이 성을 지키며 아침이 오기를 기다리는 것처럼 기다린다. 이 메타포는 아침에 태양이 떠오를 때 그 임무가 끝나는 야간 경비원들을 가리킨다. 파수꾼이 다른 경비와 교대할 새벽을 간절히 기다리듯이 시편 기자는 하나님의 은혜를 간절히 기다린다.

D. 확신의 부르짖음(130:7-8)

130:7. 시편 기자는 이제 다른 모든 사람들에게 자신처럼 여호와를 기다리도록 격려한다. 여호와를 바랄지어다는 죄를 용서하시고 소망을 회복시키시는 하나님을 깊이 신뢰하라는 요청이다. 여호와께는 인자하심이 … 있음이라. 하나님의 백성들은 그의 인자하심(헤세드, hesed, '무조건적인, 영원한 충성') 안에서 안식해야 한다. 그것은 자기 백성에 대한 하나님의 폐기할 수 없는 언약적 사랑이다. 이스라엘은 그들을 선택하신 하나님의 영원하고 불변한 사랑에 근거해 소망을 가져야 한다. 나아가 그들의 수많은 죄악에서 그들을 구원하시는 하나님의 풍성하고 넘치는 구속이 있다.

130:8. 시편 기자는 고조된 어조로 글을 마무리한다. 그는 하나님이 직접 이스라엘을 구속하실 것이라고 선언한다. 이것은 절대적으로 확실한 말이다! 하나님은 자기 백성을 그 모든 죄악의 결과에서 구원하실 것이다. 그분의 이름에 영광을 돌리라!

결론

이 시편은 모든 사람이 하나님께 대답해야만 하는 통렬한 질문을 제기하고 있다. 그 질문은 "주께서 죄악을 감찰하실진대 주여 누가 서리이까?"(3절)이다. 하나님께서 우리 죄를 들추시고 계산하신다면 누가 그분의 심판을 피할 수 있겠는가? 하나님께서 우리 죄를 다 계산하시고 정죄하신다면 우리 가운데 하나님 앞에 설 수 있는 자가 누구겠는가? 그 대답은 이러하다. 죄로 인해 하나님 앞에 서서 그분의 용납하심을 받을 자는 아무도 없다는 것이다. 죄를 지적당하고 그 죄를 정죄받는다면 단 한 사람도 거룩하신 하나님으로부터 인정받을 수 없다. 모든 죄는 궁극적으로 거룩하시고 공의로우신 하나님께 짓는 것이다. 다른 개인에게 지은 죄라 할지라도 그 죄는 결국 하나님께 지은 것이다.

이 판결에 비추어보면 모든 사람은 주님의 용서하심이 필사적으로 필요하다. 하나님의 용서는 그분의 아들 예수 그리스도를 통해 확보되었고, 자기 죄를 고백하고 회개하며 그리스도를 믿는 모든 자들에게 값없이 주어진다. 용서하심을 얻기 위해 주의 이름을 부르라. 당신의 죄를 인정하라. 악한 길에서 돌이키라. 오늘 그렇게 하라. 그러면 그분의 용서하심을 얻게 될 것이다.

teaching guide

티칭 가이드

고안

A. 회개의 부르짖음(130:1-2)

B. 용서를 구하는 부르짖음(130:3-4)

C. 인내의 부르짖음(130:5-6)

D. 확신의 부르짖음(130:7-8)

시편 131편

단순한 신뢰

"믿음이 건강하면 소망은 결코 병들지 않는다."

- 존 번연(John Bunyan)

들어가는 글

신자가 영적으로 성숙할수록 그의 신앙은 더욱 어린 아이와 같아진다. 하나님을 더욱 신뢰한다는 것은 아무것도 의심하지 않는 수용과 흔들림 없는 신뢰로 부모를 의지하는 어린 아이의 믿음과 관련이 있다. 이것은 신자가 미성숙한 자라는 의미가 아니다. 불안정, 이기심, 불평은 성숙이 아니라 육신적인, 바람직하지 못한 특성이다. 대신 성경은 우리로 어린 아이 같은 믿음을 가지도록 부르신다(마 18:3). 이것은 단순하고, 의심하지 않고, 수용하는 하나님에 대한 의존성을 특징으로 하는 매우 바람직한 덕목이다. 아이가 자신의 필요를 채워줄 아버지를 의지하듯이 하나님의 자녀는 천국의 아버지를 의지해야 한다. 아버지를 의지하는 아이처럼 하나님을 의지하는 신자들은 이 시편이 요청하는 믿음의 모범이 되는 자들이다.

시편 131편은 성전에 올라가는 노래(120-134편) 중 열두 번째 시편이다. 이 시편은 시편 기자가 하나님에 대한 단순한 신뢰를 고백하는 찬양이다. 다윗이 저자이지만 구체적인 배경은 밝혀져 있지 않다. 그는 전략적으로 시편 130편 뒤에 위치하고 있는 이 시편에서 주님에 대한 그의 신뢰를 표현한다. 앞 시편의 요청처럼 용서를 경험한 사람은 이 시편이 권면하고 있듯이 어린 아이 같은 믿음을 가진 사람이다. 이것은 모든 사람에게 동일한 믿음을 갖도록 초청하는 겸손한 신뢰의 시편이다.

본문 이해

Main Idea	다윗은 주님에 대한 어린 아이 같은 믿음을 고백하며 사람들에게 이와 같은 믿음을 가지도록 권고한다.

A. 하나님 앞에서의 겸손(131:1)

131:1. 다윗은 세 가지 사실을 부정하는 것으로 이 시편을 시작한다. 그는 교만치 아니하고 눈이 높지 아니하며 큰 일을 힘쓰지 않는다. 이 세 가지를 부정한다고 해서 그가 항상 이 자세를 견지했다는 의미는 아니다. 교만, 거만함, 이기적 욕망은 이전의 그의 삶을 형성했던 것이었다. 감당하지 못할 기이한 일은 하나님의 사역과 경쟁 관계인 영웅적 업적과 개인적 성취를 가리킨다. 그러나 이제 그는 자기 겸손의 새로운 길을 선택한다. 그는 더 이상 자신을 높이고, 자기를 드러내며, 자기 중심적인 사람이 되기를 원치 않는다. 더 이상 자신을 위하는 일을 추구하지 않고 하나님을 위한 것을 추구할 것이다.

B. 하나님 앞에서의 침묵(131:2)

131:2. 다윗은 하나님 앞에서 고요하고 평온하고자 결심한다. 그는 하나님께 스스로 자기 문제의 해결책을 제시하지 않고 대신 그분이 말씀하시기를 기다린다. 다윗은 자기 안에 있는 이 겸손한 믿음이 어떤 것인지 묘사한다. 그것은 대략 4, 5세 된 젖 뗀 아이와 같다. 젖 뗀 아이는 엄마의 젖을 뗄 정도로 자랐지만 스스로를 돌보지는 못해 모든 것을 부모에게 의지하며 엄마 옆으로 걸어간다. 이것이 조용히 순종하며 하나님을 의지하는 신자의 자세가 되어야 한다.

C. 하나님에 대한 소망(131:3)

131:3. 어린 아이와 같은 신뢰는 항상 소망의 요소를 지닌다. 하나님을 의지하면 미래에 대한 긍정적인 확신이 영혼에 넘쳐흐른다. 소망은 하나님이 항상 긍정적인 결과를 이루어내시는 방향으로 일하고 계심을 믿는다. 모든 것이 합력하여 신자의 선을 이루게 하시는 하나님은 이 미래에 대한 신뢰의 기초이다. 이제부터 그는 이 확신을 놓지 않을 것이다. 환경이나 개인적으로 불어닥치는 바람이 어떠하든 그는 하나님에 대한 굳건한 소망을 가져야 한다.

결론

이 시편은 모든 신자의 고백이 되어야 한다. 모든 성도는 하나님에 대해 어린 아이 같은 믿음을 가져야 한다. 그러나 그러한 신뢰가 결코 자동적인 것은 아니다. 쉬운 일이라면 이 시편의 교훈이 있을 필요성이 없다. 어린 아이 같은 믿음은 가꾸어지는 것이다. 역설적으로 들리겠지만 주님 안에서 성숙할수록 주님에 대한 믿음은 더욱 어린 아이 같아진다. 하나님에 대한 어린 아이 같은 믿음을 떠나서는 결코 성장하지 않는다. 그것은 허세부리지 않는 겸손함이다.

오스왈드 샌더스(J. Oswald Sanders) 는 "하나님을 의지함에도 불구하고 안전하지 않은 상황은 상상할 수 없다"고 말했다. 하나님은 항상 우리의 온전한 신뢰를 받기에 합당한 분이시다. 코리 텐 붐(Corrie ten Boom)은 "미지의 미래를, 모든 것을 아시는 하나님께 의탁하기를 결코 두려워하지 말라"라고 말했다. 하나님을 의지하는 것은 항상 옳다. 우리는 어린 아이 같은 믿음을 계발시키기 위해 무엇을 해야 하는가?

티칭 가이드

교안

A. 하나님 앞에서의 겸손(131:1)

B. 하나님 앞에서의 침묵(131:2)

C. 하나님에 대한 소망(131:3)

시편 132편

은혜의 자리

"하나님의 말씀이 순전하게 선포되고 그것을 경청하는 곳마다 수많은 실수가 있다고 해도 그곳엔 하나님의 교회가 존재한다."

- 존 칼빈(John Calvin)

들어가는 글

수세기 동안 하나님의 집은 항상 성도들의 특별한 집회 장소였다. 구약 시대의 성도들에게 성막과 성전은 하나님의 영광이 나타나는 곳이었다. 자기 백성에게 주신 하나님의 말씀이 언약궤 속에 보관되어 있던 곳도 그곳이었다. 신약 시대의 성도들에게는 화려하게 장식된 성당이든, 먼지 덮인 창고든 하나님의 백성들이 하나님의 말씀을 듣고자 만나고 하나님의 위대하심을 예배하는 곳이라면 그곳이 하나님의 초월적 진리가 거하는 하나님의 성소가 된다.

하나님의 집이 그토록 특별한 것은 건물이나 건축 양식이나 재료 때문이 아니다. 진정으로 중요한 것은 그 장소 안에서 일어나는 영적 실체, 강단의 순결성, 사역의 신실성, 마음의 진실함이다. 이것이 하나님의 집을 참된 예배 장소로 만든다. 화려하고 거대한 건물이지만 하나님의 말씀과 하나님의 영광이 무시되는 곳보다 하나님의 말씀이 강조되고 하나님의 영광이 높임을 받으시는 초라하고 볼품없는 건물이 더 낫다. 하나님의 집은 하나님의 진리가 공개적으로 선포되고, 그의 영광이 분명하게 계시되며, 그분의 아들이 공적으로 찬양받는 곳이어야 한다.

이것이 제왕시로서 하나님의 집에 함께하는 특별한 축복을 묘사하는 시편 132편(아마 다윗이 하나님의 언약궤를 하나님의 집에 옮길 때인 것으로 보인다)의 초점이다. 이 시편은 언약궤가 예루살렘으로 옮겨져 성막에 안치되던 기념비적 사건을 묘사하기 위해 기록되었다. 언약궤가 그곳에 있는 한 이스라엘은 형통했고, 하나님의 성공을 경험했다. 이 시편은 여호와께 언약궤가 안치된 장소와 다윗의 맹세를 기억해주실 것을 요청하며 회중이 드린 기도이다. 이것은 성전에 올라가는 노래 중 열세 번째이며, 재건된 성전(하나님의 새로운 집)에서 예배하고자 순례 여행을 했던 예배자들을 격려하고 있다.

본문 이해

Main Idea	시편 기자는 하나님의 복이 그 백성들에게 임하여 다윗에 대한 하나님의 언약이 이루어지게 해달라고 기도한다.

A. 하나님의 영광에 대한 열정(132:1-5)

132:1. 이 노래는 여호와여 다윗을 기억하소서라는 호소로 시작한다. 이것은 다윗의 집과 그 위를 세우시겠다는, 하나님께서 일찍이 하셨던 약속(삼하 7:10-14, 16, 시 89, 132:10-11)을 기억해달라는 기도이다. 시편 기자는 하나님께 다윗에게 하신 이 약속들과 관련해 그들이 겪었던 근심(hardship)을 기억해달라고 간구한다. 시편 기자는 수많은 근심에 직면한 상태에서 다윗에 대한 하나님의 신실하심을 기억하고 힘을 얻고자 애쓴다.

132:2-5. 다윗은 여호와의 처소를 발견할 때까지 쉬지 않겠다고 여호와께 맹세했다. 다윗은 지상에서 하나님을 위한 거처를 확보할 때까지 자신의 장막에 들어가서 잠들지 않겠다고 맹세한다. 이것은 성전을 짓겠다는 다윗의 불타는 열정을 가리킨다. 하나님은 이 요청을 거부하셨다. 대신 다윗은 그의 아들 솔로몬이 지을 하나님의 집에 필요한 재료를 준비했다(왕상 6장). 이 시편은 다윗에게 한 약속들을 마치 망각해버리신 듯한 때에 다윗이 하나님께 그 약속들을 지키실 것을 요청한다.

B. 하나님의 영광의 추구(132:6-9)

132:6. 사람들은 다윗이 하나님의 영광을 위한 열정 때문에 행동하지 않을 수 없었던 것을 회상한다. 그와 그의 신하들은 에브라다에 언약궤가 있다는 소식을 듣고 곧 그것을 찾아냈다. 다윗이 시온으로 언약궤를 옮겨올 때까지(삼하 6장) 그것은 20년 동안 나무 밭(기럇여아림을 가리킴)에 있었다(삼상 7:1-2).

132:7-8. 회중은 다윗이 일찍이 예루살렘으로 언약궤를 가져오고자 백성들을 소집했던 곳, 즉 성막에서 경배하자고 제안한다. 실제로 그곳은 하나님의 지상 보좌라는 면

에서 하나님의 거처였다. 여기에 하나님께서 다시 한번 자신들에게 임재해주시기를 구하는 백성들의 기도가 있다. 여호와여 일어나사 … 평안한 곳으로 들어가소서. 그것은 원수들에게서 그들을 구원하신 하나님의 능력을 상징하기 때문에 주의 권능의 궤로 불린다.

132:9. 백성들의 기도는 제사장들이 의 혹은 개인적 성결함을 입게 해달라는 요청이었다. 이 사역이 하나님의 도우심을 알고 성공하기 위한 것이라면 이 영적 지도자들은 하나님과 올바른 관계를 맺어야 한다.

C. 하나님의 영광에 대한 간구(132:10-12)

132:10. 다윗을 위하여 혹은 그와 맺으신 하나님의 언약에 기초하여 각 다윗 계보의 왕들을 대신해 기도가 드려진다. 백성들은 주께서 그들의 기름받은 왕들에게 하신 그분의 약속을 물리치지 마시라고 간구한다. 궁극적으로 이 기도는 다윗을 넘어 오실 더 위대하신 왕 즉 예수 그리스도를 바라본다(사 61:1, 눅 4:18-19).

132:11-12. 다윗에게 주신 하나님의 약속이 요약되고 반복된다(삼하 7:11-16, 왕상 9:1-9). 하나님은 다윗의 자손들이 그의 보좌에 앉아 성공적으로 통치할 것을 약속하시며 다윗에게 성실히 맹세하셨다. 그러나 그 언약은 그들에게 하나님의 말씀의 증거를 지킬 것을 요구하기 때문에 조건적인 측면이 있다. 순종을 통해 하나님의 복이 임할 것이다.

D. 하나님의 영광에 대한 예언(132:13-18)

132:13-14. 이 마지막 연은 더 위대한 다윗의 아들 예수 그리스도께서 이땅을 다스리기 위해 예루살렘의 다윗의 위에 거룩하게 좌정하시게 될 미래의 날을 예언적으로 내다본다(시 2, 89, 110편). 땅의 시온은 하나님이 영원히 쉴 곳이 될 것이다. 이 통치는 오는 세대에도, 심지어 새 예루살렘에서도 끝나지 않을 것이다.

132:15-16. 이 미래의 날에, 주님은 풍족한 식료품으로 복을 주실 것이라고 약속하신다. 하나님은 그들의 영적 지도자들을 구원의 영원한 축복으로 입히실 것이다. 나아가 모든 성도들이 큰 즐거움을 영원히 알게 될 것이다.

132:17-18. 여전히 메시아의 오심을 예언적으로 내다보시며 하나님은 다윗에게 힘

의 상징인 뿔이 나게 하실 것을 약속하신다. 이것은 참된 기름 부음 받은 자인 예수 그리스도를 언급한 것이다. 그는 능력 가운데 오셔서 영원히 다스리실 것이다. 그날에 메시아의 원수들은 패배하며 처절하게 수치를 당할 것이다. 그리스도의 면류관은 찬란함과 능력으로 빛날 것이다.

결론

하나님의 집은 그리스도께서 영광을 받으시는 곳이다. 하나님의 말씀이 그곳에서 강독되면 하나님의 영광이 그 예배하는 집을 가득 채운다. 하나님의 아들이 그곳에서 영광을 받으시면 하나님의 은혜가 그곳에 나타난다. 하나님의 집이 멋지거나 초라한 것과 상관없이 하나님의 말씀과 하나님의 아들이 경배를 받으시면 그곳이 영광스러운 찬양의 집이 된다. 어떤 교회든 그곳이 특별한 곳이 되는 것은 궁극적으로 그 건물 때문이 아니라 그곳에서 드려지는 예배 때문이다. 그곳의 규모 때문이 아니라 그곳에서 강조되는 내용 때문이며, 인간이 즐거움을 누려서가 아니라 하나님이 높임을 받으시기 때문이다. 모든 성도가 하나님의 말씀의 진리가 선포되고, 하나님의 영광이 훼손되지 않는 교회를 발견하고 그 교회를 지지하게 되기를 바란다. 그곳이 은혜의 자리이다.

teaching guide

티칭 가이드

고안

A. 하나님의 영광에 대한 열정(132:1-5)

B. 하나님의 영광의 추구(132:6-9)

C. 하나님의 영광에 대한 간구(132:10-12)

D. 하나님의 영광에 대한 예언(132:13-18)

시편 133편

분리될 수 없는 하나 됨

"일치는 하나님의 거룩하신 말씀에 따른 것이어야 한다. 그렇지 않으면 평화보다는 전쟁이 더 나을 것이다."

- 휴 라티머(Hugh Latimer)

들어가는 글

A. W. 토저(A. W. Tozer)는 자신의 저서 「하나님을 추구함(The Pursuit of God)」(생명의 말씀사 역간)에서 이렇게 말했다. 피아노 백 대로 피아노 콘서트를 연다고 가정해보라. 모든 피아노는 서로 조화를 이루어야 한다. 두 번째 피아노의 음을 첫 번째 피아노에 맞추고, 세 번째 피아노는 두 번째 피아노에 맞추고, 네 번째 피아노는 세 번째 파아노에 맞추는 등 백 대의 피아노가 모두 조화롭게 음을 맞출 때까지 이 작업을 계속한다 해도 불일치와 불협화음은 사라지지 않을 것이다. 하지만 각 피아노의 음을 동일한 소리굽쇠에 맞춘다면 결과는 완전히 달라질 것이다. 그러면 모든 피아노 음이 완벽하게 조화와 일치를 이룰 것이다. 토저는 그리스도의 몸도 마찬가지라고 주장한다. 신자들이 서로에게 맞추려고 한다면 그 결과는 불협화음일 것이다. 하지만 각 성도가 자신을 예수 그리스도와 하나 되도록 한다면 그리스도의 몸 안에서 영광스러운 결과가 도출될 것이다.

시편 133편은 하나님의 거룩하심과 우월성에 자신을 맞추는 하나님의 백성들의 하나 됨에 대한 노래이다. 성도들을 하나로 묶는 진정한 일치를 이 짧은 시편보다 더 생생하고 아름답게 묘사한 곳은 찾아볼 수 없다. 진정한 하나 됨은 달콤한 향을 발산하며 제사장의 머리와 수염을 타고 흘러내리는 거룩한 기름처럼 보배로운 것이다. 그것은 산에서 흘러내려 마르고 건조한 땅을 식히고 만족시키는 아름다운 이슬과 같다. 다윗이 저자로 확인되지만 정확한 배경은 알려져 있지 않다. 이것은 헤브론에서 거행된 다윗의 대관식을 가리킬 수도 있고, 국가적 대절기를 지키고자 예루살렘을 찾아 팔레스타인 각지에서 온 수많은 무리들에 대한 소중한 광경과 관련 있을 수도 있다.

많은 주석가들은 이 시편이 이스라엘이 바벨론 유수에서 돌아온 시기, 즉 이스라엘 왕국 내에 더 이상 어떤 반목도 없던 시기와 관계있다고 믿는다. 지파간의 시기가 사라지고 유대로 귀환한 모든 이들이 하나의 통일된 국가로 흡수되었다. 그렇다면 이 노래는 다윗의 과거의 지도력에 헌정된 노래였다. 역사적 배경이 어떠하든 이 시편이 쓰이도록 자극한 것은 이 하나 됨의 광경과 그에 수반하는 신적 축복이다. 이 시편은 성전에 올라가는 노래(시 120-134편) 중 열네 번째이며, 하나님의 백성들이 함께 절기를 기키려고 예루살렘으로 여행할 때 그들의 하나 됨을 도모하기 위해 쓰인 것이다.

본문 이해

Main Idea	시편 기자는 하나님의 백성들의 하나 됨의 축복을 송축한다.

A. 하나 됨에 대한 찬양(133:1)

Supporting Idea	시편 기자는 하나 됨이 얼마나 선하고 아름다운 것인지 선포한다.

133:1. 시편 기자는 흥분된 어조로 시작한다. 형제가 연합하여 동거함이 어찌 그리 선하고 아름다운고. '선하다(히. 토브, towb)' 란 말은 '훌륭한, 특산품, 오감에 만족되는'의 의미가 있다. 나아가 그것은 '아름답다', '달콤하다' 의 뜻도 있다. '동거하다' 의 의미는 다른 이들과 가깝고 친밀한 관계 속에서 산다는 것이다. 그들은 연합을 이룬 가운데 동거해야 한다. 이것은 동일한 획일성을 의미하는 것이 아니라 차이 가운데서도 하나 됨을 이룬다는 뜻이다. 그들은 상호 지지, 교제, 교훈, 애정으로 하나 된 가운데 동거해야 한다.

B. 하나 됨의 묘사(133:2-3a)

Supporting Idea	시편 기자는 하나님의 백성들의 하나 됨을 기름 부음과 내리는 이슬과 같다고 묘사한다.

133:2. 시편 기자는 대제사장이던 아론으로 시작해서 하나 됨이 어떤 것인지를 보여준다. 그는 기름 부음을 받을 때까지는 사역을 할 수 없었다. 그래서 거룩한 기름 부음의 의식을 통해 기름을 머리에 부었다(출 29:7, 30:30). 이것은 풍성한 영적인 복을 묘사한다. 그러나 기름이 원래 부었던 아론의 머리 위에 그대로 머무르지는 않았다. 그것은 곧 아론의 수염을 타고 흘러서 그 옷깃까지 내려갔다. 마찬가지로 기독교적 사랑과 조화

를 통해 축복이 온몸으로 흘러내린다.

133:3a. 하나 됨은 시온산에서 흘러내려온 헐몬의 이슬과 같다. 하나님은 모든 것을 소생시키는 시원하고 신선한 이슬을 창조하신다. 마찬가지로 하나님은 진정한 하나 됨과 그에서 파생하는 복을 창조하신다. 수증기가 내려앉아 이슬을 만들듯이 하나 됨은 위에서 내려온다. 헐몬산은 중동에서 가장 높은 산이다. 2,800미터 높이의 이 산은 끊임없는 신선함과 서늘함의 원천이다. 이 산은 건조기에 자양을 제공한다. 하나님의 백성들의 하나 됨도 그러하다.

C. 하나 됨의 능력(133:3b)

Supporting Idea	시편 기자는 하나님께서 하나 됨을 이룬 곳에 축복을 명하신다고 증거한다.

133:3b. 시편 기자는 형제들이 친밀함으로 하나 됨을 이루고 사는 곳에 여호와께서 복을 명하셨다고 주장한다. 주권적 선언을 통해 하나님은 그 백성들이 하나 되어 살고 있는 곳에 은혜가 임하도록 명하신다. 하나님은 참된 하나 됨이 있는 곳에 성령 충만함을 주신다. 이 복은 하나님이 자기 백성에게 쏟아부으시는 영원한 은혜다. 나아가 하나님은 이곳에서 또한 생명의 풍성함 혹은 풍성한 생명인(요 10:10) 영생을 명하신다. 하나님이 풍성한 은혜의 경험을 주시는 곳은 바로 하나 된 형제들 가운데서다.

Main Idea 복 습	시편 기자는 하나님의 백성들의 하나 됨의 축복을 송축한다.

결론

서로 사이좋게 지내지 못하고 다투는 아들들을 둔 한 아버지가 있었다. 하루는 그 아버지가 아들들을 한 자리에 불러 모으고 아들 중 제일 튼튼한 아들에게 막대기 하나를 건넸다. 그리고 "그 막대기를 꺾어보거라" 하고 말했다. 그 아들은 비웃는 듯한 표정으로 그 막대기를 꺾어버렸다. 그러자 아버지가 이번에는 막대기 두 개를 주며 "꺾어보거라" 하고 말했다. 아들은 또 그렇게 했다. 아버지는 그에게 4개, 5개, 6개까지 막대기를 주며 꺾어보라고 했다. 곧 그 아들은 막대기를 꺾는 게 힘이 들었고 결국 자신의 패배를 인정해야 했다. 그러자 아버지가 소중한 인생의 교훈을 아들들에게 들려주었다. 그는 "단결이 힘이다"라고 말했다. "분열되면 그 집은 설 수 없다. 명심하거라. 누구든 너희들 한 사람씩은 넘어뜨릴 수 있다. 하지만 합심하여 하나 되면 원수들이 하나 된 너희들의 힘 때문에 생각을 달리할 것이다."

한 가정에 적용되는 원리가 하나님의 가족들에게도 적용된다. 우리가 하나 되면 큰 힘이 있다. 우리가 일치 단결하여 함께 뭉치면 하나 된 힘으로 우리의 가장 큰 원수인 사단을 대적하고 물리칠 수 있다. 하나님은 자기 백성들이 하나 되기를 원하신다. 사단은 하나 됨을 무서워하고 훼방하고자 한다. 예수님은 하나 됨을 위해 기도하셨고, 성령은 그 하나 됨을 이루기 위해 오셨다. 우리의 하나 됨을 보고 세상은 복음을 확신하게 될 것이다. 그것은 우리 모두가 이루고자 노력해야 할 소중한 모습이다.

삶의 적용

사도행전에서 우리는 초대 예루살렘 교회의 놀라운 하나 됨을 읽게 된다. 오늘날 우리는 그들의 하나 됨의 표지를 회복해야 한다. 그들이 그토록 성령의 능력을 덧입은 것이 놀랍지 않은가? 하나 됨 가운데 함께 모이는 형제들과 자매들에게 하나님의 능력이 임한다. 이 하나 됨은 다음을 포함한다.

하나의 중심 목적. 초대 예루살렘 교회는 하나의 공통된 사명, 즉 그리스도를 위해 세상에 나아가는 것에 있어서 하나가 되었다. 그들은 그 목적을 절대로 놓치지 않았다. 그래서 그들은 지상 명령의 성취(행 1:8)라는 같은 목표를 향해 서로 하나가 되었다. 하나님은 온 세상에서 그리스도의 증인으로 섬기고자 상호 헌신한 백성에게 초자연적인 능력을 부어주신다. 그리스도 안에서 형제 자매들과 이 중심 목적을 공유하고 있는가?

하나의 공통된 장소. 최초의 회중들은 한곳에서 정기적으로 모이던 중 오순절 날 태동했다. 처음에 그들이 모인 곳은 예루살렘 다락방이었다(행 1:13). 그러다가 그들은 "다 같이 한 곳에 모였다"(행 2:1). 그후 그들은 '성전 뜰'(2:46)과 '집'(2:46)에서 함께 모였다. 핵심은 그들이 서로 고립되어 있지 않았다는 것이다. 그들은 한 장소에서 정기적으로 모였다. 당신은 교회와 정기적인 모임을 갖고 있는가?

하나 된 집단적 기도. 이 최초의 제자들은 모이면 함께 기도했다. 나아가 그들은 동일한 내용을 위해 함께 기도했다. 성경은 "마음을 같이하고 전혀 기도에 힘쓰니라"(행 1:14)라고 기록한다. 그들은 기도 시간을 정해놓고 모였다(행 3:1). 교회가 기도할 때 당신은 함께 동참하는가?

하나의 주된 일을 추구. 이 초대 교회 신자들은 모두 동일한 영적 훈련을 함께 감당했다. 그것은 사도들의 가르침, 교제, 떡을 뗌, 기도(행 2:42)였다. 그들은 함께 하나님의 진리를 연구하고, 하나님의 아들을 함께 모시며, 하나님의 영광을 함께 경배하고, 하나님의 은혜를 위해 함께 기도했다. 그들은 하나가 되었다. 한 생각, 한 마음, 한 영혼을 가졌다. 당신은 당신의 교회와 이와 같은 어떤 중요한 일을 추구할 때 동참하는가?

기도

하나님 아버지, 그리스도 안에서 형제 자매 된 이들과 이 신앙을 지키기를 원합니다. 당신의 성령으로 우리가 그들과 교제할 때 그들에 대해 인내하며 오래 참을 수 있는 힘을 주십시오. 당신이 우리를 용서하신 것같이 우리가 다른 이들을 용서하게 해주십시오. 우리의 사랑으로 세상이 우리가 그리스도인임을 알게 해주십시오. 예수님의 이름으로 기도합니다. 아멘.

teaching guide

티칭 가이드

심층 연구

연합(133:1)

'연합' 으로 번역된 히브리어 '야하드(yahad)' 는 하나 된 사람들의 한 무리를 가리킨다. 이 단어와 관련된 파생어들은 시편에서 수차례 발견된다(시 2:2, 4:8, 14:3, 19:9, 31:13, 15, 35:4, 26, 37:38, 40:14, 41:7, 48:4, 49:2, 10, 53:3, 55:14, 62:9, 71:10, 74:6, 8, 83:5, 88:17, 98:8, 102:22, 122:3, 141:10).

교안

A. 하나 됨에 대한 찬양(133:1)

B. 하나 됨의 묘사(133:2-3a)

C. 하나 됨의 능력(133:3b)

시편 134편

초월적 예배

"인간의 가장 주된 일은 하나님을 찬양하는 것이다."

- 어거스틴(Augustine)

들어가는 글

캘리포니아 주 로스앤젤레스의 그레이스 커뮤니티 교회의 목사이며 유명한 저자인 존 맥아더(John MacArthur)는 "어떤 교회든 단 5분만 예배에 참석해보면 그들의 영적 깊이를 알 수 있습니다"라고 말했다. 그 말을 더 자세히 설명해달라는 요청을 받자 그는 "찬송 가사가 특별히 체험 지향적이고, 인간 중심적이며, 나에 초점을 맞춘 것이라면, 그리고 예배라기보다는 응원에 더 가까울 정도로 리듬이 빠르다면 그 교회는 피상적이고, 깊이가 얕을 가능성이 많습니다"라고 대답했다. 그러고 나서 그는 이렇게 설명했다. "예배를 통해 교회를 높은 곳으로 끌어올리고 싶다면 먼저 말씀 안으로 그들을 깊이 끌어들여야 합니다. 깊이가 높이를 결정합니다. 말씀의 깊이가 예배의 높이를 결정합니다. 말씀이 얕으면 깊이가 얕은 예배로 이어집니다. 너무나 많은 교회들이 단순히 볼륨만 높이는 것으로 고귀한 예배를 드리는 것처럼 위장하려고 합니다."

이것은 오늘날 현대 교회가 귀담아듣고 주의해야 할 올바른 분석이며 정확한 진단이다. 예배는 사람들 앞에서 행하는 공연이 아니라 하나님을 향한 선포다. 그것은 인간의 오락이 아니라 하나님의 높아지심이다. 이 모든 것은 말씀의 깊은 강해에 근거해 이뤄져야 한다.

시편 134편이 오늘날 매우 필요한 메시지인 이유가 바로 이 때문이다. 이 시편에서 즉각적으로 두드러진 점은 단순성이다. 이 몇 절로부터 예배가 겉치레라는 결론은 절대 내릴 수 없다. 오히려 우리는 이것이 하나님께 드리는 찬양의 노래임을 배우게 된다. 이 시편은 성전으로 올라가는 노래(시 120-134편) 중 열다섯 번째 노래로 마지막 노래다. 이 시편은 하나님의 집과 그 안에서 섬기는 이들에게 초점을 맞춘다. 성전에서 섬기는 제사장들과 레위인들을 향한 이 찬양의 노래는 예배 지도자들이 자신들의 사역에 늘 신실하도록 격려한다. 이 시편은 성전 안의 영적 지도자들이 백성들에게 계속 하나님에 대한 충성을 지키도록 격려하는 자들이라고 묘사한다.

본문 이해

Main Idea	시편 기자는 예배자들에게 주를 찬양하고 하나님의 복을 받으라고 요청한다.

A. 예배의 부름(134:1-2)

134:1a. 하나님의 모든 종들은 여호와를 송축하라는 명령을 받는다. 이 예배의 요청은 그 초점이 인간 중심적인 것이 아니라 전적으로 하나님께 있다. 신자들은 주님의 속성과 그 사역에 대해 그분을 자랑해야 한다. 일차적인 의무의 부르심으로 하나님께 영광을 돌려야 한다. 이 종들은 성전에서 매일 섬기는 이들로, 성전에서 생활하며 섬긴 제사장과 레위인들을 가리킨다.

134:1b. 이 예배 지도자들은 밤에 하나님을 예배하도록 권면을 받는다. 예배는 삶의 양식, 즉 아침, 점심, 저녁으로 드리는 생활 양식이 되어야 한다. 그들은 공동체적 모임에서 공개적으로 하나님을 예배할 뿐 아니라 사람들이 떠나고 여호와의 집이 텅 빈 밤에 개인적으로 하나님을 예배해야 한다. 그들은 밤낮으로, 심지어 생활하고 있는 곳에서도 하나님을 예배해야 한다.

134:2. 예배자들이 하나님을 예배할 때 손을 드는 것은 구약의 일반적인 관습이었다. 이 행위는 도움이 되시는 하나님을 의지하고 주를 향해 나아간다는 것을 의미했다. 그것은 그들의 찬양과 기도의 초점을 위에 둔다는 의미였고, 순종하는 영과 복종하는 의지의 상징적 몸짓이었다.

B. 예배의 결과(134:3)

134:3. 이것은 백성들이 예루살렘의 하나님의 집을 떠나 각 지역의 자기 집으로 돌아갈 때 제사장들과 레위인들이 그들에게 하던 축복 기도이다. 천지를 지으신 여호와께서 시온에서 네게 복을 주실지어다. 이것은 주께서 그들에게 복을 주시고 은혜를 베푸시라는 요청이다. 예배 지도자들은 주님께서 백성들의 마음을 고양시켜주시고, 그들의 믿

음을 새롭게 회복하시며, 하나님을 향한 열정으로 불붙여주시기를 기도한다.

결론

오늘날 교회는 교회 예배의 순결을 회복시킬 새로운 개혁의 필요성을 절감하고 있다. 주일 오전 예배에서 수많은 공연들이 찬양을 몰아내고, 오락이 말씀 강해를 대체하며, 드라마가 송가를 밀어내고 있다. A. W. 토저가 오래 전에 쓴 대로 예배는 "복음주의 교회가 놓쳐버린 면류관" 이다.

휘튼 컬리지 교회 목회자인 켄트 휴(Kent Hughes)는 이 시대의 필요성을 역설하며 우리에게 통찰력 있는 말을 들려주고 있다.

> 말은 하지 않지만 현대 기독교의 일반적인 가정으로 점점 굳어져가고 있는 한 가지 생각은 예배가 일차적으로 우리를 위한 것, 즉 우리의 필요를 충족시키기 위한 것이라는 점이다. 그러한 예배는 오락에 초점을 맞추며, 예배자들은 무언 중에 공연의 점수를 매기는 헌신되지 않은 구경꾼이 된다. 이 관점에서 보면 말씀 선포는 합의된 설교법, 즉 하나님의 뜻보다는 인간이 의식한 의제가 된다. 인간이 감지한 필요에 대한 선포가 되는 것이다. 그러한 말씀 선포는 항상 본문 중심이 아닌 주제 중심이다. 성경 내용은 최소화되고, 설교가 짧고, 이야기로만 채워진다. 참석자를 불편하게 만들 것이라고 생각되는 모든 것은 예배에서 제거된다. … 이것이 무한대로 방치되면 이 철학은 비극적인 자기 중심적인 것을 주입시킨다. 다시 말해서 모든 것이 사람에게 어떤 영향을 미치느냐에 의해 평가되는 것이다. 이것은 우리의 신학을 끔찍할 정도로 부패시킨다.

교안

A. 예배의 부름(134:1-2)

B. 예배의 결과(134:3)

시편 135편

크신 하나님을 향한 담대한 찬양

"천국에 가면 예수 그리스도는 찬양의 마지막을 들으실 수 없을 것이라고 고백한 어느 노(老) 성도의 마음을 느껴보고 싶다."

- 찰스 스펄전(Charles H. Spurgeon)

들어가는 글

데이비드 리빙스턴의 가슴은 그리스도를 위해 세계 곳곳의 사람들에게 다가가고자 하는 열망으로 불타오르고 있었다. 글래스고우 대학에서 의학 학위를 받은 리빙스턴은 곧 런던 선교사 협회에 가입하고 남아프리카로 갔다. 그곳에서 그는 예수 그리스도의 복음의 문을 열고자 노력했다. 그의 영혼에서 울리고 있던 핵심 성경 구절 하나는 시편 135편이었다. 데이비드 리빙스턴이 스코틀랜드 블랜타이어에서 가족과 고향에 작별 인사를 할 때 그와 함께한 것은 바로 이 시편이었다.

그의 극적인 출발에 대해 리빙스턴의 누이는 이렇게 썼다.

> 나는 아버지와 그가 기독교 선교의 전망에 대해 이야기하던 것을 기억한다. 그들은 부자와 위인들이 사냥개와 말에 돈을 쓰는 대신 선교 파송지를 후원하는 것을 명예로 생각할 날이 올 것이라는 데 동의했다. 1841년 11월 17일 아침 우리는 새벽 다섯 시에 일어났다. 어머니는 커피를 끓이셨다. 데이비드는 시편 121편과 135편을 읽고 기도했다. 아버지와 그는 글래스고우로 가서 '아프리카행' 리버풀 증기선을 탔다. 그후 데이비드는 아버지를 다시는 만나지 못했다.

시편 135편이 귀에 쟁쟁히 울리는 가운데 데이비드 리빙스턴은 아프리카로 향했고, 너무나 힘든 악조건에서 그리스도를 섬기며 30여 년을 보냈다. 이 시편의 어떤 점이 이 개척자적 선교사의 마음을 그토록 사로잡았던 것일까? 그는 아프리카를 향해 떠나면서 왜 이 시편을 읽었던 것일까? 이 거룩한 찬송의 어떤 내용이 그에게 그토록 특별했던 것일까? 아프리카로 가서 죽을 때까지 30년 동안 섬기도록 그를 감동시킨 부분은 무엇이었는가? 이 질문들에 대한 대답은 이것이 '크신 하나님'을 찬양하는 시편이라는 사실에 있다. 이것은 크신 하나님의 이름을 높이며 그분에게 큰 찬양을 돌리도록 요청하는 시편이다.

시편 135편은 온 땅을 다스리시는 참되신 한 분 하나님, 여호와를 찬양하도록 요청한다. 여기에는 모든 피조물과 모든 열방의 주이신 하나님께 와서 그를 섬기라는 열정적인 호소가 있다. 이 시편의 저자와 배경에 대해서는 알려져 있지 않지만 포로기 이후를 배경으로 할 가능성이 매우 높다. 그러나 메시지는 매우 분명하다. 피조물과 열방과 구속의 주이신 하나님을 찬양하라는 것이다. 이 시편은 동일한 내용이면서 강렬한 내용인 여호와를 찬양하라로 시작하고 마무리한다. 나아가 첫 연과 마지막 연 역시 하나님을 찬양하라는 요청이다.

본문 이해

Main Idea	시편 기자는 하나님의 백성들에게 주를 찬양하도록 초청한다. 그분은 모든 피조물과 역사를 다스리시는 능력의 하나님이시다.

A. 찬양에 대한 요청(135:1-2)

Supporting Idea	시편 기자는 모든 사람들, 특별히 예배 지도자들에게 여호와를 찬양하도록 초청한다.

135:1. 첫 절에서 신자들은 세 번에 걸쳐 여호와를 찬송하라는 요청을 받는다. 어떤 것을 세 번이나 반복한다는 것은 그 내용을 최상급으로 강조한다는 것이다. 그러므로 하나님을 찬양하는 것이 우리의 가장 귀중한 목표이고, 가장 강렬한 열망이며, 가장 고귀한 일이다. '찬송하라' 로 번역된 이 단어 '할렐(hallel)' 은 '자랑하다' 의 의미를 가진 히브리어 '할랄(halal)' 의 강조 형태다. 하나님을 찬송한다는 것은 주를 자랑한다는 뜻이다.

135:2. 특별히 이 찬송을 드려야 할 자는 여호와의 집 우리 하나님의 전정에 섰는 너희이다. 이들은 성전 구역에서 하나님을 섬기는 자들이다(비교. 134:1-2). 이 찬양의 일차적 표현은 하나님의 백성들이 모인 공개적인 곳에서 드려진다. 그들은 여호와의 집에

함께 모여 있다.

B. 찬양의 이유(135:3-18)

Supporting Idea	시편 기자는 하나님의 속성과 사역으로 인해 찬양을 격려한다.

135:3. 이어서 하나님의 백성들이 여호와를 찬송해야 할 몇 가지 이유가 소개되어 있다. 첫 번째 이유는 여호와가 선하시기(토브, tob, '유익한, 긍정적인, 필요한 것을 줌, 풍성하게 베품' 을 의미한다) 때문이다. 자기 백성들에 대한 하나님의 호의적 행동은 찬양을 요구한다. 하나님의 이름은 그분의 거룩한 속성과 완전한 성품을 상징한다. 하나님이 아름다우시므로 그들은 그 이름을 찬양해야 한다. 예배의 행위와 대상이 모두 사랑스럽다.

135:4. 둘째, 하나님은 자신을 위해 야곱을 택하셨기 때문에 찬양받으셔야 한다. 여기에 하나님의 주권적 은혜와 선택적 사랑이라는 교만을 물리치는 진리가 있다. 영적인 사람에게는 그것이 사랑스럽고 만족스럽다. 오직 자신만 아시는 이유로 하나님은 자기를 위해 자기 백성들을 택하셔서 영원한 생명으로 인도하신다. 그런 영혼이 낮아지는 겸손함의 깊은 곳에서 하나님을 경배하는 찬양의 높은 산이 솟아오른다.

135:5-7. 셋째, 찬양이 하나님께 속한 이유는 만물을 다스리시고 통치하시는 권세에 있어서 그분이 광대하시기 때문이다. 하나님만이 모든 신보다 높으시다. 이것은 그분이 무릇 기뻐하시는 일을 하신다는 사실에서 명확히 드러난다. 이것은 그분의 주권적 권세와 능력의 명확한 선언이다. 하나님의 절대적 주권의 한 예는 그분이 날씨를 주관하신다는 것이다. 그분은 안개를 일으키시며, 번개를 만드시며, 바람을 내신다.

135:8-12. 넷째, 출애굽 때에 애굽의 처음 난 자를 치신 하나님께 찬양을 돌려드려야 한다. 이것은 바로가 하나님의 백성들을 내놓지 않으려 하자 하나님께서 애굽인들을 치신 열 가지 재앙을 말한다. 징조는 하나님의 성품의 명확한 증거이다. 기사는 그들의 마음속에 경외심과 두려움을 준다. 하나님은 자신의 진노를 나타내시며 애굽뿐 아니라 많은 나라를 치셨다. 그분은 바로 외에도 강한 왕들을 죽이셨다. 많은 민족들이 하나님의 진노를 느꼈고, 비틀거리며 무덤으로 갔다. 이 모든 것은 그들이 참되신 하나님을

떠나 거짓 신들을 섬겼기 때문이다. 하나님의 이 진노 속에서 모세와 이스라엘은 아모리인의 왕 시혼(민 21:21, 32)과 바산 왕 옥(민 21:33-35)을 패배시켰다. 나아가 여호수아의 가나안 정복으로 가나안의 모든 국왕이 패망했다(수 6-12장). 하나님은 가나안 족속들에게서 땅을 빼앗아 아브라함에게 약속하신 대로(창 15:18-21) 자기 백성 이스라엘에게 주셨다.

135:13-14. 다섯째, 하나님의 이름과 그 속성이 영원하시기 때문에 찬양받으셔야 한다. 그는 영원히 동일하시며 절대 축소되거나 변하지도 않으신다. 그분의 신적 위격은 대대에 명성을 누리시고, 불변하시다. 하나님의 백성들이 신실하지 못해 징계가 필요할 때도 그분은 변함없이 긍휼을 베푸신다. 그러므로 하나님은 자기 백성들과의 관계에서 변함이 없으시다.

135:15-18. 여섯째, 하나님은 살아 계신 여호와시기 때문에 찬양을 받으셔야 한다. 이방 민족들의 벙어리 우상과 비교하면 하나님은 얼마나 뛰어나신 분인가. 그들은 은금으로 만들어져 변색되고 부패하므로 광을 내주어야 한다. 이 거짓 신들은 듣지 못한다. 이 신들은 생명이 없으며 그것을 만든 자가 다 그것과 같이 죽은 존재가 될 것이다.

C. 찬양의 크레센도(135:19-21)

Supporting Idea	마지막 찬양의 크레센도로 예배에 대한 시편 기자의 요청이 정점에 도달한다.

135:19-21. 이 시편은 모든 신자에게 여호와를 송축하라고 요청하는 것으로 마무리된다. 성전에 모인 자들에게 명하는 이 예배의 요청은 하나님을 경외하는 모든 자 혹은 그를 아는 모든 자에게로 확대된다.

Main Idea 복습	시편 기자는 하나님의 백성들에게 주를 찬양하도록 초청한다. 그분은 모든 피조물과 역사를 다스리시는 능력의 하나님이시다.

결론

과거 유명한 불가지론자였던 안토니 콜린스(Anthony Collins)는 「자유 신앙주의 담론(Discourse on Freethinking)」이라는 제목의 책을 썼다. 인본주의적 철학으로 철저히 무장한 채 인간에 대한 낙관론과 악명 높을 정도로 하나님을 폄하하는 사상을 전파한 콜린스의 논문은 당대에 큰 영향을 미쳤다. 어느 주일날 콜린스는 교회로 걸어가고 있던 가난한 한 영국인 노동자를 만났다. 그는 노동자를 무안하게 할 심산으로 "어디 가십니까?"라고 물었다. 그러자 평범한 노동자가 "교회 갑니다. 선생님"하고 대답했다. "저는 하나님을 예배하러 가고 있습니다." 콜린스는 그 사람을 혼란스럽게 만들기 위해 빈정거리듯 질문했다. "당신의 하나님은 크신 하나님이오? 아니면 작은 하나님이오?"

그 겸손한 신자는 조금도 움츠러들거나 주저하는 빛이 없었다. 그는 그 철학자가 듣고자 예상했던 것보다 훨씬 더 심오한 내용으로 즉각 대답했다. "선생님, 저의 하나님은 너무나 크셔서 하늘의 하늘도 그분을 담을 수 없습니다. 또한 그분은 너무나 작으셔서 나의 비천한 마음속에 거하실 수 있는 분이십니다." 콜린스는 그 놀라운 생각에 무장 해제되어 아무 반박도 할 수 없었다. 후에 학식이 뛰어난 그 철학자는 자신이 읽은, 기독교를 옹호하는 모든 책들보다 교육받지 못한 이 노동자가 자신의 생각에 훨씬 더 강력한 영향을 미쳤다고 고백했다.

삶의 적용

모든 신자의 예배는 항상 하나님에 대한 찬양으로 가득해야 한다. 하나님은 결코 변하지 않으신다. 신자의 예배 역시 변질되어서는 안 된다. 하나님은 언제나 우리의 찬양을 받으시기에 합당한 분이시다. 다음과 같이 하나님을 찬양하도록 하자.

열정적으로 하나님을 찬양하라. 우리는 전심을 다해 하나님을 경배해야 한다. 미지근한 태도는 비극적인 죄다. 우리의 찬양은 간절하고 열정적이어야 한다. 우리는 항상 뜨겁고 간절함으로 하나님을 경배해야 한다.

지속적으로 하나님을 찬양하라. 하나님을 찬양하지 않아도 될 때는 절대 없다. 형통할 때나, 괴로울 때나, 산 위에 있을 때나, 골짜기에 있을 때나 우리는 항상 그분을 찬양해야 한다. 그분은 절대로 변하지 않으신다. 우리의 찬양도 그러해야 한다.

공적으로 하나님을 찬양하라. 우리는 항상 그분을 찬양하기 위해 공적인 예배의 자리에 다른 성도들과 함께 모여야 한다. 회중 속에서 누리는 그분의 위대하심을 목도해야 한다. 다른 이들이 우리의 찬양을 듣고 우리와 함께하겠다는 마음이 들어야 한다. 하나님의 집에 나아가서 하나님의 백성들과 하나님을 경배하자.

개인적으로 하나님을 찬양하라. 우리는 하나님과 단 둘이 있는 개인적인 시간을 규칙적으로 가져야 한다. 우리가 또한 그분을 찬양해야 할 때가 이 고요한 순간이다. 홀로 하나님과 함께하는 시간을 정해야 한다.

지식적으로 하나님을 찬양하라. 모든 예배는 하나님의 성품과 그분의 사역에 대한 반응이다. 우리가 진리를 배울수록 하나님을 더욱 예배해야 한다. 예수님은 "예배하는 자가 신령과 진정으로 예배할지니라"(요 4:24)라고 말씀하셨다.

기도

하나님 아버지, 당신을 경배하길 기뻐합니다. 우리의 마음이 당신을 향하도록 만들어졌고, 당신께 집중할 때 가장 큰 기쁨을 얻는다는 것을 알고 있습니다. 당신을 향한 우리의 열정이 더 간절해지게 해주십시오. 당신을 향해 우리 영혼이 불붙게 해주십시오. 당신을 향해 우리 마음의 불길이 뜨겁게 타오르게 해주십시오. 당신 안에서 가장 큰 기쁨을 얻게 해주십시오. 예수님의 이름으로 기도합니다. 아멘.

teaching guide

티칭 가이드

심층 연구

이름(135:1)

이 단어는 히브리어 '셈(shem)' 을 번역한 것으로 한 개인이나 장소를 지정할 때처럼 '표시하다' 의 의미가 있다. 성경 역사에서 한 개인의 이름은 종종 그의 운명이나 지위와 같은 개인적 특징을 묘사하는 것이었다. 하나님의 다양한 이름은 그분의 본성의 중요한 측면들을 계시해준다(즉 '지극히 높으신 하나님, 전능하신 하나님, 스스로 있는 자'). '여호와의 이름' 은 하나님의 모든 속성을 아우르는 것이며, 하나님의 모든 이름을 하나로 통합시킨다. 여호와의 이름은 존귀와 영광으로 찬양을 받으며 존귀하게 사용되어야 한다(출 20:7).

고안

A. 찬양에 대한 요청(135:1-2)

B. 찬양의 이유(135:3-18)

C. 찬양의 크레센도(135:19-21)

시편 136편

영원한 사랑

"하나님은 자신의 선택적 사랑을 절대로 후회하지 않으신다."

- 토마스 왓슨(Thomas Watson)

들어가는 글

성도를 향한 하나님의 사랑은 우리가 이해하는 것보다 훨씬 더 높고, 깊고, 넓고, 길다. 앞으로 올 모든 세대에서도 자기 백성을 향한 하나님의 언약적 사랑은 영원한 과거에 처음 시작될 때처럼 영원한 미래에도 변함없이 세찬 강물처럼 흐를 것이다. 이것은 그분의 영원한 사랑의 특별한 대상이 된다는 경이로움이다. 하나님의 사랑은 영원히 계속된다. 그러나 불신자에게는 이것이 적용되지 않는다. 그들이 구원을 받지 못한 채 숨을 거두면 하나님의 일반 은총과 복음의 초대는 더 이상 그들에게 해당되지 않을 것이다. 지옥에는 하나님의 자비가 없고, 오직 그분의 진노만 존재하므로 영원한 사랑은 존재하지 않는다. 그러나 신자들에게는 그분의 신적 사랑이 영원히 계속될 것이다. 하나님의 백성들에게 이것이 얼마나 놀라운 찬양의 이유가 되는가. 그분의 사랑은 영원하다.

이것이 시편 136편의 메시지다. "그 인자하심이 영원함이로다"라는 이 반복 후렴구는 이 노래 26개 절의 마지막에 계속 되풀이된다. 시편 기자는 "그 인자하심이 영원함이로다"라는 이 진리를 26번에 걸쳐 선언한다. 전체 시편에서 이 시편과 같은 시편은 없다. 이 시편은 원래 성막이나 성전에서 노래로 불렸을 가능성이 매우 높다. 레위 성가 지휘자가 각 절의 첫 행을 노래하거나 낭송하면 레위 성가대나 전 회중 혹은 레위 성가대와 회중이 동시에 이에 화답해 "그 인자하심이 영원함이로다"라는 이 후렴으로 반응했을 것이다. 극적인 표현 효과를 위해 이 시편은 예배 인도자에게서 성가대와 회중에게로 그리고 다시 인도자에게 일제히 빗발치듯 연속해서 불려졌다.

본문 이해

Main Idea	시편 기자는 하나님의 전능하심과 끝없는 사랑에 대해 하나님을 찬양하도록 이끈다.

A. 하나님의 창조에 대한 감사(136:1-9)

136:1. 여호와께 감사하라는 말은 하나님께 공적으로 감사를 드리라는 요청이다. 이유는 분명하다. 그분은 선하시기 때문이다(시 135:3). 이것은 자기 백성에 대한 그분의 모든 복의 원천이다. 그 인자하심이 영원함이로다라는 반복 후렴구가 불려진다. 이것은 이 시편에서 이 후렴에 대한 26번의 합창 중 첫 합창이다. 이것은 자기 백성들을 향한 하나님의 신실한 사랑이 결코 실패하거나 포기되지 않을 것이라는 선언이며 찬양이다.

136:2-3. 감사는 모든 신보다 뛰어나신 하나님께 드려져야 한다. 이것은 그분이 최고의 신이시며, 만물에 대한 주권적 통치자이심을 의미하는 히브리식 최상급 표현이다. 나아가 모든 주의 주, 다시 말해 통치자들의 통치자이신 주께 감사를 드려야 한다. 하나님은 우리의 선을 위해 지고한 권위를 사용하는 분이시므로 찬양을 받으셔야 한다. 그분은 영원히 경배받으셔야 할 사랑의 주권자시다.

136:4-6. 하나님은 특별히 자신이 창조하신 것들을 통해 관용적인 통치를 보여주셨다. 그분만이 홀로 큰 기사를 행하시며, 자기 백성들의 마음속에 '경이로움'을 불러일으키는 위업을 행하셨다. 그분은 지혜로, 신적 천재성과 놀라운 지혜, 그리고 완벽한 통찰로 위의 하늘을 창조하셨다. 나아가 하나님은 땅을 물 위에 펴셨다. 이것은 하나님이 행성을 만드신 능숙한 방식을 가리킨다. 하나님은 자기 백성들을 향한 자비의 표현으로 이 모든 일을 행하셨다.

136:7-9. 하나님께서 머리 위의 천체들, 즉 큰 빛들을 지으셨기 때문에 하나님께 찬양을 드려야 한다. 그분은 해로 낮을 주관케 하시고 달과 별들로 밤을 다스리게 하셨다. 역시 이 모든 것은 그분의 피조물에 나타난 하나님의 자비에 따른 것이다. 그들로 그 인자하심이 영원함이로다라고 화답하게 하라.

B. 하나님의 심판에 대한 감사(136:10-22)

136:10-12. 하나님은 수많은 구원의 행적으로 인해 찬양을 받으셔야 한다. 먼저 자기 백성들을 애굽에서 인도해내신 출애굽 사건(출 12장)으로 찬양받으셔야 한다. 열 가지 파괴적인 심판(출 7-12장)에서 가장 극적인 것은 하나님께서 애굽의 장자를 치신 것이다. 이 마지막 파멸은 하나님의 백성들을 향한 사랑의 행위였다. 그렇게 하심으로 하나님은 구원의 강한 손과 그분의 원수들에 대한 승리의 펴신 팔로 이스라엘을 애굽인들 중에서 인도해내셨다.

136:13-15. 나아가 하나님의 심판은 홍해에서도 계속되었다. 그곳에서 하나님은 홍해를 가르셔서 이스라엘로 그 가운데로 통과케 하시고 바로와 그 군대를 물에 수장시키셨다. 이 강렬한 행동은 사실상 자기 백성들에 대한 하나님의 영원한 사랑의 증거였다.

136:16-20. 나아가 하나님의 승리는 광야에서 나타났다. 그분은 그 백성을 인도하여 광야로 통과케 하시고, 그들을 결코 버리지 않으시며, 신실하게 그들보다 앞서 가시면서 큰 왕들을 치셨다. 하나님은 아모리인의 왕 시혼과 바산 왕 옥을 철저히 패하게 하시고 그들을 죽이셨다(민 21장). 하나님이 이 이방 왕들을 심판하신 것은 자기 백성에 대한 그분의 특별한 선택적 사랑이었다. 하나님의 모든 백성들은 그 인자하심이 영원함이로다라고 선언해야 한다.

136:21-22. 마지막으로 하나님은 자기 백성들이 약속의 땅에 들어갔을 때 허락하신 그 승리로 인해 찬송을 받으셔야 한다. 주님은 그들에게 저희의 땅을 기업으로 주셨다. 그분은 이전에 아모리인들의 것이었던 땅을 취하셔서 그 종 이스라엘의 소유가 되게 하셨다. 하나님이 왜 이렇게 하셨는가? 자기가 택한 자들을 위한 그분의 큰 사랑 때문이다.

C. 하나님의 돌보심에 대한 감사(136:23-26)

136:23. 자기 백성에게 이 놀라운 승리를 주권적으로 주신 하나님은 약속의 땅에 있는 그들을 사랑으로 돌보셨다. 하나님은 비천한 그들을 기억하셨다(기념하셨다). 그분은 영원한 사랑을 베푸셨던 그들을 결코 잊을 수 없으셨다. 이 악한 세상이 그들을 아무리 무시한다 해도 하나님은 그들을 귀히 보신다(비교. 신 7:7-10).

136:24-25. 하나님은 자신이 기억하신 모든 자들을 구원하신다. 하나님은 그들에 대한 자신의 영원한 사랑이 너무나 강해서 모든 대적에게서 그들을 건져주셨다. 그분은 자

기 백성들 중에 있는 모든 육체에게 식물을 주신다. 그분은 자신이 대신 싸워주시는 자들을 먹이신다. 이것이 하나님의 행동하는 사랑이다.

136:26. 결론적으로 시편 기자는 모든 이들에게 하늘의 하나님께 감사하라고 초청한다. 이 마지막 절은 이 시편의 첫 절을 반향하고 있다. 여기에 그 인자하심이 영원한 하나님을 예배하라는 마지막 요청이 있다. 그분의 무조건적이고 신실한 사랑은 결코 꺼지지 않고, 영원히 계속될 것이다.

결론

하나님의 완전한 사랑에 대해 설명하던 찰스 스펄전은 이런 말을 했다. "하나님은 그 누구보다도 선하신 분이다. 실상 그분만이 가장 고차원적 의미에서 선하시다. 그분은 선의 원천이시며, 모든 선의 선이시며, 선을 지탱하시고, 완성하시며, 보상하시는 분이다. 이로 인해 그분은 자기 백성들의 끊임없는 감사를 받기에 합당하시다. 그분은 우리에게 이 신적 선하심을 쏟아부어주셨다."

스펄전이 옳다. 하나님은 선하시다. 사랑하는 자들을 향한 그분의 사랑은 결코 중지되거나 줄어들지 않는다. 그러므로 하나님을 향한 우리의 찬양도 끝이 없어야 한다. 그분의 사랑이 우리에게 영원하신 것처럼 우리 또한 그분을 영원히 찬양해야 한다. 이 하나님께 공개적이고 열정적으로 감사를 돌려드리며, 만물에 대한 그분의 주권을 인정하도록 하자. 그분이 자기 영광과 우리의 선을 위해 주권을 사용하심을 알고 항상 감사를 드리자.

티칭 가이드

고안

A. 하나님의 창조에 대한 감사(136:1-9)

B. 하나님의 심판에 대한 감사(136:10-22)

C. 하나님의 돌보심에 대한 감사(136:23-26)

시편 137편

찬양할 수 없을 때

"하나님께로부터 태어났다고 불리는 그대들이여, 그리스도인들이여, 그대들이 울부짖지 않는다면 어떤 영적 생명도 없을 것이다."

- 존 번연(John Bunyan)

들어가는 글

성도의 인생에는 슬픔에 완전히 압도되어, 슬픔이 너무나 커서 하나님을 찬양하기가 쉽지 않을 때가 있다. 그렇다 하더라도 성도는 항상 주를 찬양해야 한다. 그러나 낙심과 패배로 얼룩진 인생의 계절이 있다는 것은 냉정한 현실이다. 그러한 낮은 골짜기에서 찬양도 하나님의 자녀를 피해갈 때 그의 마음은 절망으로 가득하여 하나님을 향해 목소리를 높이는 것이 실제로 불가능할 수도 있다. 때로 그것은 하나님의 나라가 충격적인 상실을 겪고 있는 데 연유한 절망일 수도 있다. 왕성하게 활동하던 기독교 지도자가 죄에 빠진다. 어떤 교파가 하나님의 말씀과 더욱더 위배되는 결정을 내린다. 교회가 열정을 잃고 문을 닫는다. 거짓 종교나 종파가 한 지역을 상당 부분 잠식하여 그 지역의 복음 증거를 위축시킨다. 이 모든 패배의 결과가 그리스도를 따르는 자의 영혼을 휘몰아치며 깊은 슬픔을 안긴다. 그의 마음은 너무나 비통해서 노래할 수 없다.

이것이 시편 기자가 시편 137편을 쓸 때 느꼈던 바로 그 고통이다. 하나님의 백성인 그들이 사랑하던 성전은 파괴되고 이국 땅, 바벨론에 포로로 잡혀와 있다. 또한 하나님의 징계의 손길로 인해 고통당하고 있었고, 그들이 느끼는 고통은 영혼을 예리하게 파고들었다. 이방 나라 바벨론에서 자신들의 하나님을 모욕하며, 시온의 노래를 부른다고 비난하는 바벨론인들의 괴로운 조롱을 들었다. 그들은 머리를 들지 못하고 힘없이 어깨를 늘어뜨린 채 하염없이 눈물만 흘렸을 것이다. 절망에 짓눌려 하나님께 목소리도 높여드릴 수 없었다. 그들은 치욕적인 패배를 당한 후에야 오랫동안 뿌렸던 불순종의 씨에서 쓰라린 추수를 거두고 있음을 깨달았다.

처연하고 애처롭고 구슬픈 언어로 쓰인 이 시편은 하나님의 백성들이 이방 땅에서 눈물을 흘리며 시온의 노래를 부를 수 없는 비극적인 처지를 애통해한다. 아마 이 시편은 바벨론 포로 생활이 끝나갈 무렵의 그 고통스럽던 시간을 반추하며 썼을 것이다. 더 가능성이 있는 것은, 그들이 바벨론에서 약속의 땅으로 귀환하자마자 썼을 수도 있다. 어떤 경우든, 포로 생활에 대한 저자의 회상은 처절한 기억을 떠올리게 한다. 그럼에도 불구하고 시온에 대한 그분의 애정은 각별하여 그 땅과 재건된 성전에서 그의 헌신은 다시 회복될 것이다.

본문 이해

Main Idea	시편 기자는 바벨론 포로 시기의 슬픈 나날들을 기억하고 하나님께서 그들을 포로로 끌고 갔던 자들을 심판해주시길 기도한다.

A. 시편 기자의 애통(137:1-4)

Supporting Idea	시편 기자는 하나님의 백성들이 바벨론 강가에서 너무나 비통한 나머지 노래하지 못했던 과거 시절을 애통해한다.

137:1. 이 시편은 이국 땅에서 시작한다. 바벨론은 고대 세계에서 거대한 제국 중 하나로 현대의 이라크에 해당하는 넓은 땅덩어리를 차지했던 국가다. 하나님의 백성들은 그곳에 포로로 잡혀와 있었다. 바벨론 강변은 티그리스와 유프라테스 강과 그 강과 연관된 수많은 운하들을 가리키는 것으로 그것들은 바벨론이 거대한 제국으로 성장하는 데 일조했다. 그곳에서 포로로 잡혀와 있던 그들은 시온, 즉 예루살렘, 바벨론인들에 의해 파괴된 성전이 있던 곳을 기억한다. 그들은 하나님의 성을 잃어버린 데 대해 애통하며 쓰라린 마음으로 울었다.

137:2. 그들은 깊은 절망 속에서 강변의 나무에 수금을 걸었다. 이러한 기쁨의 악기들을 사용할 일이 전혀 없었던 것이다. 치욕적 패배라는 이 절망적인 상태에서 즐거운 노래를 부를 수는 없었다. 이 우울한 분위기에서 어떤 즐거운 음악도 연주하지 않았다.

137:3. 그들을 사로잡은 자, 바벨론인들은 그들을 괴롭히며, 조롱하고, 기쁨의 노래로 자신들을 즐겁게 해달라고 요구했다. 이것은 "한때 아름다웠지만 이제 파괴된 시온을 예배하는 노래를 우리에게 부르라" 고 말하는 것처럼 하나님의 백성들을 모욕하는 것이었다.

137:4. 하나님의 백성들은 정결하지 못한 땅인 이방에 있어서 여호와의 노래를 부를 수 없었다. 절망이 그들의 마음에 가득했다. 시온이 황폐하게 버려진 채 이국에서 포로 생활을 하면서 노래를 부를 수는 없었다.

B. 시편 기자의 충성(137:5-6)

Supporting Idea	시편 기자는 포로 된 자들이 예루살렘의 영광을 결코 잊지 않을 것이라고 선언한다.

137:5. 시편 기자는 예루살렘을 향해 직접 이야기하는 것처럼 말한다. 그의 몸은 바벨론에 있지만 그의 마음은 예루살렘에 있다. 이것은 그가 예루살렘에 대해 가진 깊은 사랑을 보여준다. 하나님과 그분의 거룩한 성을 향한 그분의 사랑은 결코 분리될 수 없다. 내 오른손이 그 재주를 잊을지라. 오른손잡이의 사람에게 이 표현은 그의 가장 큰 능력과 힘을 의미하며, 아마 수금을 연주할 때 사용한 손과 관련된 것일 가능성이 매우 높다(2절). 그가 예루살렘을 잊는다면 자신의 수금을 연주할 진정한 이유가 없다. 그는 하나님의 영광을 위해 연주하든지 아니면 아예 연주하지 말아야 한다.

137:6. 시편 기자는 하나님과 그분의 거룩한 성 예루살렘에 대한 자신의 충성을 배신하길 거부한다. 그는 예루살렘이 황폐하게 버려져 있는 한 노래하지 않기로 맹세한다. 그는 노래로 하나님을 조롱하는 자들을 즐겁게 해주지 않겠다고 맹세한다. 예루살렘의 원수들에게 놀림을 당하고 있는 한 노래하지 않겠다는 것이다. 예루살렘은 하나님의 왕국을 상징한다는 면에서 그가 제일 즐거워하는 것이다. 예루살렘은 한때 성전이 서 있던 곳이며, 하나님의 영광이 거하고, 말씀이 선포되며, 시온의 노래가 불려지고, 하나님의 이름이 높임을 받으셨던 곳이었다. 예루살렘을 높이는 것은 이 모든 것들을 높이는 것이다.

C. 시편 기자의 갈망(137:7-9)

Supporting Idea	시편 기자는 하나님께서 에돔 자손과 바벨론인들을 심판해주실 것을 기도한다.

137:7. 시편 기자는 하나님께 그들의 압제자들을 기억하시고, 심판해달라고 요청한다. 에돔 자손은 예루살렘의 기초가 훼파되기를 희망했다. '기초' 라는 단어는 예루살렘에 있는 건물들의 실제적인 기초뿐 아니라 하나님이 세우신 그 성의 질서(시 11:3)와 땅에서의 여호와의 통치도 의미한다. 하나님의 백성들에 대한 에돔의 무서운 범죄는 오

바다 11-14장에 자세히 기록되어 있다.

137:8. 시편 기자는 바벨론으로 관심을 돌리며 그들을 사로잡은 자들에게 직접 말한다. 바벨론은 **바벨론의 딸**(여자 같은 바벨론)로 의인화되어 있다. 여기에는 바벨론 백성들과 바벨론이 대표하는 모든 것들이 포함된다. 이 이방 제국은 **멸망할 운명**이다. 바벨론이 황폐하게 될 것이라는 인정이다(사 13, 21, 47, 렘 50-51, 합 2장). 너희가 우리에게 가한 파멸을 네게 갚는 자는 **유복**하다.

137:9. 이 시편은 충격적인 결론에 도달한다. 네 어린 것들을 죽이기 위해 붙잡아 반석에 메어치는 자에게 복이 있을 것이다. 이것은 정확히 바벨론인들이 이스라엘에 들어와 시온을 침공하고 하나님의 백성들을 파멸시켰을 때 히브리 아기들에게 했던 바로 그 행위다. 바벨론인은 그들의 아기들을 죽였다. 시편 기자는 하나님의 심판하심으로 전쟁의 잔인함이 바벨론인에게 되돌아가게 해달라고 기도한다.

Main Idea 복 습	시편 기자는 바벨론 포로 시기의 슬픈 나날들을 기억하고 하나님께서 그들을 포로로 끌고 갔던 자들을 심판해주시길 기도한다.

결론

여기서 시편 기자의 애통함을 이해하기는 어렵지 않다. 하나님의 백성들의 기쁨은 하나님의 사역의 상태와 불가분의 관계로 연결되어 있다. 교회가 강하면 신자의 마음은 높이 솟아오른다. 그러나 하나님의 영광과 그리스도의 이름이 교회 안에서 짓밟히면 그리스도의 모든 제자들은 깊은 슬픔에 빠진다. 오늘날 그토록 수많은 회중들의 영성이 저급한 상태에 있음을 생각하면 가슴이 찢어진다.

오늘날 미국 전체 교회의 85퍼센트가 정체 상태거나 교인들이 감소 추세에 있다는 사실은 눈물을 흘리며 슬퍼해야 할 일이다. 수많은 설교단에서 무의미한 내용이 전달되고, "여호와께서 가라사대"란 선포가 완전히 사라진 현실 역시 통곡해야 할 일이다. 오늘날 너무나 많은 교회에서 인간 중심적인 오락이 예배로 간주되는 사실도 슬퍼하며 울어야 할 일이다. 영적인 쇠락의 시기에 하나님께서 다시 한번 자기 사역을 회복해주시기를 기도해야 한다. 하나님께서 종교 개혁 시절에 경험한 영광을 교회가 다시 회복할 수 있게 해주시기를 기도한다.

삶의 적용

시편 기자가 표현한 저주를 생각해보면서 정말 충격적이긴 하지만 이러한 저주를 온건하게 표현하고자 노력하기 전에 런던의 위대한 침례교 목사인 찰스 스펄전의 말을 귀담아들을 필요가 있다.

> 자신들의 성전이 불타고, 자신들의 성이 무너지며, 자신의 아내가 유린당하고 자식들이 살해되는 것을 한번도 경험하지 못한 자들로 이 저주들이 아무 이유도 없는 것이라고 비판하도록 해보라. 그들이 이와 같은 방식으로 고통을 당했다고 한다면 그렇게 한가하지 못할 것이다. 바벨론에서 포로 생활을 하는 이스라엘 백성의 쓰라린 감정에 대해 이야기를 하는 것과 우리 자신이 야만적이고 무자비하며 자비를 베풀 줄 모르고 아무것도 방어할 능력이 없는 이들에게 야만적인 일을 자행하며 쾌감을 느끼는 강국의 포로가 되는 것은 전혀 별개의 일이다. 그 노래는 유대인의 통곡의 장소에서 불러야 적절한 노래이다. 그것은 바벨론 포로 생활의 결과이며, 종종 다른 때라면 전혀 입으로 나오지 않았을 슬픔의 표현을 표출하게 한다. 그것은 보석과 같은 시편으로 온화하게 빛나는 그 안에는 보는 자를 경이로움으로 놀라게 하는 불이 타오르고 있다.

기도

하나님 아버지, 시편 기자의 탄식을 우리는 이해할 수 있습니다. 우리 역시 이 시대에 당신의 사역이 침체에 빠진 사실로 인해 애통하고 슬퍼합니다. 당신의 교회가 그토록 약하고 세속적인 모습을 보면 때로 웃고 기뻐하기가 어렵습니다. 시편 기자의 마음처럼 우리 마음도 무너집니다. 그러나 그 이상으로 교회의 침체에 대해 당신의 마음도 무너진다는 것을 알고 있습니다. 아버지여, 우리로 이 시대에 당신의 백성들 속에서 부흥을 보게 하심으로 우리에게 힘을 주십시오. 당신이 만물의 하나님이심을 보여주십시오. 당신의 교회를 부흥시켜주십시오. 예수님의 이름으로 기도합니다. 아멘.

teaching guide

티칭 가이드

심층 연구

멸망(137:8)

'멸망(shadad)' 이라는 단어는 '패망시키다, 파괴하다, 망치다' 라는 뜻이 있다. 여기서 보듯이, 동사 형태일 경우 이 단어는 바벨론이라는 파괴적인 나라를 가리켜 사용된다. 이 파괴적인 나라는 예루살렘을 파괴했고(렘 6:26, 12:12), 그로 인해 하나님의 심판을 받게 될 것이다(렘 51:48, 53, 55-56).

교안

A. 시편 기자의 애통(137:1-4)

B. 시편 기자의 충성(137:5-6)

C. 시편 기자의 갈망(137:7-9)

시편 138편

담대한 신앙

"나를 향한 하나님의 뜻이 성취되지 않는 한 나는 죽지 않을 것이다."

- 데이비드 리빙스턴(David Livingstone)

들어가는 글

모든 신자는 자신의 인생에 대한 하나님의 주권을 강하게 확신하며 살아야 한다. 그들은 자신의 모든 선택에 책임을 지며, 자기 생명을 보호하고 장수하기 위해 합당한 조치를 취해야 하지만 그럼에도 불구하고 그의 시간은 하나님의 손에 있다. 하나님은 땅에서 우리가 살 날의 수를 정해두셨다. 나아가 하나님은 자신이 행하실 선한 일을 미리 정해두셨다. 그리스도의 모든 제자들은 하나님이 각 인생을 통해 성취하실 것을 목적으로 하는 거룩하게 기록된 말씀을 따른다. 그러므로 매일의 도전(그중 많은 것들이 순간적인 것이다)에 직면하는 그리스도인들은 하나님의 영원한 뜻이 이뤄질 것이라는 담대하고 흔들림 없는 믿음으로 전진해야 한다. 점점 더해가는 시련 속에서도 하나님께서 그분의 인생을 향한 계획을 이루실 것을 믿어야 한다.

이것이 자신을 만물보다 높이신 하나님을 찬양하는 시편 138편의 핵심 메시지다. 주님은 위협하는 대적에게서 다윗을 건져주시고, 그의 생명을 유지시켜주셨다. 그러므로 다윗은 이 극적인 구원에 대해 하나님을 찬양한다. 더 강한 확신으로 그는 하나님께서 그의 인생 가운데 계획한 뜻을 이루실 것을 신뢰한다. 그는 하나님의 전체적인 뜻에 대한 절대적 신뢰를 표현한다. 다윗이 자신의 기도에 응답하시고, 위험에서 구원해주신 하나님께 그런 찬양을 드리겠다고 맹세하는 것이 전혀 이상하지 않다. 이 시편의 구체적인 배경은 밝혀져 있지 않지만, 이 시편은 시편 기자가 하나님에 대해 품고 있는 일생의 신뢰를 나타내고 있다.

본문 이해

Main Idea	다윗은 다윗 언약을 통해 자신에게 하신 거룩한 약속들의 확실성으로 인해 하나님을 찬양한다.

A. 찬양의 표현(138:1-3)

138:1. 인생의 어려운 고비에도 불구하고 다윗은 내가 주께 감사한다고 말한다. 이 찬양은 그의 자발적인 의지의 결정이다. 변하기 쉬운 그의 감정은 그렇게 느끼지 않을 수도 있지만 그럼에도 불구하고 그는 그렇게 하겠다고 결심한다. 그는 건성이 아니라 그의 영혼의 깊은 곳에서 전심으로 하나님을 경배할 것이다. 웅얼거리는 소리가 아니라 목소리를 높이고, 승리의 태도로, 기쁨이 흘러넘치는 태도로 주께 찬양할 것이다. 다른 신들이란 표현은 다윗의 시대에 다른 신들의 존재가 인정되었음을 암시한다. 가나안의 신들이 도처에 있었지만 다윗은 참되시고 살아 계신 하나님 한 분께만 감사를 드린다.

138:2. 내가 주의 성전을 향하여 경배하며. 이것은 자신을 낮추는 겸허하고 겸손한 태도로 드리는 경배이다. 하나님은 만물 위에 자기 이름을 높이셨다. 하나님의 이름은 그분의 거룩한 속성의 핵심과 주권을 가리킨다. 그분과 비길 이는 없다. 나아가 그분의 말씀이 "모든 만물 위에" 있다(개역 성경은 주의 말씀이 주의 모든 이름 위에 높게 하셨다고 번역함). 그가 명하신 모든 것, 특별히 그의 언약들이 이루어질 것이다. 여기서 하나님의 말씀은 거룩한 성경에 기록된 계시를 가리킨다. 성경은 신자들에 대한 하나님의 자비와 신실하심을 계시한다. 이 두 속성은 하나님의 신적 약속들과 관련 있다(시 108:4, 115:1).

138:3. 다윗이 여호와께 간구하면 하나님은 응답하셨다. 하나님이 그의 기도를 들으시고 주의하셨다는 사실로 인해 다윗의 영혼은 대담하고 강하게 된다. 그는 앞으로 나아갈 확신을 갖고 있다.

B. 찬양의 확장(138:4-5)

138:4. 다른 이방 열왕들은 주를 찬양하지 않는다. 다윗은 아마 지상에서 하나님을 찬양하는 유일한 왕이었을 것이다. 그는 땅의 모든 열왕이 하나님을 찬양하게 해달라고 기도한다. 그들은 주의 입의 말씀(즉 하나님의 구원의 진리)을 들어야 한다. 그들이 믿음으로 반응할 때 하나님을 찬양하게 될 것이다.

138:5. 다윗은 아직 회심하지는 않았지만 모든 왕들이 여호와의 도를 노래하게 해달라고 기도한다. 그들은 그들의 땅의 영광이 아무것도 아님을 분명히 보게 될 것이다. 하나님의 영원한 영광이 가장 중요하다.

C. 찬양의 이유(138:6-8)

138:6. 하나님은 높이 계시며 하늘에 높이 들림을 받으신다. 그러나 그분은 자기 앞에 꿇어 엎드리는 자들을 높이시고, 존귀하게 하시고자 낮은 자를 하감하신다. 그러나 그는 멀리서도 교만한 자를 아신다. 거룩한 하나님과 거만하고 교만한 자 사이에는 큰 틈이 있어 서로를 분리시킨다.

138:7. 이때가 다윗에게 형통한 시기는 아니었다. 그는 환난 중에 다니고 있었다. 하지만 그는 하나님께서 그를 소성케 하실 것을 알았다. 하나님은 그의 손을 펴사 그의 원수들의 노를 막으실 것이다. 다윗은 하나님의 뜻 안에서 자신이 누구에게도 패배하지 않을 것을 확신한다.

138:8. 하나님에 대한 특별한 확신을 가진 다윗은 여호와께서 내게 관계된 것을 완전케 하실지라라고 선언한다. 여기서 하나님의 모든 것을 통치하시는 주권에 대한 흔들림 없는 믿음을 볼 수 있다. 사람들이 다윗에게 무슨 일을 하더라도 하나님의 영원한 뜻이 그의 인생을 통해 성취될 것이다. 그를 향한 하나님의 인자하심이 영원하다. 위협하는 대적들과 맞선 상황에서라도 그를 향한 하나님의 영원한 뜻은 변하지 않는다.

결론

신자는 어떤 환경을 만날지라도 하나님을 찬양할 합당한 이유가 항상 있다. 그는 그를 위협하는 환경과는 무관하게 그의 인생을 향한 하나님의 주권적 뜻이 시행되리라는 것을 깨달아야 한다. 신자는 어떤 시련을 만날지라도 자신의 정하신 뜻이 성취되기까지 하나님이 통치하실 것이라는 확신을 붙들어야 한다. 그는 자기 인생이 원수의 손아귀가 아니라 하나님의 손 안에 있음을 보아야 한다. 그러므로 모든 그리스도의 제자들은 확신을 갖고, 앞으로 전진하며, 승리에 찬 태도로 하나님을 섬겨야 한다. 자신의 인생을 하나님께 헌신한 모든 이들에게는 이 담대한 믿음이 있어야 한다. 만물을 주관하시는 우리의 주권자이신 하나님에 대한 담대한 믿음으로 살아가기를 기도한다.

teaching guide

티칭 가이드

고안

A. 찬양의 표현(138:1-3)

B. 찬양의 확장(138:4-5)

C. 찬양의 이유(138:6-8)

시편 139편

무한하지만 친밀하신 분

"유한자가 무한자를 어떻게 이해할 수 있겠는가? 우리는 그분을 어느 정도 감지할 수는 있겠지만 완전히 파악하지는 못할 것이다."

- 리처드 십스(Richard Sibbes)

들어가는 글

하나님의 위대하심은 무한히 방대하다. 그분의 위엄은 인간이 이해할 수 있는 능력을 훨씬 초월한다. 예를 들어, 그분이 창조한 우주의 크기를 생각해보라. 과학자들은 어지러울 정도로 큰 우주의 부피를 초당 186,000마일의 빛의 속도로 5,000억 년을 여행해야 우주의 둘레를 돌 수 있다고 계산한다. 태양은 직경이 864,000마일인데 지구 크기의 행성을 백만 개 이상 늘어놓은 것이다. 베텔주스(Betelgeuse)는 직경이 백만 마일인데 지구가 태양 주위를 도는 공전 주기의 크기보다 더 크다. 그것은 약 8.5분 만에 지구에 도달하는 빛의 속도를 지닌 태양빛을 지닌다. 그리고 동일한 빛이 지구에서 24조 마일이나 떨어진 가장 가까운 별인 알파 켄타우루스(Alpha Centauri)에 도달하려면 4년 이상의 시간이 걸린다.

지구가 속해 있는 은하계인 은하수는 수천억 개의 별을 포함한다. 천문학자들은 은하계의 숫자만 해도 해변의 모래알의 숫자인 수십억 개에 이를 것이라고 추정한다. 창조주이신 그분은 창조물의 크기를 훨씬 더 뛰어넘어 얼마나 방대하실까.

이 무한하신 하나님은 지상의 모든 개인들을 친밀히 알아보신다. 60조나 되는 지구의 인간 중에서 하나님은 개개인을 완전히 아신다. 그 사람의 머리털까지도 세신 바 되었다. 그가 무엇을 말할 것인지도 미리 아신다. 그는 현존하시며 모든 순간에 개입하신다. 하나님은 창조하신 모든 인생을 취하시며 삶의 모든 영역을 관장하신다. 모든 생각, 말, 태도, 행동은 그분께 펼쳐진 책의 내용이다. 어떻게 광대하신 분이 내재하실 수 있는가? 이것은 무한하시며 친밀하신 하나님 앞에서 당혹스럽지만 우리의 마음이 직면하고 있는 현실이다.

시편 139편은 다윗이 쓴 다분히 개인적인 지혜 시편이다. 여기엔 하늘과 땅을 지으신 분이시며, 자신의 삶의 세밀한 영역까지 친밀하게 개입하시는 하나님에 대한 경외와 찬탄이 담겨 있다. 아름다운 시는 전지, 전능, 무소부재하시고 심판하시는 하나님의 그 무엇과도 비교할 수 없는 속성 몇 가지를 묘사한다. 다윗은 그 속성들을 단순히 신학적인 추상적 관념이 아니라 자신의 삶에 깊은 영향을 미치는 역동적인 실제로 바라본다. 여기에 하나님의 사랑을 받는 이 사람이 모든 신자들의 삶에 영향을 미치는 네 가지 위대한 신적 속성을 관찰한 개인적인 증거가 있다. 이 시편의 배경은 알려져 있지 않지만 그것이 전하고자 하는 메시지는 너무나 확실하다.

본문 이해

Main Idea	다윗은, 하나님은 전지하시고, 무소부재하시며, 전능하시고, 거룩하시다는 중대한 진리를 묵상한다.

A. 하나님은 전지하시다(139:1-6)

Supporting Idea	다윗은 하나님이 자신에 대해 모든 것을 알고 계시다는 데 대해 압도된다.

139:1. 다윗은 그의 인생의 어떤 것도 모든 것을 살피시는 하나님의 눈길을 피할 수 없음을 깨닫는다. 그는 '탐구하다, 찾아내다, 깊이 파다, 한 나라를 조사하다' 의 의미를 지닌 단어를 사용해 여호와여 주께서 나를 감찰하셨나이다라고 선언한다. 하나님은 그 누구도 알 수 없는 그의 존재의 깊은 곳을 알고 계셨다. 주는 나를 철저히(즉 그의 인격, 존재, 그의 마음) 아시나이다(히. 야다, yadah, '친밀하게, 경험적으로 알다').

139:2. 주께서 나의 앉고 일어섬을 아시며. 이 두 행동은 다윗이 휴식할 때와 낮에 활동하는 것 사이의 모든 것을 가리키기 위한 것이다. 그는 하나님께서 어떻게 그의 생각을 멀리서도 아시는지 곰곰이 생각한다. 사람들은 그의 행동을 보지만 하나님은 그의 마음속까지 들여다보신다.

139:3-4. 하나님은 그의 인생을 감찰하신다(다시 말해, '어떤 것을 채로 거르다, 곡식처럼 까불다, 선한 것과 나쁜 것을 구분한다'). 그는 일하기 위해 나가는 것과 자기를 위해 눕는 것을 철저히 살피신다. 하나님은 다윗이 일터로 아침에 떠나는 것을 보시며 저

녁에 집으로 돌아오는 것과 낮의 모든 일들을 보고 계신다. 하나님은 그의 모든 행위를 익히 아신다. 그는 심지어 입을 열기도 전에 그가 할 말을 알고 계신다. 다윗은 오직 알지 못하시는 것이 하나도 없으시니이다라고 결론내릴 수 있을 뿐이다.

139:5. 하나님은 도망칠 곳이 단 한곳도 없는 포위된 성처럼 다윗을 에워싸고 계신다. 그는 모든 것을 아시는 그분의 생각을 벗어날 길이 없다. 하나님은 그에게 안수하셔서 항상 가까이 있게 하신다. 이토록 치밀한 감찰 속에서 하나님은 그의 인생을 세밀하게 그 내면까지 철저히 알고 계신다.

139:6. 이 모든 것에 대한 다윗의 반응은 이 지식이 내게 너무 기이하고 너무 높다는 고백이다. 하나님의 전지하심은 죄를 자각하게 하는 동시에 위로를 준다. 다윗은 그의 인간적인 능력으로 그것을 도무지 파악할 수 없으므로 겸손해지지 않을 수 없다.

B. 하나님은 무소부재하시다(139:7-12)

Supporting Idea	다윗은 하나님이 항상 그와 함께하신다는 사실에 압도된다.

139:7. 나아가 다윗은 하나님이 무소부재하시므로 그를 피해 결코 도망갈 수 없음을 깨닫는다. 내가 주의 신을 떠나 어디로 가며 주의 앞에서 어디로 피하리이까? 이 두 수사적 질문에는 피할 수 없다는 대답이 내포되어 있다. 하나님이 계시지 않는 곳은 없다. 하나님의 '영'(성령을 가리킴)은 무소부재하시다.

139:8-10. 다윗은 내가 하늘에 올라갈지라도 하나님은 거기 계신다고 선언한다. 위의 하늘은 하나님의 영원한 거처다. 혹은 정반대로 지옥의 음부에 내 자리를 펼지라도 하나님은 거기 계신다. 다윗은 죽은 후에보다 하나님과 가장 가까이서 얼굴을 맞대고 볼 때가 없을 것이다. 내가 새벽 날개를 치며 동쪽으로 날아가더라도 혹은 바다(즉 지중해) 끝에 가서 거할지라도 하나님은 그곳에 계신다. 동서남북이 여기에 다 나타나 있다. 그가 생전이든, 사후든 어디로 가든 주의 손이 나를 하나님의 뜻 가운데로 인도하시며 주의 오른손이 나를 붙드시리이다. 하나님은 항상 그의 인생에 관여하신다. 그분이 미치지 않는 인생 영역은 전혀 없다.

139:11-12. 흑암이 정녕 나를 덮는다고 다윗이 말하더라도 하나님은 흑암 속에서 그

를 보시며 그곳에 계신다. 이 흑암은 영혼의 어둔 밤(암울한 시련)을 가리킨다. 주에게서는 흑암이 숨기지 못한다. 어둔 때가 하나님께는 빛처럼 밝다. 그분은 투명하게 다 드러나는 모든 것과 그분의 영원한 목적이 무엇인지 완벽하게 아시고 그 가운데 함께 계신다.

C. 하나님은 전능하시다(139:13-18)

Supporting Idea	다윗은 하나님께서 그를 정확하게 창조하시고, 그의 인생의 날을 정해두신 데 대해 크게 놀란다.

193:13. 나아가 다윗은 하나님이 전능하심을 안다. 주께서 그를 모친의 자궁에서 정교하게 지으신 사실에서 이것이 증명된다. 하나님은 그의 장부(즉 그의 신장, 필수적인 기관을 상징하는 것, 심장, 간, 폐, 심지어 그의 가장 내밀한 가정과 도덕적 민감성)를 창조하셨다. 하나님은 유능한 직공이 아름다운 직조물을 짜듯이 그를 조직하셨다. 이 창조 사역은 그가 태어나기 9개월 전에 시작해서 그의 모태에서 이루어졌다.

139:14. 다윗은 이 경이로운 하나님의 전능하심에 대해 오직 감사할 뿐이다. 그는 자신이 신묘막측하게 만들어졌음을 이해한다. 그래서 그는 그토록 자신을 완벽하게 지으신 하나님에 대한 경이와 놀라움이 솟구친다.

139:15. 나의 형체(즉 뼈와 골격)가 하나님 앞에서 숨기우지 못하였고 하나님의 눈이 다 보고 계셨다. 하나님은 은밀한 데서 다윗을 지으셨다. 이것은 인간의 눈에는 보이지 않는 자궁을 가리키는 완곡 어법이다. 그곳에서 그는 다채로운 색깔의 옷감이나 정교하게 짠 옷감처럼 지음을 받았다(woven together - 뜨개질되다). 이 모든 실들은 그의 혈관, 동맥, 근육을 묘사한다.

139:16. 하나님은 그가 만들어지기 전 형질이 이루어지지 않은 그의 몸을 보셨다. 다윗이 세상에 나오기 전 그를 위하여 모든 날이 주권적으로 정해졌다. 그의 수명은 영원한 명령을 담고 있는 하나님의 책에 하나님에 의해 기록되었다. 그의 인생의 정확한 수명은 그가 태어나기 전 하나님이 결정해놓으셨다. 그의 인생의 날에 절대로 변동은 있을 수 없다(욥 14:5).

139:17-18. 이 신적 진리들은 다윗에게 보배롭고, 그 수가 많고 인간의 이해로는 다

파악할 수 없다. 그가 하나님에 대한 이 진리들을 열거하고자 한다면 세상의 해변들에 있는 모래보다 그 수가 많아서 도무지 그의 능력으로는 이해할 수 없다. 그가 잠에서 깰 때 그의 생각은 여전히 하나님으로 가득하다. 그는 하나님에 대한 그러한 놀라운 생각들을 머리에서 지울 수가 없다.

D. 하나님은 거룩하시다(139:19-24)

Supporting Idea	다윗은 하나님께 악한 대적들을 멸하시고 그를 철저히 살피사 완전하지 못한 모습을 지적해주시기를 간구한다.

139:19-20. 다윗은 거룩한 열심으로 이 경이로우신 하나님에 대한 자신의 충성을 맹세한다. 그는 하나님께서 악인을 죽이시기를 바란다. 그들이 그분에 대해 악하게 말하며 주를 대적하기 때문이다. 하나님의 원수들은 그의 원수다. 그들은 하나님을 모독하고 신적 이름을 남용한다. 다윗은 이것을 견딜 수 없다. 그는 그렇게 하나님을 멸시하는 자들을 용납할 수도 없다.

139:21-22. 다윗은 하나님을 미워하는 자들을 자신이 미워한다고 말한다. 이것은 그가 하나님을 대적하는 자들을 거부하고 배척한다는 의미다(비교. 시 1:1). 그는 하나님을 공격하는 자들에 대해 중립적인 태도를 취할 수 없다. 저희는 나의 원수니이다. 엄격하게 말해 그는 그들을 원수로 삼지 않았지만 그들이 스스로 그의 원수가 되었다. 하나님을 대적하는 것은 다윗을 대적하는 것이다. 다윗은 하나님 나라의 사역이 진전되기를 간절히 바랐기 때문에 모든 장애들, 심지어 이 대적들도 제거해 달라고 구한다.

139:23. 죄 문제에 관한 한, 다윗은 자기 자신에 대해서도 동일하게 엄격하다. 그는 하나님께서 그 자신의 마음을 살피시고 조사해주시기를 요청한다. 이것은 그가 이미 인정했던 사실이다(1절). 그는 하나님께서 그의 마음을 아셔서 그것을 그에게 알려주시기를 원한다. 죄의 자기 기만성 때문에 그는 자기 자신의 마음을 온전히 다 알 수 없다(렘 17:9). 그는 제련사가 금속을 시험하고 단련하듯이 나를 시험하시라고 하나님께 요청한다. 그는 내 뜻을 아옵소서라고 기도한다.

139:24. 다윗은 하나님께서 그에게 하나님을 근심하게 해드리는 죄인 무슨 악한 행위가 있나 보시고 보여주시기를 요청한다. 그럴 때만 그의 죄가 고백되어 제거된 후 하

나님께서 거룩의 길인 영원한 길로 그를 인도하실 수 있다.

Main Idea 복습	다윗은 하나님은 전지하시고, 무소부재하시며, 전능하시고, 거룩하시다는 중대한 진리를 묵상한다.

결론

무한하신 하나님이 동시에 우리와 그토록 친밀하시다는 것이 어떻게 가능한가? 하나님이 어떻게 그토록 초월적이신 동시에 내재적이실 수 있는가? 어떻게 그토록 완전하시면서 그토록 개인적일 수 있는가? 확실히 모든 것을 아시고 만물을 다스리시는 하나님은 가장 깊은 수준에서 우리 각 개인과 직접적으로 관계를 맺으신다. 하나님은 거시적 차원에서 일하실 뿐 아니라 미시적 차원에서도 일하신다. 하나님은 모든 것인 동시에 모든 것 안에 계신다. 어떤 피조물도 그를 피해 숨을 수 없다. 어떤 개인도 그의 임재를 벗어날 수 없다. 이 위대하신 하나님은 우리를 정교하게 만드시고, 우리의 모든 날을 정해두셨다. 이 시편은 우리가 각기 하나님 앞에서 겸손하게 살도록 초청한다. 하나님과 친밀하게 동행하고 싶은가? 그러면 이 시편의 수준에서 하나님께 올바로 반응하라. 당신을 가장 잘 아시는 하나님이 또한 당신을 가장 사랑하신다는 것을 알고, 당신의 인생을 그분께 맡기라. 하나님은 당신이 어디로 가든 당신과 함께하신다. 하나님은 당신에게 하나님 자신의 마음을 계시해주실 것이다. 날마다 이 하나님을 더욱 깊이 알아가기를 바란다.

삶의 적용

이 시편에 나타난 다윗의 반응이 우리의 반응이 되어야 한다. 하나님의 마음을 따르고자 하는 이 사람이 주를 추구했듯이 우리도 각기 그렇게 해야 한다. 우리는 이 시편을 어떻게 삶으로 실천할 수 있는가? 이 영감된 시편의 개인적 적용과 직접적 응용은 하나님의 무한하신 위대하심에 대한 넘치는 의식으로 시작된다. 그러한 각성이 우리 영혼을 휩쓸어 우리에게 경이로움과 두려움을 갖게 해야 한다. 그분의 위대하심의 광대함과 더불어 우리와 친밀한 인격적 관계를 맺으시는 그 하나님을 생각할 때 그분이 우리를 그토록 생각하시고 돌아보신다는 사실에 우리 마음이 경외감으로 휩싸이고 말로 다 할 수 없는 감격에 잠기게 된다.

우리가 그분을 경배하는 것 외에 달리 어떤 반응을 할 수 있는가? 하나님의 속성에 대한 우리의 이해가 클수록 그분을 향한 우리의 사랑도 커질 것이다. 우리가 다 이해할 수 있는 하나님이라면 우리는 절대 찬양할 수 없다. 그분이 우리 인간 지식의 한계를 초월해 계신다는 사실 앞에서 우리 마음은 그분을 향한 더 큰 놀라움으로 가득하게 된다. 이 무한하신 하나님이 우리에게 그 자신을 계시하신다는 것이 참으로 놀랍다. 그분이 그토록 친밀한 관계를 통해 자신을 우리에게 알리신다는 것에 우리는 평생 경탄해마지 않아야 한다.

기도

하늘과 땅의 위대한 창조주이신 하나님 아버지, 유한하고 오류투성이인 우리의 삶 속에 내주해주시는 주님을 찬양합니다. 우리에게 그토록 관심을 가지시며, 그토록 깊이 우리와 관계해주시니 놀라지 않을 수 없습니다. 우리를 살피셔서 당신에게 상처되는 것이 발견될 때 우리로 하여금 깨닫게 해주십시오. 우리가 그것을 회개하고 버리겠습니다. 예수님의 이름으로 기도합니다. 아멘.

심층 연구

A. 음부(139:8)

히브리어 '스올(sheol)'은 구약에서 66번 사용되며, '망자, 무덤, 지하 세계 영역'을 가리킨다. 의인들(창 37:35)뿐 아니라 불의한 자들(민 16:30)도 스올에 갈 것이다. 사람들이 스올로 가는 것은 하나님께서 그들을 그곳으로 데려가시기 때문이다(삼상 2:6). 그곳은 아무도 되돌아올 수 없는 인간의 의식적 실존의 장소이다(시 16:10). 신약의 상당어구는 헬라어 '게헨나(gehena)'가 아니라 '하데스(hades, 비교. 마 11:23, 여기서 예수님은 사 14:13-15을 인용하신다)'이다. 모든 영혼이 동일한 최후 운명을 맞는 것은 아니지만 모든 사람의 몸은 스올로 갈 것이다.

B. 인도하다(139:10)

'인도하다(히. naha)'라는 단어는 '이끌다 혹은 옳은 길로 누군가를 인도하다'라는 뜻이다(출 13:21, 32:34, 민 23:7, 느 9:12, 욥 38:32, 사 58:11). 구약에서 이 단어는 39회 사용되었다. 하나님께서 이스라엘을 낮에는 구름기둥으로, 밤에는 불기둥로 인도하신 출애굽기에서 이 동사가 가장 생생하게 드러나고 있다(출 13:21, 시 78:14). 시편에서는 하나님이 그분의 종을 인도하시는 것을 가리킨다(시 27:11, 31:3, 61:2, 77:20, 139:24, 143:10). 이 인도하심은 의의 길로 인도하는 것이다(시 5:8, 23:3, 67:4).

C. 눈(139:16)

'눈'이라는 단어는 신인동형론적 표현으로, 인간적인 용어로 하나님을 묘사하는 문학적 장치다. 이 용어는 두 개의 헬라어 '안드로포스(anthropos, 인간)'와 '몰페(morphe, 형태)'에서 파생한 것이다. 신인동형론은 인간의 육체를 가리키는 단어를 사용해 하나님을 묘사한 것이므로 비유적으로 해석되어야 한다. 또 그것은 문자적인 의미가 아니라 비유적인 의미의 묘사와 함께 인간적인 세상의 용어로 초월적인 하나님이 반복적으로 묘사되어 있다. 이 비유적 표현들(가령 눈, 귀, 얼굴)은 영원하시고, 우리 머리로 측량할 수 없는 하나님을 유한하고 타락한 인간이 이해할 수 있도록 하기 위해 사용된다.

신인동형론은 무한한 하나님을 제한적인 인간 머리가 이해할 수 있도록 묘사하기 위한 것이다. 대부분의 이런 표현은 구약의 시와 예언들에 사용된다(신인동형론적 표현의 예, 비교. 창 3:8, 6:8, 49:24, 출 15:3, 24:11, 수 4:24, 민 12:8, 신 11:12, 13:18, 32:10, 대하 16:9, 시 10:17, 17:6, 18:6, 사 59:1-2, 렘 7:13, 호 11:8). 하나님께 적용된 이런 인간적인 표현들이 문자적으로 해석되어서는 안 된다. 성경은 "하나님이 영이시며"(요 4:24) 아무 형체도 없다고 분명히 명시하고 있기 때문이다(비교. 신 4:12). 이스라엘 백성들이 보이지 않는 하나님을 묘사하는 어떤 형상도 만들지 말라는 명령을 받은 이유가 이것이다(신 4:15-19). 새긴 어떤 형상으로도 아무 형체가 없는 하나님을 제대로 묘사할 수 없다. 물론 하나님의 제2위 되신 분이 예수 그리스도의 위격으로 성육신하신 점은 지적되어야 한다.

고안

A. 하나님은 전지하시다(139:1-6)

B. 하나님은 무소부재하시다(139:7-12)

C. 하나님은 전능하시다(139:13-18)

D. 하나님은 거룩하시다(139:19-24)

시편 140편

필사적인 부르짖음

"그리스도가 우리의 지도자로 계신 한 결코 절망하지 말자!"

- 조지 휫필드(George Whitefield)

들어가는 글

인생의 폭풍은 우리를 성장하게 하거나 무너뜨린다. 그것은 우리를 하나님이 원하시는 인격의 소유자로 빚어줄 수도 있고 혹은 낙심해서 무너지게 하는 계기가 될 수도 있다. 불 같은 시련은 신자로 하여금 하나님께 더 가까이 나아가게 하거나 더 멀어지게 한다. 하지만 혹독한 고통을 겪으면 그 누구도 이전과 같을 수는 없다. 고난은 신자를 더 따스한 사람이 되게 하든지 변질되게 한다. 더 나아질 수도 있고 더 악해질 수도 있다. 이것이 우리의 영적 생활에 미치는 시련의 강력한 영향이다. 모든 신자는 폭풍을 경험하지만 그 누구도 변하지 않고는 그것을 통과할 수 없다.

다윗은 삶의 대부분을 불 같은 인생의 시련 속에서 지낸 것 같다. 시편 140편은 경건하지 않은 자들의 음모와 신성 모독에서 구원을 바라는 기도이다. 다윗이 직면한 시련은 절대 작은 것이 아니었다. 그러나 이 시련은 실제로 그를 하나님께 더 가까이 나아가게 한다. 이 고통스러운 시련 가운데 다윗은 매우 절박하게 하나님을 부르고 하나님은 그에게 응답하신다.

본문 이해

Main Idea	다윗은 그에게 큰 해를 가하고자 하는 악인들에게서 하나님의 건져 주심을 간구한다.

A. 다윗의 부르짖음(140:1-8)

140:1. 다윗은 나를 건지소서라고 외친다. 이것은 큰 어려움 속에서 하나님의 도움을 구하는 긴급한 호소이다. 그의 위험은 악인들이었다. 무고한 자에게 끊임없이 해를 입

히고 경건한 자를 먹이처럼 삼키려고 하는 자들이었다. 그동안에 다윗은 당신이 나를 건지실 때까지 나를 보전하소서라고 기도한다. 이 강포한 자들은 가혹하고 무자비해서 위해를 받는 상대방을 전혀 개의치 않는다. 그들은 절대 멈추지 않고 경건한 자의 명성과, 생활과, 가족과, 평강을 파괴할 것이다.

140:2. 저희가 꾀하는 해가 다윗과 그의 지지자들을 해하고 있다. 그들은 결백한 자를 공격해서 분쟁과 갈등을 일으킨다. 그들의 폭력은 결코 우연한 것이 아니라 계획적이고, 의도적이며, 미리 모의된 것이다. 그들은 중심에 악한 계획을 품는다. 그들은 형제들 중에 불화를 조성하고, 사람들로 하여금 경건한 자들과 싸움을 붙인다.

140:3. 그들의 가장 파괴적인 무기는 그들의 혀다. 그들은 그들의 혀를 굴리며 비방하고 무너뜨린다. 그들의 혀는 살을 꿰뚫고 찌르는 뱀의 이빨처럼 날카롭다. 한번 물면 희생자에게 독을 넣는다.

140:4. 다윗은 여호와여 나를 지키사 악인의 손에 빠지지 않게 하시며라고 간구한다. 이것은 그들이 실제로 그에게 손을 대어 신체적 위해를 가하려고 하는 것처럼 다윗의 필사적인 상황을 보여준다. 이 강포한 자들은 그를 넘어뜨리려고 그의 걸음을 밀치려 하며 그를 파멸시키고자 한다.

140:5. 사냥과 관련된 이 모든 표현들(올무, 줄, 그물, 함정)은 이 악인들이 짐승처럼 다윗을 함정에 빠뜨리고 옭아매고자 노린다는 사실을 보여준다. 그는 자신이 그들의 사냥감이라는 것을 정확히 직감한다. 말(words)의 매복으로 그를 함정에 빠뜨리고자 하는 인격적인 살인을 하려고 한다.

140:6. 하나님에 대한 다윗의 호소의 근거는 주님과의 관계이다. 주는 나의 하나님이시다. 이 어려움 속에서 그의 믿음은 적극적이고 역동적이다. 여호와여 나의 간구하는 소리에 귀를 기울이소서. 그는 신적 은혜와 보호, 구원을 호소한다.

140:7. 다윗은 주 여호와를 구원의 능력으로 인정한다. 하나님은 그의 원수들보다 무한히 더 능력이 있으시며 대적들에게서 그를 건져주실 수 있다. 하나님은 비유적인 의미에서 전쟁 때 쓰는 다윗의 투구이며, 해에서 그를 보호하시는 분이다. 하나님은 자기 백성들을 구원하실 신적 용사이다.

140:8. 다윗은 악이 이루지 못하고 악이 승리하지 않게 하나님께서 역사하시기를 간구한다. 거룩하지 않고 불법적인 그들의 소원은 다윗을 파멸시키고 거리낌없이 하나님

의 사역을 무너뜨리는 것이었다. 그는 악한 계획이 성공하지 않게 해달라고 간구한다.

B. 다윗의 정죄(140:9-11)

140:9. 다윗은 그들의 악한 계획이 그들 자신의 머리로 돌아가게 해달라고 기도한다. 나를 에우는 자가 그 머리를 들 때에 저희 입술의 해가 저희를 덮게 하소서. 이것은 개인적인 복수가 아니라 땅에서 하나님의 영광을 바라는 경건한 열심에서 나온 말이다. 나아가 그것은 개인적 공격이 아니라 자기 방어 차원에서 나온 말이었다. 시편 기자는 그들의 입술로 한 말들이 그들의 머리로 되돌아가게 해달라고 기도한다.

140:10. 다윗은 뜨거운 숯불, 불, 깊은 웅덩이로 그의 원수들을 파멸시키라고 구한다. 이 모든 것은 신적 심판의 메타포다. 이것들은 그의 원수들을 위해 준비된 하나님의 보응의 불을 묘사한 것이다. 뜨거운 숯불은 소돔과 고모라의 파멸 이야기를 가리킨 것일 수 있다. 그것은 이 성의 주민들이 스스로 자초한 파멸이었다. 불과 깊은 웅덩이는 그들이 다른 이들을 위해 파놓은 함정과 구덩이다.

140:11. 악담하는 자라는 단어는 다윗을 해치려고 하는 악하고 강포한 자들을 말한다. 이들은 면도칼처럼 날카로운 혀로 전쟁을 부추기는 사람들이다. 그를 비방하는 것이 바로 이 혀다. 다윗은 그 악행이 강포한 자들에게 따라서 그들을 덮치게 되길 바란다.

C. 다윗의 확신(140:12-13)

140:12. 하나님에 대한 다윗의 확신은 견고하다. 그는 하나님께서 고난당하는 자(다윗 자신이 그들 중 하나)를 신원하실 것이라는 확신에 흔들림이 없다. 그러한 원수들의 비방에 대해 그는 하나님께서 그의 송사를 지켜주실 것을 믿는다. 그는 하나님께서 자신을 변호하실 것을 확신한다. 악이 일시적으로 성공하고 하나님의 백성들을 해친다 하더라도 하나님은 공의로 역사하시며 모든 악을 바로잡으실 것이다.

140:13. 다윗 자신이 하나님의 이름을 찬양할 이 의인들 중 한 사람이다. 하나님이 가난한 자와 고난당하는 자를 변호하시기 때문에 정직한 자가 하나님의 영광을 위해 주의 앞에 거할 것이다.

결론

이 시편은 오늘날 예수 그리스도의 제자가 되면 그 누구라도 직면하게 될 박해를 묘사하고 있다. 그리스도인들은 경건한 자들에 대해 음모를 꾸미고 해를 입히려고 하는 악한 사람들로 된 타락한 세상에 살고 있다. 중상모략하는 험담꾼들이 그들의 명성을 더럽히려고 할 것이다. 복음의 반대자들은 그들에게 큰 위해를 가하고자 할 것이다. 사도 바울은 "무릇 그리스도 예수 안에서 경건하게 살고자 하는 자는 핍박을 받으리라"(딤후 3:12)고 확실하게 못박았다. 우리가 이런 어려운 상황에서 영적 공격을 당한다면 하나님께서 우리를 구해주시도록 불러야 한다. 그분 외에 우리가 의지할 자가 누가 있는가? 당신의 믿음으로 인해 공격당하고 있다면 홀로 우리를 위로하시고, 힘주시며, 건져주실 하나님께 부르짖으라. 그분은 결코 당신을 버리지 않으실 것이다.

teaching guide

티칭 가이드

교안

A. 다윗의 부르짖음(140:1-8)

B. 다윗의 정죄(140:9-10)

C. 다윗의 확신(140:12-13)

시편 141편

능력 있는 기도

"기도는 나의 영적 원수들을 무너뜨리고 격퇴시키는 거대한 엔진이며, 시시각각 필요한 은혜를 얻게 하는 위대한 수단이다."

- 찰스 스펄전(Charles H. Spurgeon)

들어가는 글

누구든지 하나님께 강력하게 쓰임받았던 사람은 기도에 강한 사람이었다. 중보의 사역은 모든 신자가 사용할 수 있는 강력한 무기다. 그렇지 않다면, 말씀을 선포하기 위해 강단에 발을 들여놓을 사람이 거의 없을 것이다. 해외 선교사로 갈 사람도 거의 없을 것이다. 그러나 모든 그리스도인들은 기도의 사역으로 부르심을 받는다. 누구나 기도할 수 있고 기도해야 한다. 기도는 세상을 움직이시는 보이지 않는 손을 움직이게 한다고 했다. 기도는 하나님이 하실 수 있는 일을 모두 할 수 있다. 기도는 거룩한 능력이 그의 주권적 뜻을 행하도록 소환하기 때문에 강력한 힘이 있다. 기도는 하나님의 뜻을 행하기 위해 하나님의 권능을 행사한다. 모든 그리스도인의 사역과 삶은 기도하는 만큼 앞으로 전진할 것이다. 기도보다 더 강력한 필요는 없다.

이것이 시편 141편의 유익 중 하나다. 이 시편은 악인들과 그들의 악한 길에서 건져주심을 구하는 다윗의 기도를 담고 있다. 그러나 이 시편은 기도 그 자체보다도 우리에게 기도의 방법을 가르치는 시편이다. 여기에 다윗의 기도 내용뿐 아니라 그가 기도한 방법도 제시되어 있다. 이것은 열정적인 간구를 통해 자신의 마음을 쏟아붓고 있는 개인적인 탄식시다. 시간적 배경에 대해서는 알려져 있지 않다. 하지만 배워야 할 교훈은 분명하다. 여기에 기도하는 방법에 대한 강력한 예가 제시되어 있다.

본문 이해

Main Idea	다윗은 하나님께 악인들로부터 건져주실 것을 간구하며 거룩한 삶을 살기 위해 하나님의 인도를 구한다.

A. 다윗의 간절함(141:1-2)

141:1. 다윗은 여호와여 내가 주를 불렀사오니(히. 카라, qara, '울부짖다, 큰 소리로 부르다, 포효하다, 선포하다, 외치다')라고 부르짖는다. 다윗은 큰 음성으로 하나님을 부른다. 그는 큰 소리로 속히 내게 임하소서, 즉 "하나님, 지체하지 마소서. 한시도 머뭇거릴 수 없습니다"라고 부르짖는다. 다윗의 간구에는 절박함과 긴급함이 가득하다. 내가 주께 부르짖을 때에 내 음성에 귀를 기울이소서. "하나님이여 내 부르짖음에 주의를 기울이소서."

141:2. 다윗은 자신의 기도를 주께 드리는 향기로운 제물에 비유한다. 분향함은 주님께 매일 드려졌다(출 30:7-8). 이것은 보통 번제와 함께 드려졌고(출 30:7-8), 종종 저녁 제사와 관련있었다(출 29:38-42). 이것은 하나님께 드리는 그의 기도가 주님이 기뻐하시는 것임을 묘사한다. 그의 손 드는 것은 그가 주님을 의지함을 상징한다(시 28:2, 63:4).

B. 다윗의 봉헌(141:3-4)

141:3. 다윗은 자신의 개인적 성결을 추구하면서 그의 입과 입술을 하나님께 봉헌한다. 기도와 모든 대화 속에서 그의 입은 순결해야 한다. 그는 하나님이 그의 말을 올바로 인도해주시며, 그의 말을 신중하게 제어해주시기를 구한다. 다윗은 성벽의 파수꾼처럼 하나님이 그의 입에서 나오는 말을 지켜주시기를 간구한다.

141:4. 그는 내 마음이 악한 일에 기울지 않게 해달라고 기도한다. 마음과 입술 간에는 절대 분리될 수 없는 인과 관계가 존재한다. 그는 하나님께서 그의 마음이 악한 일에 동참하지 않게 지켜주시기를 겸손하게 구한다. 이렇게 해야 그의 말이 가장 잘 지켜질 수 있다.

C. 다윗의 결단(141:5a-c)

141:5a-c. 다윗은 하나님께서 의인을 사용하셔서 자신을 책망하며 훈련해주시기를 구한다. 그는 지혜로운 사람들이 그의 입술과 마음과 행동을 절제하는 데 도움이 되길 구한다. 사람들의 책망의 말은 그의 머리 위의 기름 같을 것이며 너그러운 주인이 피곤에 지친 손님에게 베푸는 호의와 같을 것이다. 그러므로 다윗은 그들의 비판을 거절하

지 않을 것이다. 그것은 하나님의 은혜로 이끄는 하나님의 훈련이기 때문이다.

D. 다윗의 깨달음(141:5d-7)

141:5d. 다윗의 기도는 악행자들의 행위를 대적하는 기도이다. 그는 자신에게 수많은 악행을 저지르고 있는 이 악인들을 대적하는 중보 기도를 한다. 이를 통해 그는 하나님의 보호하심과 지키심으로 보응해주시길 구한다.

141:6. 다윗은 악인들의 지도자인 저희의 관장들이 심판을 받고 바위 곁에 내려 던져지게 해달라고 기도한다. 그는 그의 말이 달다는 것을 악인들이 깨닫게 해달라고 구한다. 기도로 드린 그의 말은 능력이 있어서 악인들이 하나님의 심판을 받게 할 것이다.

141:7. 농부가 밭을 갈아 흙을 부서뜨릴 때처럼 우리 해골이 악인들에게 공격당하고 습격을 당하였다. 그들의 몸은 유린당하여 무덤 앞에 버려진 채 매장되기를 기다리고 있다.

E. 다윗의 헌신(141:8-10)

141:8. 기도하는 동안 다윗의 눈은 하나님께 고정되어 있다. 이것은 진실한 믿음이며, 다윗을 위협하는 것에서 눈을 돌려 승리하시는 하나님을 바라보는 것이다. 그는 내가 주께 피하오니라고 맹세한다. 다윗은 하나님께 닻을 내리고, 그분을 붙들며, 그분의 편에 선다. 그는 내 영혼을 빈궁한 대로 버려두지 마옵소서라고 구한다. 하나님은 그를 버리시거나 적들에게 무방비 상태로 버려두시지 말아야 한다.

141:9. 다윗은 저희가 나를 잡으려고 놓은 올무(그를 무너뜨리기 위해 악인들이 꾸민 악한 음모를 가리킴)에서 하나님의 보호를 구한다. 그는 자신이, 함정이 앞에 기다리고 있는 쫓기는 짐승 같다고 느끼며 하나님께서 행악자에게서 자신을 보호해주시기를 간구한다.

141:10. 다윗은 악인이 스스로 해를 자초해야 한다고 결론을 내린다. 그는 그들이 다윗을 위해 설치한 것에 걸리게 해주시기를 기도한다. 그들이 자기 그물에 걸리게 되길 바라는 것이다. 다윗은 온전히 면하고, 그들은 그들 자신의 악한 계교에 스스로 잡히기를 바란다.

결론

이 시편에서 다윗이 모범을 보인 대로 모든 신자는 간절하게 기도해야 한다. 우리는 종종 너무 수동적인 태도로 중보 기도를 하며, 그로 인해 너무 신사적인 모습을 보인다. 더 절박하고 집요한 태도가 필요하다. 우리 힘으로 이룰 수 있다고 생각하는 한 우리 기도는 간절하지 않을 것이다. 그러나 예수님은 "나를 떠나서는 너희가 아무것도 할 수 없음이라"(요 15:5)고 말씀하셨다. 이 진리만이 우리 기도에 건강한 절박성이 생기도록 할 것이다. 하나님의 우월성을 높이고 강조하는 시각은 오직 하나님만이 우리 인생에 선한 일이 일어나게 하실 수 있음을 보여준다.

예를 들어, 잃어버린 죄인들이 그리스도께 돌아오기를 구하는 우리 기도를 생각해보라. 오직 하나님만이 죄인들의 보지 못하는 눈을 열어 영적 진리를 보게 하며, 죄인들의 닫힌 마음이 진리를 수용하게 하고, 죄인들의 듣지 못하는 귀가 복음을 듣게 할 수 있다. 오직 하나님만이 회심하지 않은 자가 그리스도께 나아오게 하실 수 있다. 오직 하나님만이 죽은 죄인이 회개하고 믿게 하실 수 있다. 그러므로 우리가 중생하지 않은 죄인들의 구원을 위해 기도 드릴 이는 하나님이시다. 우리가 그들의 회심을 위해 기도할 때 간절하고 절박한 마음으로 중보해야 한다. 우리가 하나님과 관계할 의지가 있을 때 하나님께서도 우리와 관계하고자 하신다.

teaching guide

티칭 가이드

고안

A. 다윗의 간절함(141:1-2)

B. 다윗의 봉헌(141:3-4)

C. 다윗의 결단(141:5a-b)

D. 다윗의 깨달음(141:5c-7)

E. 다윗의 헌신(141:8-10)

시편 142편

결코 외롭지 않음

"내 하나님과 나는 훌륭한 친구이다."

- 리처드 십스(Richard Sibbes)

들어가는 글

신자는 홀로 있다고 해도 결코 혼자가 아니다. 그가 외롭게 살아간다 해도 그의 곁에 아무도 없는 상태가 아니다. 고립되어 있다 해도 주님은 항상 그와 함께 하신다. 또 가족과 친구 없이 고독한 상태에 있다 해도 결코 하나님으로부터 고립된 것은 아니다. 주님은 항상 신자와 함께 계신다. 이 진리는 수세기를 내려오면서 홀로 외로움에 처한 모든 성도들에게 형언할 수 없는 위로의 원천이 되었다. 신자가 아무리 고통스러운 곤경에 처해 있다 해도 하나님은 항상 그들 곁에 계시며 그들에게 힘을 주신다. 성도가 친구들과는 이별하고, 배우자에게는 버림받고, 실직까지 당하여 홀로 생활해야 할 수도 있다. 하지만 이 모든 것에도 불구하고 그는 결코 혼자가 아니다. 주님이 항상 그와 함께 하신다.

이것이 바로 다윗이 시편 142편을 쓸 때 처한 상황이었다. 홀로 있지만 결코 혼자가 아니었던 것이다. 표제에 따르면, 배경은 사울이 그를 죽이려고 할 때(삼상 18-21장) 압둘람 동굴에 숨어 있던 절박한 시절로 거슬러 올라간다(삼상 22:1). 하나님의 개입이 없다면 그때 다윗이 처한 상황은 절망적으로 보였다. 다윗이 사울과 그 부하들에게 에워싸여 동굴 속에 홀로 있었지만 그는 하나님과 함께하며 하나님과 교제했다. 그가 홀로 있을 때라도 주님이 항상 그와 함께하시므로 그는 혼자가 아니었다. 이 시편은 다윗이 절망적인 곤경에 처했을 때 구원을 구하는 슬픈 어조의 기도이다.

본문 이해

Main Idea	다윗은 외롭고 아무 힘도 없는 무기력한 상태에서 하나님께서 그의 기도를 들으시고 행동하실 것이라는 견고한 믿음을 표현한다.

A. 다윗의 부르짖음(142:1-2)

142:1. 시편 기자는 그의 짓이겨진 영혼으로 하나님께 도움을 구하며 내가 소리내어 여호와께 부르짖는다고 말한다. 이것은 마음속으로 하는 외침도 아니고 건성으로 드리는 간구도 아니다. 큰 소리로 열렬하게 부르짖는 것이다. 다윗은 하나님께 소리내어 이렇게 호소한다. 그분만이 그를 도우실 수 있다. 소리내어 간구한다는 말은 열등한 존재가 우월한 존재 앞에 머리를 숙이며, 그를 우러러보고 도움을 간구하며, 요청하고, 구하는 모습을 묘사한다. 그는 여호와(Yahweh, Jehovah)께 능동적이시고, 스스로 계시며, 자기 충족적인 분 오직 홀로 그를 도우실 수 있는 이에게 부르짖는다.

142:2. 관제를 제단에 쏟아붓듯이 내가 내 원통함을 그 앞에 토한다(shaphak, '엎질러 붓는다'). 내 우환을 진술한다는 표현은 하나님께 그의 필요를 담대히 선포한다는 것이다.

B. 다윗의 좌절(142:3-4)

142:3. 다윗의 심령은 황폐하다. 그의 내면에서는 감정이 폭발했다. 만물이 그의 머리 위로 무너져내리고 있다. 그는 이 고된 시련의 더미에 눌려 속에서 상한다. 하나님은 다윗의 길을 아신다(yadah, '친밀하게 알다'). 이것은 단순한 지적 인식보다 훨씬 더 깊은 지식이다. 하나님은 그의 길에 다윗과 함께하시며 절친한 관계를 맺으신다. 다윗은 다 포기하고 싶은 상태에서 하나님을 우러러보며 그분께 닻을 내린다. 다윗의 원수들인 사울과 그 부하들이 짐승처럼 다윗을 잡으려고 올무를 숨겼다.

142:4. 오른쪽은 일반적으로 도움을 받을 수 있고 힘과 안전을 얻는 곳이다. 다윗은 그의 오른쪽에 그를 보호해줄 자가 아무도 없다고 부르짖는다. 이 어려움에서 그를 방어해줄 자가 한 사람도 없다. 대적들에게서 그를 지켜줄 이가 아무도 없다. 방어해줄 자도, 변호해줄 자도, 이 어려움에서 구해줄 자도 없다. 그를 위한 피난처는 없다. 게다가 그의 영혼을 돌아보는 자도 없다. 다윗은 철저히 버림받고 홀로 남겨져 있다.

C. 다윗의 확신(142:5-7)

142:5. 시편 기자가 하나님을 새롭게 붙잡는 여기에 믿음의 두 번째 정상이 있다. 다윗은 단호하고 분명하게 여호와여 내가 주께 부르짖어라고 기도한다. 그가 이 동굴에 완

전히 갇혀 꼼짝할 수 없는 것 같지만 하나님이 그의 피난처시며, 안식처이고 요새시다. 하나님은 나의 분깃이시다. 이것은 하나님이 그의 몫이고, 그가 가진 모든 것이라는 의미다. 하나님은 그가 필요로 하는 모든 것이며, 생존 세계에서 다시 말해 그가 살아 있는 한 그의 생명을 붙드시며 그의 힘이시다.

142:6. 앞의 호소를 반복하며(1-2, 5절) 다윗은 하나님이 그의 말에 귀 기울여주시기를 간구한다. 다윗은 자신이 처한 불행한 환경으로 자신이 비천해지고 낮아졌다고 탄식한다. 구체적으로 그를 핍박하는 자(사울과 그의 부하들을 의미함)들로 인해 그는 비천하게 되었다. 그들은 다윗이 감당하기에 너무나 강한 존재들이다.

142:7. 다윗이 사울을 피해 숨어 있는 동굴은 그에게 고독한 감금 장소인 옥이 되었다. 그는 바위와 딱딱한 땅 사이에 갇혀 있는 자신의 처지로 인해 그곳을 벗어날 수 없다. 그러나 그 외에 그는 정신적인 감옥, 심리적인 블랙홀에 있다. 오직 하나님만이 그를 건져주실 수 있다. 그는 하나님께서 그 일을 해주실 것을 믿는다.

결론

절망적인 시간에는 절박한 기도를 드리게 된다. 고난을 당하면 우리는 새롭고 절박한 태도로 하나님께 우리 자신을 던진다. 하나님 외에는 아무도 도울 자가 없을 때 우리는 철저히 우리 자신을 그분께 내던지며 공격적으로 기도하는 법을 배운다. 기도하는 가운데 우리 자신을 하나님께 던지기 위해서는 어떻게 해야 하는가? 베드로전서 5장 7절은 우리로 "너희 염려를 다 주께 맡겨 버리라 이는 저가 너희를 권고하심이니라" 라고 우리를 격려한다. 다시 말해서 우리는 우리 시련의 무게와 압박을 하나님의 능하신 팔에 이전하도록 초청받고 있다(빌 4:6). 우리가 그분의 평강을 얻는 것은 기도로 우리 시련을 하나님께 내어맡길 때이다. "주께서 심지가 견고한 자를 평강에 평강으로 지키시리니 이는 그가 주를 의뢰함이니이다" (사 26:3). 그토록 오래 전 선지자가 권한 것처럼 당신의 짐을 주님께 내어 맡기겠는가?

교안

A. 다윗의 부르짖음(142:1-2)

B. 다윗의 좌절(142:3-4)

C. 다윗의 확신(142:5-7)

시편 143편

진정한 회개

"더 이상 그렇게 하지 않는 것이 참으로 진정한 회개이다."

- 마틴 루터(Martin Luther)

들어가는 글

99개조의 반박문을 쓴 마틴 루터는 그것을 독일 비텐베르크 캐슬 처치의 정문에 못으로 박아 걸었다. 이것은 인류사의 중대한 사건 중 하나인 프로테스탄트 종교 개혁의 시발점이었다. 그로 역사는 결코 이전과 같지 않았다. 첫 번째 반박문은 "우리 주와 주인이신 예수 그리스도께서 '회개하라' 하셨을 때 그가 의도한 것은 신자들의 전 인생이 회개의 인생이라는 의미였다"라고 쓰여 있다. 루터는 성경이 모든 사람들에게 회개가 절대적으로 필요하며 전인격적인 변화를 수반한다고 가르치고 있다고 선언했다.

첫째, 진정한 회개는 하나님의 말씀으로 죄를 직면하고 죄의 진정한 본질, 즉 하나님에 대한 심각한 범죄임을 인정하는 마음의 변화이다. 둘째, 회개는 경건한 슬픔 가운데 자기 죄에 대한 상하고 통회하는 감정의 변화를 수반한다. 셋째, 신자는 하나님께 순종하고 성결을 추구하기 위해 죄에서 돌아서는 의지의 변화를 경험한다. 이것이 당대의 교회 속에 있던 종교적 위선 속에서 루터가 요구한 참된 회개이다.

영혼과 씨름하는 이 회개는 바로 다윗이 시편 143편에서 드러내고 있는 것이다. 이 시편은 죄의 고백과 그 죄에서 돌이킴을 담고 있는 참회의 시편으로 알려져 있다. 이 시편은 개인의 죄를 인정하는 시편으로 시편의 참회시 중 일곱 번째로 그 마지막 시편이다. 나머지 참회 시편은 시편 6, 32, 38, 51, 102, 130편이다. 이 시편들은 각기 하나님에 대한 개인적인 죄를 고백하고, 하나님께 지은 그 죄로 인한 진정한 후회를 표현한다. 얼핏 보면 시편 143편이 참회시로 분류되는 이유가 무엇인지 즉각적으로 알지 못할 수 있다. 2절만이 죄를 인정하고, 나머지 절은 다윗의 원수들에 대한 내용(3-4절)과 다윗이 그들에게서 구원받게 해달라는 내용(7-12절)이다. 그럼에도 불구하고 이 시편은 짧고 은근한 죄 고백을 담고 있다. 그래서 참회시로 분류되어도 무방하다. 이것은 다윗이 하나님께 자기 죄를 인정하는 마지막 시편이다.

본문 이해

Main Idea	다윗은 원수들에게서 건지심을 구하며 자신의 죄를 인정한다.

A. 다윗의 회개(143:1-2)

143:1. 다윗은 주의 자비에 자신을 맡기며 그분의 자비와 도우심을 구한다. 그는 내 기도를 들으시며 내 간구에 귀를 기울이시고라고 간구한다. 다시 말해서 내 간구로 귀를 돌려달라는 것이다. 참된 죄 용서는 하나님의 진실과 의에 근거한다. 다윗은 자신의 간구에 대한 응답의 근거로 다윗 자신의 죄악된 인격이 아니라 하나님의 거룩한 성품에 간절히 호소한다.

143:2. 그는 자신이 하나님의 자비가 필요한 이유를 설명한다. 그는 끊임없이 범죄하고 그로 인해 하나님의 심판 혹은 징계를 당한다. 그러나 시편 기자는 자기 자신의 공로로는 하나님께 어떤 요구도 할 수 없음을 알고 있다. 주의 목전에는 의로운 인생이 하나도 없나이다. 심지어 다윗이라도 마찬가지다. 다윗의 고백은 자기 자신의 불의함을 암시한다. 그는 자신이 건지심을 받고자 한다면 그것은 그 자신이 아닌 하나님의 의 때문임을 깨닫는다.

B. 다윗의 책망(143:3-4)

143:3. 원수인 일단의 사람들이 고통스러운 박해를 가하며 다윗을 해치려고 노린다. 그들은 이미 그를 공격하고 그의 영혼에 직접적인 타격을 가했다. 다윗은 원수들에게 끝없는 공격을 당하고 있다. 지위가 높아질수록 사람들의 눈에 띄고 그로 인해 더 많은 이들의 표적이 되는 현상이 입증된 것이다. 다윗이 하나님을 대변할수록 원수의 공격은 더 집요해진다. 여기서 그들은 다윗에 대한 신적 징계의 도구이다. 그의 대적은 그를 땅에 엎어 황폐하게 만든다. 그는 자신이 인생의 기쁨과 즐거움을 뺏긴 채 죽은 지 오랜 자같이 암흑 속에 사는 것처럼 느낀다.

143:4. 다윗은 박해로 인한 심리적 영향에서 자유롭지 않다. 그러므로 내 심령(즉 그의 내적 감정, 생각, 태도)이 속에서 상하며. 그는 심리적, 감정적, 영적으로 피폐해져 있다. 이 핍박에 짓눌려 그는 상하고 짓이겨짐을 당한다. 그는 이 개인적 공격으로 비틀거리며, 이 핍박으로 참담하여 절망에 빠질 지경에 처해 있다.

C. 다윗의 기억(143:5-6)

143:5. 다윗은 하나님의 은혜와 신적 축복이 자신의 삶에 분명히 나타났던 옛날을 기억하고 믿음을 되살린다. 하루종일 다윗은 하나님이 과거에 행하신 은혜의 역사를 생각한다. 하나님께서 수많은 섭리와 선하심과 축복으로 과거에 자신과 함께하셨던 일을 생각한다.

143:6. 다윗은 하나님을 향해 간절한 마음으로 손을 든다. 하나님이 복 주시던 과거를 생각하자 그는 기도로 하나님께 영혼을 쏟아붓게 된다. 다윗은 필사적으로 자신의 영혼을 물이 필요한 사막의 마른 땅에 비유한다. 마른 땅이 비를 갈구하며 입을 벌리듯이 그도 하나님의 돌보심의 소나기를 간절히 바란다.

D. 다윗의 회복(143:7-12)

143:7. 다윗은 속히 응답하소서라고 기도한다. 이것은 이 문제가 긴급히 해결되어야 할 문제임을 보여준다. 그는 이런 식으로 계속 살 수 없다. 영적 미지근함과 불순종 가운데 사는 생활이 그를 파괴하고 있다. 정서적으로 고갈된 그의 영혼이 안에서 피곤하다. 삶의 욕구가 사라졌다. 그는 주의 얼굴을 내게서 숨기지 마소서라고 기도한다. 하나님은 너무나 멀리 동떨어져 계신 것 같다. 그는 더 이상 살고자 하는 열정도 없이 내가 무덤에 내려가는 자 같을까 두려워하나이다라고 말한다.

143:8. 다윗의 인생에 찾아온 이 영적 쇠락의 시간은 칠흙처럼 어둡다. 그는 그의 영적 생활에 새 아침이 밝아오길 간절히 바란다. 하나님의 인자하심의 따스한 온기가 그의 영혼을 비추고, 그의 삶에 하나님의 임재의 빛이 비치기를 바란다. 그는 회개하는 마음으로 하나님을 바라보며 주를 의뢰한다. 다윗은 하나님께서 그와 친밀한 교제를 누리던 삶으로 되돌아갈 수 있는 길을 알려주시기를 구한다. 그의 인생을 영적인 길로 되돌릴 방법을 가르쳐주시기를 간구한다. 다윗은 죄로 인해 길을 잃었다. 오직 하나님만

이 되돌아갈 길을 알게 하신다.

143:9-10. 다윗은 오직 하나님만이 원수들로 인한 이 신적 징계에서 그를 건져주실 수 있음을 깨닫는다. 그는 하나님이 그를 건지시고, 쉼을 주시기를 구한다. 그리고 올바른 순종의 길로 되돌아갈 길을 가르쳐주시기를 하나님께 호소한다. 그는 하나님이 그를 다시 가르치시도록 속박시키기라도 하듯이 그들의 관계를 상기시킨다. 하나님이 갈 길을 가르쳐주셨으므로 이 거룩한 길로 그를 인도해주셔야만 한다.

143:11-12. 다윗은 하나님의 이름을 인하여, 즉 신적 명예와 영광에 호소한다. 나를 살리라는 간구는 하나님께서 그 안에 정한 마음을 새롭게 해주시기를 구하며 자신의 연약함을 인정한 것이다. 하나님은 갈 길을 보여주셔야 할 뿐 아니라 이 길을 갈 때 힘을 주셔야 한다. 주님은 그를 해치려고 하는 원수들을 잠잠케 해주셔야 한다. 다윗의 확신은 자기 자신의 힘이 아니라 그가 주님의 종이라는 사실에 있다. 하나님의 종을 공격하는 것은 하나님을 공격하는 것이다. 그러므로 하나님은 반드시 자기 종을 지키실 것이다.

결론

깊은 영적 민감성을 소유하면 다윗처럼 우리가 당하는 수많은 어려움이 생활 속에서 지은 죄의 직접적인 결과임을 깨닫게 될 것이다. 이것이 바로 이 시편에서 다윗이 고백한 것이다. 시편 기자는 자신의 고통스러운 시련을 남의 탓으로 돌리지 않는다. 오히려 그는 자신의 죄에 대한 개인적 책임을 떠맡는다. 시련이 자신의 죄로 인한 것이기 때문이다. 우리도 우리 생활 속에서 이렇게 고백해야 한다. 하나님의 징계를 그토록 자주 초래하는 것은 바로 우리 자신의 죄다. 하나님은 종종 성가시고 심지어 불경건한 사람들을 우리 삶 속에 등장시키셔서 우리를 징계하시는 그분의 진노의 매로 사용하신다. 그러한 경우 우리는 조심하여 우리 죄를 하나님께 고백해야 한다. 우리 마음은 참된 회개로 가득해야 한다. 우리가 우리 죄를 버릴 때 다시 하나님과 교제하는 길로 되돌아갈 수 있다.

티칭 가이드

교안

A. 다윗의 회개(143:1-2)

B. 다윗의 책망(143:3-4)

C. 다윗의 기억(143:5-6)

D. 다윗의 회복(143:7-12)

시편 144편

하나님이 주신 승리

"싸움이 없으면 승리도 없다."

- 리처드 십스(Richard Sibbes)

들어가는 글

어떤 신자든 영적 싸움에서 가장 큰 우군과 보호자는 주님이시다. 승리는 하나님께 속한 것이다. 승리는 그와 함께 그리고 그를 위해 있다. 하나님은 모든 삶의 환경에서, 골짜기와 산꼭대기, 전쟁 중일 때와 평화 시에, 폭풍이 불 때와 햇빛이 비칠 때도 자기 백성들 곁에 함께 계신다. 나아가 하나님은 신자를 위해 일하시며, 항상 그의 선을 이루어주신다. 하나님은 어떤 상황에 처하든지 그들을 위하신다. 실제로 하나님의 원수들이 신자를 대적하면 그분은 옆에 서서 그들을 위해 싸우신다.

시편 144편은 제왕 시편으로, 다윗은 이 시편에서 위협을 가하는 원수들에 대해 승리를 얻게 해달라고 하나님께 간구한다. 다윗은 그를 위하시며 그와 함께하시는 하나님을 소리쳐 부른다. 이 시편은 시편 18편과 유사성을 지닌다(특별히 1-15절). 역사적 배경이 동일하다면 다윗이 여기서 언급하는 원수들은 사울과 그의 부하이다(삼하 22:1-18). 시편 149편처럼 이 시편이 이스라엘 군대 훈련에 사용되었을 가능성도 있다. 고대 이스라엘의 전쟁은 하나님에 대한 예배와 매우 밀접하게 연관된 것임을 명심해야 한다. 전쟁의 승리는 항상 전투에 앞서 오직 홀로 승리를 주실 주님을 찬양하며 하나님을 경배하는 문제였다.

본문 이해

A. 다윗의 찬양(144:1-2)

144:1a. 시편 기자는 자기 백성의 튼튼한 피난처이신 나의 반석 여호와를 찬송하리로다라고 외친다. 다윗의 삶의 기초는 하나님이시다. 그분은 거대한 산처럼 견고하고 요동함이 없으시다. 하나님은 공격당할 때 흔들리지 않고 서 있는 견고한 곳이며, 원수들

에게서 보호를 받을 수 있는 요동치 않는 산성이시다. 다윗이 하나님 안에서 누리는 것이 이것, 즉 땅이 흔들리는 상황에서도 발을 디딜 수 있는 안전한 곳이다.

144:1b. 다윗은 하나님이 자신의 개인 훈련 교관이며, 그를 싸움에 대비하도록 준비시켜주시는 분이라고 고백한다. 다윗의 화살이 원수 쪽으로 날아가면 그것은 주님이 그를 훈련시키셔서 직접적인 타격을 입힐 능력을 주셨기 때문이다. 그는 주님 안에서 전쟁 때의 보호하심뿐 아니라 전쟁에 대비한 훈련도 얻는다. 하나님은 전쟁에서 그의 기술을 최대한 발휘하게 하시고 힘을 발휘하게 하시는 분이다. 하나님은 다윗이 의지할 수 있는 분이다. 하나님은 자기 종에게 무조건적으로 신실하시며 자기 약속에 영원히 성실하시다.

144:2. 나의 요새는 하나님을, 다윗이 보호를 받기 위해 도망가야 하는 높은 지대(피난처와 방어막이 되어줌)에 비유한 것이다. 나의 산성(히. 미스갑, misgab)은 높고 안전한 은신처에서 얻는 보호를 가리킨다. 나아가 하나님은 원수의 공격에서 그를 건지는 자시다. 다윗은 하나님이 적의 무서운 화살을 격퇴해주실 분이라고 믿는다. 방패는 적의 화살을 막아내기 위해 전쟁 때 군인이 지니던 것이다. 하나님은 다윗에게 방패가 되셔서 원수의 치명적 공격을 막아내신다. 그를 대적하는 것이 무엇이든 먼저 하나님을 거쳐야 한다.

B. 다윗의 무력함(144:3-4)

144:3. 사람이 무엇이관대는 마치 "하나님, 단순한 인간에 불과하며 연약하고 지친 피조물에 불과한 제가 무엇이란 말입니까? 제가 누구건대 당신이 저를 내려다보시고 주목해 보시나이까?" 라고 말하는 것처럼 자서전적 저술의 의미로 의도된 것이다. 전능하신 하나님(1-2절)이 연약한 다윗과 대비되고 있다. 그는 자신이 이토록 연약한데 어떻게 그분이 자신을 생각하실 수 있다는 것인지 의아스럽다.

144:4. 사람은 헛것 같고 잠시 있다가 사라지는 수증기와 같다(약 4:14). 그의 날은 불안정하게 깜빡거리며 지나가는 그림자처럼 공허하고 헛되다.

C. 다윗의 간구(144:5-8)

144:5. 다윗은 하나님께서 강림하셔서 이 전쟁을 해주시기를 요청하며 주의 하늘을

드리우시라고 기도한다. 다윗은 그 임재를 알리셔서 모든 악한 세력에서 그를 구해주시기를 하나님께 호소한다. 산들은 이 세상에서 가장 강하고 높은 것을 상징한다. 그들을 접촉하셔서 당신의 임재로 불타게 해주소서. 매우 비유적인 이 언어는 다윗 대신 그의 원수들에 대항해 싸우러 오시는 천상의 전사로 하나님을 묘사한다. 그는 하나님의 임재가 불처럼 임하셔서 모든 것을 불사르는 심판을 행하시길 소원한다.

144:6. 다윗은 그의 원수들을 칠 하나님의 번쩍거리는 심판의 상징인 번개를 요청한다. 그는 하나님께서 번개처럼 갑자기 나타나셔서 하늘을 가로질러 아래로 떨어져 다윗의 대적을 때려주시기를 기도한다. 또한 그는 하나님께서 그의 대적들을 흩어주시기를 기도한다. 이 번개는 하나님의 활로 쏜 무섭고 번쩍거리는 살(화살)이다. 그것은 그의 원수들을 흩어지게 할 뿐 아니라 직접적인 타격을 입히기 위한 것이다.

144:7. 다윗은 주의 손을 펴시라고 기도한다. 다시 말해서 오, 하나님, 당신의 강한 오른팔을 걷어부치시고 우리를 위해 싸우소서라는 것이다. 다윗은 하나님께서 그를 이 사나운 폭풍 같은 시련과 전쟁에서 구하여 건지시라고 기도한다. 큰 물은 이 이방인들이나 홍수처럼 위력적인 외국인에 대한 상징적 암시이다.

144:8. 이 악한 대적들의 입은 심각한 거짓을 말한다. 이것은 다윗에 대한 비방과 궤사를 의미한다. 그들의 혀는 지옥에 의해 불 위에 올려져 있다. 파괴적인 거짓과 비방을 내뱉는 그들의 입은 다윗에 대한 가장 사악한 무기이다. 그들은 오른손의 모든 힘을 동원해 입으로 한 말을 실행한다. 그들은 파괴적인 행위로 그들의 흉악한 거짓말을 뒷받침한다.

D. 다윗의 선포(144:9-10)

144:9. 이 악한 대적들에게 에워싸인 채 다윗은 내가 주께 새 노래로 노래하겠다고 제안한다. 다윗은 새 노래 혹은 새로운 찬양을 드리기 위해 그의 목소리를 높일 것이다. 그것을 통해 하나님의 궁극적 승리에 대한 새로운 확신을 표현할 것이다.

144:10. 다윗은 왕들에게 구원을 베푸시는 하나님께 이 새 노래를 불러드릴 것이다. 그는 하나님이 자기를 의지하는 이 신적 임명을 받은 왕들을 구하실 것을 믿는다. 이것, 즉 하나님을 의지하는 것이 바로 다윗이 하고 있는 일이다.

E. 다윗의 호소(144:11)

144:11. 다윗은 하나님께서 이방 세력들에 대한 이 위협적인 전쟁에서 자신을 건져 주시기를 기도한다. 확실히 다윗은 자신이나 그 자신의 자원이 아니라 오직 하나님만을 의지한다. 하나님은 궤사를 말하며 거짓된 계획과 음모를 수행하는 자들을 대적하신다.

F. 다윗의 전망(144:12-15)

144:12. 다윗은, 우리 아들은 성숙과 생산성과 결실을 의미하는 장성한 나무 같게 해 달라고 기도한다. 우리 딸들은 궁전의 식양대로 아름답게 다듬은 모퉁이 돌 같을 것이다. 이것은 강인한 인격, 건강, 아름다움, 고귀함을 묘사한다. 여기에 전쟁의 위협이 전혀 없는 평화롭고 번영한 미래가 묘사되어 있다.

144:13-14. 우리의 곳간은 추수한 곡식으로 가득하며 풍성한 백곡으로 차고 넘친다. 우리의 양은 들에서 천천과 만만으로 번성한다. 이것은 하나님이 주시는 것이다. 길에는 슬피 부르짖음이 없이 평화의 축복만 있을 것이다.

144:15. 하나님의 은혜를 입는 이러한 백성은 복이 있도다. 그들은 가족과 논밭과 가축으로 풍성히 공급받는다. 그들은 형통하며 하나님의 은혜 속에 거하고 있다. 복이 있다는 표현이 두 번 반복되어 시편 기자에 대한 하나님의 이중적 은혜의 풍성함을 암시한다. 하나님을 의지하는 자들은 하나님의 놀라운 은혜를 입는다.

결론

신자의 힘과 안전은 하나님 안에 있다. 한 가지 칭호로는 그분의 위대하심을 나타내기에 충분치 않다. 이 시편에서 발견되는 하나님에 대한 여섯 가지 칭호가 모두 신자에게 필요하다. 하나님의 이름은 그분이 우리의 반석이시며, 훈련 교관, 산성, 요새, 구원이자 방패이심을 계시한다. 하나님은 우리에게 이 모든 것, 그리고 그 이상이 되신다!

다시 말해서 하나님은 우리의 모든 것이다!

하나님의 이 여러 호칭에 대해 존 칼빈은 자신의 기념비적인 시편 주석에서 다음과 같이 하나님을 찬양하는 내용을 서술했다.

> 그것은 불필요한 것이 아니라 강건하게 하고 확증을 주기 위한 것이다. 인간의 마음은 쉽게 흔들리기 때문이다. 특별히 시련의 폭풍이 그들을 때릴 때 더욱 그렇다. 그러므로 한 마디로 자신의 구원을 우리에게 약속하는 것으로는 충분치 않을 것이다. 실제로 그분이 우리에게 주시는 온갖 지원과 도움에도 불구하고 우리는 끊임없이 비틀거리며 넘어지려고 한다. 하나님의 인자하심에 대한 망각이 우리 마음에 몰래 들어오면 우리는 완전히 낙심할 지경에 빠진다.

그러므로 이 말씀을 마음에 새기자. 하나님은 우리에게 이 모든 것이 되시며, 그 이상이 되신다.

teaching guide

티칭 가이드

교안

A. 다윗의 찬양(144:1-2)

B. 다윗의 무력함(144:3-4)

C. 다윗의 간구(144:5-8)

D. 다윗의 선포(144:9-10)

E. 다윗의 호소(144:11)

F. 다윗의 전망(144:12-15)

시편 145편

영원한 찬양

"찬양은 우리가 영원히 부를 노래를 연습하는 것이다."

- 찰스 스펄전(Charles H. Spurgeon)

들어가는 글

현재든, 앞으로 올 모든 세대든 신자들의 가장 중요한 목적은 하나님의 영광을 추구하는 것이다. 하나님의 백성들은 하나님의 위대하심을 찬양하고 경험하기를 날마다 종일토록 무엇보다도 가장 열정적으로 사모해야 한다. 주님을 찬양함이 영혼의 지속적인 기쁨과 마음의 쉼없는 주제가 되어야 한다. 인생의 모든 환경 속에서 신자들은 그분의 영화로운 이름을 높여야 한다. 하나님께 영원한 찬양을 돌려드리는 일이 성도들이 행할 가장 중요한 과제가 되어야 하고, 이생의 궁극적인 우선순위와 다가올 세상의 가장 중요한 일이 되어야 한다.

시편 145편은 모든 신자들에게 이것을 추구하도록, 즉 쉼없이 하나님을 찬양하도록 부르는 요청이다. 이것은 다윗 시편의 마지막 시편이다. 여러 면에서 시편은 다윗의 책이다. 분명히 그는 누구보다도 더 많은 시편을 지었다. 150편의 시편 중 총 75편이 그의 것이다. 다윗은 가장 많은 시편을 쓴 사람이며 '이스라엘의 아름다운 가수' 였다. 초창기에는 사울을 위해 종종 수금을 연주한 재능 있는 음악가였던 그는 하나님의 마음에 합한 사람이었다. 하나님이 크신 분이라는 시각을 소유하고 의사 소통 기법을 자유로이 구사한 다윗은 실제로 전 성경의 예배 인도자가 되었다. 다윗의 마지막 시편인 이 시편이 하나님께 드리는 힘찬 찬양의 노래라는 것은 그다지 놀랄 일이 아니다. 이 시편 위의 표제는 "찬송시" 로 기록되어 있으며, 이렇게 명명된 유일한 시편이다. 시편 전체가 찬양이지만 이 시편은 특별히 그 점이 가장 명확하게 드러나는 시편이다. 다윗은 마지막을 위해 가장 좋은 것을 아껴두었다.

본문 이해

Main Idea	다윗은 온갖 좋은 이유로 하나님을 찬양하며 특별히 만물 위에 높으신 그분의 신적 위대하심을 송축한다.

A. 하나님의 위대하심에 대한 찬양(145:1-6)

145:1. 나의 하나님이여 내가 주를 높이고라는 고백은 주님을 찬양하겠다는 적극적이고 결연한 맹세를 보여준다. 이 찬양은 다윗의 의지에 의한 의도적 선택이다. '높이다(exalt)' 는 '높은 곳으로 올리다, 위로 올리다, 올리다' 의 의미가 있다. 다윗은 하나님의 이름을 모든 다른 이름보다 더 높이기로 결심한다. 하나님을 높이는 이 찬양은 '나의 하나님' 과의 인격적인 관계에서 기인한다. 다윗은 이스라엘의 왕이지만 하나님은 다윗의 왕이 되신다. 하나님의 이름(그분의 모든 거룩한 속성을 상징함)을 송축하리이다(히. 바락, barak, '무릎을 꿇다, 축복하다'). 이 찬양은 금방 드렸다가 곧 잊고 마는 순간적인 기분이 아니라 영원히 행하게 될 변치 않는 결심이다. 현재적인 하나님 찬양은 천국에서 매일 영원히 하나님을 찬양할 것의 약식 서곡에 불과하다.

145:2. 예배는 신자의 일상적인 생활 방식이다. 좋을 때든, 나쁠 때든 내가 날마다 하나님을 송축하며 그분께 사랑과 헌신을 표현할 것이다. 이것은 영영히 계속될 유일한 지상의 일이다.

145:3. 그 위격과 사역에 있어서 여호와는 광대하시다. 그러므로 하나님은 크게 찬양받기에 합당하시다. 그분의 광대하심은 측량치 못할 것이며, 우리의 인간적인 이해가 미치지 못하며, 결코 유한한 인간의 머리로는 온전히 깨닫지 못할 것이다.

145:4. 신자들은 세대마다 하나님이 행하신 일을 전하는 데 동참하게 될 것이다. 이것은 하나님을 찬양함에 대한 그들의 고유한 동참의 행위다. 그들의 예배는 하나님의 전능한 행위를 기쁨으로 계속 선포하며 인간 역사에 나타난 하나님의 놀라운 역사를 찬양하는 일을 포함한다.

145:5-6. 시편 기자는 신적 속성과 행동의 총체를 가리키는 하나님의 존귀하고 영광

스러운 위엄을 묵상할 것이다. 그분의 주권과 거룩하심과 은혜는 영광스럽다. 영광은 하나님의 이 속성들의 광휘와 계시다. 각 세대는 자기 백성을 위해 열방을 교체하고 왕국들을 무너뜨린 하나님의 세력을 말할 것이다. 이 두려운 일은 그것들을 지켜본 모든 이들의 마음에 두려움과 경외심을 불러일으킨다.

B. 하나님의 선하심에 대한 찬양(145:7-10)

145:7. 하나님의 백성들은 그분의 크신 은혜를 기념할 것이다. 하나님이 행하신 크신 일은 아무리 찬양해도 결코 다하지 못할 정도로 많다. 하나님이 필요한 것을 풍성하게 나누어주시기 때문에 그들은 주의 의를 노래할 것이다. 하나님의 위대하심은 항상 의롭고 올바르게 사용된다. 그분의 의는 그분의 다른 신적 속성들과 일치한다. 그분은 결코 자신의 주권을 남용하지 않으신다.

145:8-9. 여호와는 은혜로우시며(즉 친절하고 자비하시며) 궁핍한 자들에게 연민과 긍휼을 베푸신다. 그분은 노하기를 더디하시며(인내하시고, 오래 참으시며, 회개할 시간을 오래토록 연장하시며), 인자하심이 크셔서 자신이 사랑하는 자들의 최선의 유익을 무조건적으로 간절히 추구하신다. 하나님은 만유, 심지어 자기 원수들도 선대하시며 일반은총을 그들에게 베푸신다. 그분은 선한 자를 선대하실 뿐 아니라 자격이 없는 자에게 은혜를 베푸시고, 심판을 보류하시며, 회개할 기회를 연장하신다.

145:10. 주의 지으신 모든 것이 주께 감사하며. 하나님의 모든 피조물이 그분이 누구신지 보여주며 그분의 완전하심을 나타낼 것이다. 이 신적 계시 앞에 성도들은 그분을 찬양하지 않을 수 없다.

C. 하나님의 통치에 대한 찬양(145:11-13a)

145:11-12. 모든 세대가 만물을 다스리는 하나님 나라의 위대함과 영광을 말할 것이다. 이 신적 왕국의 완전함을 보고 이해한 사람들은 그것에 대해 말하지 않을 수 없다. 하나님의 통치에 대한 그들의 열정적인 선포로 다른 사람들이 그분의 영광을 알게 될 것이다. 이 왕국은 신적 주권의 능하신 일과 황홀하게 빛나는 아름다운 위엄의 영광을 포함한다.

145:13a. 하나님의 나라는 영원하여 절대 무너지거나 찬탈당하지 않을 것이다. 그분

의 통치는 영원하며 세상 왕국처럼 사라지지 않는다. 내부에서 무너지는 인간 왕조들처럼 무너지지 않을 것이다. 오히려 그분의 통치는 대대에 이를 것이다.

D. 하나님의 관대하심에 대한 찬양(145:13b-16)

145:13b-14. 여호와는 자신의 모든 약속에 신실하셔서 결코 그 약속을 지키지 못하심이 없다. 그분은 자기가 만든 모든 사람들을 사랑하시며 자신의 약속을 성실히 이행하신다. 하나님은 모든 인생을 붙드시며 그들의 필요를 채워주신다. 하나님은 인생의 무거운 시련으로 비굴하게 엎드린 자를 일으키시며 짐을 감당할 수 있도록 힘을 주신다.

145:15-16. 하나님은 자기를 의지하는 모든 자들을 회복시키신다. 항상 즉각적으로 이 일을 해주시는 것이 아니라 때를 따라 그 일을 행하신다. 하나님은 자기 자녀들의 필요를 공급하시고자 손을 펴신다. 그렇게 하심으로 하나님은 그들의 소원을 충족시키신다. 그들의 육신은 먹고, 힘을 얻으며, 그들의 마음은 만족감과 기쁨을 얻는다.

E. 하나님의 은혜에 대한 찬양(145:17-21)

145:17-18. 하나님은 자기 백성들을 향해 의로우시며 그 모든 행위에 항상 공정하시다. 그분은 그분의 피조물을 결코 부당하게 대하지 않으시며, 불공평하게 잘못 대하지도 않으신다. 하나님은 무한히 은혜로우시며 결코 불필요하게 가혹한 모습을 보이지도 않으신다. 하나님은 궁핍한 자들에게 가까이 계시며 은혜를 베푸신다. 그분은 자기 이름을 고백하는 자기 백성들을 버리지 않으신다. 오히려 그분은 자기에게 간구하는 모든 자에게 은혜와 사랑으로 도움을 베푸신다.

145:19-20. 하나님은 자기를 경외하는 자의 소원을 이루시며, 그들에게 참된 영혼의 만족을 허락하신다. 하나님을 두려워하지 않으면 그 누구도 행복할 수 없다. 주님에 대한 경외심이 한 개인의 인생에서 모든 선한 것의 시작이다. 주님은 자기 백성을 보호하시고 그들을 지키신다. 그들은 하나님을 그들의 사랑 속에 품고, 그분은 그들을 사랑으로 지키신다. 그러나 반대로 하나님을 두려워하지 않고 사랑하지 않는 악인은 다 멸하실 것이다.

145:21. 다윗은 사람들이 무슨 말을 한다 해도 내 입이 여호와의 영예를 말할 것이라고 선포한다. 이것은 하나님을 찬양하겠다는 확고한 결심이다(비교. 1-2절). 모든 육체

가 하나님을 찬양하는 이 합창 대열에 영영히 참여하여야 할 것이다.

결론

우리는 이 시편에서 다윗이 선언한 내용을 매일 개인적으로 경험해야 한다. 그리고 우리 영혼 깊은 곳에서 하나님을 향한 영원한 찬양이 우러나와야 한다. 주의 이름을 높이며 우리 목소리를 항상 높여야 한다. 하나님은 우리의 찬양을 받으시기에 합당하시므로 그분의 이름을 송축하는 일을 결코 쉬지 말아야 한다. 그분은 광대하시다. 그러므로 크게 찬양받으셔야 한다. 그분의 주권은 헤아릴 수 없고, 인간의 이해로는 도무지 미칠 수 없다. 무엇과도 비교할 수 없는 그분의 영광 앞에서 우리는 경이로움과 두려움에 압도당한다. 그분의 전능하신 일을 보고 영원히 하나님께만 올려드려야 할 경외심에 가득한 예배가 우리 안에서 드려진다.

티칭 가이드

고안

A. 하나님의 위대하심에 대한 찬양(145:1-6)

B. 하나님의 선하심에 대한 찬양(145:7-10)

C. 하나님의 통치에 대한 찬양(145:11-13a)

D. 하나님의 관대하심에 대한 찬양(145:13b-16)

E. 하나님의 은혜에 대한 찬양(145:17-21)

시편 146편

적극적인 찬양

"우리가 하나님께 드릴 수 있는 가장 거룩한 섬김은 그분의 이름을 찬양하는 것이다."

- 존 칼빈(John Calvin)

들어가는 글

한 신자의 영적 상태를 가장 정확하게 측정하는 척도 중 하나는 그가 하나님을 찬양하는 정도이다. 성장하는 그리스도인은 하나님을 찬양하고자 하는 열정이 자라가는 사람이다. 주 예수 그리스도의 은혜 안에서 성장하는 곳마다 마음으로 드리는 더 깊은 찬양의 제사가 주님께로 올라갈 것이다. 예수님은 "이는 마음에 가득한 것을 입으로 말함이니"(마 12:34)라고 말씀하셨다. 다시 말해서 마음에 가득한 것이 입으로 흘러나온다. 예수 그리스도를 진정으로 사랑할 때 그분을 경배하는 찬송이 더욱더 힘차게 터져나올 것이다. 하나님께 사로잡힌 영혼은 그분을 찬양하는 입술을 통해 그 증거를 보일 것이다.

시편 146편은 영원히 통치하시는 하나님에 대한 찬양의 선포이다. 이 시편은 시편 마지막을 장식하는 다섯 편의 할렐루야 시편(146-150편) 중 첫 시편이다. 이 마지막 다섯 시편의 주된 초점은 하나님에 대한 찬양이다. 이 시편들은 시편이라는 이 찬양의 집의 관석(capstone)을 형성한다. 이 마지막 다섯 시편은 각기 "할렐루야(여호와를 찬양하라)"로 시작하고 끝나기 때문에 "이중적 할렐루야 시편"으로 불려왔다. 앞에서 시편 기자는 자신의 슬픔과 수치, 의심과 두려움, 심지어 죄와 죄에 대한 고백을 우리 앞에 적나라하게 드러내 보여주었다. 그러나 이 마지막 다섯 시편에서 이 모든 것은 이제 뒤로 한 채 실제로 모든 말이 여호와를 찬양하는 데 집중된다. 찰스 스펄전은 시편에 대한 고전적 주석, 다윗의 보고에서 이렇게 말했다. "우리는 이제 할렐루야 가운데 있다. … 이 책의 마지막까지 온통 찬양이 가득하다. 음조는 높고 큰 소리의 심벌즈의 음악이 울린다. 오 즐거운 감사로 충만한 마음이여, 이 시편들처럼 우리도 달음박질하고 뛰며 하나님을 영화롭게 하기를."

본문 이해

Main Idea	시편 기자는 하나님의 모든 백성들에게 주님을 찬양하고 신뢰하라고 격려한다.

A. 찬양의 선포(146:1-2)

146:1-2. 시편 기자는 할렐루야로 시작한다. 이것은 하나님을 향한 활기차고 열광적인 외침이다. 이어서 그는 그 자신의 마음을 향해서도 내 영혼아 여호와를 찬양하라고 요청한다. 그는 다른 사람들에게 하나님을 찬양하라고 단순히 요청하는 데서 그치지 않고 자신에게도 동일하게 할 것을 요구한다. 그는 그가 살아 있는 한 이 일을 행할 것이다. 이것은 하나님을 찬양하겠다는 마음이 순간적인 기분이 아니라 그의 단호한 결심임을 보여준다.

B. 찬양의 보류(146:3-4)

146:3. 도움이 될 수 있는 가장 강한 사람들도 의지하지 말라고 시편 기자는 조언한다. 곤경에서 건져줄 권세가 있는 것 같은 방백들도 신뢰할 수 없는 인생(죽을 인간)에 불과하다. 모든 성도와 마찬가지로 이 권력자들도 하나님이 필요한 존재다. 그들은 다른 사람은 물론이고 스스로도 도울 수 없다.

146:4. 죽을 때 방백들은 흙으로 혹은 무덤으로 돌아간다. 그들이 죽는 당일에 자신의 개인적 영광을 위한 그 도모가 소멸한다. 그들이 숨을 거두면 그들의 야심도 끝이다.

C. 찬양의 기쁨(146:5-10b)

146:5-6. 반면 야곱의 하나님으로 자기 도움을 삼는 자는 복이 있다. 이것은 시편의 여러 지복(비교. 1:1) 중 마지막이다. 여호와를 찬양하는 사람(1-2절)은 또한 평생 동안 그분을 의지할 것이다. 야곱의 하나님이라는 신적 명칭은 족장들에게까지 거슬러 올라가서 하나님이 자기 백성들에게 항상 신실하셨음을 강조한다. 주님은 자기 약속을 한 번

도 변경하신 적이 없었다. 천지를 지으신 하나님은 연약하고, 죽을 수밖에 없고, 소멸하는(3-4절) 유한한 인생과 다르다. 창조주이신 하나님은 신자가 의지하기에 합당하신 분이다. 영원히 진실함을 지키시는 여호와이신 그분은 성도들의 신뢰를 받으실 수 있다.

146:7-8. 하나님은 권력을 남용하는 방백들에게 압박당하는 자들을 위해 끊임없이 공의로 판단하신다. 그분은 인간이 의지하고 싶은 유혹을 느끼는 대상인 이 유한한 통치자들을 지배하신다. 주님은 불의한 권세자들에게 압박당하는 자들에게 식물을 주신다. 하나님은 그들의 결정을 뒤집으시고 자기 백성들을 먹이신다. 악한 지배자들로 인해 이 갇힌 자들은 공의를 부정당하고 거짓 정죄를 받아 음식을 주지 않는 감옥에 던져진다. 그러나 하나님은 때가 이르면 그들을 풀어주신다. 소경이 눈을 떠서 그들의 필요가 충족되는 것을 본다. 비굴한 자들은 압제당하고 굶주린 죄수들이다. 의인은 의를 위해 고난을 당한 신자들이다.

146:9. 주님은 객 혹은 국외자이므로 불의한 고통을 당하는 이방인을 보호하신다. 하나님은 또한 그를 지키신다. 주님은 공의가 제대로 시행되지 않는 현실을 대적하시며 고아와 과부를 붙드신다. 하나님은 이 무력한 희생자들에 대해 악행을 행하는 악인의 길을 굽게 하신다. 그분은 이 악한 자들을 심판하실 것이다.

146:10a-b. 불의한 지배자들로 인한 이 사회적 불의 속에서 하나님의 완전한 공의가 승리할 것이다. 여호와는 영원히 대대에 통치하실 것이다. 그분의 공의로운 통치는 결코 끝나지 않을 것이다.

D. 찬양의 정점(146:10c)

146:10c. 여기서 하나님에 대한 계시를 받은 모든 자들의 올바른 반응은 할렐루야이다. 이 신적 계시는 전심을 다한 반응을 요구한다. 그리하여 이 힘찬 찬양의 외침은 이 노래의 정점으로 이끈다.

결론

하나님을 찬양하는 것은 선택이다. 그것은 인생의 모든 환경과 상황 속에서 하나님을 높이겠다는 의지의 의도적 선택이다. 때로 시련 때문에 순간적으로 하나님에 대한 우리 시야가 흐려지고 오직 하나님께만 속한 찬양이 절취당하는 위협에 처할 수 있다. 인생의 환난이 거셀 때마다 우리는 하나님 중심적인 시야를 유지하며 하나님께 사로잡힌 바 된 찬양을 선택해야 한다. 우리 환경에 의해 우리의 찬양이 좌우되도록 절대 허용해서는 안 된다. 오히려 우리의 찬양이 환경에 대한 우리의 태도를 통제하도록 해야 한다. 항상 찬양을 선택하도록 하자. 우리에게는 주의 거룩한 이름을 높일 이유가 충분하다.

teaching guide

티칭 가이드

교안

A. 찬양의 선포(146:1-2)

B. 찬양의 보류(146:3-4)

C. 찬양의 기쁨(146:5-10b)

D. 찬양의 정점(146:10c)

시편 147편

올바른 찬양

“모든 이가 공적 예배에 참여해야 한다. 커다란 악기들뿐 아니라 작은 현악기들도 함께 동참해 합주를 이룬다.”

- 토마스 굿윈(Thomas Goodwin)

들어가는 글

하나님의 백성들이 공적 예배에 참여하는 것은 모든 신앙 생활의 가장 중요한 측면 중 하나이다. 교회를 다니지만 불규칙적으로 출석하는 신자가 과연 그리스도에 대한 은혜와 지식에서 성장해갈 수 있는지 의심스럽다. 신앙 생활은 결코 그리스도의 몸을 떠난 고립되어 사는 생활로 의도되지 않았다. 하나님은 모든 성도들이 서로 친밀한 교제 가운데 살도록 계획하셨다. 이 공동체적 경험의 핵심 부분은 함께 모여 예배하는 것이다. 모든 신자들은 하나님의 집에 와서 같은 마음을 가진 성도들과 함께 하나님을 찬양하라는 시편 기자의 권면이 필요하다.

이것은 하나님이 얼마나 선하시며 하나님을 예배하는 것이 얼마나 아름다운지 상기시키는 찬양의 노래인 시편 147편의 초점이다. 이 시편은 이스라엘이 바벨론 포로 생활에서 예루살렘으로 귀환한 후에 쓰인 포로기 후기 작품으로 간주된다. 이 시편은 아마 느헤미야의 지도 아래 이뤄진 예루살렘 성벽 재건 완성(느 12:27, 43)을 기념하기 위해 쓰였을 것이다. 그것은 그들을 거룩한 성 예루살렘으로 회복시키심으로 행하신 모든 일에 하나님을 열정적으로 찬양할 것을 요구한 즐거운 사건이었다. 시편은 세 연으로 구성되어 있고, 각 연은 예배의 이유를 제시하고 예배를 요청하는 자체적인 부르심을 담고 있다.

본문 이해

Main Idea	시편 기자는 하나님의 모든 백성들에게 그분의 풍성하신 선하심으로 인해 그분을 찬양하도록 초청한다.

A. 하나님의 회복에 대한 찬양(147:1-6)

147:1. 이 시편은 할렐루야에 대한 요청으로 시작한다. 하나님께 찬양함이 선하고 아름답다. 주의 위대하심을 찬양하는 것이 얼마나 기쁘고 마땅한 일인가.

147:2-3. 예루살렘을 세우셨기 때문에 하나님은 찬양을 받으셔야 한다. 이 시편은 아마 느헤미야의 지도 하에 재건된 예루살렘 성 봉헌 행사 때 지어졌을 것이다(느 12장). 약속의 땅으로 돌아온 이스라엘의 흩어진 자들은 하나님을 찬양할 강력한 이유가 있다. 그들은 바벨론에서 포로 생활을 하며 큰 고통을 당했기 때문에 상심한 상태였다. 그러나 하나님은 그들의 절망을 치유하시고 황폐해진 영혼의 상처를 싸매어주셨다.

147:4-5. 수십억의 별들이 모두 하나님께 이름을 지음받고 헤아림을 받는다. 우주에는 만물이 모두 제 자리에 위치하고 있다. 그분은 위의 엄청난 성단을 세시고, 이름을 지어주시며, 각기 그 이름대로 부르신다. 부모가 아기의 이름을 짓듯이 이름을 짓는다는 것은 그 대상을 책임지고 돌본다는 뜻이다. 각 별들에 대한 그분의 지혜가 무궁하시다. 그분은 그들의 정확한 위치와 크기를 알고 계신다.

147:6. 나아가 하나님은 이땅의 겸손한 자를 지켜주신다. 주는 약속의 땅에서 이 새로운 출발을 하는 그들을 붙드시고 도우신다. 주님은 놀라운 능력과 무한한 지혜로 그분의 백성들을 돌보신다. 그분은 그들이 고난당한 것을 아시기 때문에 그들을 위로하신다. 또한 주님의 놀라운 능력은 그들의 사역을 좌절시키고자 위협하는 예루살렘과 예루살렘 주변의 악인을 땅에 엎드리시고 패배하게 하실 수 있다.

B. 하나님의 채우심에 대한 찬양(147:7-11)

147:7. 이 두 번째 연은 첫 연처럼 하나님을 찬양하라는 요청으로 시작한다. 모든 신자들이 수금과 아주 흡사한 현악기인 칠현금과 같은 악기에 맞추어 여호와께 노래하도록 요청받는다.

147:8-9. 하나님은 자기 백성들을 약속의 땅으로 회복시키신 후 그들의 필요를 채워주시기 때문에 찬양을 받으셔야 한다. 하나님은 구름을 보내셔서 풀이 나게 하시고, 먹을 것을 자라게 하시며, 들짐승과 까마귀 새끼들을 먹이게 하신다. 또한 하나님은 자기 백성들의 필요를 채우신다.

147:10-11. 하나님은 그들을 먹인 결과인 말의 힘을 즐거워하지 않으신다. 또한 그들

의 육체적 강건함의 발달인 사람의 다리도 기뻐하지 않으신다. 오히려 주님은 자기를 경외하는 자를 기뻐하신다. 하나님은 자기 백성들이 자신을 경외하고, 섬기며, 자신을 바라는 것을 가장 기뻐하신다.

C. 하나님의 보호하심에 대한 찬양(147:12-20)

147:12-13. 이 시편의 세 번째 연은 여호와를 찬송할지어다라는 세 번째 초대로 시작한다. 시편 기자는 예루살렘의 시온산에 서서 모든 백성들에게 그들의 하나님을 찬양하라고 부른다. 주님은 그들을 보호하시기 위해 성문의 문빗장을 견고히 하신다. 그렇게 하심으로 그분은 그들을 위협하는 주변 열국들에게서 그들을 지키신다. 성을 안전하게 하고, 그 자녀에게 복을 주는 것은 이 방어용 예루살렘 성벽(하나님으로 튼튼하게 된 성벽)이다.

147:14. 하나님은 예루살렘 성벽, 즉 그 경내를 평안케 하신다. 백성들은 서로 화평을 누린다. 이 화평은 하나님이 주신 것이다. 이것은 그들 가운데 임한 하나님의 은혜이다. 주님은 아름다운 밀로 … 배불리시며 주변 땅에서 농사를 짓는 자들에게 형통함을 주신다. 하나님은 그들의 작물이 자라고 그들의 땅이 비옥하게 하신다.

147:15-18. 온 세상이 하나님의 명을 받는다. 그분은 창조 질서를 따라 모든 것을 다스리시고 제정하신다. 그분이 입으로 하신 말씀이 섭리의 일을 주관한다. 겨울에 하나님이 눈을 내리시면 그 눈은 하얀 양털 담요처럼 땅을 덮는다. 하나님이 서리를 명하시면 그대로 이루어진다. 우박 혹은 얼음 알갱이들이 떡부스러기같이 땅에 흩어진다. 모두 하나님의 명령에 의한 것이다. 누가 능히 그 추위를 감당하리요? 하나님이 주시는 겨울은 너무나 추워서 사람들은 집 안으로 피해야 한다. 봄철에 그는 그 말씀을 보내사 그것들을 녹이셔서 완전히 다른 날씨를 주신다. 모든 자연이 그분의 명령을 행할 준비를 한 채 그 명령에 복종한다. 눈과 얼음이 녹으면 물이 계곡과 골짜기로 흘러든다.

147:19-20. 하나님의 기록된 말씀 역시 강력한 능력이 있다. 저가 그 말씀을 야곱에게 보이시며. 기록된 율례와 규례가 그분의 백성들 속에서 능력으로 역사한다. 하나님은 아무 나라에게도 이 일을 행하신 적이 없다. 하나님은 이스라엘만을 성경의 수납자로 택하셨다. 다른 나라들은 그 규례를 알지 못한다. 그러나 신적 진리를 받는 이 특권은 이 말씀에 순종해야 할 큰 의무와 책임을 요구한다. 하나님의 말씀을 아는 것은 한 민족이

나 나라가 받을 수 있는 가장 큰 축복이지만 그 말씀에 순종해야 할 가장 큰 의무가 있다. 그러므로 이 시편은 할렐루야(여호와를 찬양하라)라는 요청으로 마무리한다.

결론

이 시편은 주님이 찬양받으셔야 할 이유를 일깨워줄 뿐 아니라 우리로 하나님을 예배하도록 요청한다. 신자들은 하나님의 집에 나아와 그분을 찬양할 이유가 충분하다. 그러한 가장 기본적인 진리들을 상기하게 하는 것은 유익하다. 우리는 그 모든 진리로 인해 주의 이름을 찬양해야 한다. 강력한 송영은 항상 건전한 신학을 바탕으로 한다. 모든 예배는 하나님, 그분의 성품과 사역을 중심으로 한다. 올바른 예배는 "영과 진리"(요 4:24)로 드려야 한다. 이 진리는 하나님께로부터 오지만 무엇보다도 하나님에 대한 진리이다. 하나님에 대한 진리를 아는 지식이 모든 역동적인 찬양의 토대와 원천이다. 그러므로 이 시편과 같은 실제적 시편은 하나님을 향한 열정적 찬양을 고취시켜주기 때문에 필수적이다.

teaching guide

티칭 가이드

고안

A. 하나님의 회복에 대한 찬양(147:1-6)

B. 하나님의 채우심에 대한 찬양(147:7-11)

C. 하나님의 보호하심에 대한 찬양(147:12-20)

시편 148편

강력한 찬양

"하나님이 찬양받으실 때 우리는 궁극의 원리에 도달한다. 그 외 모든 것은 이것을 위해 계획된 것이다."

- 찰스 스펄전(Charles H. Spurgeon)

들어가는 글

모든 피조물의 가장 지고한 목적은 하나님을 영화롭게 하는 것이다. 우리가 높은 하늘에 있든 땅의 낮은 곳에 있든 이것은 하나님이 만드신 모든 만물을 위한 최고의 이유이다. 모든 피조물은 주님께 영광돌리는 일에서 궁극적인 존재 목적을 발견한다. 하나님의 형상으로 창조된 모든 성도들은 그들의 창조주와 구속주를 찬양하도록 끊임없이 일깨움을 받아야 한다. 인생의 수많은 의무와 책무 속에서 신자들은 하나님을 찬양하라는 이 훈계에 유의해야 한다.

이것이 모든 이들에게 주님을 찬양하라고 요청하는 예배 시편인 시편 148편의 주된 메시지이다. 저자와 배경에 대해서는 알려져 있지 않지만 하나님을 예배하라는 요청의 메시지는 분명하다. 시편의 절정인 다섯 편의 할렐루야 시편 중, 이 시편이 여기 배열된 이유는 반복된 찬양의 요청 범위를 더 확대하기 위한 것이다. 모든 피조물로 그들의 창조주를 찬양하게 하라. 이 찬양 시편은 3연으로 이루어져 있고, 각 연은 각기 상이한 집단을 향해 하나님을 예배하라는 요청을 담고 있다. 찬양을 드릴 집단은 천상의 합창대(1-6절), 세상의 합창대(7-12절), 구속함을 받은 합창대(13-14절)이다.

본문 이해

Main Idea	시편 기자는 전 우주에게 하나님을 찬양하라고 요청한다.

A. 천상의 합창대가 드리는 찬양(148:1-6)

148:1. 이 시편에서 피조물은 13번에 걸쳐 여호와를 찬양하도록 요청받는다. 시편 기

자는 하늘의 높은 데서 시작해 하늘에 거하는 모든 이들로 목소리를 높여 주님의 이름을 찬양하라고 초청한다. 하늘은 하나님께 드리는 찬양으로 충만해야 한다.

148:2-4. 모든 천사와 군대가 주를 찬양하도록 요청받는다. 무수한 천사들이 하나님께 찬양을 높여드리라는 요청을 받고 있다. 해와 달과 별들도 여호와를 찬양해야 한다. 시편 기자는 천체들이 하나님께 문자 그대로 찬양의 노래를 해야 한다고 생각지는 않는다. 대신 그 천체들은 하나님의 영광을 반영한다(시 19:1). 그들은 하나님의 위대하심을 증언하는 조용하지만 눈으로 보이는 증거이다. 시편 기자는 또한 상층 대기권에 있는 물들에 대해 말한다(비교. 창 1:7). 그들 역시 하나님의 영광을 증거한다.

148:5-6. 전 천상의 질서가 여호와의 이름을 찬양해야 한다. 하나님이 말씀으로 명하시자 그들이 지음을 받았다. 그는 말씀을 통해 무에서 그 모든 것을 창조하셨다(비교. 시 33:6). 하나님은 그것들을 영영히 그 자리에 세우셨다. 천체들의 배열과 원리는 오직 하나님에 의해 결정되었다. 어떤 것도 우연히 일어나지 않는다.

B. 세상의 합창대가 드리는 찬양(148:7-12)

148:7-8. 이제 시편 기자의 초점은 아래 땅으로 이동하여 세상으로 하여금 하나님을 찬양하도록 요청한다. 그는 바다의 용들과 그 안에 거하는 모든 것들(창 1:7, 10, 21)을 거론하는 것으로 시작한다. 불과 우박과 눈과 안개와 광풍이 그 말씀을 좇는다. 이것은 하나님께서 주권적으로 그들을 창조하시고, 그들의 활동을 지시하신다는 의미다. 땅 위의 대기권에 있는 모든 것들은 그의 불변하는 광대하심을 증명하며 하나님의 영광을 반영한다. 자연계의 기후는 결코 건드릴 수 없는 하나님의 권세와 그분의 선하심과 절대적 신실하심을 증거한다.

148:9. 높이 솟은 산들은 하나님의 초월성을 드러낸다. 초목으로 뒤덮인 작은 산은 하나님의 아름다우심을 증거한다. 과목은 필요를 채우시는 하나님의 아름다움을 계시한다. 백향목은 웅장한 자태로 하나님의 위대하심을 선포한다. 땅 위의 창조된 모든 것들이 하나님을 찬양하도록 요청받는다. 그들은 하나님의 위엄을 선포하며 우리로 하나님을 찬양하게 한다.

148:10-12. 심지어 짐승(즉 사자, 호랑이, 곰)과 모든 가축(즉 소와 말)도 하나님을 찬양하라는 요청을 받는다. 땅 위를 기는 작은 생물들(즉 애벌레)과 나는 새들(즉 독수리,

매)도 하나님을 찬양하라는 명령을 받는다. 마찬가지로 왕들과 방백(즉 왕관을 쓴 국가 우두머리)과 모든 백성(즉 그들의 신하들)도 하나님을 찬양해야 한다. 땅의 모든 사사가 하나님을 찬양해야 한다. 청년 남자와 처녀와 노인과 아이들이 하나님을 찬양해야 한다. 작은 자와 큰 자가 모두 하나님의 위대하심을 보고 찬양을 돌려야 한다.

C. 구속함을 받은 합창대가 드리는 찬양(148:13-14)

148:13. 여기서 세 번째 찬양대가 하나님을 찬양하라는 요청을 받는다. 모든 구속받은 자들이 여호와의 이름을 찬양해야 한다. 하나님의 이름은 하나님의 모든 것, 그분의 속성의 총체, 그분의 존재의 영광(즉 하나님의 거룩하심, 주권, 권능, 의로움, 지혜, 불변성, 지혜, 은혜)을 상징한다. 창조주의 영광은 천지에 뛰어나시다. 하나님의 영광과 이름은 하나이며 또한 동일한 것이다. 둘 다 크게 높임을 받으며 하늘과 땅 위에 들림을 받는다.

148:14a. 크게 높임을 받으시는 이 하나님은 뿔을 높이신다. 이것은 그분의 능력의 행사를 가리키는 표현이다. 시편 기자는 아마 자신의 옛 백성 이스라엘에게 힘을 회복시켜 주신 것을 생각했을 것이다. 그들은 바벨론 포로 생활로 고통스러운 시절을 보냈다. 하나님은 연약한 자기 백성들을 위해 뿔을 드시고, 그들이 약속의 땅에 다시 모일 때 그들의 힘을 다시 채우시고 소망을 새롭게 하셨다. 이것은 모든 성도의 찬양거리다. 하나님은 그들을 높이 드셔서 그들이 자기를 찬양할 수 있게 하신다.

148:14b. 이 시편은 시작할 때처럼 할렐루야라는 이 찬양의 선포로 마무리한다. 시편 기자는 신적 주권(13절)과 능력(14절)을 확실하게 보여주신 주님을 자랑한다.

결론

이 시편을 볼 때 확실히 모든 사람이 주를 찬양하도록 부르심을 받고 있다. 이것은 모든 영혼이 창조된 가장 고귀한 목적이다. 어떤 사람이 이 시편의 요청에 귀 기울여야 하는가?

하나님을 섬기느라 바쁜 사람. 하나님을 위한 사역으로 너무나 바빠서 하나님을 위한 우리 마음을 가꾸는 법을 망각할 수 있다. 하나님을 찬양하는 일을 망각해버릴 정도로 하나님을 섬기는 데 바쁜 사람이 결코 되지 않도록 하자. 우리의 사역은 하나님과 우리 관계의 표현이 되어야 한다.

깊은 상처로 고통당하는 사람. 낙심한 마음은 종종 주님을 외면하고 자기 연민에 빠져 허우적거린다. 시련을 만나면 우리는 자기 보호에 완전히 관심이 집중되어 주님을 바라보지 못할 수 있다. 당신이 낙담하고 있다면 주님께 시각을 집중시키도록 유의하라. 목소리를 높여 그분을 찬양하라.

마음이 미지근한 사람. 영적인 마음이 미지근한 상태에 있다면 주님을 의지하고 그분을 찬양해야 한다. 주님의 위대하심과 당신을 향한 은혜를 생각해보라. 당신의 인생에 나타난 그분의 주권과 능력을 생각해보라. 그러면 당신은 곧 그분의 이름에 합당한 영광을 그분께 돌려드리지 않을 수 없다.

teaching guide

티칭 가이드

고안

A. 천상의 합창대가 드리는 찬양(148:1-6)

B. 세상의 합창대가 드리는 찬양(148:7-12)

C. 구속함을 받은 합창대가 드리는 찬양(148:13-14)

시편 149편

특출한 찬양

"하나님을 너무 많이 찬양한다고 말하는 것을 두려워하지 말라. 모든 위험은 하나님을 찬양하는 것에 너무 인색한 데 있다."

- 매튜 헨리(Matthew Henry)

들어가는 글

하나님을 찬양하는 것은 성도에게 부여된 가장 고귀한 특권이다. 천국에서 영화롭게 된 신자들의 찬양이든, 지상에 살고 있는 성도들의 찬양이든 하나님의 존전에 들어가 그분의 이름을 높이는 것은 참으로 복된 일이다. 거룩하신 하나님이 죽을 인생으로 하여금 자기 보좌 앞에 나아와 그분의 거룩하신 아름다움을 보고 찬양하도록 허락하시는 것은 절대 당연시될 수 없는 특권이다. 하나님을 예배하는 것은 모든 성도의 영광이며, 구속함을 받은 신자들에게 허용된 형언하기 어려운 은혜다. 하늘의 보좌 앞에 나아가 그분께만 속한 위대하심을 하나님께 돌려드리는 특권은 이 세상의 어떤 보물보다 더 소유해야 할 상급이다. 하나님을 예배하는 행위가 결코 판에 박힌 의식이나 공허하고 지루한 일로 간주되어서는 안 된다. 그것은 주의 백성들의 즐거움과 기쁨이며 가장 큰 명예다.

이것이 시편 149편의 중심 주제다. 이것은 성도에게 허락된 가장 위대한 특권, 즉 하나님의 이름에 영광을 돌리는 일에 참여하라는 부르심이다. 이 시편의 저자와 구체적인 배경은 밝혀져 있지 않다. 포로기 이후로 추정될 뿐이다. 이스라엘이 적들의 침입으로 위협당하고 있는 때였다. 목숨이 위협받는 이 상황에 직면해서도 하나님의 백성들은 와서 그들의 삶에 나타난 은혜로 인해(4절) 하나님을 찬양하라는 요청을 받는다(1-3, 5절). 그들은 적들과 싸우기 위해 출전할 준비를 할 수밖에 없는 상황에서(6-9절) 하나님을 찬양하도록 요청받는다.

이 시편은 몹시 소란스러운 시기에 하나님을 찬양하도록 하나님의 백성들을 부르는 또 하나의 요청이다. 하나님을 찬양하는 일은 세상의 환난을 올바로 직시하게 해준다.

본문 이해

Main Idea 시편 기자는 하나님의 모든 백성에게 원수들의 위협 속에서도 주의 은혜를 찬양하라고 부른다.

A. 예배에 대한 요청(149:1-3)

149:1. 수많은 시편들처럼 이 노래도 주를 찬양하도록 그분의 백성들을 호출하며 하나님에 대한 예배의 부르심으로 시작한다. 그들은 새 노래로 여호와께 노래해야 한다. 이것은 진실성과 의미에 대한 새로운 자각으로 새로운 날에 부르는 오래된 노래일 수도 있다. 이 찬양은 성도의 회중에서 노래로 드려지는 주님에 대한 자랑이다. 하나님의 백성들은 하나님의 영광을 선포하는 일에 마음과 목소리로 함께 동참해야 한다.

149:2. 성도들은 그들의 지으신 자와 왕이 되신 주님 안에서 즐거워해야 한다. 그분은 모든 만물의 창조주와 통치자시다. 신자들은 큰 위험을 당한다 해도(7-9절) 그 안에서 즐거워해야 한다. 주가 만물을 통치하시므로 하나님의 백성들은 큰 기쁨으로 예배해야 한다.

149:3. 백성들은 춤추며 그분의 이름과 그분의 모든 신적 속성을 찬양하라는 요청을 받는다. 고대 이스라엘은 전쟁에서 큰 승리를 거두면 종종 즐겁게 춤을 추며 축하했다(출 15:20). 이것은 초자연적 승리에 대한 자발적 반응이었다. 따라서 백성들은 탬버린인 소고와 현악기인 수금으로 찬양해야 한다. 이 찬양은 하나님이 원수들에 대해 승리를 주실 것을 기대하며 공개적이고 열정적으로 드려져야 한다.

B. 예배의 이유(149:4)

149:4a. 시편 기자는 그토록 즐거운 찬양으로 하나님이 예배받으셔야 할 명백하고 강력한 이유를 제시한다. 첫째, 여호와께서는 자기 백성을 기뻐하신다. 그들은 그들을 위협하는 이방 민족들에게 미움과 멸시를 당하지만 하나님은 그들을 깊이 사랑하신다. 이 기쁨은 성도들이 하나님의 선택된 유업이기 때문에 그들로 인해 하나님의 마음에 생

기는 항구적 기쁨을 보여준다(시 35:27, 147:11). 성도들은 자신들이 하나님의 사랑의 대상과 즐거움의 원천이라는 사실로 인해 크게 기뻐해야 한다.

149:4b. 둘째, 하나님은 겸손한 자를 구원으로 아름답게 하신다. 다시 말해서, 그분은 핍박받는 자들을 구원하시고 붙드시는 자비로 은혜를 베푸실 것이다. 죄와 고난으로 고통당하는 자들은 하나님을 의지함으로 인해 하나님의 구원을 받을 것이다. 자신들의 부족을 고백하는 자들은 원수들을 이길 신적인 도움을 받을 것이다. 그러므로 주님을 열정적으로 찬양해야 한다.

C. 예배의 확신(149:5-10)

149:5. 하나님의 은혜와 선하심에 대해(4절) 모든 성도들은 하나님을 예배하는 이 영광을 즐거워해야 한다. 이 영광은 무자격자가 하나님의 기쁨과 구원의 대상이 되는 특권을 말한다. 그들의 기쁨이 너무나 생생하여 밤에 침상에 누울 때도 아무 염려 없이 즐거워한다. 그들이 의지하는 이가 주님이시므로 아무 두려움 없이 그분을 확신할 수 있다. 염려가 아닌 찬양이 그들의 영혼에 홍수처럼 밀려온다.

149:6. 하나님 중심적인 믿음의 확신이 시편 기자의 마음속에 더욱 강해진다. 예루살렘이 전쟁의 위협 속에 휩싸여 있지만 저자는 하나님의 백성들에게 그 입으로 하나님을 존영(찬양)하고 그 수중에는 두 날 가진 칼을 준비하라고 요청한다. 예배와 전쟁이라는 이중적 책임을 감당해야 하는 것이다. 이 예배자들은 하나님의 원수들과의 싸움에 전면적으로 참여하는 공격적인 전사가 되어야 한다.

149:7. 이 예배자들이 전쟁에 나설 때 이스라엘의 국가적 안전을 위협하는 이방 세력들인 열방에게 분명히 보수할 것이다. 실제로 이것은 성도들을 이용해 자신의 왕국을 공격한 자들을 심판하시는 하나님의 보복이며, 그분의 정당한 보응이다. 성도들은 그들을 공격한 민족들에게 신적 심판의 벌을 내릴 것이다.

149:8. 그들은 이 원수들과 싸워 저희 왕들을 사로잡아 사슬이나 족쇄에 채워 가둘 것이다. 또한 저희 귀인은 철고랑에 채워 가둘 것이다. 그들은 출전 준비를 하면서 이와 같은 확신에 찬 기대를 갖는다.

149:9-10. 이 신적 보복이 실행될 때 하나님의 백성은 기록한 판단대로 저희에게 시행할 것이다. 이 기록은 하나님께서 약속의 땅을 차지한 열국을 심판하시겠다고 약속하셨

던 성경의 기록된 예언을 가리킨다(신 7:1-2, 수 1:3-9). 성경에는 그들의 패배가 이미 기록되어 있었다. 그 예언은 반드시 이루어질 것이다. 하나님의 말씀은 무오하다. 그러므로 이 예배자들은 전쟁의 승리를 확신한다. 이 모든 것(즉 그들의 예배와 전쟁)은 그 모든 성도에게 영광 혹은 가장 고귀한 명예이다. 하나님을 찬양하고 그분을 위해 싸우는 것은 놀라운 특권이다. 이 모든 것에 대한 유일하게 올바른 반응은 할렐루야다.

결론

하나님을 찬양하는 것은 신자들에게 부여된 가장 큰 명예이다. 그 일을 결코 따분한 의무로 생각해서는 안 된다. 성도의 초점이 하나님의 비길 바 없는 우월성의 신적 영광에 집중하는 한 그들의 예배는 숨이 막힐 정도로 경이로운 경험이다. 높임을 받으신 그들의 왕이 초월적 위엄 가운데 계신 것을 바라볼 때 그들의 마음은 기쁨에 압도되어 높이 솟구친다. 하나님의 거룩하신 아름다움을 보는 즉시 주를 찬양하는 일이 귀한 재물처럼 소중한 일이 된다. 따라서 하나님을 높이지 않는 생각은 미지근하고 무미건조한 예배를 낳는다. 그러나 하나님에 대한 고귀한 관점은 열정적이고 뜨거운 찬양을 낳는다. 열쇠는 하나님의 영광에 대한 초월적 관점을 유지하는 데 있다. 모든 그리스도인이 이 시편에 나타난 예배의 요청에 응하기를 바란다. 와서 당신의 하나님께 영광을 돌리라. 그의 이름에 합당한 찬양을 돌리라. 새 노래로 주를 찬양하라. 이것은 값으로 따질 수 없는 당신의 소중한 특권이다.

teaching guide

티칭 가이드

교안

A. 예배에 대한 요청(149:1-3)

B. 예배의 이유(149:4)

C. 예배의 확신(149:5-10)

시편 150편

절정의 크레센도

"위에서 다스리시는 하나님의 완전한 지식과 지혜와 사랑을 찬양하라. 그분의 판단은 거룩하고 진실하며 그분의 길은 아무도 찾지 못한다. 오직 하나님께만 영광을 돌리도록 하자!"

- 제임스 몽고메리 보이스(James Montgomery Boice)

들어가는 글

참된 예배는 경이로운 것이다. 이것이 옳은 이유는 하나님이 경이로운 분이시기 때문이다. 진정한 예배는 구속함을 입은 자의 영혼과 마음으로 누릴 수 있는 가장 흥분되고 감동적인 경험이다. 예배는 절대 지겨운 것이 아니다. 예배의 대상이 되신 하나님은 지루함과 전혀 무관하시다. 예배는 하나님 되심, 즉 창조주, 통치자, 구속주이신 하나님에 대한 전인격적인 올바른 반응이다. 그것은 하나님의 위대하심과 위엄을 인정하는 것이다. 무미건조한 예배는 단어 자체로 모순적이며 가장 불일치한 것이다. 공허하고 맥빠진 찬양은 하나님에 대한 모독이다. 그의 비길 데 없는 영광이 전혀 영광스럽지 않음을 은연중에 드러내기 때문이다. 하나님은 무한히 엄위하시며 지극히 높으신 주권자시다. 모든 예배는 이것을 반영해야 한다. 하나님은 지극히 거룩하시며, 존귀하시며, 주권자 되신 여호와시므로 그분을 아는 모든 사람들은 두려움으로 예배드려야 한다. 모든 신자는 겸손히 그분 앞에 나아가 그분을 찬양해야 한다.

시편 150편은 마지막 시편이며, 마지막으로 위대한 할렐루야를 소개하고 있다. 이것은 생명과 열정과 역동적 에너지로 충만한 하나님을 향한 찬양이다. 이 시편은 기쁨으로 하나님을 찬양한다. 작가와 시기는 알려져 있지 않지만 그 메시지는 크고 분명하다. 생명과 호흡이 있는 모든 이는 주를 찬양해야 한다. 온 땅의 모든 사람이 홀로 찬양받으시기에 합당하신 하나님을 찬양해야 한다. 이것은 찬양의 책의 적절한 마무리이며, 힘찬 크레센도이다.

본문 이해

Main Idea	시편 기자는 하나님의 모든 백성들에게 누구도 넘볼 수 없는 하나님의 위대하심을 찬양하라고 부른다.

A. 하나님을 예배할 장소(150:1)

150:1a-b. 이 마지막 시편은 할렐루야를 선포하며 강한 크레센도로 시작한다. 시편 기자는 지극히 높으신 주권자 하나님에 대해 침묵을 지킬 수가 없다. 그분은 그 성소(문자적으로 '거룩한 곳')에서 찬양받으셔야 한다. 이것은 예루살렘의 지상 성전을 가리킨다. 악기 목록(3-5절)은 이땅에서 성소가 있어야 필요성을 인정한다. 이 세상적인 하나님의 집은 찬양과 경배로 넘쳐흘러야 한다.

150:1c. 나아가 하나님은 그 권능의 궁창에서 찬양받으셔야 한다. 이것은 영광 중에 있는 그분의 천상의 성소를 가리킨다. 구속받은 성도들과 선택된 천사들은 하늘의 높은 곳에 계신 하나님을 경배해야 한다. 하나님은 땅이나 하늘 어디서나 찬양을 받으셔야 한다. 찬양에서 제외되는 장소는 한 곳도 없다.

B. 하나님을 예배하는 이유(150:2)

150:2a. 모든 곳에서 찬양을 불러야 한다는 요청 후 이제 이 예배의 이유가 제시된다. 하나님은 그분의 능하신 행동(하나님의 중요한 사역 영역을 가리킴, 즉 창조, 섭리, 구원, 심판)으로 인하여 찬양받으셔야 한다. 그분의 모든 사역은 정확한 목적의 통일성 가운데 완벽히 조화를 이루기 때문에 큰 찬양의 이유가 되어 마땅하다.

150:2b. 또한 지극히 광대하심으로 인해 하나님을 찬양해야 한다. 이 광대하심은 하나님의 위격, 즉 그분의 신적 속성의 핵심을 가리킨다. 주님은 거룩하심, 주권, 의로움, 전지하심, 전능하심, 무소부재하심으로 인해 경배를 받으셔야 한다. 속성과 사역으로 인해 하나님에 대한 모든 것이 찬양을 받으셔야 한다.

C. 하나님을 예배하는 방법(150:3-6)

150:3. 시편 기자는 하나님을 찬양하는 방법과 관련된 가르침을 제시한다. 악기(3-5절)뿐 아니라 인간의 음성(6절)이 동원되어야 한다. 양의 뿔인 나팔을 불어야 한다. 하프 같고 이동이 가능한 악기인 비파와 수금도 사용되어야 한다. 하나님을 찬양하는 데 현악기와 관악기가 모두 거론되고 있다.

150:4. 또한 소고치며 춤추어 하나님을 찬양해야 한다. 이 두 행위는 종종 함께 행해지며, 전자는 하나님이 승리를 주신 후에 여자들이 춤을 출 때 사용되었다(출 15:20). 나아가 하나님은 현악(모든 종류의 현악기를 가리키는 일반적인 용어)과 퉁소(관악기 같은 타악기)로 경배를 받으셔야 한다.

150:5. 마지막으로 제금(보통 청동이나 은으로 만들어진 악기)으로 하나님을 찬양해야 한다. 이 악기들은 우리의 캐스터네츠처럼 작고 높은 소리가 나는 악기였다. 더 크고 소리가 커서 더 특별한 음악을 연주하는 큰 소리나는 제금도 사용되어야 한다. 이 절들(3-5절)은 하나님이 받으시는 모든 악기를 소개하기 위한 것이 아니라 하나님의 집에서 연주될 모든 종류의 악기를 예로 들어 소개한 것이다.

150:6a. 여호와를 찬양할 이들에는 호흡이 있는 모든 것이 포함된다. 이것은 하나님의 집에 모이는 모든 구속된 자들을 포함한다. 인간의 목소리는 가장 훌륭한 도구이다. 하나님의 백성들이 찬양할 때 제사장들이 나팔을 불고(3b), 레위인들은 수금과 비파를 연주하며(4a), 여자들은 소고를 치고(4a), 남자들은 현악기와 퉁소와 제금을 불어(4b-5) 반주해야 한다. 하나님의 집의 모든 사람이 하나님께 찬송을 불러야 하고 제사장과, 백성들과, 남자들과, 여자들이 악기로 반주해야 한다.

150:6b. 전체 시편뿐 아니라 이 시편도 이제 할렐루야라는 극적인 선언으로 마무리한다. 이 마지막 위대한 할렐루야가 시편 기자뿐 아니라 하늘과 땅의 모든 사람들로 이뤄진 장엄한 찬양대에 의해 선포된다. 이것은 살아 숨쉬는 모든 이들의 궁극적 목적이다. 모든 사람들은 여호와를 찬양해야 한다.

결론

당신은 예배에 대한 시편 기자의 초청에 응할 것인가? 하나님을 온 맘으로 찬양할 것인가? 이것을 위해서는 당신의 삶 전체의 총체적 반응이 요구된다. 예배는 개별적인 행위가 아니라 생활 방식이며, 당신의 전체 삶과 결코 분리될 수 없다. 예배는 하나님을 찬양하고자 하는 열정적인 삶의 추구가 되어야 하고, 당신의 전 실존를 지배하는 실체여야 한다. 하나님이 당신의 삶에 진정으로 살아 계시다면 당신의 전 존재를 다해 그분을 찬양해야 한다. 물론 이것은 그분을 찬송하기 위해 함께 모이는 하나님의 백성들의 공동체적 모임 시간이 포함된다. 큰 회중 속에서 찬송받으시기에 지극히 합당하신 하나님께 찬양을 드리라.

teaching guide

티칭 가이드

고안

A. 하나님을 예배할 장소(150:1)

B. 하나님을 예배하는 이유(150:2)

C. 하나님을 예배하는 방법(150:3-6)

■ 용어 해설

1. **고백**(confession) - 개인적인 죄를 인정하고 다른 사람들의 용서를 구하는 행위.
2. **회심**(conversion) - 한 개인이 회개와 믿음으로 다른 신앙이나 무신앙에서 그리스도께로 돌아옴으로 인해 그의 삶을 변화시키시는 하나님의 역사.
3. **언약**(covenant) - 하나님의 백성에 대한 자비로운 은혜의 약속과 일련의 관계를 표현한 계약이나 협정.
4. **창조**(creation) - 하나님께서 무에서 세상과 만물을 만드신 것.
5. **십자가**(cross) - 로마 시대에 죄인을 처형시키기 위하여 만든 x자 모양이나 t자 모양의 두 나무 기둥, 예수께서 죽으시고 믿음의 최고 상징이 된 나무 기둥.
6. **훈련**(discipline) - 자녀들이 올바른 삶을 살게 하기 위해 하나님께서 행하시는 교훈과 단련 과정.
7. **복음 전도**(evangelism) - 사람들을 회개와 믿음으로 이끌 목적으로 예수 그리스도의 구원의 복음을 전하는 교회의 중심되는 사명.
8. **악**(evil) - 하나님의 계획에 반대하는 사람과 행동.
9. **포로 생활**(exile) - 주전 722년 이후 앗수르 왕국에서의 이스라엘의 삶과 주전 587년 이후의 유대인의 삶.
10. **출애굽**(exodus, the) - 하나님이 이스라엘로 애굽을 벗어나도록 하신, 구약 성경에서 가장 중요한 국가적 구원 사건.
11. **신앙**(faith) - 영원한 구원을 위하여 예수 그리스도를 믿고 인격적으로 헌신하는 것.
12. **타락**(fall, the) - 최초의 인간 범죄의 결과, 인간 속에 있는 하나님의 형상을 손상시키고 전 인간이 죄를 지을 수 있는 환경과 성향을 조성함.
13. **장자**(firstborn) - 유대인의 가정에 태어난 맏아들이나 가축 중에 제일 먼저 태어난 것. 장자는 특별한 의미로 하나님께 드려짐.
14. **용서**(forgiveness) - 죄악에 대한 벌을 용서받고 풀려남, 그리스도 안에서 회개하고 믿는 자에게 하나님이 죄의 삯인 죽음에서 건져주시는 것, 죄로 자신을 고통스럽게 한 자들을 죄책감과 비난에서 벗어나게 해주는 그리스도인의 행위.
15. **영화**(glorification) - 신자들이 하늘의 영광과 상급을 공유할 수 있도록 하나님이 신자의

삶에서 이루시는 일.

16. **신성**(Godhead) - 삼위일체 하나님의 통일성: 성부, 성자, 성령.

17. **은혜**(grace) - 자격이 없지만 다른 사람에게서 받는 용납과 사랑, 특히 죄인들에게 구원을 주시는 하나님의 특징적인 태도.

18. **지옥**(hell) - 잃어버린 바 된 자들을 위한 영원한 심판의 장소.

19. **거룩**(holy) - 모든 피조물과 구분되는 하나님의 특징적인 성품, 예수 그리스도를 통해 알려진 하나님의 성품을 닮고자 노력하는 그리스도인들의 도덕적 이상.

20. **지성소**(holy of holies) - 성막과 성전의 가장 내밀하고 거룩한 장소, 하나님이 이곳에 임재하셨고 대제사장은 대속죄일에 이곳에서 제사를 드림.

21. **우상 숭배**(idolatry) - 하나님이 아닌 대상에 대한 경배.

22. **중보**(intercession) - 그리스도인이 다른 사람의 필요를 하나님께 아뢰거나 그리스도나 성령께서 하나님 앞에 신자를 대변하는 것처럼 한 개인의 필요를 다른 이에게 알리는 기도.

23. **예루살렘**(Jerusalem) - 구약의 이스라엘의 수도, 신약의 유대교의 종교 중심지, 또한 요한이 요한계시록에서 묘사한 천상의 도시 이름(새 예루살렘).

24. **기쁨**(joy) - 외적인 환경에 관계없이 자신의 구원을 즐거워하는 내적 태도.

25. **심판**(judgment) - 불신자들에 대한 정죄와 신자들을 위한 보상과 같은 종말 때의 하나님의 사역.

26. **율법**(law) - 하나님과 이웃들을 어떻게 사랑할 것인지에 관해 자기 백성들에게 주신 하나님의 교훈, 정관사 그(the)와 함께 사용될 때 율법은 전체 율법을 가리키지만 보통 오경(창세기에서 신명기)을 가리킴, HOTC는 대문자로 표기함(Law).

27. **자비**(mercy) - 다른 이들의 필요를 돌보는 개인적인 특징, 성경적 자비의 개념은 항상 어려움이나 고통 가운데 있는 자들에게 베푸는 도움을 포함함.

28. **메시아**(Messiah) - 선지자들이 약속한 오실 왕, 선지자적 약속들을 성취하신 예수 그리스도, 그리스도는 히브리어 메시아를 헬라어로 번역한 것.

29. **천년왕국**(millennium) - 의인들이 지상에서 다스릴 천년의 기간.

30. **유월절**(Passover) - 애굽에서 탈출한 사건을 축하하는 유대 절기(출 12장), 마지막 만찬 때 예수님과 제자들이 기념한 절기.

31. **견인**(perseverance) - 고통 중에서도 견디는 태도. 그리스도인들은 고난과 역경을 직면하고 극복함으로써 이 특질을 개발시킴.

32. **회개**(repentance) - 죄에서 돌이켜 하나님께로 돌아서는 결과로 이어지는 마음과 생각의 변화로 회심을 가능하게 하며 믿음을 통해 표현됨.

33. **의**(righteousness) - 하나님과 올바른 관계에 있는 조건이나 특성. 다른 사람들과 올바른 관계를 통해 하나님과의 관계를 삶으로 드러냄.

34. **제사**(sacrifice) - 모세의 율법에 따라 죄에 대한 회개나 감사의 표현으로 하나님께 드리는 제물. 죄를 위한 궁극적 희생 제물이신 그리스도.

35. **성도**(saints) - 하나님께 구별된 자들, 그리스도 안에 있는 모든 사람.

36. **구원**(salvation) - 어려움이나 악에서 건짐받음. 하나님이 그분의 피조물을 구속하시는 과정으로 그 아들 예수 그리스도의 삶, 죽음, 부활을 통해 완성됨.

37. **죄**(sin) - 인간이 하나님께 반역하고, 그들의 삶에 대한 하나님의 목적을 놓치며, 하나님보다는 악의 세력에 굴복하는 행위.

38. **주권**(sovereignty) - 외적인 속박을 받지 않는 하나님의 자유, 피조물에 대한 그분의 무제한적 통치와 다스림.

39. **전적 부패**(total depravity) - 모든 인간이 죄에 빠짐을 비롯한 타락 후의 인간 조건.

40. **시련**(trials) - 하나님이 우리 안에 힘과 인내를 길러주시기 위해 허락하신 고난과 역경(약 1:2-4).

41. **삼위일체**(Trinity) - 하나님으로 하나이시며 위격과 기능에 있어서 구분되신 성부, 성자, 성령으로 하나님이 자신을 계시하신 것.

42. **진리**(truth) - 진실하고 믿을 수 있는 것, 거짓과 오류의 반대, 참되신 한 분 하나님으로서 온전한 계시인 성부, 성자, 성령을 가리켜 사용됨.

43. **예배**(worship) - 하나님께 드리는 경외, 존경, 찬양, 섬김.

44. **하나님의 진노**(wrath of God) - 죄를 대적하시고 심판하시는 하나님의 일관된 반응.

45. **야훼**(Yahweh) - 모세에게 계시된 하나님에 대한 고유한 히브리 이름, 유대인들은 이 이름을 너무나 거룩해서 발음할 수 없다고 생각했다. 종종 주나 여호와로 번역됨.

46. **시온**(Zion) - 예루살렘의 또 다른 이름.

■ 참고 도서

Popular Expositions

Beisner, Calvin. *Psalms of Promise.*
Boice, James Montgomery. *Psalms.* 3 vols.
Maclaren, Alexander. *Expositions of Holy Scripture.* Vol. 4.
Phillips, John. *Exploring the Psalms.* 2 vols.
Stedman, Ray. *Psalms of Faith.*
Swindoll, Charles. *Daily Grind.* 2 vols.
Wiersbe, Warren. *Meet Yourself in the Psalms.*

Devotional Commentaries

Alexander, J. A. *The Psalms Translated and Explained.*
Henry, Matthew. *Matthew Henry Commentary.*
Lockyer, Herbert, Sr. *Psalms: A Devotional Commentary.*
Scroggie, W. Graham. *A Guide to the Psalms.*
Spurgeon, Charles H. *Treasury of David.* 7 vols.

Exegetical Commentaries

Davidson, Robert. *The Vitality of Worship.*
Dickson, David. *Psalms.* Geneva Series of Commentaries.
Harman, Allan. *Psalms.*
Kidner, Derek. *Psalms.* 2 vols.
Leupold, H. C. *Exposition on the Psalms.*
Perowne, J. J. Stewart. *The Book of Psalms.*
Ross, Allan P. *Psalms.* Bible Knowledge Commentary.
Unger, Merrill. *Psalms.* Unger's Commentary on the Old Testament.
Wilcock, Michael. *The Message of Psalms 1–72.*
Wilcock, Michael. *The Message of Psalms 73–150.*

Technical Commentaries

Calvin, John. *Calvin's Commentaries.* Vols. 4–6.
Craige, Peter C., Marvin E. Tate, and Leslie C. Allen. *Word Biblical Commentary.* Vols. 19–21.
Delitzsch, Franz. *Keil-Delitzsch Commentary on the Old Testament.* Vol. 5.
Gameren, Willem Van. *Psalms.* The Bible Expositor's Commentary. Vol. 5.

Hebrew Tools

Armstrong, Terry A., Douglas L. Busby, and Cyril F. Carr. *A Reader's Hebrew and English Lexicon of the Old Testament.*
Brown, Francis, Samuel R. Driver, and Charles A. Briggs. *A Hebrew and English Lexicon of the Old Testament.*
Even-Shoshan, Abraham. *A New Concordance of the Old Testament.*

Gameren, Willem Van, ed. *New International Dictionary of Old Testament Theology and Exegesis*. 5 vols.

Harris, R. Laird, Gleason L. Archer Jr., and Bruce K. Waltke. *Theological Wordbook of the Old Testament*. 2 vols.

Owens, John Joseph. *Analytical Key to the Old Testament*. 4 vols.

Ringgaren, Butterweck, ed. *Theological Dictionary of the Old Testament*. 10 vols.

The Englishmen's Hebrew and Chaldee Concordance of the Old Testament.

Torrey, R. A. *Treasury of Scripture Knowledge*.

Weingreen, Jacob. *Practical Grammar for Classical Hebrew*.

Main Idea로 푸는

시편 76-150(Vol. 2)

1쇄 발행 | 2008년 11월 30일
2쇄 발행 | 2018년 1월 20일

책임 편집 | 맥스 앤더스(Max Anders)
지은이 | 스티븐 J. 로슨 (Steven J. Lawson)
옮긴이 | 김진선
펴낸곳 | 주)도서출판 디모데〈파이디온선교회 출판 사역 기관〉

등록 | 2005년 6월 16일 제319-2005-24호
주소 | 서울특별시 서초구 서초대로 141-25(방배동, 세일빌딩 8층)
전화 | 마케팅실 070) 4018-4141
팩스 | 마케팅실 031) 902-7795
홈페이지 | www.timothybook.com

값 29,000원
ISBN 978-89-388-1399-2 03230
Copyright © 주)도서출판 디모데 2008〈Printed in Korea〉